U0513337

权威·前沿·原创

皮书系列为
"十二五""十三五"国家重点图书出版规划项目

四川蓝皮书

BLUE BOOK OF
SICHUAN

四川文化产业发展报告
（2019）

ANNUAL REPORT ON CULTURAL DEVELOPMENT OF SICHUAN
(2019)

主　编／向宝云
副主编／张立伟　彭　剑

社会科学文献出版社
SOCIAL SCIENCES ACADEMIC PRESS（CHINA）

图书在版编目（CIP）数据

四川文化产业发展报告.2019／向宝云主编. −−北京：社会科学文献出版社，2019.5
（四川蓝皮书）
ISBN 978−7−5201−4472−8

Ⅰ.①四… Ⅱ.①向… Ⅲ.①文化产业−产业发展−研究报告−四川−2019 Ⅳ.①G127.71

中国版本图书馆 CIP 数据核字（2019）第 047386 号

四川蓝皮书
四川文化产业发展报告（2019）

主 编／向宝云
副 主 编／张立伟 彭 剑

出 版 人／谢寿光
责任编辑／王 展

出 版／社会科学文献出版社·皮书出版分社（010）59367127
地址：北京市北三环中路甲 29 号院华龙大厦 邮编：100029
网址：www. ssap. com. cn
发 行／市场营销中心（010）59367081 59367083
印 装／三河市东方印刷有限公司

规 格／开 本：787mm×1092mm 1/16
印 张：23 字 数：343 千字
版 次／2019 年 5 月第 1 版 2019 年 5 月第 1 次印刷
书 号／ISBN 978−7−5201−4472−8
定 价／99.00 元

本书如有印装质量问题，请与读者服务中心（010−59367028）联系

四川蓝皮书编委会

主要编撰者简介

向宝云 四川省社会科学院院长，研究员，文学博士。主要研究方向为文艺学、中国现当代文学、文化产业。在《新华文摘》《学术月刊》《光明日报》等报刊上发表学术论文80余篇，出版《曹禺悲剧美学思想研究》等著作。多项成果获四川省哲学社会科学优秀成果奖二等奖、三等奖，四川省文学奖，四川省文艺评论一等奖、二等奖，四川省"五个一"工程理论文章奖等。

张立伟 四川省社会科学院四川省网络舆情研究中心副主任，研究员。曾在西南师范学院、重庆师范学院任教。近年来重点研究新闻宣传、媒体竞争、文化产业。有独立专著5部，学术论文两百余篇。两次获中国新闻奖论文二等奖，六次获四川新闻奖论文一等奖，五次获四川省哲学社会科学优秀成果奖。

彭　剑 四川省社会科学院新闻传播研究所所长，研究员。四川省学术技术带头人后备人选。主要研究方向为新闻学、新媒体和文化创意产业等。主持两项国家社科基金课题。在《人民日报》《社会科学研究》《中华文化论坛》《当代传播》等发表论文60余篇，获四川省第十六次哲学社会科学优秀成果奖二等奖一项。

摘　要

《四川文化产业发展报告（2019）》是年鉴与研究的结合，既有年鉴的事实和数据，又有研究的理论与智力支撑。本书立足四川、放眼世界，既总结四川文化产业的前沿发展，又对全球文化产业的重要问题有独到研究。

本报告共分为六部分：一是总报告，建设文化强省，助推治蜀兴川再上新台阶；二是发展前沿，分析四川乡村文化振兴、四川影视产业、四川电视应用转型、四川生态康养产业等；三是聚焦文化强省，分析四川革命文化传承弘扬、四川传统节日振兴、四川非物质文化遗产传承、四川古籍整理保护利用等；四是行业报告，分析四川竹文化产业、四川川菜文化产业、川剧发展、四川老字号保护发展、巴蜀美术传承发展等；五是区域报告，分析成都、广安、四川藏区等地的文化产业发展；六是附录，为2018年四川文化产业大事记。

本书努力从经验的探索走向规律的把握，有助于读者了解四川文化产业发展的总体态势与前沿变化，认清存在的问题与困难。

关键词：四川　文化产业　文化强省

Abstract

Sichuan Cultural Industry Development Report (*2019*) integrates the power of academic research and cultural sector. It is the combination of yearbook and research, which involves not only the facts and data of yearbook, but also the theory and intellectual support of study. It stands on the basis of Sichuan and takes a broad view at the world, both summarizes the frontier development of Sichuan cultural industry, and has a unique study on the important problem in global culture industry.

This report includes six parts: Part One is the general report, constructing culturally strong province, boost the governance of Shu and revitalization of Chuan to a new level. Part Two is the development frontier, which analyzes Sichuan rural cultural revitalization; Sichuan film and television industry; Sichuan TV application transformation; Sichuan ecological health and pension industry, etc. Part Three focus on culturally strong province, which analyzes the inheritance and promotion of Sichuan revolutionary culture; Sichuan traditional festival revitalization; Sichuan intangible cultural heritage inheritance; Sichuan Ancient Books collation, conservation and utilization, etc. Part Four is the industrial report, which analyzes Sichuan bamboo culture industry, Sichuan cuisine cultural industry, the investigation and research of Sichuan opera, the protection and development of Sichuan time-honored brands, the inheritance and development of Bashu Fine Arts, etc. Part Five is the regional report, which analyzes cultural industry development in Chengdu, Guang'an, Sichuan Tibetan Areas, etc. Part Six is the appendix: the 2018 chronicle of Sichuan cultural industry events.

In summary, the above six parts include both generality and monograph, combine with vertical analysis and horizontal comparison. It will contribute for readers to understand the overall situation and detail venation of Sichuan culture industry development, recognizes existing problems and difficulties, and then sublimates from the empirical explore to the grasp the regularity.

Keyword: Sichuan; Cultural Industry; Culturally Strong Province; Industry

目　录

Ⅰ　总报告

Ⅱ　发展前沿

Ⅲ　聚焦：文化强省

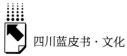
Ⅳ 行业报告

Ⅴ 区域报告

Ⅵ 附录

皮书数据库阅读 **使用指南**

CONTENTS

I General Report

II Development Frontier

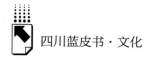
Ⅲ　Focus: Culturally Strong Province

Ⅳ　Industrial Reports

Ⅴ　Regional Reports

VI Appendix

总 报 告

General Report

B.1

文化强省：助推治蜀兴川再上新台阶

向宝云 黄维敏 陈玉霞 杨嘉媚*

摘　要：　本报告聚焦四川文化强省建设。一是从基本概念入手，剖析
　　　　　文化强省内涵，对四川文化进行纵横比较以及分析文化强省
　　　　　与治蜀兴川的关系。二是从实践着眼，聚焦四川文化强省建
　　　　　设进程中的经验与探索，分析四川文化产业在供给侧改革、
　　　　　城镇化、融合发展、体制机制创新等方面取得的成绩。三是
　　　　　针对四川省情，提出加快文化强省建设的主要着力点：打造
　　　　　四川文化产业品牌、完善公共文化服务体系、加快拓展省内
　　　　　二、三级市场、推动四川文化"请进来""走出去"、加强政

* 向宝云，四川省社会科学院院长、研究员，研究方向为文艺学、中国现当代文学、文化产业；
黄维敏，四川省社会科学院文学与艺术研究所副研究员，研究方向为中国古代文学、文化产
业；陈玉霞，四川省社会科学院新闻传播研究所副研究员，研究方向为新媒体与文化创意产
业；杨嘉媚，四川省社会科学院新闻传播研究所副研究员，研究方向为新媒体、文化产业。

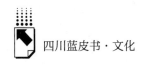
策保障与社会保障、建设历史名人文化传承体系。

关键词： 文化强省　治蜀兴川　文化产业　公共文化

　　自 2002 年中共四川省第八次代表大会首次提出把本省建成西部"文化强省"的战略目标以来，文化强省一直就是四川省文化建设的目标与方向。在全面建成小康社会进入决胜阶段、奋力开启现代化建设新征程的关键时期，四川再次提出"加快建设文化强省"的奋斗目标。2018 年 6 月 29 日，省委十一届三次全会召开，省委、省政府从时代要求与战略全局出发，提出"不断提高人民群众的获得感幸福感安全感。要加快文化强省建设，大力培育和践行社会主义核心价值观，牢牢掌握意识形态工作领导权、管理权和话语权，进一步繁荣发展文化事业、培育壮大文化产业，更好满足人民群众日益增长的精神文化需求"。新时代提出的加快文化强省建设，为助推治蜀兴川再上新台阶提供了强大动力和强力支撑，具有极为丰富与重大的现实意义。

一　文化强省内涵与比较

　　文化强省是治蜀兴川的重要战略目标之一，是推动四川文化发展迈上新台阶的根本动力和重要保障。文化强省战略的实施，绘就了新时代四川经济建设、政治建设、社会建设、文化建设、生态文明建设"五位一体"发展的良好格局。

（一）文化强省的内涵及动力

（1）文化强省内涵

　　近十余年来，各省先后提出了文化强省建设的目标，但对于文化强省内涵的阐释却莫衷一是，大多只是将其定义为一种发展目标或愿景，尚未形成界定清晰、指标体系统一、统计方法一致的规范性通用标准，只能通过一些纲领性文件和各部门制定的公共文化服务体系、文化产业、精神文明建设、文明城市创建等文件，对文化强省内涵、外延有一个大致的了解。

一是中央纲领性文件对文化发展的阐述，厘清了文化强省建设的内涵边界。2011年，党的十七届六中全会通过《中共中央关于深化文化体制改革、推社会主义文化大发展大繁荣若干问题的重要决定》，（简称《决定》）这是我国在新时期推动文化进一步发展的纲领性文件。《决定》主要从努力建设社会主义文化强国、推进社会主义核心价值体系建设、全国贯彻"二为"方向和"双百"方针、大力发展公益性文化事业、加快推进文化产业、构建有利于文化繁荣发展的体制机制、建设宏大文化人才队伍、加强和改进党对文化工作的领导八个方面展开阐述。2012年《国家"十二五"时期文化改革发展规划纲要》列出文化发展八项内容，涵盖了社会主义核心价值、文化事业、文化产业、文化体制机制改革、文化传播体系、文化遗产保护传承与利用、对外文化交流与合作、文化人才队伍建设等，这也构成了文化强省建设的核心内容。

党的十九大提出文化发展基本方略，明确了文化强省建设的目标方向。我国当下正处于从总体小康向全面小康跃升的拐点。建设文化强省也是在此时代背景基础上得以发生，其内涵指向也应适应这一历史阶段的社会需求。十九大提出的基本矛盾的转化，对全面小康建设时期文化强省建设的目标提出了具体要求，即"满足人民群众日益增长的精神文化需求和对美好生活需要"。全面建设小康时期文化强省建设的着力点是"建设中国特色社会主义文化，秉承中国的文化价值理念，坚持中国的文化立场，立足于当代中国的文化发展现状，思考和解决当代中国人关心的文化问题，提出中国的文化方案"。

（2）文化强省动力

四川加快建设文化强省的动力源泉，主要来自文化全球化、文化本土化与文化共享化。

文化全球化：文化全球化是与数字信息化时代紧密联系在一起的。随着信息和图像的数字化、卫星传播和远程电话、新电缆和光纤技术以及全球互联网等技术的飞速发展，人与人之间、国与国之间的交流与通信成瞬时之事，文化产品的生产、传播和接受也不再仅仅局限于国家之内、区域之内，而是跨越了民族与国家界限，在全球化的平台上交易与互动，实现"即时性（real-time）"的传递和接受。文化全球化意味着人类社会中不同民族、不同国家、不同地域的文化将会越来越相互依存、相互融合，构成一个基于"人类命运共同体"的"文化共同体"。全球各国不同形态的文化传统、文化价值、文化模式在同一个平台上，相互碰撞、磨合、实践，最终建构起一种新的文化关系和文化格局。文化全球化将促进文化的多元化与多样化发展。在文化全球化趋势下，各国的本土文化融入全球化，是各国文化生存与发展的内在需求。而提高本土文化产品竞争力，"走出去"参与全球化市场的竞争与融合，也是四川文化强省建设的发展动力之一。

文化本土化：文化强省建设，要适应全球化潮流，更要坚定不移地保持本土文化特色与个性。本土文化是指各个国家、民族、地区在长期发展历史中所积淀形成的语言、传统、信仰习俗、生活方式、价值观等一整套认知系统。文化本土化是与文化全球化相对而言的，越是民族的越是世界的，本土化是文化参与全球化的核心竞争力。全球化是人类文化发展的必然，代表文化转型的方向，而文化本土化则丰富了全球化文化市场的产品形态。四川文化强省建设只有坚持本土化特色，立足巴蜀文化的深厚沃土，生产具有巴蜀文化符号特色的文化产品，才能在全球化的市场上赢得生存和发展的空间。

文化共享化：共享是文化发展的本质要求，文化的最终目标是通过激发创造力与创新性，对优秀传统文化进行创新性发展、创造性转化，以百姓最能接受的方式，深度融入百姓的日常生产与生活，让人民群众共享多样化的文化成果，以满足精神文化需求，提升生活质量与品质，增强幸福感与获得感。要实现文化共享，就必须坚持为人民服务，以人民为中心，人民创造、人民共享的原则。通过发展经济、繁荣文化、完善机制，大力提升文化供给力、文化惠民力和文化共享力。将文化共享理念融入文化事业与文化产业的发展之中，结合文化小康的建设目标，完善文化设施，补齐文化短板，加大文化扶持力度，解决四川文化发展中的城乡差异、区域失衡等问题。加强革命老区、民族地区、贫困山区的文化设施建设和文化产品供给，特别关照农民工、留守儿童、老年人、残疾人等特殊群体的文化福利，通过实施文化扶贫项目开展文化的精准扶贫，消除城乡之间、区域之间、群体之间的文化差距，使所有人、所有地区都能共享优秀文化资源与成果。

（3）文化强省与治蜀兴川

新时代四川文化强省建设与推动治蜀兴川再上新台阶密不可分。文化强省建设必须与省委提出的"一个愿景、两个跨越、三大发展战略、四项重点工程"战略谋划相衔接，与四川文化小康建设、乡村文化振兴，贫困地区与民族地区的文化扶贫相结合。对巴蜀优秀传统文化、红色文化、民族文化进行创新性发展、创造性转化，激发人民群众的文化创造活力，满足人民日益增长的美好生活需要，加快建成标准化、均等化的现代公共文化服务体系。加快"文化＋""互联网＋"的融合，大力培育新兴文化业态，推动文化产业转型升级发展，围绕"一干多枝"的区域布局，优化文化产业空间布局，实现区域内文化均衡协调发展。大力推动文化产业成为国民经济支柱产业，实施优秀文化传承发展工程，加快文化资源嵌入产业链条，借助"一带一路"、长江经济带的发展，推动巴蜀文化对外交流融合。进一步完善文化管理体制机制，加强文化人才队伍建设，实施"巴蜀文化名家"工程，为治蜀兴川再上新台阶提供强有力的文化支撑与智力保障。

（二）四川文化的纵横比较

加快建设文化强省，应对四川文化在全国与西部地区的实力与水平以及发展格局有清晰认识。

（1）在全国的定位

从2016年四川文化发展指数和文化消费指数来看：2016年四川文化产

业增加值为 1323.8 亿元，在全国排名第七，是唯一进入前十的西部省份。与 2004 年相比，增长了 14.5 倍。2016 年文化产业增加值占 GDP 的比重为 4.14%，较 2004 年的 1.34% 提升了 2 倍。按行业分，2016 年四川文化制造业增加值占全社会文化产业的比重为 32.4%，文化批发零售业增加值占比为 4.7%，文化服务业增加值占比为 62.9%，而全国的数据显示，2016 年文化制造业增加值占全社会文化产业的比重为 38.6%；文化批发零售业增加值占比为 9.3%，文化服务业增加值占 52.1%[①]（见图 1）。

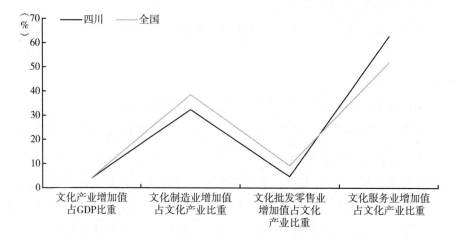

图 1　2016 年四川文化发展指数和文化消费指数

资料来源：四川省人民政府网站。

从全国各省地位来看，四川文化产业增加值及所占 GDP 比重，位于全国第二梯队。全国第一梯队是北京、上海、广东、江苏、浙江，第二梯队则分别是以鲁文化、赣文化、湘文化、巴蜀文化、闽文化、中原文化为代表的山东、江西、湖南、四川、福建、河南，六个省份文化产业增加值均突破千亿元大关（见表 1）。

---

① 《优秀文化绵延传承　文化发展成就辉煌——改革开放 40 年四川经济社会发展成就系列报告之十二》。

表1 全国部分省份文化产业增加值及占 GDP 比重

地区	项目	2016 年	地区	项目	2016 年
山东	文化产业增加值（亿元）	2481	福建	文化产业增加值（亿元）	1190.28
山东	占 GDP 比重（%）	3.94	福建	占 GDP 比重（%）	4.1
山东	人均文化产业增加值（元）	2590	福建	人均文化产业增加值（元）	3350
江西	文化产业增加值（亿元）	1500	四川	文化产业增加值（亿元）	1323.78
江西	占 GDP 比重（%）	5.0	四川	占 GDP 比重（%）	4.02
江西	人均文化产业增加值	3366	四川	人均文化产业增加值（元）	1645
湖南	文化产业增加值（亿元）	1911.26	河南	文化产业增加值（亿元）	1212.8
湖南	占 GDP 比重（%）	6.1	河南	占 GDP 比重（%）	>3.0
湖南	人均文化产业增加值（元）	2909	河南	人均文化产业增加值（元）	1289

资料来源：《2017 年中国统计年鉴》。

在第二梯队，2016 年文化产业增加值最高的是山东省，达到 2481 亿元，其次是湖南和江西，四川位列第四。文化产业增加值占 GDP 比重最高的是湖南省，达到 6.1%，其次是江西、福建，四川位列第四。从人均文化产业增加值来看，江西省以 3366 元排名第一，其次是福建、湖南、山东，四川以 1645 元排名第五，仅略高于河南省的 1289 元。

从文化消费指数看，2016 年四川文化消费指数位列全国第九，首次进入全国前十强。东部地区由于居民收入高，文化消费意愿、能力、水平、满意度等指数均远高于西部地区，而四川能作为西部省份能够跻身全国前十，也充分显示出四川人注重生活质量和精神享受的地域文化性格，这也为四川建设文化强省提供了广阔市场与可持续发展动能。

（2）在西部的定位

2017 年 12 月，四川文化创意产业研究院、中国人民大学创意产业研究院联合发布了《中国西部省市文化产业发展指数（2017）》和《中国西部文化消费指数（2017）》，四川在文化产业发展指数与创意指数两项指标上均高居西部省市第一。从文化产业发展指数来看，排名前五的其他省份依次是陕西、重庆、云南、内蒙古。四川的文化产业增加值总量远超西部其他省份新疆、陕西、甘肃、宁夏、青海、内蒙古、云

南、贵州、重庆、广西、西藏，只有文化产业占 GDP 的比重略低于年陕西（见表 2）。

表 2　西部部分省份文化产业增加值及占 GDP 比重

地区	项目	2016 年	地区	项目	2016 年
陕　西	文化产业增加值(亿元)	802.5	新　疆	文化产业增加值(亿元)	—
	占 GDP 比重(%)	4.14		占 GDP 比重(%)	—
内蒙古	文化产业增加值(亿元)	525.5	宁　夏	文化产业增加值(亿元)	75
	占 GDP 比重(%)	2.82		占 GDP 比重(%)	2.35
甘肃省	文化产业增加值(亿元)	181.17	青　海	文化产业增加值(亿元)	63.77
	占 GDP 比重(%)	2.8		占 GDP 比重(%)	2.48

资料来源：《中国西部省市文化产业发展指数（2017）》和《中国西部文化消费指数（2017）》。

从文化消费指数看，《中国西部文化消费指数（2017）》从文化消费环境、文化消费意愿、文化消费能力、文化消费水平、文化消费满意度五个方面测度了西部省份文化消费发展情况，四川文化消费综合指数位居第一。排名前五的西部其他省份依次是重庆、陕西、云南、内蒙古。文化消费环境方面，甘肃位列榜首，四川位列第五；文化消费意愿方面，内蒙古位列第一，四川位列第三；文化消费能力方面，四川排在首位，排名前五的其他省份依次是陕西、云南、重庆、西藏；文化消费水平方面，重庆排首位，四川位列第四；文化消费满意度方面，甘肃位居榜首，四川位列第三。

（3）四川文化强省形势分析

四川省委第十一届三次全会提出"加快建设文化强省"，这是省委在新历史起点上做出的一项重大战略决策，既充分体现中央精神又紧密结合四川实际，既准确把握四川省经济社会发展新要求又顺应人民精神文化生活新期待。四川建设文化强省具有以下优势。

一是丰富独特的文化资源是四川建设文化强省的重要支点。四川文化资源富集，特色鲜明，国家级历史文化名城数量在全国排名第一，世界自然与文化遗产数量在全国名列第二，全国重点文物保护单位数量在西部名列前茅。四川出土了三星堆和金沙两座距今 3000～5000 年的考古遗址，这两处遗址是现今所发掘出土的历史最久远，保存最完整的文明遗址，充分展现了巴蜀文化不同于中原文化的独特风貌。四川还有各级文物保护单位 6000 多处，博物馆、纪念馆 248 座，藏品共计 315 万件。四川有文化部命名的"自贡彩灯乡""安岳石刻之乡""中国民间特色艺术之乡"等地域民俗文化特色产业，还有蜀绣、川剧、民歌、藏戏、剪纸、皮影、年画、藤编等国家级非遗项目 139 项、省级非遗项目 522 项。四川也是文学大家辈出省份，四川几乎在每朝每代都涌现出了烛照文坛的文学大家，如汉代的司马相如、扬雄，唐代的李白，宋代的苏轼，明代的杨慎，清代的张问陶等。四川有古蜀文明、三国文化、道教文化、武术文化等优秀传统文化，还有藏羌彝等少数民族创造的风格独特的民族文化。四川也是红色革命文化资源极其丰富的省份，四川有第二大苏区川陕革命根据地，留下了抢渡金沙江、飞夺泸定桥、"彝海结盟"等精彩革命故事。在现代化建设进程中，四川人民充分体现了敢为天下先的精神，为中国改革开放事业贡献了具有创新性的改革实践。在汶川与芦山地震中，四川人民凝聚形成了伟大的抗震救灾精神、感恩奋进精神等，丰富了社会主义先进文化的时代内涵。这些优秀的文化资源与精神财富，是四川文化发展的立足点与着力点。对优秀地域文化进行创新性发展、创造性转化，将其深入嵌入产业链条，推动优秀传统文化与现代科技融合，赋予传统文化现代表达方式，把文化资源优势充分转化为产业发展优势，打造巴蜀气派、巴蜀风格的文化品牌，高质量推进巴蜀特色文化的转化发展，将为四川文化强省建设注入源源不断的动力与活力。

二是四川公共文化服务体系日趋完善，文化产业日趋壮大。2015 年 10 月，中共四川省委办公厅、四川省人民政府办公厅出台了《关于加快构建现代公共文化服务体系的实施意见》，从总体要求、加强公共文化服务标准化建设、促进公共文化服务均衡发展、提升公共文化产品和服务供给水平、推动公共文化服务社会化发展、推进公共文化服务与科技融合发展、创新公共文化管理体制和运行机制等方面对四川省现代公共文化服务体系建设做出了规划部署。2017年1月，四川省人民政府办公厅印发《四川省"十三五"文化发展规划》，从促进基本公共文化服务标准化均等化、加快公共文化设施提档升级、提升公共文化产品和服务供给水平、创新公共文化服务供给机制、实施广播影视惠民工程、推进文化精准扶贫、深入实施幸福美丽新村建设文化传承行动七个方面对"十三五"时期公共文化服务体系建设进行了规划。经过数年的发展，四川初步建立起了现代公共文化服务体系，一系列重大文化惠民工程也已经覆盖全川。

另外，四川文化产业稳步发展。四川创新文化发展理念，做大做强文化产业，培育壮大市场主体、扩大文化消费，培育具有核心竞争力的文化旗舰企业和小微企业，加快构建结构合理、门类齐全、科技含量高、富有创意、竞争力强的现代文创产业体系，重点发展文化旅游业、出版发行业、广播影视业、音乐演艺业、印刷复制业、文化用品设备制造业、文化创意设计服务业、数字文创业等八大文创产业。同时在"互联网＋""文化＋"的推动下，四川文化产业加快与一二三产业的融合发展，以"文化＋农业""文化＋工业""文化＋旅游""文化＋体育""文化＋康养""文化＋特色小镇"为融合模式，催生出的新业态和新产业正逐步成为推动四川文化产业高速高质量发展的新动能和新增长点，为四川建设文化强省打下了坚实基础。

三是大力推进文化体制改革。四川围绕转变政府职能，完善管理形式，强化依法行政、行业监管，健全文化市场等诸多方面，实施了从点到面、从局部到整体的文化体制改革。逐步破除体制、机制、制度、管理、投资、市场、消费环节上的障碍。近年来，随着四川文化体制改革及文化供给侧结构性改革的加速推进，文化骨干企业蓬勃发展，引领带动作用突出。

四是大力实施文艺精品工程、加强文艺队伍建设。四川着力打造"文艺川军"，激发巴蜀人才的创新力与创造力，致力于推动文艺创作从"高原"迈向"高峰"，最近数年推出了一批展示四川人民时代风貌、体现中国气派、凝聚巴蜀风格的文艺精品，为满足人民美好生活需要，加快建设文化强省奠定了坚实的基础。

（三）文化强省与治蜀兴川

2018 年 2 月，习近平总书记来川视察并发表重要讲话，明确提出推动治蜀兴川再上新台阶的总体要求和着力抓好党的十九大精神贯彻落实、着力推动经济高质量发展、着力实施乡村振兴战略、着力保障和改善民生、着力加强党的政治建设"五个着力"的重点任务，为做好新形势下四川各项工作提供了根本遵循和行动指南。加快推进四川文化强省建设，也在推动治蜀兴川再上新台阶的宏观战略下启动。四川文化强省建设的根本目标是满足人民群众日益增长的精神文化需求，着力点是推动治蜀兴川再上新台阶，战略支撑则是"一干多支，五区协同"的总体布局。

1. 根本目标：满足人民群众美好生活需要

党的十九大指出，我国的主要矛盾已经转化为人民日益增长的美好生活需要和不平衡不充分的发展之间的矛盾。美好生活离不开文化供给，人民对美好生活的需要，更多地表现在精神文化生活方面的期待与需要。伴随物质条件的改善，当前人民群众的文化需求已经呈现出了多层次、个性化和多样化的特点。满足人民群众日益增长的精神文化期待，也是文化强省建设的最终目标。满足人民日益增长的精神文化需求，应当从以下三方面着力。

首先是建立完善现代公共文化服务体系，提升文化惠民力。在新时代的文化大背景下，公共文化承担了传承优秀传统文化、凝聚社会主义核心价值观、提高公民道德和文化素质、满足人民群众基本文化需求的使命与功能。推动四川省公共文化服务体系建设，在实现文化小康，乡村文化振兴与文化精准扶贫方面，发挥了至关重要的作用。四川文化强省建设必须全面把握构建现代公共文化服务体系的主要任务，紧紧围绕"四个全面"战略布局，扎扎实实地把保障人民群众基本文化权益、保障和改善民生、建设社会主义文化强国的制度设计落到实处。

其次是激发文化创作与供给活力，为人民群众提供更多更丰富的高质量文艺精品。人民群众对思想精深、艺术精湛、制作精良的文艺作品提出了更

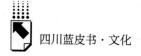

高的要求，四川的文艺工作者必须回应群众日益提升的品位与需求，深入生活、扎根人民，从巴蜀文化的深厚土壤里汲取养分，创作具有巴蜀风格与巴蜀审美的优秀文艺作品。

最后是将文化体制改革引向深入。完善文化管理体制，健全现代文化产业体系和市场体系，推动各类文化市场主体发展壮大，适应文化与科技、文化与制造融合发展的趋势，培育新型文化业态和文化消费模式。以高质量的文化供给，满足人民群众多元化、个性化、多样化的文化需求，增强人们的文化获得感、幸福感。

2. 着力点：推动治蜀兴川再上新台阶

四川省委十一届三次全会明确提出加快建设文化强省的战略目标，要以习近平总书记来川视察的重要讲话为指南，把乡村振兴、脱贫攻坚和改善民生工作作为重点来抓，这也是文化强省建设的着力点。

乡村文化振兴： 四川是农业大省，乡村振兴是四川全面小康建设的目标和方向。乡村是四川人民的精神家园，乡土社会凝聚了四川优秀传统文化的思想观念、人文精神和道德规范，因此，乡村文化振兴是文化强省的重要内涵。乡村文化振兴，就是要不断满足群众的精神文化需求，以高质量文化供给，为乡村注入灵魂与精神生命，将文化发展纳入新型城镇化建设规划，纳入幸福美丽新村建设，延续历史文脉，承载文化记忆，为乡村经济振兴提供可持续发展的文化动能。

文化脱贫攻坚： 全面建成小康社会，是四川最重要的历史使命，也是文化强省建设的重要内容。文化小康是全面小康的应有之义，也是扶贫攻坚的重要内容。文化扶贫是脱贫攻坚的重要抓手，文化扶贫重在"扶智"，要从文化和精神层面给予贫困地区扶持，为贫困地区带去先进的科学文化知识，转变落后的传统文化观念，培养并提升贫困地区发展经济的基础能力。文化扶贫不仅要满足群众的基本文化需求，还要开发特色文化产业，为贫困地区构建"造血功能"。

改善民生，实现文化惠民： 让人民共享优秀精神文化成果，同样是文化强省建设的重要组成部分。要完善文化供给体系、文化惠民体系，以社会主义核心价值观为引领，加强供给侧结构性改革，创新文化体制机制，切实保障人民群众基本文化权益，满足人民群众精神文化需求。要补齐短板，推动城乡、区域均衡协调发展。目前四川省基本建成了覆盖城乡的公共文化服务体系，但公共文化服务效能不高，有效供给不足的问题仍较突出，改善文化民生的任务迫切，这也为文化强省建设提出了努力方向。

传承发展优秀传统文化，推动巴蜀优秀传统文化创造性转化、创新性发展，加强巴蜀文化对外交流融合。优秀传统文化是四川独特的战略资源，是文化自信的源泉，也是文化强省建设的资源基础。四川要加快构建优秀文化传承传播体系，深入挖掘巴蜀特色文化内涵，充分发挥优秀传统文化在促进地方经济发展中的独特作用，坚持开放发展理念，加强与"一带一路"沿线国家和地区的文化交流与合作，积极吸收借鉴国内外优秀文化成果，推动巴蜀文化"走出去"，不断拓展文化交流和文化贸易渠道，以全球视野谋划和推动产品创新，丰富四川文化发展的内涵，进一步扩大发展空间。

3. 战略支撑："一干多支"下的文化强省

四川省委十一届三次全会深入贯彻落实习近平总书记对四川工作系列重要指示精神，审时度势，针对区域发展不充分、不平衡的现状，提出构建"一干多支、五区协同"的区域发展新格局。"一干多支"，"干"就是主干，指事物的主体或重要部分；"支"就是分支、支点、支撑。就四川的发展格局而言，"干"就是成都，成都作为新一线首位城市、世界百强城市，拥有雄厚的实力与巨大的发展潜力、区域辐射力与带动力。要加快将成都建设成全面体现新发展理念的国家中心城市，充分发挥成都在全川的领头羊作用。同时，全川要加快形成由环成都经济圈、川南经济区、川东北经济区、攀西经济区构成的多个支点支撑的格局。"干"与"支"协同发展，互为支撑，共同推动治蜀兴川再上新台阶战略目标的实现。

"一干多支，五区协同"也为文化强省建设绘制了新蓝图与新格局。在新的文化强省蓝图中，作为主干的成都，要充分发挥在文化事业、文化产业方面的优势，加强对几个支点区域的辐射引领能力。作为支点的环成都经济

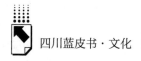

圈位于蜀文化核心地带，历史文化资源富集；川南经济区川酒、川菜、彩灯文化特色鲜明，拥有雄厚的产业基础；川东北经济区地域特色文化、红色文化、三国文化资源丰富；攀西经济区，甘孜、阿坝和大小凉山地区位于"藏羌彝文化走廊"的核心地带，民族文化资源丰富。"一干多支，五区协同"将推动区域内文化优势互补、错位发展、同频共振。

二 四川文化强省建设的经验与探索

党的十八大以来，以习近平同志为核心的党中央将"兴文化"作为宣传思想工作重要使命任务，提出"文化是民族的血脉，是人民的精神家园"重要论述，提出了更好地满足人民精神文化生活新期待的重要要求。四川在加快文化强省建设进程中，不断开拓进取、创新实践，取得了在西部省份中文化发展领先的重要成绩，探索出了文化发展的宝贵经验。

（一）以文化小康为引领，满足人民美好生活需要

近年来，四川省以文化小康为引领，不断打造文化精品、文化经典，提供精准到位的公共文化服务，有效地满足了社会公众对美好生活的需求，打造了独具四川特色的文化品牌，获得了较好社会效益和经济效益。

1. 落实文化小康理念，推动文化强省建设

文化小康是全面小康的组成部分，主要表现为社会领域中的文化氛围更加浓郁、文化产品更加生动深刻、文化生活更加精致多元、社会公众精神面貌更加昂扬进取、文化价值凝聚力、影响力和渗透力更加强大、对推动我国经济发展和提升国际话语权的贡献作用更加显著等。

确立经济支柱是文化小康理念的第一层内涵。经济支柱是文化小康引领文化强省的物质基础。党的十八大以来，党中央明确指出，全面建成小康社会，要使文化产业成为国民经济支柱性产业，文化软实力显著增强，社会主义文化强国建设基础更加坚实。事实证明，在社会主义文化强国的建设进程中，只要坚守文化与经济同生共济、精神与物质相得益彰，就能在建设小康

社会的道路上稳步迈进，并使文化产业得到不断提升与优化。^① 进入信息社会，尤其是大数据、人工智能技术在社会生活中广泛出现后，文化的理念、业态、价值、意义、走向都在发生重大改变。作为当前大力发展的绿色产业，文化产业具有能耗小、成本小、传播广的特点，大大减低了工业、制造业等产业对自然环境的严重污染。文化产业还具有打动人心、净化灵魂的功能，能有效地清除中低俗、诲媚、色情、暴力、血腥等不良社会心理和情绪，是政府进行社会治理的"助力器"。因此，在中央和地方"十三五"文化发展规划中，都将文化视作精神与经济的混合体，逐步形成产业为"体"、产品为"桥"、文化为"魂"的新文化产业体系。^②

建构"精神家园"是文化小康理念的第二层内涵。"精神家园"是文化小康引领文化强省的灵魂基础。文化小康的实施进程首先是为彷徨的精神注入定力，为黏滞的精神注入活力，为疲软的精神注入锐力。^③ "精神家园"的建构首先意味着传播文化正能量。通过对社会领域中涌现出的感人事迹加以宣扬和赞赏，在肯定其言行符合正能量特征的同时，不断激发、巩固每一个社会个体潜在的文化正能量。其次是提升文化软实力。聚焦文化的凝聚力、创造力、公信力和感召力，推动中优秀传统文化的"走出去"，还要使现代中国的发展风貌与价值观成功地"走进去"。最后是弘扬社会主义核心价值观。以富强、民主、文明、和谐、爱国等为内容的社会主义核心价值观，是当前我国社会的主流价值观，代表了中华民族最先进、最深层、最具国际精神的价值观，确立起中华文化体系赖以良性运行的价值中轴。具有独特魅力的巴蜀文化是中华文化谱系中一道极为亮丽的风景，为四川健康发展建构了触及天地与深植土壤的精神家园。

提供智力支撑是文化小康理念的第三层内涵。智力支撑是文化小康引领文化强省的才能基础。文化小康主要从理论提炼与人才储备方面为文化强省提供智力支撑。文化强省是一项涉及各行业、各部门的庞大系统工程，需要

---

① 蒋廷玉：《精神家园构建需要凝聚核心价值》，《新华日报》2012 年 12 月 9 日。
② 艾斐：《文化是小康社会的精神基石》，《光明日报》2017 年 9 月 21 日。
③ 蒋廷玉：《精神家园构建需要凝聚核心价值》，《新华日报》2012 年 12 月 9 日。

将习近平新时代中国特色社会主义思想与建设文化强省有机结合，需要完成文化挖掘、文化融合、文化提升等深刻而艰巨的任务。人才储备则涉及文化原创人才、外语翻译人才、经营管理人才、法律咨询人才等，亟须加快实施进程加以挖掘和培养，以满足文化强省的各项需求。

2. 抓转型调结构，文化强省迈上新台阶

据统计，2016 年，四川文化产业实现增加值 1323.78 亿元，比 2012 年增长 49.7%，年均增长 10.6%（未扣除价格因素影响），比同期 GDP 现价增速高 2.4 个百分点，文化产业在转型升级过程中呈现快速增长态势。为加速文化产业转型升级，2018 年，国家级和四川省级政策先后在文化"走出去"、自贸区文化产业发展与规模以上企业发展等多个领域涌现出较多亮点。

一是文化"走出去"政策为文化产业转型升级持续加码。在文化"走出去"方面，2018 年，《文化部"一带一路"文化发展行动计划（2016～2020年）》的实施进入深度发展阶段，与印度、缅甸、泰国、老挝、柬埔寨、新加坡等国家签订了政府文化协定，有力地推动了"一带一路"文化产业繁荣发展，打造了"一带一路"文化产业知名品牌，完善了"一带一路"文化产业交流机制。同时，四川着眼于本省特色，在文化产业"走出去"上不断创新指导思想和实施纲领。四川省文化厅出台了《关于推动全省文化系统文化产业倍增发展的指导意见》。2018 年 4 月，《四川省促进川菜走出去三年行动方案（2018～2020 年）》正式出台，在全国餐饮文化产业上开风气之先，走在了文化产业转型升级的前列。该方案全面提升了川菜的创新力、竞争力、渗透力和影响力，有效地弘扬了以清鲜醇浓著称的川菜文化。

二是自贸区文化产业发展政策为文化产业转型升级保驾破壁。自贸区为文化产业发展提供保障、放宽限制。2018 年，国务院印发了浙江、湖北、四川、陕西等第三批自贸区的总体方案，各自贸区均针对文化产业基地建设、文化产业走向、文化贸易等维度发布了正式规制，如进一步转变政府职能，建立精简高效的统一行政审批机构；建立自贸区跨部门知识产权执法协作机制，保护文化产业健康发展。自贸区的负面清单比 2017 年减少了近 10

个条目、27 项措施。其中，缩减与文化产业相关的措施 5 项，涉及的文化产业包括信息技术服务，文化、体育和娱乐业等，自贸区文化产业外商投资限制再次放宽。① 四川地方政策对自贸区文化产业发展更是具有"加速器"的功效，如四川高度重视文化艺术品交易市场功能的不断深化拓展，支持在国务院批准的海关特殊监管区域内，正式实施文化艺术品的保税业务，为海内外知名文化艺术品的生产、储藏、运输、交易等业务提供及时高效的全面服务。② 自贸区政策对四川文化产业转型升级起到了保驾破壁的重要作用，推动文化产业进一步转型升级。

三是规模以上文化企业③发展为文化产业转型升级打造品牌。随着四川省推动文化产业成为国民经济支柱性产业和建设文化强省战略目标的逐步实施，规模以上文化企业的发展状况已成为衡量四川文化产业发展水平的重要指标。首先，规模以上文化企业是打造知名品牌的重要主体。成都红星路35 号、绵阳文博会展、自贡彩灯、南充木偶、宜宾名酒、建川博物馆等，既具有巴蜀文化与天府文化的独特魅力，又能在优雅时尚中呈现全球视角和时代风貌，对四川文化产业转型升级、创造具有天府文化内涵的世界级文化品牌具有重要推动作用。其次，规模以上文化企业决定文化产业发展的规模、方向以及整体实力。特别是随着"文化＋科技""文化＋商务""文化＋旅游""文化＋金融"等新业态的出现，四川在动漫游戏、影视作品、智能媒体、数字文化等产业都培育了一批规模大、平台宽、素质高、盈利稳的规模以上文化企业。2018 年第一季度数据表明，四川文化产业及其相关产业共有 1709 家规模以上企业，共实现营业收入 6895257 万元，比 2017 年同期增长 16.2%，比全国增速高 5.7 个百分点。④ 这些规模以上企业为四川建设

---

① 苏诗钰：《第三批自贸区有望近期统一挂牌　梯度发展新格局形成》，《证券日报》2017 年3 月 29 日。

② 何涛：《自贸区大力支持各类交易市场建设》，http：//www. sohu. com/a/132568503_426321。

③ 规模以上文化企业，指年主营业务收入在 2000 万元以上的文化企业。

④ 邵希炜：《2018 年第一季度四川省规模以上文化产业营收同比增 16.2%》，http：//news. sina. com. cn/c/2018－06－20/doc-ihefphqk2971295. shtml。

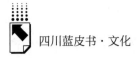

文化强省打造了诸多优质文化品牌。

四是积极参与游戏规则制定，为文化产业转型升级开疆拓土。2018 年 1 月 27 日，在瑞士日内瓦召开的国际电信联盟第 16 研究组全体会议上，由我国主导的手机（移动终端）动漫标准顺利通过审议。经过 6 周的全球公示，3 月 16 日，该动漫标准正式发布成为国际标准，由此成为我国文化领域的第一个国际技术标准。① 从目前的发展现状来看，中国动漫标准的顺利通过，意味着我国在动漫产业领域已经占据了国际市场高端位置，在文化"走出去"进程中获得了全球认可。四川动漫产业发展的势头一直保持良好，拥有国内首屈一指的国家级动漫产业基地，诞生于成都的"爆款"网络游戏"王者荣耀"正在打造以《王者荣耀》IP 为核心的文创生态系统。中国版动漫标准得到全世界认可，极大地激发了四川文化产业走向世界、参与构建文化产业国际标准群的积极性。成都·国际数字娱乐博览会被定位为全球粉丝经济最为强盛的国际游戏动漫展，于 2018 年 4 月 20 ~ 22 日在中国西部国际博览城隆重举办，吸引了 100 位世界级行业翘楚、500 位业内精英、150 家国内知名游戏厂商、40 家世界知名游戏厂商、10 家世界顶级游戏公司联袂参展，展厅面积达 10 万平方米，博览会参与者超过 20 万人次。②

3. 促进四川文化产业的结构调整

一是文化产业核心部分和新业态发展势头更加强劲。首先，文化服务业的发展越来越受到高度关注。在第三产业大行其道的时代，文化服务业水平的高低逐渐成为衡量区域和国家文化产业发达程度的主要标志之一。文化服务业主要包括新闻信息服务、出版发行和版权服务、广播影视服务等行业。近两年来，四川文化服务业发展的增长幅度达到了 27.5%。这个数字远高于 2017 年、2018 年四川文化制造业和文化批发零售业的增速。③ 其次，新

---

① 王莹：《我国原创手机动漫标准正式成为国际标准》，《新华日报》2018 年 3 月 17 日。
② 吴梦琳：《百花齐放！2018 年四川这些文化化产业项目值得期待》，https：//sichuan. scol. com. cn/ggxw/201801/56069422. html。
③ 四川省统计局：《产业规模稳步发展　创意产业引领强》，《四川省情》2018 年第 3 期。

兴文化产业势头迅猛。"十三五"期间，四川为打造具有独特影响力的全国文化建设示范区、推动文化强省进程，大力发展新兴文化产业。文化创意产业更是其中支持的重点产业之一，已成为四川新兴文化产业发展中毋庸置疑的最大亮点。2017年，四川文化创意和设计服务产业实现营业收入362.56亿元、利润总额134.96亿元，比2016年增长49.2%，增速之大令省内外瞩目。①

二是文化领军企业发展势头愈加迅猛。一批四川文化领军企业（如四川长虹、腾讯科技、新华文轩、四川省有线广播电视网络等）营业收入实现大幅增长：2017年，国有控股文化企业的营业收入达到1281.65亿元，比2016年增长11.7%。利润收入实现大幅增长：2017年，文化领军企业实现利润总额49.67亿元，比2016年增长12.7%，有效弥补了国有控股文化企业在之前三个季度的亏损额度。② 四川新华发行集团成功入选全国"文化企业30强"，四川日报报业集团旗下华西传媒集群品牌价值近150亿元，四川广播电视台新媒体经营实现新突破等。

三是文化产业投资额和资产规模不断扩大。2016年，四川省文化厅和工行四川省分行、农行四川省分行等多家金融机构分别签署了《支持文化产业发展战略合作协议》，在文化产业领域建立长期稳定的战略合作关系。2017～2018年，四川文化产业完成投资1438.3亿元，比上年增长23.3%。③ 文化产业投资额和资产规模的不断扩大，为四川文化产业的高速发展注入了强大的动力。

四是基层文化设施改善促进居民文化消费。截至目前，四川共有印刷发行企业11308家、各类发行网点11761个，印刷行业从业人员约为14万人。四川完成1933个行政村广播"村村响"、25万户电视"户户通"工程。全省21个市州均建成农村电影放映信息监管平台，已放映586703场公益电

---

① 四川省统计局：《产业规模稳步发展　创意产业引领强》，《四川省情》2018年第3期。
② 四川省统计局：《产业规模稳步发展　创意产业引领强》，《四川省情》2018年第3期。
③ 四川省统计局：《产业规模稳步发展　创意产业引领强》，《四川省情》2018年第3期。

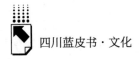
影，观影人数高达 4000 万余人次。① 形式多元且内容丰富的基层文化设施较之前得到大幅度改善，极大地激发了四川居民对文化产品、文化精品的热情与喜爱，增强了社会领域的文化氛围。

4. 加快四川文化产业的动力转换

之前，四川文化产业发展主要由文化产业政策持续推动，市场的主动性与自我意识培养不够完善。近年来，在文化强省的总目标引导下，在"文化+"新型业态的激励与冲击下，四川文化产业发展加快转换动力，文化—科技—金融三元动力结构基本成型。

首先，文化科技融合发展。文化科技融合是信息时代四川推动数字文化产业发展的主要政策抓手。国家动漫游戏产业（四川）振兴基地、国家级文化产业园成都青羊绿舟文化产业园积极探索数字文化创意产业专业孵化服务模式，致力于打造数字产品策划、创意、研发、实施的完整产业链，品牌影响力及盈利能力实现了质的飞跃。在文化和自然遗产方面，四川博物馆制订了数字化战略，主要包括智慧博物馆架构基础平台建设、多媒体导教可视化系统、藏品管理系统的开发、基础网络升级的改造等工作。巴蜀青铜类、书画类珍贵文物数字化保护项目均于 2018 年顺利通过评审。在表演和庆祝活动方面，2017 年艾瑞数据显示，四川是我国数字音乐重度使用省区，网络数字音乐市场规模已处于中西部地区首位。在设计和创意服务方面，四川时尚产业已迈进智能制造阶段，正以充电网、车联网、互联网"新三网融合"为支撑，打造全国最大的新能源汽车智能充电服务平台。在人工智能方面，以四川文轩云图为例。其在智慧阅读上进行了创新，以"24h 智能书店"为载体的智慧阅读服务网点给四川阅读文化建设和市民阅读文化生活带来巨大变化。以"共享阅读+深入市民生活场景的自助服务网点"的模式，打通了阅读服务的最后一公里，构建起了城市 15 分钟阅读文化圈。

其次，文化金融融合发展。文化金融融合发展是党的十九大以来，我国

---

① 四川省统计局：《产业规模稳步发展　创意产业引领强》，《四川省情》2018 年第 3 期。

完善文化要素市场机制的核心政策。四川历史悠久、文化资源丰富、社会群体文化需求多元、金融机构数量规模位居全国前列，为四川文化金融融合发展奠定了良好的文化氛围与产业基础。在此基础上，可考虑发展针对文化产业的文创基金、文创微贷等金融专营机构，打造文化金融融合产业链，为文化产业提供丰厚的资金支持。2017 年，《中共成都市委　成都市人民政府关于深化人才发展体制机制改革　加快推进国家中心城市建设的实施意见》正式发布，着手建立成都文化产业推进和保护机制，包括大数据交易中心、知识产权交易中心、区块链知识产权抵押融资平台等，为文化产业迅猛发展保驾护航；推动成立文创产业基金，力争将近百亿元的资金及时用于新兴文化产业发展；在全社会引导和鼓励社会资本投资文化产品、文化精品的消费，使文化与金融结合得更紧密、更契合、更高效。

（二）以供给侧改革为重点，释放文化产业新红利

1. 开启新供给

一是以工匠精神实施文化精品战略。在精品战略的指导和引领下，四川文化佳作不断涌现。如 2017～2018 年，电视剧《索玛花开》《铁血护国之青年朱德》《我的 1997》分别入选国家新闻出版广电总局迎接党的十九大胜利召开、庆祝建军 90 周年、庆祝香港回归 20 周年参考剧目，《我的 1997》《索玛花开》《天下粮田》在央视一套黄金时段播出。电影《李雷和韩梅梅—昨日重现》票房达到 4080 万元，纪录片《二十二》《重返狼群》票房分别达到 1.78 亿元、3060 万元。[①] 近两年，由于重视投入优质人才和丰厚资金，着力挖掘传统文化和民族文化精髓，四川一批精品剧目获得国家艺术基金立项，包括川剧、民族歌剧、话剧、音乐剧等共 34 项。尤其是《尘埃落定》和《家》剧目共同入选国家艺术基金 2017 年度大型舞台剧和作品滚动资助项目。据悉，该项目共有十项剧目入选。[②]

---

① 谢燃岸：《你贡献了多少？四川 2017 电影票房突破 28.9 亿元　全国第六》，《封面新闻》2018 年 1 月 18 日。

② 四川省统计局：《产业规模稳步发展　创意产业引领强》，《四川省情》2018 年第 3 期。

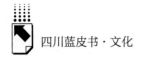

二是推进现代文化市场体系建设。2014 年，四川发布了《四川省深化文化体制改革实施方案》。四川深入推进转企改制，在确保和发挥新华发行集团等国有文化企业在市场中的主体地位和主导作用的同时，鼓励跨区域、跨行业、跨所有制的文化企业兼并重组；鼓励非公有制文化企业发展，如安仁建川博物馆、四川金手指文化传播公司、成都武侯祠锦里旅游文化经营管理公司等。四川建立多层次文化产品和要素市场，如根据同一文化 IP 的内容创作不同层次的文化产品，以三星堆文化 IP 为核心创作的现代舞剧《根》、畅销北美的小说《金色面具》、三星堆博物馆等，为不同层次的观众提供了多种神秘古朴的视觉盛宴。

2. 释放新需求

（1）"一带一路"倡议助推文化产业释放新需求

2017 年 6 月 12 日，《四川文化融入"一带一路"战略实施意见（2017～2020 年）》征求意见稿向社会发布。两年来，四川在新加坡、马来西亚、泰国、印度、俄罗斯等"一带一路"沿线国家和地区举办文博展览，同时，来自阿富汗、俄罗斯等国家和地区的文化作品也纷纷到四川办展，"一带一路"文化在古蜀大地上大放异彩。2017 年，四川邀请泰国国家电视台来川拍摄，深入九寨沟、水磨镇等著名景点和灾后重建示范镇拍摄专题电视片，该片在泰国国家电视台黄金时段滚动播放，大大提升了四川旅游资源的国际知名度。四川组织缅甸缅中友好协会带领汽车行业、建筑行业等企业家代表们来川考察，为四川文化产品及企业"走出去"奠定了东南亚基础。自贡彩灯、蜀绣、唐卡等特色文化产品更是成为一张张亮丽的四川名片，飞向亚洲、欧洲、美洲各地。四川文化产业与国际社会的深度交流沟通，大大激发了社会公众的文化需求。

（2）人工智能发展助推文化产业释放新需求

2017 年 7 月 20 日，国务院发布的《新一代人工智能发展规划》指出："人工智能将进一步释放历次科技革命和产业变革积蓄的巨大能量，并创造新的强大引擎，重构生产、分配、交换、消费等经济活动各环节，形成从宏观到微观各领域的智能化新需求，催生新技术、新产品、新产业、新业态、新模式。"① 据腾讯发布的《2017 互联网科技创新白皮书》，四川人工智能产业位居中西部地区乃至全国前列，人工智能企业数量排全国第六位。在VR（虚拟现实）、AR（增强现实）、MR（融合现实）等智能虚拟技术迅猛发展的背景下，静态物品"活"了起来，给平日常见的文化产品增添了原本没有的魅力，吸引了更多社会公众参与。2017 年，四川文物博物馆打造的"智慧博物馆"即为一例。展厅里不再是静止的文物，而是用 VR 技术再现的两千年前汉代巴蜀人民耕作、酿酒等市井情景，使参观者仿佛置身于两千年前的古代社会，令参观者叹为观止，大大激发了社会公众对文化产业的兴趣和需求。

（3）文化 IP 发展助推文化产业释放新需求

文化 IP（Intellectual Property）原义为知识产权。伴随着新媒体的崛起，文化 IP 已经成为一个具有核心效应、标杆效应、品牌效应的文化符号，其在文化产品中具有较高的辨识度、较多的流量值、较强的变现能力。近年来，四川文化产业迅速发展，文化产业发展指数和文化消费指数均居西部第一。在这样的背景下，文化 IP 效应逐步提升，以其为中心衍生出一大批文化产品。从目前的状况来看，四川本土生产的影视、小说、动漫、游戏等文化产品丰富多彩、交相辉映，形成了以四川文化 IP 为核心的文化产品矩阵，有力地助推了文化产业释放新需求。2018 年 10 月 28 日，四川著名文化 IP之一、国内外风靡不衰的《王者荣耀》举办了一场纪念三周年的大型线下音乐盛典，推出王者荣耀虚拟偶像。当晚，AR 形象下的人气英雄"貂蝉"成为"峡谷第一舞姬"。根据腾讯透露，《王者荣耀》未来将围绕"貂蝉"专门定制一系列的发展计划。② 这样看来，以"王者荣耀"为文化 IP，逐渐衍生出音乐盛典、虚拟偶像等文化产品，还有望衍生出影视、小说、话剧等更多的创新杰作。

---

① 四川省文化厅：《四川文化融入"一带一路"战略实施意见（2017～2020）》，http：//www. sc. gov. cn/10462/10771/10795/12400/2017/6/12/10425324. shtml。
② 许恋恋：《〈王者荣耀〉欲推"貂蝉"出道，四川本土游戏自成文化 IP》，《每日经济新闻》2018 年 10 月 31 日。

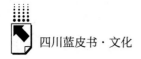
3. 拓展新市场

一是培育"走出去"的四川文化企业。2014 年，四川省人民政府出台了《四川省人民政府关于加快对外文化贸易的实施意见》，2017 年又出台了《四川文化融入"一带一路"战略实施意见（2017～2020 年)》，从政策、资金、税收等多方面对一些重点文化企业、文化对外贸易企业进行资助和扶持，并制定了详细的措施，使四川文化企业能够通过新设、兼并、收购、合作、投资等多种方式，在境外设立、收购或兴建文化企业、文化项目或文化贸易基地。① 在上述政策实施过程中，多家四川文化企业表现突出，有效地拓展了文化产业新市场。2017 年 5 月 14 日，总部位于成都的域上和美集团在尼泊尔的投资项目"中国尼泊尔文化产业园"签约成功。2017 年 5 月 21 日，川菜、川茶、川剧等巴蜀文化代表企业搭乘"海上丝路"号首航邮轮从意大利罗马出发，行程 30 多天，让来自世界各地的游客近距离感受巴蜀文化的独特魅力。② 依托自贡灯展平台，四川多家文化企业每年都会在欧洲、美洲、亚洲和非洲诸多国家举办近百场商业灯展。四川培育出的优秀文化企业既将巴蜀文化传播到全世界，又开拓了四川文化产业的新市场。

二是积极开拓海外文化市场。四川一直加强外向型文化产品线建设。2017 年，四川省文化厅出台了《四川文化融入"一带一路"战略实施意见（2017～2020 年)》，结合四川省融入"一带一路"建设的战略规划和文化强省的战略方针，围绕巴蜀文化艺术全球推广计划，切实推动四川与"一带一路"沿线国家的文化交流、文化传播、文化贸易创新发展。2017～2018年，《藏谜》《蜀风雅韵》《飞翔》等文化项目在欧美国家和亚洲国家都取得了良好的演出效果，所到之处，无不受到海外社会群体的热情关注和喜爱，四川文化与世界文化的交流进一步深入。据统计，5 年来，四川文化产品和服务进出口年均增长 40% 以上，版权进出口贸易合同备案超过 1300

① 四川省政府办公厅：《四川省人民政府关于加快发展对外文化贸易的实施意见》，http://www. sc. gov. cn/10462/10771/10795/12400/2017/6/12/10425324. shtml。

② 四川省政府办公厅：《"一带一路"为四川企业走出去壮了胆》，http://www. sc. gov. cn/10462/10771/10795/12400/2017/6/12/10425324. shtml。

件，数量居全国前列。2017 年，四川省核心文化产品出口总额达 62613 万美元，比上年增长 39.6%。①

三是打造四川文化品牌。2017 年，《四川省"十三五"文化发展规划》正式发布，要求在文化领域打造一批具有自主知识产权和国际竞争力的特色文化精品。"重点打造培育一些特色文化品牌，培育重点项目、重点人物、重点工程等，培养一批重点骨干企业，把藏羌彝特色文化产品等四川丰富的文化产品集成化、品牌化，推动它们'走出去'"。② 2018 年，四川集中精力重点打造"大熊猫文化品牌"，首次任命了"大熊猫文化全球推广大使"，启动了"新时代 新征程 熊猫启航计划"，成立了全球首个大熊猫文创中心，筹建了全球首个云养大熊猫主题体验空间"熊猫驿栈"。熊猫文化产品"洲际熊猫酒"荣获 2017 年度"青酌奖"酒类新品大奖。"大熊猫文化品牌"在国内国际的影响力都在逐渐增强，成为四川省最亮丽的名片之一，提升了四川大熊猫文化的国际传播力，切实地"讲好中国故事"，真正实现国内国际文化市场的民相亲、心相通。

（三）以城镇化为依托，推动文化产业纵深发展

首先，城镇化的新阶段推动升级文化产业集群。城镇化进入新阶段之后，在资源配置方面，优化了文化产业集群要素；在产业转型方面，提升了文化产业结构；在发展平台方面，拓展了文化产业集群的纵深空间。不仅大大降低了文化产业的运作成本，还有效地提升了文化产业集群的发展质量。到 2018 年，四川全省常住人口城镇化率达到 51.7%，③ 大大推动了文化产业集群的形成速度。以省会成都为例，2017 年，温江区聚焦文化创意旅游和医疗康体休闲旅游产业，以家庭休闲旅游、文化创意旅游、商务会奖旅

---

① 四川省统计局：《产业规模稳步发展 创意产业引领强》，《四川省情》2018 年第 3 期。
② 四川省文化厅：《郑晓幸谈四川"十三五"文化发展新思路》，http://www.sc.gov.cn/10462/10771/10795/12400/2017/6/12/10425324.shtml。
③ 谢燃岸：《2018 年四川全省常住人口城镇化率将达 51.7%》，《华西都市报》2018 年 1 月 12 日。

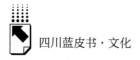

游、健康养生养老度假等为主要客群，着力培育一个百亿级的文化创意旅游产业集群，以"一核一区两组团"的空间格局发展城市文化创意旅游，塑造"全域文化旅游"的产业品牌。①

其次，城镇化的新市民推动形成文化产业动力。在四川城镇化过程中，大量富余的农村劳动力纷纷进入城市生活和工作，截至 2017 年，四川城镇人口超过 4200 万人，扣除人口自然增长部分，四川未来城市化将吸收农村富余劳动力 800 万人以上。新市民的人口数量如此庞大，为四川文化产业向纵深发展提供了动力。受文化水平、生活方式和现行体制的限制，大部分新市民难以在短时间内适应城镇生活，对新身份的喜悦憧憬和现实生活工作的重重压力矛盾，时常纠缠在一起。为了向决策者反映新市民的辛勤工作和火热生活，为了梳理抒发自己的心路历程，也为了与城镇原住居民更加和谐地生活，新市民对文化创作的热情可以用"积极"来形容。2018 年 11 月，四川省第三届农民工原创文艺作品大赛开幕。首届和第二届农民工原创文艺作品大赛共收到文学作品 3864 件，音乐作品 581 件，美术、书法、摄影作品2037 件，② 宣传了新生代农民工为经济社会发展做出的巨大贡献，展示了农民工良好的精神风貌和艺术才华。

再次，城镇化的新消费推动形成文化产业能源。文化消费指人们为了满足自己的精神文化需求而采取不同方式来消费精神文化产品和购买精神文化服务的行为。近两年，成都市发布了《成都市关于引导城乡居民扩大文化消费试点工作实施意见》《成都市开展引导城乡居民扩大文化消费试点工作方案（2017 ~ 2020 年)》，明确了试点工作的目标、主要任务和保障措施，提升了公共文化服务效能，为新市民搭建了文化消费平台，激活了其文化消费动力，培育了其文化消费习惯。相关数据显示，到 2018 年第一季度，我国新市民高达 1.74 亿人，同比增长 1.1%；月均收入达到 3736 元，同比增

---

① 李渝、彭超:《成都温江着力打造百亿文化创意旅游产业集群》，《中国日报》2015 年 5 月13 日。

② 李思忆:《四川第二届农民工原创文艺作品大赛获奖名单》，《四川日报》2015 年 12 月16 日。

长 7.3%。可以看出，新市民在人数规模和工资收入两方面都得到了良性发展。① 在这个庞大的新市民群体中，40 岁以下的人口数量约占人口总数的50%，青年群体规模巨大。对青年新市民群体来说，其文化产品的消费倾向较为强烈，几乎占据其总收入的 1/5。四川青年新市民的人均每月文化消费支出数额为 423 元，② 远远高于城镇居民。从文化消费结构上看，青年新市民群体对手机、电脑等新媒体传播的文化信息更为青睐，平均每天在手机上浏览文化产品的时间已超过 170 分钟。③ 如此庞大的文化消费群体和消费数额，为四川文化产业纵深发展提供了前进的能源。

最后，城镇化的新需求推动形成文化产业供给。新的市民群体必然产生新的文化需求。对于新市民来说，公共文化产品的供给应该适合这些游走于城镇居民和农村大众的"中间夹层群体"，应更具丰富性、多元性、针对性、时代性和前瞻性。2018 年，四川重点实施公共文化服务提质工程，进一步加大从省级到村级的五级公共文化服务基础设施网络建设，有效满足城镇化的新需求。2018 年，四川省文化馆、博物馆、图书馆到馆人次达到约 8200 万人次，超过了历史记录。④ 2018 年四川公共文化服务共有下列亮点：武侯祠成都大庙会五彩灯组点亮传统文化；振兴实体书店打造全新阅读服务体系；广袤乡土孕育大凉山风情歌舞；等等。据统计，2016 年，四川公共文化服务投入人力、物力、财力的进步指数位居全国之首，公共文化服务的进步指数也创造了有史以来的最高峰，位居全国第二。这些为新市民群体提供的丰富多彩、富有时代魅力和巴蜀文化特色的文化精品，为打造名副其实的文化强省提供了有效的文化供给。

---

① 李炼：《我国新型城镇化发展路径研究》，《农村经济》2017 年第 3 期。
② 李炼：《我国新型城镇化发展路径研究》，《农村经济》2017 年第 3 期。
③ 程功：《新市民群体的文化消费研究》，http://news.sina.com.cn/c/2018 - 02 - 07/doc-ifyrkrva4339165.shtml。
④ 吴晓玲：《2018 年我省将重点实施公共文化服务提质工程》，《四川日报》2018 年 2 月 7 日。

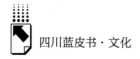

（四）以融合发展为契机，再造文化产业新业态

十九大以来，文化已经成为国家产业发展中不可或缺的重要元素。在核心产业发展规划中，都将文化元素有机融入资源体系，文化元素带来的高附加值吸引更多产业朝着文化之路飞速迈进。进入信息时代的重要特征之一，就是以互联网为总轨道来运行绝大多数产业。从行业分类来看，以"互联网＋文化"为核心的新业态发展势头一日千里：2015 年实现增加值 135.39亿元，比 2012 年增加 124.05 亿元，年均增速为 85.9%；[①] 2016 年，全省规模以上文化信息传输服务业的营业收入为 102.14 亿元，比上年增长42.4%。[②] 在各产业难以各自为政的互联网时代，互联网铺设出来的总轨道为融合提供了坚实基础。文化与产业的融合、文化产业与高新技术的融合等，不仅是时代大潮的趋势所向，也是文化产业获得良性高速发展的根本途径。

（五）以机制创新为突破，构建充满活力的文化体制机制

创新与改革并重。2014 年，四川出台《四川省深化文化体制改革实施方案》，进一步明确了建立健全科学高效的文化管理体制的具体措施和运作机制。随后，《四川省深化国有文艺院团改革专项方案》《四川省推动传统媒体和新兴媒体融合发展专项方案》《关于加快构建现代公共文化服务体系的实施意见》等政策文件，为文化体制机制创新提供了战略思路和具体举措。2017~2018 年，在一系列政策文件指导下，四川文化体制机制创新取得了有目共睹的成绩。一是文化机构制度改革形成了良性效应。在公益性文化事业单位有效开展劳动人事、收入分配、社会保障等三项制度改革，主要改善了单位职工的职位晋升、经费获得与社保优化等核心利益，大大提升了公益性文化事业单位进行创新、创造、创作的活力，也为体制机制创新储备

---

① 张良娟：《改革激发活力，共建精神家园》，《四川日报》2016 年 1 月 19 日。
② 张良娟：《改革激发活力，共建精神家园》，《四川日报》2016 年 1 月 19 日。

了新生力量。二是骨干文化企业都完成了文化机制改革任务。截至 2018 年底，17 家出版单位、114 家发行单位、15 家电影公司、18 家电影院、1 家电影制片厂、60 家一般国有文艺院团和 2 家省级党报党刊发行机构等通过制度改革都实现了资源优化配置，焕发出新的创造活力。[①]

资源与市场并重。一直以来，四川文化企业整体竞争力不强，大多数文化企业处在拼价格、拼打折、拼促销状态。随着市场竞争的日趋激烈和产品的高度同质化，要想在制高点上掌控市场，要想使文化产业以其高附加值广受青睐，文化资源的深度挖掘与市场对接就显得更为重要。在文化体制改革的背景下，四川切实推动文化资源深度挖掘与市场对接，建立健全政府部门推动优秀文化资源生产销售的扶持机制，充分发挥四川文化产业品牌扶持资金的示范导向作用，储备一批重点文化资源项目，培育一大批具有四川特色和国际影响力的优秀文化品牌，在文化产业发展中很好地发挥了引领示范作用。近年来，四川共扶持文化资源项目近 200 项，安排资金共计 3000 万元，对重大文化产业项目的资源挖掘、展示、推广和自主知识产权保护等工作起到了重要的扶持和推动作用，特别是对民营文化企业，动漫、网络游戏等新兴文化产业和文化"走出去"重点扶持项目效果尤为突出。

（六）以传统文化为支撑，弘扬传承优秀历史文化

传统文化的创造性转化。文化的创造性转化，主要指将传统文化中的符号与价值加以有机改造，使经过改良的符号与价值逐渐转化为有利于提升的种子，同时在理念、形式、内容、传播的提升过程中继续保持传统文化的固有精髓。创造性转化着眼于在旧有文化体系中挖掘有机的新生元素，再将其与传统文化中的精髓相结合，从而产生新文化体系。[②] 四川文化资源丰厚，尤其体现在传统文化资源上。但一直以来，四川传统文化企业多而杂、分布散，整体实力不强。针对传统文化产业发展现状，近年来，四川着力对各市

① 张良娟：《改革激发活力，共建精神家园》，《四川日报》2016 年 1 月 19 日。
② 商志晓：《中华传统文化创造性转化创新性发展的哲学审思》，《光明日报》2017 年 1 月 9 日。

州传统文化资源进行整合梳理。截至 2018 年，已在全省规划建设了 28 个区域性传统文化产业群，切实增强了四川传统文化产业的整体实力，彻底明确了四川传统文化产业的深挖方向，有效提升了四川传统文化产业的渗透力和竞争力，为四川实现传统文化创造性转化提供了强大的支撑动力。

传统文化的创新性发展。文化的创新性发展，主要指传统文化中具有通约性、独特性、时代魅力并可为四川建设文化强省建设服务的精髓部分，其可主动适应现代社会，解决当代问题。四川文化是一个完整的、有自身独特发展历程的文化体系，在五千年演变中逐渐形成了独有的思想方式、行为方式和传承风格，具有独特的品牌魅力。如果这些已渗入文化基因的思维方式、行为方式与传承风格无法与现代社会实现良性交融，无法有效解决现代社会问题，那么，四川文化就难以在新时期产生旺盛的生命力和强大的影响力。[1] 近年来，四川在传统文化基础上大力发展创新文化，创造性地提出了打造"创新创造、时尚优雅、乐观包容、友善公益"的天府文化。一方面，天府文化深蕴传统文化的泱泱气魄与厚重凝练；另一方面，天府文化衍生出创新文化的犀利锐气与蓬勃生机。以自贡灯会为例，自贡灯会始于唐宋，兴盛于明清，创新于当代，距今已有上千年的厚重历史。随着时代的发展，自贡灯会融传统的制灯工艺与现代智能科学技术于一体，在传统工艺灯精细、单调、静态的基础上，融入高科技元素，创新出恢宏、多元、联动的特色。如采用世界先进的光电技术（数控器件译码器、计数器、声控、光控等），成功打造了流光溢彩、炫亮精致、浪漫梦幻的古今融合式彩灯展，使千年彩灯在智能时代呈现出崭新的科技魅力。

三 加快四川文化强省建设的着力点

中共四川省委十一届三次全体会议指出，推动经济文化高质量发展是四

---

[1] 商志晓：《中华传统文化创造性转化创新性发展的哲学审思》，《光明日报》2017 年 1 月 9 日。

川的首要任务。而文化小康既是推动四川由文化大省向文化强省转变的主要抓手，也是四川实现全面小康、走向高质量发展的精神基石和重要领域。文化小康是一个具有多样性内容的系统工程，要求把社会主义核心价值观融入社会生活的方方面面，以创新、协调、绿色、开放、共享等先进发展理念引领文化的高质量发展，坚持经济与文化共济同存、物质与精神相益互励。具体的着力点体现在如下六个方面。

（一）文化服务：完善公共文化服务体系

公共文化服务是文化小康的重要指标，目前公共文化服务存在的问题和短板在基层和农村。构建现代公共文化服务体系，必须以顶层制度设计为依托，面向基层、补齐短板，促进文化产品和服务供需有效对接。

一是要通过大融合改变各自为政的格局，形成设施互联、资源共享、服务联动、城乡一体的文化网络体系。针对四川省城乡区域发展不平衡，农村公共文化设施不健全这一短板，四川省要重点推进基层综合性文化服务中心的建设，着重加强数字化、网络化建设，最大限度提高公共文化服务效能，释放基层文化发展潜力。比如，成都市郫都区按"一张网、全覆盖"的理念，整合了区政府、区残联、区工委等多种力量，先后建成区级残疾人综合服务中心、镇级阳光综合体、村级阳光驿站，形成了三级公共文化服务平台，打通了城乡文化服务网络。同时，利用这些平台，辐射周边区域，让残疾人和健康人共同享受这些平台的公共文化服务。这种残健融合的模式不仅大大提高了公共文化服务设施的利用率，也促进了扶残助残文化的建设，获得了"2017 年全国民生示范工程"的称号，并得到《人民日报》、中央电视台等权威主流媒体的关注和报道。

二是要通过大购买吸纳社会力量参与公共文化服务供给，推动公共文化服务主体的多元化发展。2013 年和 2015 年，国务院两次发文强调要向社会力量购买公共文化服务，并建立相应的机制。四川省根据中央文化精神，出台了《关于推进政府向社会力量购买服务工作的意见》，并在"十二五"期间不断探索各种社会组织、公益团体参与公共文化服务的模式。成都市还专门制定了《关于促进民办博物馆加快发展的意见》，大力推进民办文化机构的实体化发展，涌现出青神汉阳图书分馆、王作平文化大院、安仁·中国博物馆小镇等一大批民办文化机构。自 2013 年至 2015 年，成都市购买社会力量参与公共文化的资金投入增长了近 50%。① 在"十三五"期间，四川还需要进一步扩大社会力量和社会资本的参与范围，鼓励志愿者开展各种文化志愿活动，推进公共文化供给主体的多元化。

三是通过大智能着力完善公共文化传播体系，用现代科技扩大公共文化信息服务的范围。在信息时代，四川省要充分利用"互联网 +"，大力开展数字化、网络化建设，促进电信网、广播电视网、互联网三网融合，改变过去小众化、近距离的服务方式，为受众提供移动化、一站式服务。四川省在"十二五"期间已经启动文化信息资源共享、数字图书馆、公共电子阅览室三大公共数字文化工程，并形成了一张数字文化惠民大网络。② "十三五"期间，四川省政府以及各文化部门，要利用智慧城市、"宽带中国"建设的契机，加大公共文化服务的智能化基础设施建设力度，运用大数据、云计算、物联网、人工智能、区块链等技术提升公共文化服务的质量和效率，拓宽公共文化的范围。

四是要通过大反馈推动基层文化服务方式的创新，推广个性化、定制化服务。根据中央《关于加快构建现代公共文化服务体系的意见》的要求，四川省要根据人民群众需求多元化、精细化的趋势，建立群众文化需求反馈机制，开展公共文化定制服务。同时，要通过多种渠道和形式，提高人民群众欣赏、创作文化艺术的素质和能力，让群众有机会、有能力参与文化创造和供给，从而改变过去政府送文化下乡、群众被动接受的模式。成都市龙泉驿区针对城乡群众多元化的文化需求，着力兴办市民艺术学校，目前已建成40 余所市民艺术学校，共有 10 个门类、66 个科目、212 个教学班次，累计培训 12 万余人次，帮助城乡群众实现了从文化艺术的旁观者到文化艺术的

---

① 周婵媛：《四川公共文化多元供给现状及对策研究》，《法制与社会》2016 年第 7 期。

② 《新常态下公共文化服务体系建设的新航标》，http://www.qstheory.cn/culture/2015 – 03/26/c_ 1114768304. htm，2015 年 3 月 26 日。

参与者、消费者、传播者、创作者的根本性转变。[①]

五是要通过大规划探索建立公共文化服务的长效机制。四川省通过完善相关政策法规，建立资金持续投入机制和绩效评估考核机制，明确了公共文化服务的目标和方向，逐步形成了公共文化服务的地方标准体系。相继出台了《四川省加快构建现代公共文化服务体系的实施意见》《四川省基本公共文化服务保障标准》，设立了省级文化发展专项资金、省级公共文化服务体系建设专项资金，并以图书馆等单位为试点，将图书馆购书经费纳入绩效评价，确保公共文化服务有充裕的资金，而且把资金管好用好。[②]

（二）文化生产：打造四川文化产业品牌

文化产业发展壮大是建成文化小康的重要标志，品牌则是文化产业的核心竞争力，四川要提高文化产业综合竞争力，加快实现文化强省建设目标，必须鼓励各地以特色文化资源为依托，打造文化产业亮点和品牌。

一是厘清文化品牌和文化产业品牌的概念，找准定位和方向。四川身处内陆腹地，地势复杂、高山深谷纵横，特殊的地貌特征造就了别具特色的人文风情，孕育出了独具一格的文化资源，并形成了大熊猫文化、三星堆文化、藏羌彝文化等一系列文化品牌。这些文化品牌在消费者心中已有一定的熟悉度和识别度，是打造文化产业品牌的基础和进阶。但这些文化品牌并非文化产业品牌。文化品牌的外延要大于文化产业品牌，文化品牌需要通过产业化、市场化的运作，经过消费者的认可才能达到文化产业品牌的层面。"四川文化产业品牌的培育和发展，需要在文化品牌分级体系的基础上，甄别其构成，发掘能够带来社会和经济双重效益的文化对象，从而解决现在文化产业发展中'有牌无市'的问题"。[③] 可见，文化产业品牌较之文化品牌

① 王雪娟、付远书：《成都市龙泉驿区即将发布文化小康指标体系》，《中国文化报》2018年9月21日，第4版。
② 《新常态下公共文化服务体系建设的新航标》，http://www.qstheory.cn/culture/2015-03/26/c_1114768304.htm。
③ 邱明丰：《四川文化产业品牌培育的宏观路径》，《四川省干部函授学院学报》2011年第3期。

的一个主要区别，就是其市场性。文化产业品牌不仅要有社会效益，也要有经济效益，也就是要生产出叫好又叫座的文化产品，并以有形的文化产品品牌为依托，形成区别于其他省份或地区的文化形态。只有明确了文化产业品牌和文化品牌的差异，我们才能确定文化生产的方向和目标——培育文化产业品牌。

二是遴选标出性鲜明的独特文化资源，培育品牌系列。四川文化资源富集，建设文化强省具有独特优势。但是，文化产业品牌的建设要有鲜明的特性，就必须对文化资源进行筛选，只有那些具有鲜明地域特色的文化资源才适合进行市场化运作。憨态可掬、享誉中外的大熊猫，历史悠久、品质优良的川酒，一品一格、百菜百味的川菜，还有精妙绝伦的蜀锦、蜀绣，神秘莫测的川剧以及颇具地方特色和民族风味的绵竹年画、羌绣、唐卡等，都是具有异质性的特色文化资源。挖掘这些文化资源，着力打造接地气、有人气的文化产品，更容易形成有影响力的品牌。这些品牌是零散的，没有形成体系，因而难以形成巨大的影响力和鲜明的识别性。有研究者提出，四川的文化产业品牌要统摄于"巴蜀文化"这一包容性较强的符号体系之下，分三个层次打造文化产业品牌，即核心层的大熊猫文化，内围层的三国文化、三星堆文化、山川文化、九寨文化、藏羌文化……外围层的茶文化、酒文化、红色文化、乡村文化……并以核心层为主进行打造。① 大熊猫被定为中国国宝，是和平友好的象征，其憨态可掬、圆润可爱的形象受到国内外人民的喜爱，知名度和美誉度的都非常高，而四川是其主要产地，因而把大熊猫文化作为核心层进行品牌打造无可厚非。但大熊猫文化无法囊括四川所有的文化形态，巴蜀文化则可以担此重任，因此，以巴蜀文化为统领进行品牌体系的建设，可以避免多种文化品牌难以贯通带来的混乱，具有较强的可行性。

三是要将文化特性与市场规律相结合，进行创意和创作。文化产业从本质上讲是一种创意产业，因而创意非常重要。创意不能凭空想象，而要根据

---

① 邱明丰：《四川文化产业品牌培育的宏观路径》，《四川省干部函授学院学报》2011 年第 3 期。

市场需求和规律对文化资源进行整合、改造，创新文化表现形态，创作出叫好又叫座的文化产品。比如借助大熊猫这个生动的文化符号，赋予大熊猫科技、环保、人文、历史、情感等丰富的内涵，可以培育出一系列具有科技感、时代感和四川特色的文化名品、产业集群和旅游线路。如《功夫熊猫》系列电影，其以精良的制作和生动的形象塑造在全世界产生了广泛影响，以四川青城山为背景的《功夫熊猫3》更是把四川的美景和熊猫文化推向了世界。目前四川已经打造出了关于大熊猫的蜀绣、动漫作品《巴布熊猫》，但力度还不够，也没有形成体系，还需要建设大熊猫IP研发中心、大熊猫博物馆、大熊猫文创孵化及作品展示中心、国际大熊猫影视文娱演艺中心，创作一批现象级IP，增强自主IP品牌的国际影响力；推进熊猫基地创建国家5A级风景区，推动中法成都大熊猫生态创意产业园、熊猫小镇、都江堰熊猫放养基地等集群发展；适当在历史文化、诗歌文化、酒文化、茶文化等文化形态中嵌入大熊猫符号，让大熊猫成为巴蜀文化的象征，并动态地体现四川的发展流变。总之，围绕这只可爱鲜活的大熊猫，打造产业集群和完善的产业链条，激活四川文化的商业元素。

四是要划分政府和市场的界限，发挥企业的主体作用。过去的很长时间里，文化事业和文化产业界限模糊，文化产业品牌的培育主体是政府部门，它们对市场缺乏了解，对市场的变化也不敏感，它们擅长的是宣传，因而其品牌塑造的方式非常粗放、传统，即采用"文化资源＋媒体宣传"的简单方式，效果十分有限。未来，需要改变发展思路和策略，严格区分文化管理部门和文化企业的职责。政府主要负责政策体系的建设和文化规则的维护，而文化企业才是品牌培育的操作主体。针对四川文化品牌市场化程度不高、缺乏市场价值表现这一痛点，四川的文化企业要结合文化规律与市场规律，根据文化消费的特征，实施品牌化战略。但是，品牌化战略是一个复杂的系统工程，既需要政府的支持，又需要实力雄厚的企业集团的引领以及文化企业间的合作，因此，四川文化产业品牌的建设逻辑是培育实力强大的文化企业集团、打造成熟的文化企业联盟，并不断完善文化产业链条，从而推进文化品牌的市场化进程，形成政府引导、市场主导

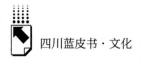
的健康格局。

五是落实人才兴文战略，加强人才队伍的品牌化建设。文化产业品牌的培育和建设，还需要人才队伍的支撑。四川险峻的地理环境不仅形成了许多独具一格的旅游景观、文化古迹，孕育出了勤劳坚韧、大胆开拓、追求美好生活的文化品格，还滋养出了许多名垂千古的文化名人。从秦汉到近现代，巴蜀大地产生了司马相如、扬雄、陈子昂、李白、苏轼、杨生庵、李调元、郭沫若、巴金等文学巨匠，在汉赋、唐诗、宋词、蜀学、史学、道教、天文、易学等诸多文化领域都处于全国前列，因此，四川不乏培育文化名人的土壤。但是，进入新世纪，随着社会的发展和进步，四川文化产业要获得创新和突破，急需大量的创新型、科技型、复合型人才，因而四川的人才队伍品牌化建设十分必要和迫切。具体思路是要建立和完善有利于优秀人才健康成长和脱颖而出的体制机制，在识人、聚人、用人、育人等方面下功夫。识人就是要分类建立文化人才数据库，确立相应的认定标准，给予相关的荣誉和政策，使文化人才各尽其能。聚人是要依托四川的系列人才引进工程和培育项目，如海外高端人才引进"千人计划"、文化英才工程、巴蜀文化名家培育工程、曲艺人才扶持工程、优秀文化人才递进培养工程以及"千人计划"文化艺术人才项目等，吸引和集聚不同层次的文化人才。用人就是要把广大文化工作者安排在合适的岗位上，最大限度地调动他们的积极性、主动性和创造性，让各种人才充分发挥自己的真正价值。育人就是根据四川文化产业未来的发展方向，推进科研院所、艺术院校、职业培训学校以及文化企业的战略合作，共同进行文化人才的教育和培训，重点打造文学川军、影视川军、音乐川军。

（三）文化市场：加快拓展省内二、三级市场

一是培育文化消费理念。文化消费是包括教育、文化娱乐、旅游观光、体育健身等在内的一系列消费。文化消费水平的高低反映出一个国家、一个地区现代物质文明和精神文明的程度。据统计，2016年四川文化产业发展指数在全国排名第七，文化消费指数位列全国第九，首次进入全国前十。但

在文化产业驱动力、文化消费水平等一级指标上，四川排名靠后。[①] 其中一个重要原因是文化消费观念落后。不少人认为，文化产品和服务不是必需品，消不消费都无所谓。更有人认为，文化消费是一种浪费钱的奢侈行为，因而对读书、旅游、艺术欣赏持一种消极态度。这些观念带来的直接后果是：一些消费者宁愿买豪车、豪宅、名包也不愿进行文化消费；很多人自从出了校门就根本不看书，或者很少读书；音乐会、书画展、博物馆、图书馆受到冷落，很多公共文化服务设施利用率非常低；一些民间艺术形式由于缺乏观众、缺乏市场而濒临消亡，川剧这种传统艺术的生存空间也因为观众老龄化而日益萎缩。因此，要提高文化产品和服务的市场份额，除了产品本身要契合消费者需求外，还需要对消费者进行观念的培育和引导，以遏制文化消费功利化、庸俗化的趋势。具体的路径有三：第一条是通过学校教育，开设丰富多彩的艺术课程，提高课外阅读比例，增加游学的内容，让青少年在阅读、欣赏、创作、体验中养成文化、艺术审美情趣和积极健康的文化消费观念，从而为未来的文化市场培养潜在的消费主体。第二条是通过大众媒体加大对艺术欣赏与评鉴、群众性文体项目、优秀艺术展演、公共文化场馆的宣传，让广大消费者对不同层次、不同品类的文化和服务熟知和了解，逐渐提高他们的文化素质，培养文化消费观念。第三条是以"先消费、后补贴"的方式开展消费补贴，可在文化产业相关专项资金中安排一定资金用于刺激文化消费，并通过举办四季音乐节、成都创意设计周、成都大庙会、金沙太阳节、"荟萃蓉城"精品剧目成都演出季等丰富多彩的品牌文化节会，提升市民的文化消费热情，逐渐形成文化消费的习惯。

二是优化文化消费环境。当前，国家正在开展扩大文化消费试点的工作，四川的成都市和泸州市被列为第一批26个国家文化消费试点城市。四川要坚持从全域视角准确把握国家开展扩大文化消费试点工作的核心要义，突出市场化导向特征，强调市场主体，实行公开、竞争、透明机制，积极探

---

① 《四川文化产业发展和文化消费指数进入全国前十》，http：//www. sc. gov. cn/10462/10464/10797/2017/8/21/10431225. shtml，2017 年 8 月 21 日。

索新型方式来推进文化消费试点工作，紧密围绕供给侧结构性改革，明确效能目标，做好绩效评估。评估的着力点应当放在拉动消费的方法、政策、措施、体制、机制和市场环境等方面。如成都市出台了《成都市关于引导城乡居民扩大文化消费试点工作实施意见》《成都市开展引导城乡居民扩大文化消费试点工作方案（2017~2020年)》等文件，明确了试点工作的目标、主要任务和保障措施，并提出了要搭建文化消费综合服务平台，加强数据统计分析的计划。依托服务平台，建设成都市文化消费大数据库，利用现代信息技术和大数据技术，通过服务平台与文化消费网点联网联动、营销策划，及时获取文化消费信息，实现数据的采集和梳理，便于对参与文化消费的人群进行特征分析、文化消费产业结构分析、政策效果分析，为政策制定、产品设计、活动推广、媒体宣传、补贴发放提供数据支撑。

三是拓展文化消费市场。在过去的五年中，四川清晰的文化发展战略、翔实的产业规划、合理的产业布局和有序的产业推进，使得文化消费水平稳步提高，在GDP中的占比达到了5%以上，特别是作为文化产业核心区的成都，引领作用明显。但是，从整体上看，四川依然面临着文化消费市场较小、地区不平衡的问题。除了支持有条件的企业"走出去"，更好地利用国际资源和市场，还需要不断开拓国内的二、三级市场，充分挖掘国内市场潜力，激活国内消费需求活力，为四川文化产业发展注入新的动力。具体的做法是按照"一核四带"的区域产业布局，围绕"5+2"的重点产业，打造不同特色的文化项目，深入开拓川西、川中、川南和川东北四个差异化市场。目前，一级市场的市场空间越来越小，竞争也越来越激烈，而二、三级市场则处于饱和度不高、竞争不大、成本较低的状态。因此，要在仔细调查研究二、三级市场需求和特点的基础上，对当地的特色文化资源进行有效开发和利用，推出具有乡土特色的大众文化消费品和服务，从而激活二、三级市场的文化消费潜能，培养新的文化增长点，拓展四川文化产业的国内市场空间。

（四）文化开放：四川文化"请进来""走出去"

近年来，四川在切实推动文化交流、文化传播、文化贸易创新发展等方面做了不少努力，文化产业对外开放有了长足发展。2014 年，四川省政府出台《关于加快发展对外文化贸易的实施意见》；2017 年，四川省文化厅出台了《四川文化融入"一带一路"战略实施意见（2017～2020 年)》，目标是要努力建成西部内陆开放型文化产业发展高地。在"十三五"期间，四川应抓住历史机遇，争取在文化开放方面有突破性进展。

一是要在立体全面的开放格局下有重点地实现新的突破。习近平总书记来川考察期间，明确要求四川"推动内陆和沿海沿边沿江协同开放，打造立体全面开放格局"。这虽然是着眼于四川对外开放的所有领域，但也为全省文化的开放指明了方向。要借助"四向拓展、全域开放"这一对外开放格局的总体谋划，制定文化开放的详细战略，有机融入沿海、沿边和沿江开放战略中，不断拓展文化产业对外发展的新空间。但在全面开放的过程中，不能每个方向平均用力，一是不同区域战略地位有差异，二是资源有限，必须集中优势力量实现重点突破。全面考量东南西北四个方位，东向和南向的战略地位更加显著。因为东部沿海地区不仅经济文化整体实力强劲，而且聚集了创新能力最强、生产要素最集中、外资最活跃的香港、澳门、广州等重要城市；而南向则有"21 世纪海上丝绸之路"的最近的出海通道，这两个方向是四川开拓新兴国际市场的重要出口，在战略上要适当倾斜，力争实现新的突破。

二是要积极推动四川与"一带一路"沿线国家的文化交流合作，建立跨境合作特色文化产业示范园区。近年来，四川加大了对民营文化企业，动漫、网络游戏等新兴文化产业和重点项目的扶持力度，推动四川文化"走出去"效果明显，近百个项目进入国际市场。《蜀风雅韵》《藏谜》《飞翔》等项目列入文化部、国家旅游局《国家文化旅游重点项目名录》，大大增强了四川文化的国际影响力和竞争力。自贡彩灯、欢乐春节、川剧变脸等海外展演也在文化交流与贸易中发挥了重要作用。今后，四川应根据本地区的特色和"一带一路"沿线国家的文化贸易需求，有针对性地推出文化贸易项目、输出文化产品、合作建立文化产业园区。如继续推进中俄两河流域合作项目，借助自贡彩灯搭建的商业平台推出更多的艺术精品，共建彩灯文化、酒文化、竹文化、三国文化、熊猫文化示范区。据四川省文化厅的统计资料，截至 2016 年底，全省只有 1 个国家级文化产业示范园区，而省级文化产业示范园区有 5 个、省级文化产业示范基地有 55 个。① 为了发挥文化园区和基地的创新带动和产业集聚效益，四川要以市场化和国际化为导向，吸收海外资本，提升示范园区和基地的质量和档次。

三是要创新体制机制，搭建文化交流和贸易的平台与载体。对外文化交流与贸易，需要借助一定的介质和平台，四川要利用成都创立国际会展之都的契机，继续办好在海内知名度较高的西博会、科博会、农博会、旅博会等重大展会，充分发挥会展的辐射和集聚效益；努力用好香港国家授权展、台北文创伴手礼品展、东京电玩展、科隆游戏展这些海内外知名平台，建立全球文化交流合作机制；持续增加丝绸之路艺术展"文化中国·锦绣四川"、古蜀文明巡展等文化项目的数量，扩大四川文化在海外的影响力。此外，还要建立专门的跨境文化产业电子商务平台，在支付电子化的时代，四川文化产业要顺应时代发展的需求，变革交易方式、简化交易流程、提高交易效率，为文化产品和服务的进出口贸易提供方便，从而不断拓展文化贸易的范围。而且，依托互联网平台进行文化产业和服务的贸易，还可以有效与海外消费者进行实时互动，及时了解海外消费者的需求和兴趣，对文化产品的设计、生产、销售和服务进行改进，提高消费者满意度。

四是要加大对外传播力度，改进传播技巧。在传播与营销日渐融合的背景下，四川文化产业要"走出去"，还要加大文化传播的力度，提升文化传播的效果。首先是要善用传播媒介和传播方法，影视剧作为一种具有强大传播力的大众媒介，在文化传播方面有着得天独厚的优势。如"《神秘的大佛》吸引了无数游客前往乐山一探究竟，《英雄》中的湖上武打场面让观众领略了九寨沟的独特美景，《杀生》中的桃坪羌寨让人们见识到古老村寨和碉楼的魅力……"② 这些优秀的影片为四川文化传播奠定了很好的基础，在

---

① 《四川省文化厅五年（2012～2016）工作总结》，内部资料。
② 王萍：《影像传播与四川文化品牌的构建》，《四川戏剧》2017 年第 8 期。

今后的文化交流与贸易中，四川的文化管理部门和企业要有意识地利用电影、电视和互联网这些渠道，制作一些有故事、有形象、有温度，展现巴蜀文化魅力的宣传片、影视剧、动漫游戏作品，扩大四川文化对外传播的范围和影响。其次是建立海外文化传媒学院。四川多所高校已经在海外建立了十余所孔子学院，根据这一思路，四川可以发挥川菜、川酒、蜀绣、竹编、彩灯、川剧等方面的优势，在海外创办川菜烹饪学院、民间艺术培训学院或者巴蜀文化体验馆等，让"一带一路"沿线的人民不仅能够走进这些文化艺术学院直接体验四川丰富多彩的文化艺术形式，还可以直接学习一些感兴趣的民间技艺，如川菜的烹饪、彩灯的制作、民族歌舞的学习等。

（五）文化保障：政策保障与社会保障

政府政策是影响一个地区文化发展至关重要的因素。四川省紧紧抓住建设文化强省、实现"文化小康"的目标，提出了一系列可操作、可督察的政策措施。出台了涉及融资、税收、土地、人才、传统工艺振兴、文化产业示范园区、藏羌彝文化产业走廊建设等一系列文化发展项目的政策及优惠措施，明确了政策导向，优化了产业环境。在"十三五"期间，四川需要一步完善政策体系、创新管理体制和人才保障机制。

在政策体系方面，四川省要围绕市场准入、财政、金融、税收、土地、文化消费、对外文化贸易等重点领域细化政策支撑，加大财政投入力度，统筹安排专项资金对文化产业进行扶持和鼓励。如对原创游戏、动漫、音乐、影视、舞台剧、旅游演艺、出版、网络作品适当选择播出时长、用户数、票房、演出场次、发行量、浏览量等指标给予奖励；对原创文学、美术、书法、摄影、舞蹈、曲艺、戏剧、民间文艺等作品，根据所获国家级、国际级奖项资金予以配套奖励；对首次获得中国驰名商品、国家级优秀版权作品的机构给予一次性奖励等。通过这些政策鼓励措施，为文化创新创造和产业快速发展提供有力的保障。

在管理体制方面，要深化"放管服"改革。一方面要下放、精简行政权，减少行政审批和干预；另一方面又要利用新技术新机制创新管理手段和方式，把该管的管好管到位，把不该管的交给市场。建立政务服务"仅跑一次"和容缺机制，推进"互联网＋政务"服务，优化审批流程，提高办理效率。实行审批信息共享，建立科学高效的现代文化管理体制。对于一些重大文化项目、文化展演、文化比赛，要适当放宽审批条件，在符合规定的情况下开通绿色通道，特事特办；按照鼓励创新、包容审慎的原则，逐步完善新兴文化业态的监管体系，防止"一刀切"式的监管。

在人才保障机制方面，首先要创新人才选拔、录用机制。要摈弃论资排辈的传统观念和以学历文凭论英雄的僵化模式，建立新的人才选拔、考核、录用机制，不拘一格降人才，将优秀的年轻人安排在合理的位置上，充分发挥他们的创造力和活力。其次是优化现有人才队伍。一是要对全川的创意策划人才、文化传播专家、民间文化艺人等进行摸底造册，建立人才数据库，并进行有意识的保护、利用和培养，建立一支文化人才专家队伍和文化名家大军。二是培养一批具有国际视野和创新精神的现代文化企业家。三是打造一支政治作风过硬、业务能力精湛、管理水平高超的文化管理者队伍。最后是创造良好的工作环境，吸引、留住人才。要给予高端人才、名家硬件、资金、团队等方面的支持，为他们提供舒适的工作环境和充分展示才能的平台。同时，为他们的家人就业、子女培养提供一定的帮助，为他们扎根四川解决后顾之忧。

（六）文化保护：以历史名人文化传承为重点

为了弘扬中华优秀传统文化，建设优秀传统文化传承体系，2017年，中央和四川相继出台了《关于实施中华优秀传统文化传承发展工程的意见》《关于实施四川历史名人文化传承创新工程的意见》，为深入挖掘保护四川历史名人资源提供了制度上的保障。建立历史名人文化传承体系，要做好以下三点工作。

首先要对文化传承本质和体制机制有一个深入的研究和阐释。文化传承，顾名思义，就文化的继承和传播，但文化传承不是照搬历史文化，而是继承中有发展、有创新。"文化传承要建立一个包括文献文本、世俗礼仪、政治制度、教育模式等在内的完整体系，文化传承体系的内核就是传承机制"。① 因此，四川历史名人文化传承体系建设的关键是建立一套完善的传承机制，形成包括制度设计、教育普及、保护传承、创新发展等多机制联动的传承模式。四川省《关于实施四川历史名人文化传承创新工程的意见》明确提出"六个一批"任务。② 下一步，需要在意见的指导下，将这六个任务落地。

其次是在调查研究的基础上对四川的历史名人文化进行梳理、保护和传播。2017 年初，四川启动了首批四川历史名人推荐申报工作。经过相关领域专家的评审，最终评选出包括大禹、李冰、诸葛亮、苏轼等在内的 10 位历史名人。今后，还需要对历史文化名人进行梳理，然后对这些历史名人的故居、遗迹、雕像、作品等进行抢修和整体保护，并依托博物馆、纪念馆、图书馆、美术馆、文化站和农村文化大院、综合文化中心以及文化广场等文化场所，将他们的优秀文化作品、雕像等进行展览；通过历史名人进校园、进讲堂、进社区等活动，将他们的感人事迹、丰功伟绩等融入百姓的生活中，让四川人民能够通过多种途径近距离感受和接触这些优秀历史名人，继承和发扬他们的精神。

最后是要对历史名人文化进行创新性传承与利用。实施历史名人文化传承创新工程，既要创造性继承，又要创造性利用。传统的文化传承主要通过学校教育、媒体宣讲、文化展览以及师徒相传等方式。进入新时代，还需要创新传承方式，比如将历史名人文化资源进行深度开发，通过创作动漫、影视、戏曲、文学等作品，设计与生产工艺品等方式，创作出一批大片、大戏、大作，让历史名人以鲜活的形象出现在大众面前；或者举办文化祭祀等活动，如都江堰的放水节，将大禹的精神事迹融入歌舞剧、戏曲中进行表演；还可以整合历史名人文化资源，进行旅游产品开发，建立历史名人文化

---

① 李先明、成积春：《中华优秀传统文化传承体系的构建：理论、实践与路径》，《南京社会科学》2016 年第 11 期。

② 《四川实施历史名人文化传承创新工程 十位历史名人出炉》，http：//www.wenming.cn/dfcz/sc/201707/t20170712_ 4336145. shtml，2017 年 7 月 12 日。

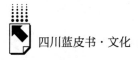

公园，建设历史文化城区、名镇、明村、博物馆、实体书店等，开辟历史名人文化精品线路，加强历史文化遗产存续空间、历史环境和生活方式的保护和开发，从而激发历史名人文化的活力，让历史名人文化历久弥新。通过这些开发和利用，使历史名人文化发挥滋养文艺创作、提升四川人民精神文化内涵的效用。

发展前沿

Development Frontier

B.2
四川乡村文化振兴调研报告

向宝云　余　波　古艳睿　刘　伟[*]

摘　要： 当前，四川实施乡村文化振兴战略、推进乡村文化繁荣发展正处
在"破题"阶段。本报告首先分析四川乡村文化空心化、边缘
化、供需失衡等现状及成因；其次聚焦四川乡村文化振兴面临的
主要问题和矛盾，包括乡村文化的概念内涵、文化内核、实现路
径、内生环境、城乡互动等；最后，根据研究提出重筑乡村文化
自信、推进供给侧结构性改革、构建新时代精神家园、推进乡村
良序善治、构建政策支撑体系等对策建议。

关键词： 乡村文化　空心化　乡村振兴　文化自信

* 向宝云，四川省社会科学院院长、研究员，研究方向为文艺学、中国现当代文学、文化产业；
余波，中共四川省委宣传部出版处副处长；古艳睿，中共四川省委宣传部出版处主任科员；
刘伟，四川省社会科学院社会学研究所副研究员，研究方向为城乡社会治理、组织社会学。

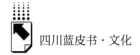

面对新时代乡村文化振兴这一全新课题，2018 年 3 月由机关干部、社科学者、农口记者为成员的课题组成立，带着问题集中调研了四川省内 7 市9 县（市、区）的 19 个乡镇（街道）和 12 个村，运用了包括集中座谈、个案访谈、问卷调查等多种实证研究方法，调查样本点覆盖经济发展、文化风俗、地形地貌等多重维度及其类型。

研究认为，乡村文化振兴尚处"破题"阶段，在乡村振兴体系里，文化振兴是从理念到路径均尚需在顶层设计中得到厘清的概念。乡村文化振兴，绝非简单地强调对传统优秀农耕文化的传承，而是在社会主义核心价值观的指导下，系统地构建起同现代乡村社会相匹配的文化体系。在这一体系里，文化根植和内生于乡村，却具有现代性，能指导日常生活中的百姓走向现代乡村文明，能团结和整合乡村社会走向新时代的善治良序，能转化成发展资本，促进乡村经济社会不断进步。其同城市文明平等对话，是为城乡居民所共同接纳、追求和向往的现代文明体系；其立足中国、对话国际，是世界人类命运共同体中来自中华的文化纽带。本报告通过对经验现实的走访调查，并以课题组成员长期扎根农村的理论研究与实践经验为依托，尝试对乡村文化振兴的理念、模式、路径、策略等进行初步回答。

一　乡村文化现状和成因分析

为了准确把握乡村文化现状，课题组多次召开调研专题会讨论交流，并在充分考虑四川各地经济发展水平、语言文化、风俗习惯、地形地貌差异等因素的基础上，选择成都、自贡、内江、广安、广元、遂宁、南充等 7 个市的 9 个县（市、区）进行调研。2018 年 3 月 7 日至 3 月 23 日，课题组共深入 19 个乡镇（街道）和 12 个村（社区）进行实地调查，开展座谈 5 场，访谈 130 余人次。虽然各地乡村文化具有一定的差异性和特殊性，但其主体、内核、载体、秩序具有以下四大变迁性的共同特点。

（一）文化主体：乡村"空心化"发展趋势与"新乡贤"的出现

2017 年中国乡村总人口比 2010 年减少了 9080 万人，比 2000 年减少了 3.13 亿人，每年上千万的人口离开农村迁入城市，平均每天有 80 ～ 100 个自然村消失，而且这个过程还将持续下去。随着新型城镇化的推进，不同地区的村庄会出现分化，有些村庄会衰退消失，有些村庄产业会有较大发展，但不可能所有村落都振兴。四川是劳动力输出大省，除了成都平原外，多数农村地区的青壮年劳动力大量外出务工，农村的"空心化"现象更加严重。从 20 世纪 90 年代到 2017 年，全省转移输出农村劳动力 2504.9 万人，占乡村人口总数的比重达到 58.4%。在自贡市荣县墨林乡的调研数据表明，外出务工人口达到 3392 人，占该乡 20 ～ 50 岁年龄段农村人口的比重高达 86.77%。没有了人气、流失了乡村精英的"空心村"出现了大量年久失修的闲置房屋，破坏了村庄的整体格局，还带来了产业空心化、基础设施空心化、公共社会服务空心化、乡村社会去组织化等问题，乡村面临着经济发展和文化传承"断代"的风险，乡村文化日渐失去了生存的土壤和保护传承的勃勃生机。

我们也要看到，有些在都市郊区经济较发达的乡村、有些传统文化底蕴深厚的村庄、有些有产业支撑的乡村，逐步出现了被称为"新乡贤"的乡村振兴新生力量。如在成都市郫都区调研时，我们碰上当地正在开展新乡贤网络评选活动，一些带领乡亲发家致富的能手，一些积极投身家乡公益事业的农民企业家，一些热心服务群众的医生、教师等普通劳动者，一些为家乡建设出谋划策的城市返乡居住人员，一些持续为乡村建设贡献力量的农业科研人员等，都逐步成为当地"新乡贤"的杰出代表。新乡贤有可能成为乡村文化振兴的领头雁，不仅会促进社会主义核心价值观更快扎根农村，还将加快乡村治理现代化。

（二）文化内核：乡村文化的"边缘化"与对传统优秀文化保护传承

乡村文化植根于日常生产和生活，有其内在的成长发育基因。但随着城市文化强势、迅速扩散到乡村社会，处于被动和劣势的乡村文化日渐式微，其人文内核正在慢慢消失。以教育为例，大量的乡村学校撤并后，乡村失去了文化中心。交通方便后，很多校长老师几乎每天返回县城居住，对乡村的生活和情感疏离，割断了与乡村文化的联系。随着乡村与城市的交流不断增加，以传统伦理道德和乡村情缘为文化载体的乡村群体社会心态，逐渐被追逐实用主义的群体社会心态所取代，带来了"炫富性"消费和"依赖性"心理，乡村文化价值体系开始解体。在流动社会的背景下，乡村中的年轻人日渐放弃传统美德与习俗，而各种洋节、外来生活样式则悄然进入乡村日常生活，一些乡村传统文化与现代文化在有序承接上出现断层。城市文化解构着乡村原有的生活习俗和价值观念，年轻人对自己身份认同产生焦虑，对传统乡土文化持排斥态度，普遍有较强的脱离乡村、"走出去"的动力。

随着四川省加大对非物质文化遗产的保护力度，一批传统匠师转身成为非物质文化遗产传承人，一批有市场潜力的非遗文化项目得到产业化发展，一批原生态非物质文化遗产和传习场所得到有力保护。调研组在内江市隆昌市看到，隆昌土陶已经实现产业化发展，年总产值达十多亿元；夏布编织工艺传承人向生荣在石碾镇山源棉麻纺织厂传习夏布编织技艺，有徒弟42人，开发的夏布手绘包、夏布屏风、夏布扇等工艺品远销日本、韩国、俄罗斯等国家和地区。广元市剑阁县白龙镇镇政府对省级非物质文化遗产纸偶和花灯非常重视，专门组织编写了乡土教材让传承人在学校授课，腾出旧礼堂作为排练场地，还安排了专门经费。但年轻一代对年画、剪纸、皮影、花灯这类产业化困难的非遗感兴趣的很少，基本上都是60岁以上的老年人还在维持，这些民间艺术面临"既无传人又无观众"的尴尬，仍然面临生存危机。

（三）文化载体：公共文化产品的供需失衡与现代文化生活方式的流行

随着经济社会的发展，走向全面小康的农民渴望丰富多彩的精神文化生活。要满足这种精神文化需求，需要足够的有效的公共文化产品的生产和供应，然而现实中这种供求关系严重失衡。对农民参与乡镇文化站、农家书屋、农村电影放映工程、体育健身器材等公共文化设施和活动情况的调查反映出来的结果很不乐观。据调查，有 65.1% 的农民没有去过乡镇文化站，有的农民去的原因是"可以歇歇脚，而且可以免费上网"。随着智能手机的普及，农民看书读报的越来越少，农家书屋的利用率越来越低。在剑阁县碑垭乡松柏村座谈时，乡党委书记说："（为了应付检查）我们专门准备了借阅人登记表，但说实话，有几个干部和大学生村官翻翻书，村民非常少！"威远县四方村把农家书屋改为留守儿童放学后的学习看书地点，专门安排老师看管和辅导。对于农村电影放映工程，大多数村民对不感兴趣，"有时只有放电影的人自己在看"，主要原因是片子都是几年前的，已经过时，还有就是"用手机什么电影都可以看"。经常使用体育健身器材的农民不到12.3%，大多数农民就在器材刚安装好时去拨弄了两下，后来几乎都是孩子和少数老人在玩。对于"村村响"广播，访谈的 15 名乡镇和村干部中有 13人认为其对宣传党的方针政策和通知事情很有用，而且可用于灾害应急管理；有 2 名村干部认为"没啥用，就是放放音乐"。

过去，玩牌打麻将和看电视是乡村男女老少最普遍的娱乐活动。随着互联网技术和移动通信、广电网络技术的快速发展和普及，看电视、手机上网、广场舞等越来越成为村民最喜爱的文化生活方式。据调查，电视仍然是我省乡村文化生活的主要方式之一，受调查的 12 个村户均电视机拥有量为 1.45台，留守老年人和村民基本都靠电视打发时间。手机上网越来越成为村民娱乐和交流的主要方式，12 个村已经实现 4G 网络全覆盖，户均手机拥有量为1.65 台，其中智能手机占 87.3%，连不识字的老人都可以通过微信语音聊天和子女联系。支付宝和微信支付等网络支付手段越来越普遍，年轻人和中小学生沉迷于手机上网和游戏的越来越多。跳广场舞成为农村妇女最热爱的集体运动，很多乡镇都成立了自发的跳舞队，每天跳舞和围观的人都非常多。

（四）文化秩序：传统文化生态的破坏与乡村文化日益现代性、开放性、多元化

"古代中国的农村实际上是一个个的自治共同体。漫长的岁月、稳定

的乡村社会结构造就了古代中国乡村的文化生态和文化传承模式"。这一自治共同体之所以可以有序且稳定运转，是因为支持其秩序达成的传统文化作用明显。然而，随着乡村传统文化之礼俗价值式微、道德评判之功能消减，村庄内家庭和邻里关系慢慢疏远，日常人情交往转化为金钱和利益关系，村庄合作与互动体系趋于松散，乡村日益成为"半熟人"社会，集体主义价值观已不被大多数村民认同，乡村治理中必需的公共活动更加难于展开，乡村文化生态遭到严重破坏。"乡村回不去、城市融不进"是很多村民的生活及精神处境。价值观迷茫和混乱，乡村文化生活转变为迷信、赌博、六合彩等活动，传统的公共文化活动日渐消解，甚至出现卖淫嫖娼和偷盗等现象，使乡村社会陷入伦理及秩序危机之中，令乡村治理难度增大。

影响乡村文化现状的因素主要有四个方面。

一是城乡二元结构有着决定性影响。财政投入重点在城市，造成城乡文化设施与内容投入不均衡，乡村文化建设投入严重不足。由于城市文化居于社会核心文化的主流地位，不断挤压着乡村文化的生存空间和转变乡村文化的价值理念，大众传播则不断输送乡村"贫穷、愚昧、落后"的形象，农民只能被动接受来自城市的信息。

二是社会经济形态的变迁。随着经济社会的不断变迁，乡村已从以农业为主的生计模式转变为以农业为辅的生计模式。在调研中了解到，目前农村还在种田的基本上是"50后""60后"，"70后"还有部分人，"80后"几乎没有会基本农业技能的了。外出务工潮给乡村带来了极为显著的影响，是造成乡村衰落甚至消失、乡村"空心化"的直接原因。

三是乡村文化面临着转型的阵痛。传统乡村的文化生态和文化传承模式被破坏了，而现代乡村的文化生态和文化传承模式又没有建立起来，这大大增加了乡村社会转型的难度。

四是乡村文化资源配置不合理。乡村文化产品供给和乡村公共文化服务设施建设缺乏创新、停滞不前，供给需求失衡。具体表现为"三重视、三忽视"：重视财政投入忽视农民参与，倾向于"一刀切""撒芝麻"方式进行资源输入和配置，难以契合乡村实际，造成需求与供给的断裂；重视

"送文化"忽视"种文化",比较重视"三下乡"、农家书屋、农村电影放映工程等项目,忽视了农民在文化建设中的主体作用,没有激发农民参与公共文化活动的积极性;重视产业发展忽视乡村文化的内生动力,农民对文化产品缺乏认同感。

二 乡村文化再认识和思考

2013 年 12 月 13 日,习近平总书记在中央城镇化工作会议上指出:"要依托现有山水脉络等独特风光,让城市融入大自然,让居民望得见山、看得见水、记得住乡愁。""要传承文化,发展有历史记忆、地域特色、民族特点的美丽城镇。"

党的十九大站在长期发展战略和全局高度,作出实施乡村振兴战略重大部署。2018 年 2 月 4 日,新华社受权发布了《中共中央国务院关于实施乡村振兴战略的意见》,文件强调"繁荣兴盛农村文化,焕发乡风文明"。

2 月 13 日,习近平总书记在来川视察时首次明确指出:"要下大气力推动乡村文化振兴,在农村广泛弘扬社会主义核心价值观,传承发展提升农村优秀传统文化,加强农村公共文化建设,深入推进文明村镇创建,开展移风易俗行动,提升农民精神面貌,培育乡风文明、良好家风、淳朴民风、让道德教化回归农村,不断提高乡村文明程度。"

3 月 8 日,习近平总书记在全国两会参加山东代表团审议时再次强调,推动乡村振兴当从五个方面着手,五个方面需统筹谋划、并重推进。其中对乡村文化振兴的阐述是"培育文明乡风、良好家风、淳朴民风,焕发乡村文明新气象"。

习近平总书记对乡村文化振兴的论断立足国情、融合表里、把脉精准。指明了文化不仅为百姓幸福、国家兴旺昌盛的外在表达,更是乡村社会结构建立、乡村社会良性运行的载体与基石,同时指明了新时代下乡村文化唯有在社会主义核心价值观引领下,方能有效振兴的现实路径。我们可根据总书记的论断,从理念到路径的角度对乡村文化形成如下五个方面的再认识。

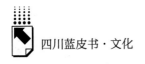
（一）在概念内涵上，从繁荣"农村文化"到振兴"乡村文化"

从"农村文化"到"乡村文化"，一字之差，其所表达的概念内涵却更加丰富，文化在乡村振兴中引导价值、整合社会、团结群众的意义被更加凸显、强调。具体而言，"农村文化"往往偏向于对传统农村文化的"拿来主义"，强调对农村地区传统优秀文化的继承发扬。而"乡村文化"则更加强调同现代乡村社会相匹配，是具有系统性、指导性、整体性的文化与文明体系。

新时代下，乡村文化在属性与功能方面呈现三大维度。一是时间维度。融贯古今，兼具传统性与现代性。理想的乡村文化既富有历史传承性，对优秀的传统文化有效吸纳，又承载乡村现代性，能有序引导乡村社会走向现代文明。二是空间维度。融通城乡，兼容乡村性与城市性。理想的乡村文化既体现现代乡村社会的内生文脉，又同城市现代文明互融互通，是城乡居民共同拥有的文化资源。三是哲学维度。融达世界，兼具本土性与世界性。理想的乡村文化既表现为根植于华夏土壤中的本土文化根基，又融达至世界现代文明之列，为人类命运共同体之文化纽带贡献中国的本土力量。三个维度的达成，可看作乡村文化振兴的理想愿景。

（二）在文化内核上，从承扬传统文化到聚合现代文明

我国传统乡土社会的经验表明，文化对维护社会长期稳定、促进社会规范有序、引领社会趋良发展具有强大的指引、整合与团结力。新时代下，我国社会主要矛盾发生历史性转变，对文化在乡村经济社会发展中整合、团结、促稳的功能诉求更加迫切；人民群众对美好生活的向往，对文化指引乡村社会良性发展、指导人们共创美好生活的功能诉求更加迫切；乡村的现代社会结构亟待构建，对文化促进乡村社会五位一体协调发展的功能诉求更加迫切。乡村文化的内核具有层次性，其振兴路径需要遵循一定的发展阶段。

第一阶段，根植乡土，传承优秀传统文化，夯实乡村文化根基。充分挖掘传统文化中符合乡村现代性审美的优秀因子，对其中依然能深刻影响

现代乡村百姓日常生活的优秀部分进行有效传承。同时注重挖掘在现代农业生产、生活实践中逐步形成并发展起来的，以现代农业生产生活的多元主体为共同体形成的优秀文化符号群。这些构成了乡村文化的发展根基。

第二阶段，聚焦功能，形塑当代文化秩序，促进乡村社会整合。打破传统城乡不平衡的互动关联，在乡村社会中构建起功能完整的社会结构，形成城乡对等的融合互动。在这个背景下，乡村文化对经济与社会发展的整合功能亟待激活，形成吸纳群众参与、引导群众行为、促进乡村良序的文化秩序，实现以文化为纽带的乡村社会秩序整合。

第三阶段，文化凝力，聚合现代乡村文明，领航乡村社会发展。乡村文化的振兴目标立足于促进社会主义现代文明中的乡村文明与城市文明均衡生长，两种文明在城乡社会发展中互动互补、互助互促，共同引领社会主义社会的稳定进步与协调发展。

（三）在实现路径上，从乡村文化边缘化到价值重塑

"培育乡风文明、良好家风、淳朴民风、让道德教化回归农村，不断提高乡村文明程度"从文化价值重塑角度对乡村文化振兴提出了具体要求。重塑路径可从如下三个方面考量。

一是文化精神整合功能的重塑。传统乡村文化具有独特的民族精神传承力，如以土地为核心的优秀农耕文化，以家本位为核心的文明乡风、良好家风、淳朴民风等。在市场经济的影响下，文化对民族精神和民族团结的整合作用趋弱，亟待重塑。推进乡村文化振兴，要考虑将社会主义核心价值观根植、内化进乡村居民的日常生活，通过乡风、家风、民风，促进优秀文化传承与社会团结。

二是文化经济贡献功能的重塑。在以城市为本位的整体性发展思路下，一些乡村的产业发展规划形成对城市发展的路径依赖，导致产业发展的同质性竞争。如发展乡村旅游的村庄，均以城市理想主义者、精英群体对乡村的诗意与文化想象为基点，打造出并非真正乡村泥土气息的诗意村庄，令文化经济贡献功能在区域间呈现同质化，区域间、村庄间恶性竞争风险增大。因

此，乡村文化产业发展要尊重各地文化的多元性、多样性和基础条件，以乡村文化本身的生活价值为导向，科学划分不同区域不同村庄文化的不同资本价值，让产业发展更具活力、文化的资本价值更可持续。

三是文化社会秩序功能的重塑。随着市场经济的发展，部分以文化为纽带的组织在利益驱动下重新建立，如宗族文化、民族团体、本乡社团等。乡村文化振兴，要将社会主义核心价值观与传统文化相结合、与乡村内生的文化机制相结合、与乡村文化未来发展趋势相结合，在制度层面重塑乡村社会秩序在新时代下的文化新纽带。

（四）在内生环境上，从乡村公共性衰减到激活文化底蕴

乡村文化底蕴，是指在乡村文化中已经形成的那些相对固定的，具有优秀文明特质的，潜移默化却十分深刻地影响着乡村活力、乡村团结、乡村秩序的文化因子。在传统中国乡村社会中，乡村往往在乡村内的公共空间中举办居民普遍参与的公共文化活动，如赛龙舟、赛马会抑或过年时的集体祭祀活动等，通过这些活动的组织流程与居民的实际参与，不断强化乡村共同体的公共秩序。

如今，在一些地区的乡村社会中，乡村的公共性正在衰减，表现为乡村中可用于文化活动的公共空间往往叠加了政府在基层治理中的行政派出职能，令公共空间政治化、衙门化、悬浮化。一些地区的乡村居民通过聚众赌博、参与婚丧嫁娶等人情往来等活动，表达个体对公共文化的诉求。因此，乡村文化振兴要立足于激活乡村社会的文化底蕴，着力于重构村庄公共空间，强调居民在公共文化活动中的"真参与"，让文化对政治整合的功能充分发挥。

（五）在城乡互动上，从注重城市本位到推进融合发展

长期以来，我国形成了以城市为中心带动农村的整体性社会发展模式。在这种发展模式下，城乡关系呈现如下三个特征。一是城市社会结构相对完整，农村社会结构发展滞后。在二元结构下，农村发展隶属于城市，通过劳

动力与资源供给等方式，促进城市社会结构的功能完善，而农村社会结构却呈现产业缺乏、人才缺位、秩序趋弱、文化衰落、发展滞后等特征。二是城乡间已形成以城市发展为主的"新陈代谢"机制。农村一方面为城市供给优质劳动力与发展资源，成为城市发展的"蓄水池"，另一方面成为城市发展中化解部分社会稳定风险的"安全阀"，例如消化过剩劳动力，劳动力在老化、伤残后返乡等。三是农村发展中的城市视角相对固化。在聚焦农村发展时，常常忽视农村乡土社会形态、乡村文化脉络，代之以城市发展思路规划和城市精英视角想象，以致部分地区的农村发展与乡村营造有表无里、悬浮空中。

乡村文化振兴，强调的是城乡文化融合发展，推动文化资源要素有序流动，构建起新型的城乡文化融合、和谐共生、相互促进、共同发展的关系。一方面推动更多的文化资源要素配置到乡村去，让文化资源在城乡之间得到均衡发展；另一方面乡村文化也助力城市成为记得住乡愁的城市，让城市现代化成为"有根"的现代化。

三 乡村文化振兴的对策建议

乡村文化振兴是一项涉及政治、经济、社会、生态等方方面面的系统工程，是一项长期的艰苦的历史任务，需要从价值重构、文化内核、载体建设、秩序治理、政策保障等方面下功夫，循序渐进、久久为功。

（一）凝心铸魂，重筑乡村文化自信

重铸乡村文化自信，指的是实现现代乡村文化体系的精神整合价值，最终唤回魂魄，完成精神重构，站在现代文明的历史高度，为社会主义核心价值观提供优秀因子，成为社会主义社会良性运行协调发展的优秀思潮，与城市文明交相呼应、互助互促，共同促进新时代中国特色社会主义社会繁荣昌盛。

一是重构乡村文化多元主体。靠农民自身来实现乡村文化振兴是不现

实的，乡村文化振兴主体正在由过去农民单一主体向开放的社会多元主体转型。参与的社会组织有地方政府部门、农民之间合作的经济组织、新型集体经济组织、文化旅游产业化的经营主体；参与的社会个体有新型农民、政府工作人员、村干部、大学生志愿者、乡村技术员、教师、"新乡贤"等。"看得见山，望得见水，记得住乡愁"，说到底乡村振兴和乡村文化振兴最重要、最关键的是人。因此，必须加强社会管理创新，搭建平台，建立多元化的社会组织、个体参与决策和分享成果的机制、成熟的乡村精英回归机制，大力引进优秀的文化企业和文化建设人才，加强对基层文化工作者的培训，调动多元主体的积极性、主动性和创造性，共同推动传统农村向未来乡村发展转型。

二是重塑共同精神价值。立足本土，充分挖掘当地的优秀传统文化资源，开展村史与村民记忆修复、乡土教育、非遗文化资产保存与再利用工作，寻找共同的历史记忆和文化基因，重构核心价值、集体认同、情感认同，促使优秀传统文化成为新时代凝聚民心、增进团结、促进和谐的精神力量。

三是重造乡村中小学教育。乡村中小学教育是乡村文化振兴的中心高地。进一步优化乡村学校布局，持续改善乡村学校办学条件，健全完善有利于乡村教师安心从教的激励机制，深度挖掘地域乡土文化资源，培养校长、教师对乡土文化的认同感和归属感。学校与村社共享教育教学资源，从农村教育、科技、文化中心的高度定位学校发展，真正让学校成为乡村文化振兴的"命运共同体"。

四是重建乡村文化生态。充分挖掘乡村文化中原有的邻里互助、礼尚往来、诚实守信、集体意识等优秀内核，重新唤起乡村的文化活力，消除"城市病"对农村原生态文化的污染，激活乡村精神元气，重建并光大乡村优秀文化生态价值体系，把乡村文化价值这一中华民族的根基筑牢。

（二）创新升级，推进供给侧结构改革

通过乡村文化产品供给侧结构性改革，优化整合资源，释放市场主体活

力，扩大文化有效供给，加快乡村文化载体建设，完善乡村公共文化服务体系建设，提高文化产业占比，满足村民多方面、个性化的文化需求和对美好生活的向往。

一是推动乡村公共文化服务体系创新升级。加大对乡村公共文化服务体系建设的投入，设计符合村民认知方式、审美习惯和能调动村民参与性的公共文化产品。运用现代数字技术、网络技术、信息技术创新改造升级农家书屋、乡村文化活动室、青少年文化宫以及电影放映、"村村响"、"村村通"工程，激活公共文化空间，真正形成结构合理、保障有力的乡村文化有效供给。打造集文化大礼堂、文化长廊、文化广场、文化舞台、农家书屋、少年宫、网络平台、管理制度于一体的乡村公共文化服务综合体。有条件的还可以设置乡村记忆馆、村史陈列室、网购产品交易馆等，广泛开展形式多样的文化惠民活动，使乡村公共文化服务综合体成为村庄的"文化精神地标"。

二是推动城乡文化融合发展。加大统筹协调力度，推进城乡公共文化服务设施、公共文化产品、公共文化资源互联互通、共建共享，将更多的文化资源要素配置到乡村去，形成城乡一体的公共文化服务网络，不断完善和创新乡村公共文化服务体系。发挥市场在资源配置中的决定性作用，动员和组织全社会力量参与乡村文化振兴工作，积极引导社会资本为乡村带去急需的资金、人才和技术等资源要素，实现全社会合力推进乡村文化振兴的局面。

三是推进乡村"文化＋"产业振兴。围绕有基础、有特色、有潜力的产业，挖掘文化资源、丰富文化底蕴、植入文化元素，推动乡村"文化＋农业""文化＋科技""文化＋旅游"产业发展，打造创意农业、观光农业、品牌农业，促使文化向农业产前产后产中蔓延与融合，实现乡村文化产业从数量型向质量型转变、从表面展示向深度挖掘转变、从要素流出向要素集聚转变"三个转变"，将原本单一的农业经济演变为农业与农产品加工、休闲旅游业、文化创意产业融合发展的新型经济业态。

（三）锻造内核，构建新时代精神家园

开展乡村文化振兴行动，传承农耕文明精髓，创新激发传统文化的活态

特质，培育塑造主流价值观，将原有的乡土文化精神内核以一种更加现代化的方式传承与再加工，赋予其新的内涵和生命力。

一是建设以社会主义核心价值观为引领的道德乡村。坚持以包容和创新的姿态，充分挖掘农耕文化中的互助合作内核，使之与社会主义核心价值观相契合，用社会主义核心价值观统领农村文化融合，推动传统乡村文化转型，让社会主义核心价值观真正落地，提高乡村文明程度，引领塑造共同精神家园。

二是建设中华优秀传统文化传承创新的文化乡村。把有历史文化价值的传统村落和民居列入保护名录，坚持做好劳动工具、生活用具、风俗习惯、礼俗仪式等乡村各类传统文化遗存的恢复保护，保持好原住居民生活状态的延续性，让大家"记得住乡愁"。注重打造历史文化体验，将非物质文化遗产、民俗节庆及农耕文化等融入其中，使历史文化变活，能与时代交流。对传统文化要做到在扬弃中继承和发展，做好移风易俗工作，对存在于乡村的封建、愚昧、落后的习俗和生活方式，要敢于旗帜鲜明地破除和改造。比如引导村民加强传统文化场所如家族祠堂、会馆、戏楼等的保护与传承利用，将其改造成书院、学堂或非物质文化遗产传习所等，广泛开展戏曲曲艺、花灯、传统习俗娱乐等活动。

三是建设可持续发展的生态乡村。"绿水青山就是金山银山"，"冰天雪地也是金山银山"，守住生态环境底线，以生态文明助推乡村文化振兴。

（四）以文化人，推进乡村良序善治

文化是低成本实现基层治理现代化的重要手段。重视传统文化社会治理功能的发挥，从现代公共治理和传统人文精神中找到双重支点，将具有强制力的法律和具有柔性约束力的道德结合在一起，既重视发挥法律的规范作用，又重视发挥道德的教化作用，加快社会变迁中的文化调适，形成社会善治的强大动力。

一是塑造新的乡村社会规范。对当前的伦理道德、村规民约、风俗习惯进行梳理，不断挖掘和整合乡村传统治理资源所蕴含的人文精神和道德规范，构建新的伦理道德规范，培育文明乡风，帮助村民树立崇高的精神信仰，提升乡村道德伦理水平。

二是发挥优秀传统文化的现代功用。深入挖掘农耕文明的精神价值、美学观念、道德规范，运用村规家训、俗语格言、牌匾楹联等传统文化资源，发挥传统节日的文化传承功能，开展诚信教育、孝德教育、勤劳节俭教育，培育优良家风。发挥农村优秀基层干部、道德模范、身边好人等"新乡贤"的示范引领作用，用他们的言行垂范乡里、涵育乡风。宣扬崇尚自然、注重人伦、讲究礼仪、奉亲敬祖、修己务实等精神，凝聚乡民对乡土社会的认同感和归属感，连接传统与现代，重构乡土精神和传统伦理，实现乡村治理和谐有序。

（五）科学规划，构建政策支撑体系

把握乡村文化多样性、差异性、区域性和发展走势分化的特征，探索建立城乡互通、区域互融、跨区跨界的一整套融合发展振兴机制，因村制宜、精准施策，形成制度化保障体系。

一是科学做好乡村文化振兴顶层设计。科学制定乡村文化振兴规划（2018～2022 年），明确至 2020 年全面建成小康社会、2022 年召开党的二十大时的目标任务，落实乡村文化振兴的重点。在资金投入上，加大财政投入，设立国家级、省级乃至县、乡级的乡村文化发展基金，同时引导社会资金多元投入，形成共同振兴乡村文化的格局和氛围。在产业发展上，聚焦乡村文化产品供给侧改革，制订乡村文化振兴项目名录和振兴规划，向乡村精准推送优质文化产品，通过制订完善城乡文化帮扶机制，推动城市优秀文化资源下乡。在人才保障上，构建乡村文化人才保障机制，培育挖掘乡土文化本土人才，支持地方高校培养一批农业文化职业经理人、经纪人、文化能人、非遗传承人等专业化人才。

二是科学规划乡村文化振兴功能区。根据经济、社会发展水平和自然条件，立足特色文化资源优势、乡村环境承载能力、乡村积聚人口等实际情况，优化乡村文化振兴布局，积极构建分类指导体系，科学划分乡村文化振

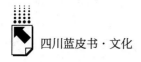

兴功能区。对位于都市郊区、文化资源富集、交通便利的乡村，打造"文化＋农业""文化＋旅游""文化＋科技"等融合发展的产业优化区。对自然文化遗产资源丰富、传统村落保护较好、生态宜居的乡村，打造自然文化遗产传承保护区。对无文化资源优势、交通不便、人口"空心化"的乡村，要提供留守人群的基本公共文化服务。对生存条件恶劣、生态环境脆弱的边远乡村，在循序渐进的撤并和生态移民搬迁中注重文化凝心聚力的作用。

三是科学推进全国乡村文化振兴示范区建设。注重地域特色，鼓励基层先行先试和典型引路，选择不同类型的地方开展示范建设，高起点谋划、高标准实施、高质量建设、高效率推进，着力在优秀传统历史文化传承、"文化＋产业"发展、社会治理模式创新、政策制度创新等方面树立标杆和总结经验，着力打造一村一品、一村一景、一村一韵的乡村文化振兴示范区，以示范区建设推动乡村文化振兴。

B.3
四川影视产业发展报告

孙 婧*

摘 要： 本报告从产业的角度，对四川影视产业的发展状况进行分析解读，从影视制作生产机构，川籍制片人、导演、编剧，以及"四川造"影视作品的制作播出数量等方面提炼其产业特征，将新时代四川影视创作的产业优势、发展差距等四川影视产业发展中具体存在的情况展现出来，以期能以结构优化的趋势和战略带动整个四川影视文化产业健康的发展。

关键词： 四川影视产业 四川现象 霸屏 结构优化

一 主旋律影视剧生产的四川现象

随着网络新媒体、电影等不断崛起，尤其是近年来网络剧的风起云涌，传统主旋律影视剧生产行业面对强大的竞争与压力，一时出现了传统电视行业的生态困境。

2017年可被看作四川影视剧快速突破和增长的收获年，主旋律题材呈现增长态势，央视主流媒体及口碑传播对四川影视剧的影响不断增强，四川制作现象明显。四川影视剧对于主旋律观念的想象与构建，在一定程度上体现了新时代的体征，与精准扶贫、惩治贪腐等社会问题相呼应，打造了独特的社会文本景观与影视剧文化现象。2017年下半年开始，中央电视台综合

---

* 孙婧，四川省社会科学院文学与艺术研究所副研究员，主要研究方向为文化研究与艺术批评。

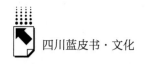
频道黄金时间相继播出了《我的1997》（2017年6月22日至7月27日）、《索玛花开》（2017年11月6日）、《天下粮田》（2017年12月5日）。这几部电视剧题材各异，但有一个最显著的共同特点就是四川制造。综观2017年，《我的1997》《索玛花开》《天下粮田》等影视剧均依靠良好的口碑赢得了观众的认可。随着主旋律影视剧生产四川现象的产生，"四川制造"也逐渐成为大众文化时代主旋律影视剧生产逆袭的新名词。四川影视剧产业的成熟度和稳定性不断提升，发展潜力和发展空间也正面临前所未有的机遇与挑战。

（一）全省影视制作生产机构增长

就总体的影视剧产业创作而言，2017年四川主旋律影视剧发展取得显著成效，离不开四川影视机构、人员在艺术水平提升上的努力。2017年，全省影视制作生产机构从2012年底的102家增长至557家，

值得注意的是，近年来，北京华影文轩影视文化有限公司、凉山文化广播影视传媒集团有限公司、四川八骏联盟影视文化传播有限公司等从制作与发行并行的结构出发，取得了突出的成绩。

1. 北京华影文轩影视文化有限公司

北京华影文轩影视文化有限公司成立于2008年12月1日。自成立以来，该公司始终以制作精品影视节目内容为经营理念，致力于成长为四川省文化支柱型的影视机构。凭借丰厚的人才储备，公司陆续独立或参与制作了众多优秀的影视剧项目，如电视剧《历史转折中的邓小平》《我的1997》《挺住！李波罗》《渗透》《天伦》，以及电影《画皮Ⅱ》《我是狼之火龙山大冒险》等具有社会影响的作品。近年来，公司逐渐完善影视投资、制作、营销等主要环节，并与业内一流的编导人才、制作公司、播出平台等建立良好的合作关系，涉足电影、综艺节目、网络内容等多个制作领域，达到年产2~4部作品的制作能力。

2014年，由华影文轩首次全资投入、独立制作的重大革命历史题材电视剧《历史转折中的邓小平》登陆央视一套黄金档剧场，并先后在东方卫

视、深圳卫视、四川卫视等电视台首轮联合播出，平均收视率接近2%，在媒体界、观众圈以及全社会产生了巨大的反响，成为"现象级"的热播影视作品。该剧先后获得中宣部"五个一工程"奖、国家新闻出版广电总局飞天奖、上海电视节白玉兰奖优秀电视剧提名、首尔国际电视节评审委员会特别大奖、中国电视金鹰奖优秀电视剧奖、中国电视制片业协会十佳电视剧奖等多个国内外重要奖项。

在《历史转折中的邓小平》获得了巨大成功之后，2017年，华影文轩再接再厉，制作了献礼香港回归20周年的电视剧《我的1997》，并登陆中央一套黄金档剧场，取得平均收视率1.22%、网络播放量超过5亿次的好成绩。该剧获2017年中美电影节优秀电视剧金天使奖。

2017年，华影文轩积极推进了《没有硝烟的战线》《龙潭双枪》《太阳出来喜洋洋》《法援律师》《金宝的春天》《假如明天来临》等多部题材各异的电视作品创作。其中，《太阳出来喜洋洋》为纪念改革开放40周年献礼作品，于2018年初开机，8月制作完成。

2. 凉山文化广播影视传媒集团有限公司

凉山文化广播影视传媒集团有限公司是四川省凉山彝族自治州文化体制改革试点单位，是大凉山民族文化产业运营的平台公司，秉承传媒、文化、商业整合的理念，以打造具有影响力的中国民族文化产业品牌、全国少数民族地区第一支民族文化产业股为目标，着力形成影视、演艺、音乐、广告、出版、艺术教育等产业发展支点。公司先后被评为国家文化产业示范基地、四川省文化产业示范基地、四川省文化产业骨干企业、四川特色文化旅游品牌企业、四川省品牌文化企业。

近年来该公司投资拍摄的多部影视项目取得了良好社会效益。公司与加拿大巨龙海升国际影业公司联合拍摄电影《我的圣途》，讲述了一个关于理想、信念与追求的故事，传递真善美，倡导人类和谐包容、共生共荣的价值理念，展现大凉山原生态的唯美山川。该片于2016年开始国际巡映，先后荣获第十届韩国安山国际电影节海外影片主竞赛单元最佳影片奖，第十二届中美电影节年度最佳中外合作艺术电影金天使奖，第十一届

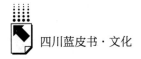

加拿大中国电影节最佳导演奖、最佳男主角奖、最佳女主角奖、最佳人文精神影片奖,第二十五届金鸡百花电影节优秀国产新片奖,第四十届蒙特利尔国际电影节、第七十三届威尼斯国际电影节、第二十一届韩国釜山电影节、第六届北京国际电影节、第十三届中国长春电影节优秀影片入围奖,第五十届休斯敦国际电影节特别评委会雷米奖,得到国内外影视专家的一致好评。2016年10月24日在中央电视台八套播出的电视剧《彝海结盟》,首播当日收视率就高开高走,稳居全国电视剧收视率第一。《彝海结盟》成功获得第十二届中美电影节金天使奖。电视剧《索玛花开》于2017年11月6日在中央电视台综合频道黄金时间播出,持续受到社会各界热捧。

3. 四川八骏联盟影视文化传播有限公司

四川八骏联盟影视文化传播有限公司成立于2010年10月,主要从事电影电视剧投资制作、国际文化交流推广、影视广告制作及新媒体开发。虽然成立时间不长,但该公司已创作完成多部优秀影视作品,成为电视剧制作方面卓有建树的优秀民营企业,创造了5年4部作品在中央电视台综合频道播出的奇迹,是四川影视行业当之无愧的排头兵。其参与或主导的电视剧《便衣支队》《雪域雄鹰》《长征大会师》等多部作品在中央电视台一套播出。2015年10月,八骏影视与四川文产投资基金等公司联合出品38集历史题材电视剧《天下粮田》,获得国家新闻出版广电总局2016年重点扶持剧目奖。2017年,该公司与西部战区政治部等联合拍摄36集军旅大戏《突击突击再突击》,2018年8月该剧在中央电视台电视剧频道播出。

(二)川籍制片人、导演、编剧增多,再塑"文艺川军"

制片人、导演、编剧是影视剧的重要创作者,川籍身份的剧作工作者的增多是近年来四川省影视产业行业的普遍现象,涌现出了张勇、苏晓苑、杨涛、陈岚、乔兵等一批具有全国影响力的四川籍制片人、导演、编剧、演员。"川籍女编剧主宰热播剧"一时成为各大门户网站的新闻热点，其中，《双刺》的编剧乔兵，《琅琊榜》的编剧海宴，《楚乔传》《那年花开月正圆》的编剧杨涛、陈岚、苏晓苑都带来了网络播放平台播放量的冠军。

《历史转折中的邓小平》《二十二》等一批优秀影视作品的推出，不仅创造了主旋律电视剧生产的四川现象，也充分展现了四川影视奋发努力再塑"文艺川军"的新形象。例如四川八骏联盟影视文化传播有限公司充分利用创作主旋律作品的品牌优势，策划推出《南京审判》（70集分集大纲和人物小传已完成）、《大隋圣皇》（60集剧本已完成）、《绝代光华—刘秀》（40集剧本即将完成）、《茶道青红》（川茶主题）、《丝霞映天》（丝绸之路题材）、《盐道》（表现川黔盐道文化）、《最后一支北上队伍》《女子独立师》《小米加步枪》（红军题材）等作品。此外，改编创作马识途小说同名电视剧《清江壮歌》、联合制作《激荡岁月—大东郊》等多部主旋律影视作品也是该公司的重点创作计划。

（三）"四川造"影视作品"霸屏"，影响增大

"四川造"主旋律电视剧在中央电视台综合频道黄金时间形成"霸屏"现象，引起包括北京、江苏、浙江等影视发达省（市）在内的全国同行侧目，在文艺评论家、电视观众中引发广泛热议。频道播出的奇迹，使四川影视行业成为当之无愧的排头兵。"四川造"影视作品《天下粮田》作为电视剧《天下粮仓》（2002年播出）的姊妹篇15年后登陆央视黄金一套，在首播当日就获得了6.19%的全国观众市场占有率。"验田""护国""保粮"等情怀、使命让历史、家国、民生等正能量意义更为突出。《天下粮田》等作品在电视剧市场掀起收视热潮，一方面呈现出四川电视剧创作前所未见的蓬勃生机，另一方面也带动了人民休闲娱乐生活"走进电视"这一选择。站在改革开放四十周年这一重要历史节点上看，四川电视剧创作将以更加雄健的姿态、更加丰富的主旋律精品力作推动四川向影视大省、影视强省昂首迈进。

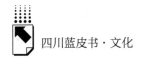
二　新时代四川影视创作新势力

（一）三部剧的接力：新视野、新势力、新突破

2017年6月22日，一部勾起无数人岁月记忆、充盈着浓郁家国情怀、洋溢着蓬勃正能量的电视剧在中央电视台综合频道黄金时间播出，成为纪念香港回归20周年电视作品的扛鼎之作，这就是《我的1997》。《我的1997》具有主旋律电视剧需要具备的一切元素：纪念香港回归20周年的宏大主题，实业报国的爱国主义情怀，正面阳光、富有强烈主流意识形态特征的人物形象，以及为表现主题而精心设计的音乐、美术、摄影，等等。2015年，在中央电视台组织的全国电视剧合作交流会上，该剧从4部同类题材作品中脱颖而出，毫无争议地入选中央电视台2017年庆祝香港回归献礼筹备剧目。随即，该剧制作单位四川新华发行集团北京华影文轩影视公司迅速组建创作班子，形成以导演王伟民、编剧张强、主演印小天为核心的主创团队，历时一年多时间精心创作，向观众呈现了一部精品力作。《我的1997》具有自己独特的印记：小人物的叙事视角、导演本人留学经历带给该剧的"洋"气、因应观众新的审美需要进行的艺术创造，等等。该剧播出后迅速获得各方好评，著名文艺评论家李准赞誉"从来没有一部片子能够这样讲述香港回归的历史"，高达1.22%的收视率也让该剧至今保持中央电视台综合频道黄金时间年度收视率第二的位置。同时，该剧在网络上引起热捧，央视网、爱奇艺、腾讯视频、优酷等网络平台播放量超过5亿次，豆瓣网讨论话题31个、评论近800条。大量"90后""95后"成为该剧的粉丝，年轻观众评价："正能量从来没有这样平易近人过"。

2017年11月6日开播的《索玛花开》则把四川影视创作的现实主义精神表现得淋漓尽致。《索玛花开》缘起于2016年，脱贫攻坚大业正在中华大地火热推进。到2020年我国贫困地区、贫困人口与全国人民一道进入全面小康社会是党中央向全国人民和国际社会做出的庄严承诺，如何用文艺的形式助力脱贫攻坚，及时、准确地将这一人类壮举呈现给世界，是文艺界面临的共同课题。凉山彝族自治州是国家深度贫困区，脱贫攻坚任务异常艰巨，各族人民脱贫奔小康意志异常坚定，是创作脱贫攻坚主题文艺作品最优质的资源。凉山文广传媒集团公司作为土生土长的企业，责无旁贷、勇挑重担，迅速组织主创人员，克服时间紧、任务重、要求高、投资大等重重困难，采取边采风边编剧、边编剧边拍摄、边拍摄边后期、边后期边送审的"四步同轴工作法"，在较短时间内创作推出了这部思想性、艺术性、观赏性俱佳，现实性、时代感强烈的优秀作品，用实际行动诠释了四川文艺界助力脱贫攻坚事业的赤城之心。有评论家说："四川省在脱贫攻坚方面，确实走在了全国的前面。而且四川的文艺创作在和脱贫攻坚同步方面，也走在了全国的前面。"该剧播出后收视率多次超过 1%，"《索玛花开》＋精准扶贫""《索玛花开》＋凉山美景"百度搜索数量均超过 50000 条。四川影视人借助电视剧这一独特手段，向世界展示了四川脱贫攻坚取得的巨大成效和四川人民勤劳勇敢、奋发图强的良好形象。

2017 年 12 月 5 日晚随着《索玛花开》最后一集大结局结束，《天下粮田》第一集以快节奏的代入感向业界传达了历史题材电视剧在当代的制作新理念。该剧围绕清朝乾隆年间由粮田危机引发的一系列腐败案结构情节，讲述了在乾隆皇帝的大力支持下，以刘统勋为代表的正直大臣反腐败的故事，具有较强的当下意义和现实针对性。该剧立足历史而不泥古刻板，叙事动力强劲、情节起伏跌宕、人物命运扣人心弦，主要人物性格塑造鲜明生动，动作、悬疑、情感等类型元素齐备而又运用得当，具有较强的艺术性和观赏价值。

（二）核心"四大招"：抓项目、强主体、优保障、出精品

为彻底改变四川电视剧靠天吃饭、多寡无常的现象，2017 年来，中共四川省委宣传部组织力量，在认真分析本省电视剧创作优势和不足的基础上，明确提出了抓项目、强主体、优保障、出精品的总体思路，以规划系列精品文艺项目为龙头、培育壮大市场创作主体为基础、完善政策保障机制为

根本，从 2017 年到 2021 年，用 5 年时间的沉淀奋斗，努力形成精品力作不断涌现、创作人才脱颖而出、创作环境更加优良的局面。

1. 抓项目：长远规划与近期计划统筹兼顾

2017 以来，中共四川省委宣传部提出了推动文艺繁荣发展的顶层设计，制定了"一规划一计划"。"一规划"即《四川省 2017~2021 年文艺精品创作生产规划》（以下简称《规划》），按照"规划一批、扶持一批、创作一批、成就一批"的工作路径，从全省各级各部门、各类文艺创作主体申报的 2195 件作品中，遴选出 100 余件立意较好、主题突出、有良好基础的作品作为未来 5 年重点打造的文艺精品项目，力争到 2021 年基本形成适应四川文化强省建设要求的门类齐全、布局合理、管理有序、特色鲜明、成效显著的文艺精品创作生产格局。《规划》突出影视作品的重要地位，其中有 29 件电视剧作品入选（包括四川历史名人题材作品），占总数的近 30%。《规划》对列入的电视剧项目实行动态管理，做到有进有出、优胜劣汰，成为四川优秀电视剧不断涌现的推进剂、孵化器。在此基础上，同步制定《四川省 2018 年文艺精品创作项目扶持计划》（以下简称《计划》），将《规划》中于 2018 年启动或见成效的优秀作品列入年度重点扶持项目，给予专项资金扶持和组织保障，为文艺创作生产单位潜心创作提供良好条件。入选《计划》的电视作品涵盖优秀传统文化、新中国成立 70 周年、改革开放 40 周年、汶川特大地震 10 周年等重大题材，力争有更多优秀作品在中央电视台播出或进入全国卫视频道收视率前三位。

2. 强主体：国有企业与民营公司一视同仁

影视作品是市场化程度相对较高的文艺类别。尊重市场经济规律，充分发挥市场在资源配置中的决定性作用，是实现四川影视振兴发展的必然选择。当前，四川省已经形成以峨眉电影集团、四川星空影视、华影文轩、凉山文广集团为代表的国有影视文化企业，他们是影视创作生产的主力军。同时，四川还有 500 多家具有《广播电视节目制作经营许可证》的民营影视制作生产机构，其中就包括四川八骏、天音奇林这样的优秀代表。四川正在研究制定一系列政策举措，从制度上确保民营影视公司同国有文化企业享有平等的项目申报资格和奖励扶持政策，在金融、企业上市、多渠道融资等方面提供更多实实在在的支持，对新文艺组织人员在培训交流、职称评定、创作生活等方面给予特别关心。塑造四川影视发展命运共同体，正在从理念变为现实。

3. 优保障：政策支撑与资金扶持两翼齐飞

四川影视发展得到省委、省政府的高度重视和全力支持，"振兴影视"战略被写入 2017 年省十一次党代会报告，为四川影视发展繁荣提供了强大动力。目前，四川已经出台了多部支持影视繁荣发展的政策文件，省委宣传部和省财政厅联合印发的《四川省加快推进文化产业发展绩效奖励办法》、省财政厅与省新闻出版广电局联合印发的《四川省国家电影事业发展专项资金预算管理办法》等，从创作、宣发、奖励等不同环节为影视创作生产保驾护航，着力构建社会效益优先、社会效益与经济效益兼顾的评价保障体系。当前，四川省正根据影视发展新趋势，积极筹建"振兴影视"专项工作推进小组，组建四川省"振兴影视"专家委员会，努力形成常抓不懈的有效机制；抓紧制定出台《四川省支持影视繁荣发展若干政策实施意见》，推动《中华人民共和国电影产业促进法》和国家新闻出版广电总局《关于支持电视剧繁荣发展若干政策的通知》精神落地落实。特别是正在制定的《四川省文艺精品创作生产奖励扶持办法》，将着力打通包括影视在内的文艺领域文化产业和文化事业的通道，构建前期扶持、中期保障、后期奖励的全链条工作体系，牵引四川"振兴影视"战略尽快发力，高速推进。

4. 出精品：社会效益与市场价值力求统一

在进一步总结主旋律电视剧创作生产经验的基础上，未来几年四川将围绕贯彻落实党的十九大精神、改革开放 40 周年、新中国成立 70 周年、建党100 周年、全面建成小康社会等重要内容和时间节点，创作推出一批讴歌党、讴歌祖国、讴歌人民、讴歌英雄和展示伟大斗争、伟大工程、伟大事业、伟大梦想壮丽画卷的标志性作品，争取每年不少于 1 部电视剧在中央电视台播出、1 部电视剧在地方卫视频道产生广泛影响。同时，更加注重作品思想性、艺术性、观赏性的有机统一，把叫好又叫座作为衡量作品优秀与否

的重要指标，对在中央电视台一套黄金时间播出或获得国内外公认的文艺大奖的作品，以及获得较好收视效果、产生广泛社会影响的作品给予重奖，进一步激发影视创作生产主体埋头抓创作，锐意出精品。

三 四川影视产业发展差距

当前，影视产业发展与经济发展一样，面临从高速增长转向中高速增长的新常态，过去依靠数量扩张的粗放式发展已经难以适应市场需求，只有精品才能适应人们的文化需要，才能占领受众、抢占市场。2015年，全国电影总票房为440.69亿元，同比增长48.7%，内地全年票房增长30%，而四川省全年票房为23.34亿元，同比增长33%，显然低于全国增长率。从具体的影片来看，2017年《战狼2》用1亿多元的投入，创造了50多亿元的票房神话，占据了全年国内电影票房的10%、国产电影票房的20%左右。四川影视剧无论是影像生产还是市场份额都呈现出明显的水土不服。四川影视产业市场在保持快速发展的同时，其差距和劣势也有所显现。

（一）制作企业赢利不多，市场容量有待扩展

改革开放初期，以峨眉电影制片厂为代表的四川影视制片，将《红衣少女》《焦裕禄》《被告山杠爷》《鸦片战争》等影片戴上了"金鸡""百花""华表"甚至国际电影节奖项的桂冠，创造了四川影视制作的黄金时代，四川影视制作主体的身份被不断强化。

与四川影视20世纪的辉煌历史和四川在全国经济版图中的地位相比，近年来，四川影视剧产业的发展还存在不小差距。2011年，四川省内有资质的影视制作机构有110家。2011～2012年，在中宣部的"五个一工程"奖、华表奖等国内大奖的颁奖典礼上还看到了四川制作的电影《大太阳》、电视剧《解放大西南》、纪录片《解密：512汶川大地震》等作品。四川制作或四川联合制作的《大武生》《让子弹飞》《观音山》等商业电影也占据一定份额的电影票房，制作企业保持着不俗的赢利成绩。到2016年，年检

的影视制作企业虽然增长至 384 家，但赢利过千万元的只有 16 家，18% 的企业有不同程度的亏损。

（二）全国性奖项作品占领不足，亟须稳固保障艺术与市场的平衡点

20 世纪 90 年代，四川影视文艺创作就呈现出了市场机制下的自主与活力，仅 1994 年，四川就有 40 多部影视剧作品参与评选全国"五个一工程"奖，在坚持弘扬主旋律，提倡多样化的目标之下，电影《被告山杠爷》、电视剧《我的妈妈在西藏》《何处不风流》《苏东坡》、话剧《沙洲坪》、京剧《少帝福临》、川剧《中国公主杜兰朵》《峨眉山月》、舞剧《三峡情》都是其中艺术品位较高、手法细腻的主旋律精品之作。

2012 年以来，四川影视企业制作发行电视剧 42 部、电影 75 部、动画片 9 部。2015 年全年，有 20 多部四川本土电影批准备案，但院线放映的不到 2 部。近年来，除了几部主旋律题材作品外，具有全国影响力的精品力作还不多，且整体产值和市场占有率低。

影视产业作为四川文化输出的重要阵地与文化"话语场"，将对其在媒介形式上的地位产生重要影响，并持续吸引创作者尝试这一媒介艺术体裁，产生优质的作品，推动经典化进程。以同样以精准扶贫、脱贫攻坚为主题的电影《十八洞村》为例，该片是峨眉电影制片厂拍摄的，源起是习近平总书记提出的精准扶贫概念，那么，如何让这一概念落地？除了政府推广，在影视层面上采取了聘请峨眉电影制片厂团队用政治任务的方式去湖南湘西的十八洞村去采风，然后把十八洞村精准扶贫的概念转化成一个电影，在十九大期间全国上映。在上映的同时，新闻联播等各界媒体都在推广，使影视剧 IP 滚动起来，形成了良好的 IP 推广。对普通的老百姓来说，仅仅讲精准扶贫的概念过于抽象，但通过电影就能有效传递了精准扶贫的内涵：精准扶贫不是简单地让百姓吃好穿好，而是让老百姓精神上脱贫。

因此，当影视剧作为文化产品进入市场时，观众的内心需求与感官审美品位等文化话题需要被呈现与聚焦。四川影视产业作为媒介艺术体裁的概念

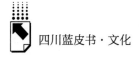

或将进一步放宽，并在市场化的环境下最终确立并收紧，四川影视产业创作者的身份认同也将是一个更为长期的过程。优秀影视剧作品将成为经典，但迭代速度将大大超过电影领域的经典作品。

（三）人才梯队建设不完善，尚未形成很好的衔接

20世纪八九十年代，四川涌现出一批名导演、名演员、名编剧。如比较成功的1987年由上海电视台和四川电视台共同拍摄的电视剧《家春秋》，将巴金先生的名著改编搬上了荧幕，成为一部观众反响强烈的电视剧，并获得了第七届金鹰奖优秀电视连续剧奖。87版《红楼梦》中川籍演员欧阳奋强、邓婕等以对《红楼梦》角色着力点的把握和演绎而成为家喻户晓的影视剧明星。

但近年来四川影视剧队伍人才流失严重，影视领域领军型人才较少。随着老一辈影视演职人员的老龄化和淡出屏幕，除了张勇、苏晓苑、杨涛、陈岚、乔兵等几位活跃在影视圈的中年一代女编剧，新生代影视人才后劲不足，崭露头角的不多，人才梯队尚未很好衔接。

造成这种问题的原因不仅有影视剧人员自我定位不清晰，还有制作人员水平参差不齐，名编剧、名导演、名演员的产生具有很大偶然性。质量的不稳定和创作的匆忙往往使影视剧创作队伍难以建立系统化的梯队，更难以形成高质量的观影期待。

演员、导演、编剧作为影片创作队伍重要的参与者，要面对影视剧创作与制作中角色分工合作的关系问题，这种关系需要四川影视剧行业和协会等机构积极发挥平台的作用进行规范和管理。

四　四川影视产业发展战略

在十九大报告精神的指引下，四川结合自身区位特点提升影视剧传播内容质量，创新影视剧文化作品内容，引领理性正能量话题与热点现象，势在必行。在四川影视剧发展如火如荼的当下，优质原创内容价值越发凸显。将

四川融合在十九大精神发展中，将成都建设成为国家中心城市和国际知名文创中心，大力推动四川城市文化对外交流，不断创新对外文化交流方式，是推广四川城市特色文化、塑造四川美好城市形象、传播四川城市声音的重要途径，也是增强四川对外影响力、提升四川城市软实力不可忽视的重要力量。扩大四川对外文化传播的影响力，不仅有助于进一步丰富十九大精神的重要意义，还有助于四川塑造优质的城市形象，进而深入推进四川对外开放，提升四川城市经济开放水平。四川影视产业的发展建设之路是四川文化传播有序进行的重要前提，也是吸引网民关注和打造地域品牌传播内容的关键。

（一）精品为先、占领受众、抢占市场

2017 年，四川响应习近平总书记讲话精神的要求，立足省情实际，推进发展影视行业。2017 年 5 月 24 日，王东明在《紧密团结在以习近平同志为核心的党中央周围建设美丽繁荣和谐四川　推动治蜀兴川再上新台阶——在中国共产党四川省第十一次代表大会上的报告》中提出"推动媒体融合发展""发展振兴四川出版和四川影视""实施巴蜀文化品牌工程"，这标志着四川影视行业对外开放程度上升到一个新的高度。

毫无疑问，影视业的开放对受众和市场平台的发展有诸多推进作用：成熟的商业模式、先进的经营理念、强大的市场营销力、强劲的经济实力、丰富的公关经验等，都将为四川影视产业带来更多市场化成功的可能。

首先，要在制作水准上求精。高度重视运用现代先进技术，给好的故事和好的创意插上现代技术的翅膀，达到最完美的艺术呈现。例如以三国文化为主题的电影《赤壁》，在技术上巨额投入，以压倒性的优势创造了迄今为止华语电影的技术高峰。

其次，要在艺术创造上求精。近年来影视制作的外部因素如明星绯闻、舆论话题制造、服饰造型的时尚性等的重要性往往取代了影视剧语言、形式、内涵、艺术等本体性因素，造成了影视剧艺术性的失效、降解，影视剧成为"大跌眼镜""低度艺术品质""烂片"的代名词。面对这样的现状，

四川影视剧的创作者应克服急功近利心态和浮躁情绪，潜下心来搞创作，用反复雕琢的时间去换取质量提升的空间，不断提高影视作品的艺术表现力、感染力，给人以审美的享受、思想的启迪、心灵的震撼，这无疑是使影视剧在文化产业生产中无限"延异"下去的主体生成逻辑。

（二）内容为王，深耕巴蜀文化沃土

天府文化是四川影视剧与国家文化融通的契合点，以影视剧为媒，能够找到历史传统与宗教文化的共同语言。最能代表四川文化特色的国际品牌形象，如大熊猫、三国文化、川剧等，对于加强四川与"一带一路"沿线国家与地区的文明互鉴与民心相通，推动四川对外文化交流、服务贸易、旅游推广具有重要意义。1999 年的纪录片《英与白》对四川熊猫饲养员与熊猫之间真情实感的关注，吸引了大量观众。2007 年的电视剧《都是爱情惹的祸》第一集就将视角放在成都老街道等文化地标的表现上，在表达成都文化空间的同时大大提升了影视作品的地域文化内涵。其间"少不入川，老不出蜀"的巴蜀休闲文化理念，更是增添了成都地域文化的人文意象。2008 年上映的电影《赤壁》是三国文化的主题电影，投资 8000 万美元，成为迄今为止挖掘成都特色文化档次最高、规模最大、影响力最广的一部影片。吴宇森导演将历史中的三国往事用现实世界中的电石火光表达出来，最大限度地展现了巴蜀文化应有的历史美学，打造出一种结合历史影像与运动因素的美感。2010 年由著名演员高圆圆主演的《好雨时节》，将带有厚重历史文化内涵的杜甫草堂、洗墨池、八宝街、猛追湾、三圣街、玉皇观街等融入对成都意象的营造表达，继而诠释和表现了巴蜀文化软实力的丰富内涵和文化魅力。

四川也是少数民族聚居区，全省共有 53 个民族，其中世居的少数民族有 14 个，丰厚的民族文化资源是影视产业开发和延续的瑰宝。2012 年播出的《新乌龙山剿匪记》中展现了四川四姑娘山的影视片段，带动了观众对四川少数民族服饰文化的关注。2015 年由欧阳奋强导演的《安妮的邛海》也是一部关注四川少数民族彝族文化的影片。

因此，要在思想内涵上求精，就必须坚持内容为王，深耕巴蜀文化沃土，深入挖掘传统文化、红色文化、民族文化的丰富内涵，围绕改革创新、脱贫攻坚、民族团结等现实题材，创作生产具有中国气派、巴蜀风格的精品力作。

（三）打造强有力的文化主体

强有力的文化主体，是振兴四川影视的前提。要培养头雁企业，充分整合资源力量，发展壮大有市场竞争力的影视产业主体，在政策、资金、项目等各方面加大扶持力度，培育本地影视发展乃至文化发展的领头雁。

振兴四川影视，既需要培养骨干影视企业形成塔尖，也需要培育孵化更多中型和小微影视企业，铸就坚固塔身和坚实塔基，形成良好的梯队结构。通过培养头雁企业来壮大雁群规模，进而形成雁阵效应。发挥重点影视企业的引领作用，激活全省影视行业协会组织的服务功能，以信息、资金、技术等为纽带建立发展联盟，经常组织开展交流合作，形成四川影视行业强大合力。

影视行业是资本密集、技术密集和高度市场化的行业，更新迭代周期越来越短，要始终保持思维开放度和市场敏锐性，把创新作为引领发展的第一动力。要精准对接市场需求，创新主旋律题材的艺术呈现方式，善于用小故事讲述大主题，找准社会效益和经济效益的最佳比例，把两个效益有机统一起来，努力做到既叫好又叫座。要构建开放发展格局，主动加强与国内领先、世界一流影视企业的交流，既竞争又合作，在向高手学习、与高手过招的过程中，快速提高自身实力。要大力发展新兴业态，逐步打通漫画、游戏电影、动画、改编手机游戏等衍生产业链条和价值链条，拓展"荧幕上"与"荧幕下"的联动空间，打造同一影视作品、多种文化创意产品体验的创新业态。

总之，四川影视剧行业正在向一个产业结构优化的方向发展。虽然四川影视产业存在与全国影视市场份额和历史发展高度的差距，但是不得不说近几年四川影视产业在培养川籍编剧、培育主旋律观众群体、优化影视产业结

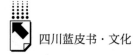

构、拉动整体市场增长上做出了一定的贡献。2018 年，四川省政府研究并组建了省"振兴影视"专项工作推进小组，筹建省"振兴影视"专家委员会，负责制订四川影视发展规划、组织重点创作选题策划、跟踪督促重大影视创作项目落实、为各市场主体创作提供帮助。各地各相关部门也在认真贯彻执行党的文艺方针政策和省委决策部署，加强对影视创作生产的规划和指导，有力推动了项目任务，及时解决了问题。结合实际，统筹谋划重点影视创作生产规划，重点围绕贯彻落实党的十九大精神、改革开放 40 周年、新中国成立 70 周年、建党 100 周年、全面建成小康社会等重要节点和内容，规划组织重大题材项目，着力构建影视作品储备一批、孵化一批、创作一批、推出一批的良性发展格局，四川影视产业行业任重道远。

B.4
四川电视应用转型发展报告

石本秀 蒋茜*

摘 要： 四川电视传播应用经历了20年的转型发展，实现了制作理念的变革，打破了传统电视传播内容追逐产品的思路，将单向传播转变为双向互动传播，将单一型节目升级为集群型产品。本文以四川广电熊猫影视乐学院频道为实例，从受众、内容、渠道、产业模式等多个层面讨论和分析这一媒介融合过程中的裂变与交融、挑战与应战，为四川电视传播转型提供实践依据和理论思考。

关键词： 融合媒体 IPTV 运营模式 四川广电

一 四川广电新媒体迅速发展和电视媒体 融合不断深入

（一）四川电视媒介变革动因与机遇

1. IPTV 端用户累计加速，家庭和行业应用需要媒介融合

工信部最新数据显示，截至 2018 年 6 月末，全国 IPTV 用户总数达 1.42 亿户，上半年净增 2002 万户，连续三年持续加速增长，可以说 IPTV

---

* 石本秀，四川大学锦城学院教授、新媒体研究所所长，研究方向为新媒体传播及运营；蒋茜，四川广电熊猫影视乐学院频道运营总监，成都信息工程大学计算机应用技术硕士，研究方向为云计算。

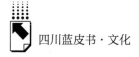

正在成为人们收看电视另外一个重要的渠道。①

这意味着，传统直播电视的观众的转移。随之而来的是传统电视广告主的流失，广告收入也急剧减少，媒体赢利最大化的商业利益诉求有待满足。为了延续市场的产业空间，实现商业利润的可持续性，作为市场竞争参与主体的传统电视必然会追求新的媒介运作模式。而与现有新媒体技术、新客户终端、新业务模式的多元化媒介的融合，就是逻辑上较为可行同时最被接受的运作模式之一。②

2. 超四成用户"绝缘"传统电视，传统电视台广告投放减少

2017年11月29日，中国网络视听节目服务协会发布《2017中国网络视听发展研究报告》，报告显示，传统媒体地位日渐式微，已有超四成用户不再接触传统电视。

从网络视频用户终端设备的使用情况来看，视频消费向移动端集中的趋势更加明显——95%的视频用户会使用手机收看网络视频节目。

四川电视台广告部发出的数据显示，回顾2009年至2015年投放过电视广告的品牌个数，2012年开始呈现梯度性的调整，比前一周期减少品牌近2000个，且呈现逐年减少的趋势，2014年全年同比减少品牌973个。同样，2015年上半年投放过的品牌比2014年同期减少900多个。2015年1月到4月，广告份额下降3.7%，资源量下降10%。

广告商们开始减少在电视台的广告投放，将其视野扩展到了网络视频领域。面对广告产业也不断被蚕食的危机，媒体融合迫在眉睫，只有进行媒体融合，才能挽救传统媒体。③

3. 电视台面对多元竞争，不能只是独立的电视节目供应商和播出平台

一方面，在多种形态的媒介参与合作后，电视内容信息从获取到加工等

① 中华人民共和国工业和信息化部：《2018年上半年通信业经济运行情况》，http://www.miit.gov.cn/n1146290/n1146402/n1146455/c6266039/content.html。
② 陈卫亮：《全媒体环境下的媒介融合道路》，复旦大学硕士学位论文，2012。
③ 四川电视台广告部、康巴卫视广告中心：《2015上半年电视广告经营盘点》，http://www.sckbtv.com/NewsView.asp?ID=1236。

各环节受到媒介的传媒产品功能的影响会被加大。另一方面，媒介融合的传播效果分析表明新闻报道形式更加多样化，与用户更加互动。所以媒介融合手段对丰富新闻报道的内容，提高新闻报道的质量助益颇大。

四川卫视的大部分节目都是由外包公司负责内容制作的，其只提供播放平台。面对新媒体的冲击，四川卫视针对不同的收视对象开办了十几个自办节目，如娱乐栏目《幸福耙耳朵》系列、电视自制剧《朱德元帅》《新乔老爷奇遇》《俄美藏獒猴》等，然而省内有线电视用户数量增长一直在减缓，让一直依托平台的省级卫视受到巨大的利益冲击。[①]

（二）四川电视传媒与新媒体融合的探索

1. 推动传统媒体和新兴媒体融合发展刻不容缓

新兴媒体的快速发展和广泛覆盖，网络和数字技术的裂变式发展，媒体格局的调整和舆论生态的变化，都给传统媒体带来很大冲击。网络新兴媒介的时效性克服了印刷媒介的缺点。面对网络媒介，线性传播的广播也暴露出其稍纵即逝、传播方式单一等不足。

从媒体发展格局看，传统媒体的受众规模不断缩小，市场份额逐渐下降，越来越多的人通过新兴媒体获取信息，青年一代更是将互联网作为获取信息的主要途径。

从舆论生态变化看，新兴媒体话题设置、影响舆论的能力日渐增强，大量社会热点在网上迅速生成、发酵、扩散，传统媒体的舆论引导能力面临挑战。

从意识形态领域看，互联网已经成为舆论斗争的主战场，直接关系我国意识形态安全和政权安全。可以说，传统媒体已经到了一个革新图存的重要关口。

面对这种严峻形势，推动传统媒体和新兴媒体融合发展刻不容缓。必须跟上时代发展步伐，加快融合发展进程，这是我们应当肩负起的历史责任。

---

① 郑利平：《四川广电媒体融合实践——基于四川网络广播电视台分析》，《西部广播电视》2016年12月15日。

在制定《四川省新闻出版广播影视"十三五"发展规划》时，37个媒体融合重点项目被纳入，总投资规模达60.775亿元。在四川省局的方案中，又确定了22个广电媒体融合发展重点项目，总投资规模约36亿元。此外，四川全省21个市州新闻出版广电行政部门和省级单位也都制定了融合发展方案，成立了融合工作领导小组，明确了任务书、时间表、路线图。①

2. 四川广电融合的内容、模式及阶段性成果

《四川省推动传统媒体和新兴媒体融合发展专项方案》启动以来，四川广电媒体纷纷制订符合自身发展的媒体融合战略，从媒介功能、传播手段、所有权、组织结构等要素全面促进媒体的融合，广电行业转型升级步伐加快。

四川金熊猫新媒体有限公司以传统的电视内容产品为核心，以互联网为拓展平台和渠道，整合内容生产、信息集成、信息推送、大数据运用开发等多个价值创作主体，实现四川广播电视台的全媒体转变。四川网络广播电视台、四川新闻、熊猫TV等面向观众的移动互联应用，IPTV、OTT、手机电视等新媒体业务，也共同打造了四川广电的全媒体运营环境。

四川广电通过持续不断的探索，明确了打造"两平台"（IPTV播控平台、融媒体运行平台）和"五产品"（"四川观察""金熊猫""熊猫视频""熊猫听听""香巴拉资讯"移动客户端）的战略路径，初步完成媒体融合发展布局。

《中国新闻出版广电报》报道，2018年10月18日，微博与四川广播电视台达成战略合作，双方将以"省台牵头、全域覆盖"的全新合作模式，实现传统媒体与新媒体跨平台、跨终端的融合发展。四川电视台及全省各市州、县区的电视台将集体入驻微博，建立覆盖电视台、节目、主持人的账号矩阵。各级电视台将以现有节目为基础，结合新媒体受众的特点对节目进行二次剪辑和传播。这意味着电视媒体制作的本地新闻等节目在电视台播出的

---

① 《四川：媒体融合打造"智慧广电"》，http://media.people.com.cn/n1/2017/1212/c40606-29701663.html。

同时，也可以通过微博在电脑、智能手机等多终端覆盖全国受众。微博将提供工具和推广资源，提高内容的制作和传播效率。此次合作开创了"省台牵头、全域覆盖"的新模式，将为微博与主流媒体的融合发展提供更大发展空间。①

二 四川广电熊猫影视频道 IPTV 电视传播应用模式

2015 年，国家新闻出版广电总局发出《关于当前阶段 IPTV 集成播控平台建设管理有关问题的通知》，要求加快 IPTV 播控平台完善建设和对接工作速度。全国统一的 IPTV 集成播控平台亟待建设，IPTV 成为传统媒体与新兴媒体在融合趋势下探索转型融合战略的重要途径，IPTV 跨区域发展被看好。

（一）"IP + TV"的平台转型

四川金熊猫新媒体有限公司是四川广播电视台为传统直播电视转型而打造的融合媒体点播轮播电视台，拥有国新办颁发的全国重点新闻网站信息服务许可证、四川区域 IPTV 集成播控牌照，国家新闻出版广电总局颁发的网络广播电视台牌照、网络视听许可证。其按照现代媒体市场的发展规律，优化产业布局，创新发展模式，积极推动创新驱动战略，从传统赢利模式向以互联网为中心，整合内容生产、信息集成、信息推送、大数据运用开发等多个价值创造主体的全媒体平台转型。

从内容上看，IPTV 的栏目分为主页和次页两个页面，其中主页分为三个大频道和十六个小频道。三大频道分别为：广播电视节目，内容资讯、广告内容，随机热点节目内容。其中，熊猫影视的内容主要为新闻资讯、影视综艺。

---

① 《微博与四川广电达成合作，实现传统媒体与新媒体融合发展》，https：//www. xianjichina. com/special/detail_ 363894. html。

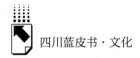

从功能上看，熊猫影视的栏目主要分为八个板块，分别为新闻、电视剧、电影、少儿、综艺、纪录片、幼儿园、广场舞（舞与伦比）。其中页面主要板块展示内容为热门电视剧和动画片、综艺节目等，还增加了幼儿园、电竞、乐学院等互动栏目。除发挥传播资讯回看功能之外，全熊猫开始涉足应用性传播功能，充分体现IP的使用价值和传播价值，逐步实现从看电视到用电视。

（二）与专业领域应用的传播转型

金熊猫新媒体通过对媒体融合发展和互联网生态的探索，对未来的媒体融合发展之路充满希望："这是一个庞大的市场，对于所有媒体、内容提供商、服务商、平台供应商而言都无疑是一道'盛宴'，跨屏幕、跨平台的内容流动和运营，提供和孕育了IPTV电视未来突破的启思。面对这么庞大的市场，我们唯有资源共享，深度挖掘，携手创新技术、创新方案、激活新的链条，变不可能为可能，开辟新的发展空间，才能共创媒体融合美好新未来"①。

在四川范围内，依托IPTV平台的创新应用很多，以下举几个案例。

1. IPTV专区搭建起"互联网+精准扶贫"新平台

四川省IPTV用户覆盖全省85%的农村区域。"互联网+精准扶贫"已成为贫困地区脱贫致富的重要引擎和有力抓手。四川基于IPTV平台，长期开通"精准扶贫　大爱四川"电视专区，开启了一条"互联网+精准扶贫"的新路。该专区在传播党和政府扶贫政策的同时，宣传贫困地区人文景观及旅游资源，推销贫困地区农副产品。由爱心企业原价采购贫困村农户的农特产品，通过IPTV平台销售，所售款项全部捐赠给四川省扶贫基金会。四川民众通过扫描二维码，参与1元秒杀或5折善购活动，抢购来自贫困村的土特产，足不出户即可购买到纯天然、绿色、有机农产品、土特产，还奉献了

---

① 《"开拓媒体融合发展新未来"论坛交流会》，https：//sichuan. scol. com. cn/dwzw/201511/54083606. html。

爱心。[①]

2. 四川 IPTV 开通"两会"频道

中国电信四川公司为省"两会"会场、代表和委员驻地宾馆开通 IPTV 和"两会"频道，实时播放"两会"直通车频道及会务频道节目，为参会的委员、代表提供现场直播及新闻资讯。IPTV 上"两会"的专题报道，体现了 IPTV 的新媒体优势，可以随时为公众更新"两会"动态，权威全面地传递人大代表和政协委员的声音。

3. 四川 IPTV 泸州专区及《直播泸州》APP 正式上线

四川 IPTV 泸州专区除了有各个直播的电视频道之外，还有泸州电视台所有的视频资源，相当于在电视屏上建立了一个视频网站。泸州专区开设有直播泸州、醉美泸州、玩转泸州、亲子教育、泸州区县等频道，充分展现了泸州当地社会、人文、环境等特色内容，可向全省千万 IPTV 用户呈现。[②]

三 熊猫影视与乐学院合作的融合媒体模式样本分析

四川广播电视台熊猫影视乐学院（以下简称乐学院）是由四川金熊猫新媒体有限公司、四川东篱慧云信息科技有限公司共同构建的一个针对家庭文化教育及艺术学习服务的媒体分众平台。

（一）乐学院媒介融合之实践

四川广电熊猫影视乐学院频道通过媒介功能、传播手段、所有权、组织结构等要素的融合来尝试内容、受众、渠道、产业模式等多个层面的融合与创新。

乐学院在栏目内容上把资讯传播变成课堂的体验、参与、互动式学习，尝试从"看电视"到"用电视"的转换。在受众方面尝试了将媒体融合平

---

① 张平、王学成：《信息惠民　精准扶贫——四川电信打通精准扶贫的"最后一公里"》，《中国电信业》2017 年第 4 期。

② 王学成：《四川全媒体云传播平台发布》，《人民邮电》2016 年 11 月 10 日。

图1　熊猫影视的入口及首页

台变成用户学习社交平台，结合OTO融合媒体的打通，尝试了线上课程理论学习、线下互动学习交流、作品展示赏析。在传播渠道融合方面，尝试传播手段在大屏中屏小屏端的打通、融合与创新。在产业模式方面，尝试了C端和B端的多方共赢，形成以学员为消费者的养老产业服务匹配。

1.乐学院的传播内容产品化：传统电视平台的技术衍生看电视尝试了用电视

作为一个电视栏目，传统的产品是通过观看来实现信息化传播，即看电视。乐学院四个栏目的产品化规划，力图让用户在接受服务中实现将"看电视"转化为"用电视"，尝试打破传统电视传播内容追逐产品的思路，转变传统电视产品内容的服务功能和传统电视的传播形态。

从传播的内容来看，由于目前退休一族的学员较为典型，我们以《夕阳红》栏目为例，其满足的仅仅是一个传播频道的观看获得信息。《夕阳

图 2　乐学院频道首页

图 3　乐学课程首页

红》是中央电视台开办的唯一的老年类专题栏目。对于传统的《夕阳红》来说，每期 20 分钟的直播是整个节目制作最重要的环节，所有的前期规划、采访、拍摄、剪辑都是为了能够在直播环节将节目更好地呈现给观众。

乐学院利用 IPTV 点播电视的功能，打破了线性传播的时间束缚，让用户可以自主选择播出的节目内容和播出的时间。在早年的 IPTV 用户里，直播频道是观众的首选，但是现如今海量的点播内容的点击量的增多，充分说

图4　乐学课程二级页面

明了非线性收看方式在培养用户并改变着用户的点播收视习惯。

就乐学课程而言，乐学院频道目前有20多门专业课程，每门课程至少16节，有近千小时的课程内容量，课程涵盖了太极、国学、声乐、舞蹈、古琴、葫芦丝、瑜伽、拉丁舞、古典舞、音乐与心灵滋养、花艺、围棋、书法、川菜（红案/白案）、国画、茶道、剪纸、摄影等。还整合了相关的老年教学资源，即将合作的中老年优质课程平台内容不少于300个小时，内容涉及歌曲、音乐、戏曲、健康、声乐、名医、慢病、养生、名著、传记、历史、旅游等。

乐学院有四个层次的课程设置，可以满足不同年龄、不同文化程度、不同需求层次的中老年人的学习与社交需求。

（1）与各市、区（县）老年大学、社区大学进行学习课程的合作，学员可通过电视频道获得课程教材并到所在社区班级学习，参与乐学院的沙龙社交。

（2）与各养老机构学习课程的合作，所在机构的学员可以通过电视频道学习并参与乐学院的沙龙社交。

（3）在各大型商场和指定教学点，加入乐学院高端课程。学员可以通过购买学员卡的方式加入此课程，进行更加多元化、个性化的学习，还可以参与沙龙社交。

为了满足不同用户群体在不同场景下的需求，内容的融合都离不开多种媒介的线上线下融合及O2O的用户参与方式。乐学院已经完成了大成都范围多个社区调研，正在积极发展乐学院社区连锁班，目前已开设永兴社区、八宝街社区的试点班。试点班设计了"15＋30"课程，两个社区试点情况如下。

表1　永兴社区试点班情况

课程	上课时间	总课时	老师	学员人数	男女比例	年龄范围	备注
形体舞	每周一9:00～11:00	16节	熊霜	30	全部女性	40～46	
声乐课	每周三9:00～11:00	16节	陈瑶	45	男性30%以内	40～65	
国画课	每周五9:30～11:30	16节	陈亦仁	15	男性10%以内	40～65	

表2　八宝街社区试点班情况

课程	上课时间	总课时	老师	学员人数	男女比例	年龄范围	备注
歌舞青春形体舞	每周三15:00～16:00	16节	周晋	32	全部女性	40～65	
我们唱民歌	每周四10:00～11:00	16节	陈欢	42	男性10%以内	30～65	

"电视频道课程教材＋班级学习"的O2O落地化，把一个电视频道的传播互动化，初步走出了传播内容的产品化的第一步。

2. 乐学院将受众变成用户：媒体平台成为用户学习平台

乐学院采用"教与学＋互与动＋赏与析"三个维度的立体教学模式，分别从线上课程理论教授、线下互动学习交流、作品展示赏析等多方面丰富教学，由此形成教中学、学中会、会中乐的注重参与过程与乐学结果的课程体系。

教与学：通过线上课程理论学习，利用中国广电IPTV六年来成功运营的经验，将教学课程嵌入该系统的应用模式中，邀请优秀老师，创建优质课程，改良课程方式，形成乐学院教育资质品牌形象。

互与动：通过线下班级学习，学员沙龙活动、现场体验、参观访问等模

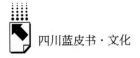

式设计，使学员交流分享联动，构建以线上为知识点，以课程分享交流为互动的社交学习矩阵。

赏与析：展播学员的学习成果，将IPTV的电视功能传媒化，提升学员的个人品牌和课程品牌，并举办不定期的各种大奖赛，形成社区居民及中老年教育的分众媒体节目以产生分众媒体影响力。

乐学院将媒体平台变成用户的学习平台，从模式上提升用户引流和黏性。其做法是以用户为中心设立节目，将单向传播转变为双向互动传播，将单一型节目升级为集群型产品，通过线上线下融合，打通O2O的用户参与方式。

（1）乐学课程的"15+30"课程设计（15分钟课程知识点视频播放，30分钟班主任现场指导）强调课程的代入感。线上用户可以进入四川广播电视台熊猫影视乐学院申请课程，获得所指定线下班级的入学资格；线下用户进入乐学院的社区班、连锁班等机构，选择班级报名入学后获得学院卡，通过学员编号前往线上乐学院专区，获得线上学习课程。

（2）乐学沙龙设计了一个"以线上平台为支撑的沙龙讲座+以知识点为支撑的产品功能植入+以现场体验活动为支撑"的学员分享体系，让学员可以在线上有所观闻、线下长期体验，创建以体验、参与、互动为主的快乐社交。

（3）乐学才艺在线下组建了乐学院艺术团、乐学院合唱团、乐学院摄影团、乐学院书画院等学员社团组织，通过"乐学才艺"栏目展示教学及学员成果，为学员们搭建了抒发激情、表现才华、展示风采的平台。通过班级分配，将各个专业学员的学习成果进行成果式、作品式展示，将学员的学习成果展现化、节目化。

3. 乐学院播出渠道的多样性和覆盖性

（1）乐学院IPTV频道是中老年学员最佳收视终端。乐学院以社区教育为切入点，通过搭建IPTV平台及互联网平台加快电视媒体与新兴媒体平台对接，结合IPTV互动、互联网平台建立一个社交、分享以及服务的社区居民全域服务体系。

图 5　乐学课程"15 + 30"的学习现场

　　由于听力、视力、注意力等的弱化，加上互联网所产生的技术壁垒和使用不习惯，在长时间的学习课程的选择上，以最可能被信赖、最能适应其弱化的生理不足的家庭客厅电视机作为收视终端，应该得到更多学员的喜爱和响应。在户外社交没有电视屏幕的场景下，乐学院可通过网络媒介呈现在用户的电脑（平板电脑）、学习机、手机等移动端，让学习、社交更便捷，随时随地为学员展示教学内容，让他们与朋友、家人们分享沙龙乐趣与乐学风采。

　　一个家庭的用户的年龄阶段是不同的，这就要求我们给他们推荐的内容也是不同的，这就对我们的推荐内容提出了差异化的需求。乐学院的节目运营编辑既根据热点又尊重用户的时间。聚焦中老年教育的乐学院有多类型、多层次、多形式的老年教育特色课程，会给用户推荐精细化的内容。就类型来说，有养生保健、文化修养、雅趣生活、交流沟通、美食美味、美丽仪态、民俗手工、游山玩水、大咖课堂；就层次来说，有音乐、舞蹈、美术、诗词歌赋、摄影、厨艺、剪纸、太极、中医康养、茶道、礼仪等，还针对现代学科的发展，为高知阶层和高求知欲的学员提供了语言、国学、心理、法学、网络、页面设计、传媒、艺术欣赏等高级课程；就形式来说，设计了团队式、体验式、活动式、养教式、游学式等新型的高层次学习形式。

　　（2）通过 IPTV 在线课程平台解决了各地区信息全覆盖。由于乐学院班级组建模式设计的是全省连锁，从传统的复制模式来看，这就存在一个教学课程和师资的不可控和班级模式的不可复制问题，而这恰恰是 IPTV 电视信息流带动线下模式的用武之地。由于 IPTV 电视频道在四川各地拥有近 1500 万家庭用户，随着乐学院的运营以及大量线下班级连锁合作伙伴的加入，乐学院的课程可以随着电视频道而进入千家万户，让乐学院组织在充分享受互联网长尾理论模式的优势中得以最大限度地拓展与复制，让更多缺乏教育的地方的学员得到丰富多彩的乐学院教程并参与落地的班级学习及社交活动。

　　就媒体功能而言，随着各大互联网/移动互联网的乐学院专区和自媒体账号矩阵的建设，逐步形成了"IPTV 专区 + 有线电视频道 + 网站 + 公众号 + 爱奇艺等视频媒体平台 + 今日头条等自媒体平台 + 互动微信群"等社交平台联动的融合媒体。乐学院在传播中以 IPTV 为教学主阵地，以互动辅助平台为媒体矩阵，在线充分运用互联网信息传播的先进技术，采用 O2O 信息化管理模式，深入系统日常管理的各个环节，及时把握学员的学习、社交、互动、交流、需要关怀等诉求，实现线上与线下信息的迅速传递。借用传播优势，实现教学管理媒体化。乐学院通过传播优势拓展对农村、边远地区、贫困地区的社区、老年教育的辐射。乐学院利用电视媒体整合内部资源、融合外部资本，正在尝试构建一个以家庭文化教育为市场导向的，在产业模式上延伸至康养等相关服务的媒介融合生态圈。

4. TO－C：针对C端学员的课程学习提供教学服务

（1）与各市、区（县）老年大学、社区大学进行学习课程的合作，学员可通过电视频道获得课程教材并参与所在社区班级学习并参与乐学院的沙龙社交。

（2）与各养老机构学习课程的合作，所在机构的学员可以通过电视频道学习并参与乐学院的沙龙社交。

（3）在各大型商场和指定教学点，加入乐学院高端课程，学员可以通过购买学员卡的方式加入此课程，进行更加多元化，个性化的学习与参与沙龙社交。

5. TO－B：乐学沙龙栏目，以课程的方式，对接C端和B端，形成以学员为消费者的养老产业服务匹配，实现多方共赢

对于企业服务端，本报告以乐学院针对四川省老博会服务开发的"电视老博会"为例。其可配合组委会的主题，建立四川康养产业黄页，通过在线建立起上下资源企业的信息流，加大博览会宣传覆盖、持续博览会余温，让参展单位得到更多宣传曝光机会。

乐学院利用专业的电视制作团队为企业提供专业的媒体编导和拍摄，拍摄场景包括：博览会现场的会展全景，展厅全景，领导巡视企业展厅、产品亮点宣传、用户体验现场等场景；公司宣传片的定制，如公司远程环境/工厂/服务实景制作。结合企业已有宣传片，将报道宣传视频精修，放在IPTV熊猫影视乐学院专区点播/轮播，实现首次媒体传播。通过乐学院学员的观看、学习，帮助B端企业实现又一次有效传播。而在乐学课程的线下班级内学员讨论、微信群讨论等社交过程中，将四川康养产业黄页再次有效对接消费者，由此实现乐学院频道媒体功能、学习功能、社交功能、服务功能的有机循环。

再以乐学院为中国青城国际颐养中心打造的系列沙龙课合作为例，乐学

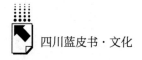
院根据青城颐养的企业特色、康养理念和项目阶段性需求，利用乐学院的频道资源、教学资源、社区资源、社会影响力资源策划包装了项目主题的系列沙龙内容（自然环境、怡养/颐养/医养的"三养文化"、服务理念、硬件设施等），一周一次组织学员（也是项目的目标受众——中老年人群）到青城颐养的项目现场基地实地参观、访问、学习，为青城颐养提高文化口碑和客流关注。

在此期间，乐学院提供沙龙现场的主持、拍摄服务，将学员体验现场拍摄包装剪辑成带一系列知识点的沙龙课程，并在熊猫影视乐学院专区展播，提高青城颐养的项目公信力，完成青城颐养的连贯、周期性宣传。而线下通过参观体验者的口口相传，逐步聚集青城颐养的准消费者。

通过这样一个中老年群体的需求满足过程，乐学院利用频道的媒体功能、学习功能、社交功能、服务功能初步成为一个康养产业链上的连接点。通过上述四大功能的融合，乐学院的商业价值初见端倪。

（1）模式价值：乐学院首创了中国社区教育学习平台的"媒体功能＋学习功能＋社交功能＋服务功能"模式，为线上内容传播的可持续性和用户黏性提供了坚实的基础，也为课程产品服务功能提供了较好的延展性。

（2）目标群体价值：乐学院学员对家庭客厅电视机较为依赖，是一个需要注重身心健康，强调注重养生的中老年消费群体。电视频道形成家庭学员最佳收视终端，尤其是家庭老人，其由于听力、视力、注意力等的弱化，更信赖、喜爱电视机。他们也是康养产业的目标人群，对于 B 端企业的市场服务和消费者数据库的形成具有目标群体价值。

（3）媒介融合价值：利用了中老年学员长时间学习课程时对电视终端的依赖，又通过乐学院的互动设计功能实现了媒介的传播力、分享性、随时随地性，通过 O2O 的方式实践了从"看电视"到"用电视"的媒体融合价值。

（二）乐学云是挑战熊猫影视媒体属性的实验之作

从媒体属性和媒体融合的角度看，熊猫影视作为"IP ＋ TV"的一种媒体，向前迈进了一大步，但相较于互联网媒体的开发，其仍然是一种封闭的局域网性质的媒体，在当今媒体的日益多元化，终端化的发展诉求仍需要再改进融合。

封闭的电视局域网长期作为话语权平台，具有媒体原创的权威性和资源性门槛的保护，其公信力和号召力将强于其他网络的自媒体平台。但与互联网新媒体相比，电视传播稍纵即逝、储存性差、难以查询，很难和观众形成真正的互动。

相比于传统媒体所实施的"单向传播"，互联网新媒体能够满足媒体内容的随时取用，通过将不同国家、不同区域的不同媒介、不同时段的信息集中于一网，创造足够内容空间、服务场景和精准用户触达。封闭的局域网如何对接开放的互联网和移动终端是媒体融合面临的一个问题，也是乐学院线上专区运营和线下班级试点过程中亟待解决的 IPTV 的媒体属性带来的挑战。

学员家庭可选择不同的网络运营服务商（移动、联通、广电、电信等），这带来了家庭网络的复杂多样性，不能保证所有学员都可使用 IPTV 进行电视学习，影响了乐学课程的传播力。四川 IPTV 适合思想观念都相对传统的中老年学员，但其不能及时有效地互动，不能为学员提供丰富的应用功能选择，影响了乐学课程、乐学沙龙的社交性。互联网新媒体时代需要信息在短时间内传递，并随时随地使用，IPTV 在手机端不能使用影响了乐学院学员信息消费的随时随地性。

因此，乐学云需要打通大屏、中屏、小屏，实现乐学院频道"媒体功能＋学习功能＋社交功能＋服务功能"的完整性。

乐学院结合云计算带来的媒体升级、自身网络传输、流媒体优化、大数据挖掘、机器学习等技术优势，自主研发了"乐学云"，通过多源异构环境下数据库的同步复制技术、异网数据安全传输解决方案等手段，将乐学院的内容信息消费、媒介传播、平台数据、用户管理等方面有机链接（见图 6）。

乐学云通过打造跨平台、广覆盖、细分化、工具化的产品矩阵，形成以

内容为支撑，以用户为导向的信息共享平台，促进服务、连接和转化，构建数据中心和信息超市。

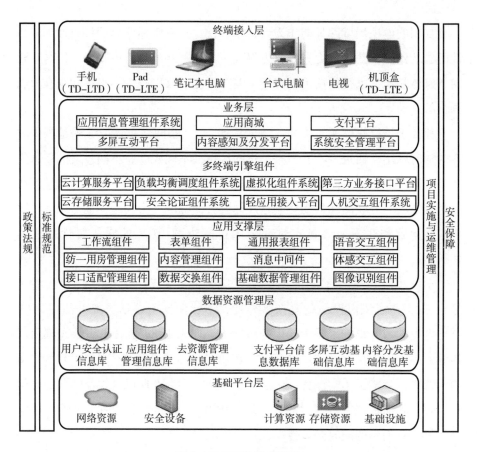

图6　乐学云的技术架构

1. 传播手段打通大屏中屏小屏的融合与创新

乐学院的媒体传播功能以四川广电 IPTV 熊猫影视为依托，用户可通过乐学云实现内容的无缝链接，通过大屏、中屏、小屏实现用户体验的全媒体化，传播手段灵活，可在实现线上点击持续增长的基础上，为用户黏性提供保证。而 IPTV 作为融合媒介以及文化养老的承载平台，需要有针对性地对 IPTV 的一些关键技术进行设计以满足相应的要求，比如多屏互动技术及云服务系统、媒体内容数据资源共享等。

乐学云基于移动互联网及 TD－LTE 多屏交互云服务应用系统的总体框架主要包含六个层次，即基础平台层、数据资源管理层、应用支撑层、多终端引擎组件、业务层和终端接入层。

2. 乐学云的功能与各个终端能力打通互补后的云功能

乐学云提供面向融合媒介的教育、培训、展示等互联网服务，学员无须购买附件，即可通过 IPTV 大屏（熊猫影视乐学院频道）、中屏（爱奇艺或今日头条等媒体平台的乐学院频道）、小屏（乐学院教育公众号）实现面向全四川的高质量的网络同步和异步教学培训（见表3）。

表3　部分大屏、中屏、小屏功能一览

内容载体	功能模块	主要功能点
大屏（IPTV、电视）（乐学院 IPTV 专区的点击量）	视频点播	免费视频（部分课程、沙龙、才艺、社会关怀）点播
		收费视频（完整课程）点播
		内容评价和分享
		视频的跨屏续播（多终端显示）
	用户管理	用户基本信息（机顶盒、地域等）
		课程报名（扫二维码关注公众号报名）
		活动参与/报名
中屏（IPad、PC）（官网、爱奇艺等第三方媒体）	用户管理	用户注册（用户基本信息填写、用户角色选择、《用户须知》）
		用户登录
		用户信息统一
		用户信息修改
		忘记密码
		线下班级报名
		线上课程缴费
	视频管理	视频上传
		视频删除
		视频查询
		视频修改

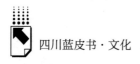
续表

内容载体	功能模块	主要功能点
小屏(手机)	用户管理	用户注册(用户基本信息填写、用户角色选择、《用户须知》)
		用户登录
		用户信息统一
		用户信息修改
		忘记密码
		线下班级报名
		线上课程缴费
	视频管理	视频上传
		视频删除
		视频查询
		视频修改

依托乐学云，乐学院还可以通过 B（产品）P（匹配）C（消费者）服务平台形成以不同类型服务指南及线上服务平台为支撑的课程体系、以学员在各类生活服务学习中分享为支持的学员体系、以线下学员自愿参与的体验活动为支撑的服务体系，三者共同构成闭合的供给需求链，最终形成为实现目标客户匹配服务的 O2O 的营销数据库。

乐学院通过 BPC 服务平台并利用乐学院一年四季丰富多彩的各种主题大赛、冠名专题活动等，形成本栏目参与性传播的含金量，并形成分众媒体价值，可为家庭文化学校及社会各类才艺学校提供媒体宣传报道，打造中老年专业媒体平台和广告平台。经过多年积累，乐学院通过对学员的信息记录追踪（个人基本信息、所学所好、心理健康、医疗状况、消费需求、养老保险状况、家庭情况、自评身体健康等）成为一个"教育＋社交＋分享＋服务"的文化养老全域数据库。

（三）乐学院与熊猫影视合作的运营实践

1. 所有权、组织结构等要素的融合尝试

为了把握市场和产业优势，需要进行策略性融合。这种融合往往是不同

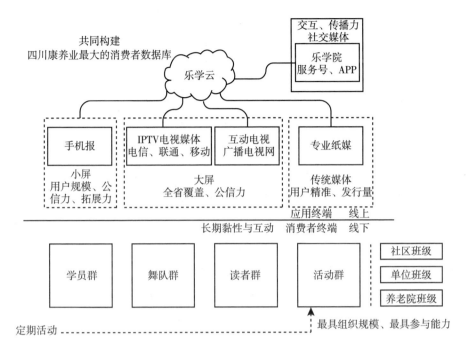

共同构建
四川康养业最大的消费者数据库

交互、传播力
社交媒体

乐学云

乐学院
服务号、APP

手机报

IPTV电视媒体
电信、联通、移动

互动电视
广播电视网

专业纸媒

小屏
用户规模、公
信力、拓展力

大屏
全省覆盖、公信力

传统媒体
用户精准、发行量

应用终端　线上
长期黏性与互动　消费者终端　线下

学员群

舞队群

读者群

活动群

社区班级

单位班级

养老院班级

定期活动

最具组织规模、最具参与能力

图 7　乐学云的业务逻辑

业务板块、不同所有权媒体之间的融合，其融合原则是实现双赢。融合的目的是产业链的重构与再造。

四川金熊猫新媒体有限公司是由四川广电传媒集团公司、四川星空电视购物有限公司、四川星空影视公司共同投资成立的国字号公司，其拥有国新办颁发的全国重点新闻网站信息服务许可证、四川区域 IPTV 集成播控牌照、四川网络广播电视台牌照、网络视听许可证。这些牌照资源是发展互联网视讯市场的稀缺资源，但在市场运作方面的落地存在诸多限制和障碍。而与之合作的乐学院运作公司四川东篱慧云信息科技公司是在拓展社区教育发展路径的号召下应运而生的致力于在线、社区、媒体融合发展的市场化公司。现有的 IPTV 电视频道传播，可通过频道合作渠道，与乐学院多头的市场平台及合作机构进行有利于融合媒体模式的市场化合作。熊猫影视作为权威的公信力媒体，可有效地与乐学院大量的、具有四川特色的、中老年朋友喜闻乐见的丰富节目制作资源内容有效结合。熊猫影视的在线频道传播与乐学院的线下实体班级通过"15＋30"的学习模式进行了有效的融合，熊猫影视的媒体节目的展播与乐学院的线下群众性参与活动的互动进行了分享的融合。经过几个月的合作，乐学院的运营充分体现了熊猫影视与乐学院在所有权、组织结构等要素方面融合的模式初见端倪，为IPTV业务在四川中老年社区教育的试点和下一步全面推进提供了实践性案例。

2. 项目市场运作的融合尝试

乐学院作为独立的企业法人，为实现市场经济运作方式，与IPTV平台走全网联动、联合经营模式，按公司合作章程实行项目制合作经营提供了的尝试。

新旧媒体运营者正在围绕多平台内容理念进行重组，特别是视频涉及电视、PC端网站、移动应用、其他媒体平台等多个领域。乐学院是一个融合媒体的平台项目，四川广电金熊猫公司、西博会组委会、成都市相关社区、康养业相关企业通过这个平台项目，发生着电视媒体与多元媒体的融合，媒体与大型展会、大型活动的融合，媒体与社区教育O2O课程的融合，媒体与产业链的融合。未来，乐学院将做好千人千面的智能推荐，读懂用户此刻的需求，在满足用户不断更新的需求中，进一步地实现项目市场运作的融合。

3. 乐学院产业能力、资本运作能力的融合尝试

目前乐学院已经规划好远景目标及发展方向，将以市场为导向，依托大型国企的投资，快速组建四川文化教育培训孵化器——成都新时代广场文创教育共享空间：打造一个上万平方米的产业聚集中心，积极打通资金流入通道，争取更多产业专项基金的管理资格，利用财政性资金的杠杆效应，吸引社会闲置资金流入实体企业，放大资金规模。眼下，其已经联动了四川省内外一些大型康养类房地产、金融产品及适老化系列产品，并进行后向赢利模式的植入，积极探索创新金融业务，为乐学院项目开辟多元化融资渠道。

4. 乐学院人力资本，运作团队的融合尝试

以文创教育塑造融合媒体模式的乐学院，一直通过市场优势、资本优势打造人才竞争格局，这是一种寻求可持续发展的战略之举。对于项目实施方

来说，将人力资本与产业发展、产业模式有机结合在一起进行机制设计，是至关重要的。乐学院通过文创孵化器整合线下的教学应用、班级学习、活动开展、技术服务等资源，形成文创融合媒体模式，并围绕这一模式的专业需求组织人才队伍，高效地集中人力、物力和财力进行核心团队建设。眼下，乐学院集合了教学、社区、文化、媒体、网络技术等优质人才的人才队伍，成为乐学院项目建设发展中不可或缺的重要竞争力。这样的复合型团队往往很难在单一的产业机构中产生，却在乐学院的项目机制中得到了较好的实践，这样的结果，非常符合融合媒体在内容提供商、网络运营商、平台提供商、终端与受众之间形成的资源共享机制这一产业链模式。

5. 四川 IPTV 传播应用转型的问题与展望

通过熊猫影视与乐学院合作的融合媒体模式样本分析，我们看到熊猫影视与乐学院磨合中所遭遇到的相关问题：在传播手段的融合中如何解决电视专网与互联网的隔离？在媒介功能的融合中如何解决显示终端多元化带来的数据选择同步与互动滞后？如何解决传统广电系统内容审核机制及时互动的不足？如何解决所有权、组织结构带来的媒介所有者与经营者之间的协调？权益矛盾需要如何解决可持续性的人才机制保障等？

回应与解决以上问题，将是乐学院与熊猫影视合作的这一媒体融合运营实践中一种可资借鉴的案例。我们期待随着 IPTV 技术进步带来新型内容浏览方法、与内容进行合作和交互、智能硬件、媒体融合内容机制和管理机制的进一步市场化，四川 IPTV 传播应用将在新技术、新平台、新终端、新业态下完成媒介生态升级。通过构建一个以市场为导向的媒介融合生态圈，实现媒介融合视域下四川电视传播应用全面转型。

B.5
四川生态康养产业发展报告

池瑞瑞*

摘　要： 四川生态康养产业在全国起步早、发展快，迄今已形成以阳光康养、森林康养、熊猫家园生态康养、湿地康养、乡村康养为主体，生态旅游为补充的六大品牌体系，并在较早谋划布局构建政策体系、依托富集资源开发多种业态、依托企业主体打造特色项目、通过打造试点进行复制推广、多渠道全方位加强宣传推介、构建生态康养的检测指标体系等六大方面多有建树。但目前也存在着思想认识不够、研究宣传少，体制机制不明、协调难度大，政策扶持不足、发展资金少，行业基础薄弱、专业人才缺等问题。建议在加大政策扶持、鼓励医养融合、强化人才支撑等三方面予以重点支持。

关键词： 生态康养　产业发展　健康产业

一　四川发展生态康养产业的意义

四川地处内陆，不沿边不靠海曾经是经济发展的重要地理制约因素，近年来，通过西部大开发、产业转移、着力打造国际化营商环境等一系列重大举措，四川经济实现跨越式发展。2017年全省地区生产总值达36980亿元、增长8.1%，三次产业比重为11.6∶38.7∶49.7，结构持续优化。全面创新

---

*　池瑞瑞，四川省社会科学院经济研究所助理研究员，研究方向为产业经济与新型城镇化。

改革、提升建设天府新区、推进建设天府国际机场和国际空港新城、高水平建设自贸试验区等新的经济增长点正在培育并持续焕发生机。同时应该看到，2017年，"三驾马车"中的消费对四川经济增长的贡献率已超过50%，为契合居民对更高生活质量的追求，大力发展生态康养产业，具有重大的现实意义。①

（一）建设健康中国、打造美丽四川的必然要求

健康是促进人的全面发展的必然要求，是经济社会发展的基础条件。实现国民健康长寿，是国家富强、民族振兴的重要标志，也是广大城乡居民的共同愿望。面对环境污染和全球气候变化，生态康养对增进人体健康的作用日益凸显。如在利用森林进行康养的活动中，森林植物通过自身的调节作用，向环境输送大量的清新空气、负氧离子和萜类化合物，达到吸收有害气体、除尘、杀菌、减噪等环境净化作用，能不同程度地改善人体诸多器官的新陈代谢功能，具有调节人体生理和心理健康状态的独特功效。因此，中共中央、国务院于2016年10月颁布了《"健康中国2030"规划纲要》，四川推出了《中共四川省委关于推进绿色发展建设美丽四川的决定》，全面回应人民对良好生态环境、优良身体素质的新期待。发展生态康养，是建设健康中国、打造美丽四川必不可少的重要环节。

（二）弥补发展短板、培育新兴增长点的有益尝试

健康产业对国民经济贡献巨大，公开资料显示，发达国家健康产业增加值占GDP比重普遍超过15%。美国的健康产业既是仅次于制造业、服务业、金融保险业、房地产的第五大产业，也是近十年来增速最快的产业，年收益已超过1万亿美元。世界卫生组织相关数据显示，全世界达到真正健康标准的人口仅占总人口的5%，患各类疾病的人口比重达20%，其余75%的人处于亚健康状态，

---

① 《2018年四川省人民政府工作报告》，http://www.sc.gov.cn/10462/10464/10797/2018/2/6/10444541.shtml。

因此大健康产业成为公认的具有巨大市场潜力的新兴产业，国际经济学界称其为"无限广阔的兆亿产业"，美国著名经济学家保罗·皮尔泽则称其为继 IT 产业之后的全球"财富第五波"。而我国健康产业还处于萌芽阶段，2017 年健康产业增加值占 GDP 比重仅为 4% ~5%，年收益约 900 亿美元。[①]

根据 2017 中国—东盟传统医药健康旅游国际论坛的有关数据，以我国疫病预防控制中心危险因素调查推算，我国慢病患者占总人口的 20% 以上，尤其是随着我国人口老龄化的到来，居民对健康和养老产业的需求日益旺盛。面对快速增长的有效需求，康养产业已成为我国经济发展中明显的短板之一。

生态康养可以串联起医疗服务、生态农业、休闲度假、娱乐运动、养生养老等相关产业，形成产业相融共生的新业态。我国的生态康养，不管是消费市场发育还是供给侧产品开发，都还处在萌芽阶段。凭借丰富的森林资源和良好的气候条件，四川生态康养产业在全国起步相对较早，都江堰道教养生、攀枝花阳光康养、洪雅森林康养、乐山中医康养、七里坪避暑康养等已经形成了品牌优势，今后有望继续走在全国前列。大力发展生态康养，可在弥补发展短板的同时，为四川培养新的经济增长点。

（三）促进绿色发展、助力扶贫攻坚的有效途径

森林覆盖率和林木蓄积量是实现绿色低碳发展的重要标志。生态康养的重要支撑——森林康养，是带动力最强的林下产业，是实现"绿水青山就是金山银山"的有效载体，可以使森林同时具备长远的生态效益和现实的经济效益，实现森林资源保护和开发利用的有机统一。四川森林资源丰富，"绿底"非常深厚。2017 年全省森林覆盖率达 38.03%，比全国平均水平高21.66 个百分点；全省自然保护区有 167 个，面积 8.3 万平方公里，占全省土地面积的 17.1%；年末有国家森林城市 10 个、国家级生态县（市、区）

[①] 因大健康产业覆盖行业细分标准未定，故这一数据根据不同口径会有波动。本文根据《中国统计年鉴－2018》（中华人民共和国国家统计局编，中国统计出版社 2018 年 10 月出版）相关数据计算所得。

15 个、省级生态县（市、区）51 个、国家级环保模范城市 2 个、省级环保模范城市 34 个、国家生态文明建设示范县 1 个。①

同时，四川的攀西、川东北和川南地区既是钢铁、煤炭等过剩产能聚集区，又是森林资源富集区，大力发展生态康养，还可以为产业转移和职工安置开辟新的有效渠道，既有利于培育新兴产业和丰富旅游产品，避免全国旅游景区购物"义乌化"，也有利于精准扶贫，加强森林资源保护和开发利用，助力全社会生活品质的提高。

二 四川生态康养产业的发展现状

（一）较早谋划布局构建政策体系

在转方式、调结构、促升级的新常态下，四川省各地方政府结合辖区内优良的生态资源，在转型升级的思路下，积极探索生态康养产业发展路径。

早在 2012 年，为适应工业型城市转型需求，攀枝花市率先提出建设"中国阳光康养胜地"的口号，并于 2013 年出台《中国阳光康养旅游城市发展规划》，将康养产业因地制宜细化为"康养 + 农业""康养 + 工业""康养 + 医疗""康养 + 旅游""康养 + 运动"等 5 个"康养 +"产业方案。

2014 年，依托"拜水都江堰 问道青城山"这一世界双遗产资源，都江堰市出台《都江堰市健康服务产业规划（2014～2028）》②，计划用 15 年的时间，在医疗养生、道家养生、中医养生等领域，形成一批在国内外有影响力和竞争力的机构或企业，把健康服务产业建设成为都江堰市重要的现代服务业，确立并保持"中国·青城山世界康体养生旅游目的地"地位。

2015 年，《四川省人民政府办公厅关于印发四川省养老与健康服务业发展规划（2015～2020 年）的通知》（川办发〔2015〕96 号，2015 年 11 月

---

① 《2017 年四川省国民经济和社会发展统计公报》，《四川日报》2018 年 2 月 28 日，第 8 版。
② 由于操作流程限制，这一规划实际通过并对外发布时间为 2015 年 10 月。

20 日）提出了全省"一区两片三带"养老健康服务业发展格局。具体为以成都为核心，与德阳、绵阳组成创新发展核心区，并以川南融合发展示范片和川东北融合发展示范片、攀西阳光康养服务业发展带、秦巴生态森林服务发展带、川西民族特色康养服务业发展带为主构成，从全省角度谋划康养产业发展布局。《中共四川省委关于制定国民经济和社会发展第十三个五年规划的建议》明确将阳光康养、森林康养等生态康养产业作为四川"十三五"时期重点发展新兴产业培育。《四川省国民经济和社会发展第十三个五年规划》《四川省"十三五"生态保护与建设规划》《四川省"十三五"旅游业发展规划》《四川省中医药大健康产业"十三五"发展规划》等省级规划从不同侧面明确了生态康养产业发展的重要性、原则和路径等。

2016 年 5 月，全国首个省级森林康养产业发展意见《四川省林业厅关于大力推进森林康养产业发展的意见》公布，8 月全国首个省级森林康养规划《四川省森林康养"十三五"发展规划》印发，10 月《四川省生态康养基地建设标准》和《四川省生态康养基地认定办法》出台，形成了省级层面从意见、规划到实施标准的完整森林康养政策体系框架。

2016 年 10 月，全国首个市级森林康养产业规划《巴中市森林康养产业发展总体规划（2016~2025 年)》出台，提出建设北、中、南三个森林康养重点功能区，提升打造森林康养产业带和服务中心，着力培育森林康养体验教育产业、医疗产业、养老产业、中医药产业、饮食产业、体育产业、文创产业、温泉产业等八大产业。

2017 年 10 月，四川省农工委印发《四川省大力发展生态康养产业实施方案（2018~2022)》，以建设全国森林康养目的地和生态康养产业强省为核心，明确了四川生态康养产业的阶段性发展目标，

2018 年 5 月，《洪雅县森林康养产业发展规划（2018~2025 年)》发布，成为四川省内第一个县级森林康养产业规划，也是全国森林康养示范县首个森林康养产业专项规划。规划提出建设一核（玉屏山）、三区（森林康养养生度假示范区、森林康养绿色抗衰示范区、森林康养生态体验示范区）的产业发展布局。

至此，四川经过近五年的探索和发展，基本完成了省—市—县三级的生态康养产业发展政策引领布局。各地结合生态资源禀赋差异，不仅在产业发展路径方面突出了本地特色，更在康养基地培育、康养人家认定、康养教育体系构建等方面不断完善政策体系，为四川生态康养产业的健康、有序、差异化、特色化、品牌化发展提供了方向。

表1 四川生态康养产业历年来代表性文件

时间	文件	主要内容
2013 年 6 月 4 日	攀枝花《中国阳光康养旅游城市发展规划》	制定 5 个"康养＋"产业方案，努力建成中国康养胜地，成功创建中国阳光康养产业发展示范区
2014 年 11 月 10 日	《都江堰市健康服务产业规划（2014～2028）》	以医疗养生、道家养生、中医养生等为品牌，建设"中国·青城山世界康体养生旅游目的地"
2015 年 11 月 20 日	《四川省养老与健康服务业发展规划（2015～2020 年）》	构建"一区两片三带"养老健康服务业发展格局
2015 年 11 月 30 日	《中共四川省委关于制定国民经济和社会发展第十三个五年规划的建议》	1. 在攀西国家级战略资源创新开发试验区这一新兴增长极中，着力发展阳光生态旅游业和阳光康养产业 2. 在全省因地制宜发展林下经济、森林旅游、森林康养等林产业
2016 年 5 月 8 日	《四川省林业厅关于大力推进森林康养产业发展的意见》	大力推进森林康养林、森林康养基地、森林康养步道、森林康养市场主体、森林康养产品与品牌、森林康养文化体系等建设和培育
2016 年 10 月 31 日	《巴中市森林康养产业发展总体规划（2016～2025 年）》	打造巴中森林康养"三区四片一带多中心"的空间发展格局，全力推进巴中全域森林康养产业发展
2018 年 5 月 29 日	《洪雅县森林康养产业发展规划（2018～2025 年）》	规划建设一核（玉屏山）、三区（森林康养养生度假示范区、森林康养绿色抗衰示范区、森林康养生态体验示范区），把洪雅打造成国际森林康养目的地、全国森林康养产业强县

（二）依托富集资源开发多种业态

根据智研咨询 2018 年 10 月发布的《2019～2025 年中国康养旅游行业

市场调查及发展趋势研究报告》，从总体布局看，我国当前康养旅游主要分布于西南、长三角、山东及东北等区域，并逐渐形成各自特色（见表2）。

表2 我国当前主要康养区域及特色

区域	特色
长白山康养区	独特的自然资源与健康旅游文化理念,打造特色休闲养生度假旅游目的地
山东康养区	依托较为先进的康养配套设施,尤其是医疗科技较为发达
长三角康养区	国内软服务最发达的康养产业聚集区
云贵川西南康养区	主要依靠优良的自然环境、资源和民族文化,塑造度假疗养目的地

位于云贵川西南康养核心区的四川，生态康养产业起步早、发展快，迄今已形成多种业态并举的综合发展态势。

1. 生态康养医疗业

利用特定生态康养环境，融合运动疗法、作业疗法、芳香疗法、泉水疗法、气候疗法、洞穴疗法等替代治疗方法，将康养疗养应用于预防保健和康复治疗实践，服务生态康养人群健康，推动康养医疗产业发展。

一是健全医疗服务体系。进一步建立健全市、县（区）、乡（镇）、村（社区）四级医疗卫生服务网络，为康养人群就近提供便捷医疗服务。

二是提升医疗服务能力。开展医院等级创建，加强医疗机构规范化建设，进一步加强甲级村卫生室建设。开展卫生便民行动和预约挂号，全面推行乡村医生签约服务。加强医卫人才建设，建立卫生人才发展基金，落实偏远乡镇医务人员专项补助，开展乡村医生培训等。

三是支持医养融合发展。支持社会力量在生态康养基地周边兴办医养融合型养老机构，优先对老年病、康复理疗、中医及护理等科室给予技术支持，促进森林康养医疗产业与养老产业融合发展。

四是鼓励医师多点执业。以康养基地为依托，以市场需求为导向，优化配置医疗卫生资源，鼓励心理医生、保健医生开展多点执业，到自然生态中开展健康管理服务。

2. 生态康养养老业

依托川内生态环境和气候条件良好、旅游资源独特、康养资源富集的优势，建设生态康养基地，培育以养生养老、山地运动、休闲观光为主，特色鲜明、区域吸引力较强的生态康养养老产业。引进医养结合型的养老机构和综合性养老项目，整合建设老年医院、老年大学、老年体育文化活动中心及国家政策支持的养老项目，积极规划打造生态康养养老产业园。加强养老服务设施配套，与社区卫生、文化、体育、教育等设施功能衔接，提高养老服务水平，开发特色优质养老服务产品。大力发展候鸟式、度假式养老模式，积极开发中高端养老市场，利用"知青返乡"客户资源，推动形成专业化的老年生态康养服务品牌。

同时，为应对人口老龄化和社会福利化问题，切实保障老年人、残疾人和孤残儿童等弱势群体的生存发展权利，四川还注重将生态康养保健、康复、预防、治疗等活动与养老服务、临终关怀、孤残儿童和残疾人扶助等工作相结合，利用生态康养改善弱势群体的身心健康状况，为其提供特殊的"生态康养福祉"。

3. 生态康养中医药业

四川川东北秦巴山区、川西北龙门山区、川南地区、攀西地区、川滇结合森林区、藏东南高原边缘区、川甘草原草甸湿地区等是全国著名的生物多样性富集区，也是具有地方特色和民族风情的中医药传统产区。依托丰富的中药材资源，四川重点发展保健品、功能食品等制造产业，提高中药材及传统保健食品的附加值，运用市场法则集中包装打造一批特色优势保健产品，塑造区域性服务品牌。积极培育绿色生态产业新兴增长极，大力发展集中医药资源观光、养生于一体的新兴生态康养中医药产业。对于条件适合的国家森林公园，设立专门的中药植物观光园，通过引导游客认知中草药、体验中草药种植和制备过程、品尝传统药膳等方式，传播中医药文化，延长生物医药行业的产业链。开发中草药保健酒、保健饮料等制成品，积极申报中国驰名商标、地理标志证明商标，打造更多中医药旅游商品。聘请医术精湛的中医专业人士现场坐诊，提供中医药养生保健和医疗康复等服务，着力打造中

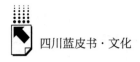
医药健康服务业基地，提升生态康养品质。

如巴中具有丰富的野生植物资源，被中外专家誉为秦巴山区的"百宝箱"、四川境内的"天然药库"，有党参、天麻、杜仲、厚朴、红豆杉等大量药用植物。巴中通过建设木本药材基地和发展"林药"林下经济模式，挖掘"巴药"资源，积极发展中医药旅游。峨眉山将中医药养生题材与生物医药创新研发基地相结合，大力发展中医药养生项目和中草药种养植观赏，发挥中医药在健康调理、亚健康恢复、慢病防治等多方面的优势，以"抗衰老治未病"的推广理念，积极开展中医（药）养生保健调理服务，为健康养老高端品牌提供中医支持。洪雅县围绕道地山珍药材，开展大宗食药同源药材功效研究，进行药理药效基础、饮片、中成药、提取物、保健用品等全方位系统开发，为生态康养中医药业提供安全有效的技术支撑。

4. 生态康养体验教育业

依托良好的生态环境，发展康养体验教育，通过有目的康养体验设计和引导，帮助人们更好地了解自然及自然与人类生存发展的关系，激发人们的创造性，并培养起尊重自然、顺应自然、保护自然的生态情怀。重点针对青少年和学龄前儿童，开发生态康养体验教育课程，建设密度合理的生态康养体验中心、生态康养教室和自然观察径，开发具有本地特色的品牌生态康养体验教育活动，促进生态康养向参与化、互动化、趣味化的体验经济方向发展，实现生态康养体验教育产业化。

5. 生态康养饮食业

生态康养注重身心调理，饮食调理是身心调理的重要组成部分。各地结合丰富的农业物产，为生态康养提供更全面、丰富的内涵。

如作为四川省唯一的亚热带水果生产基地，攀枝花盛产杧果、枇杷、莲雾、石榴、草莓、樱桃等特色水果，提出"阳光康养"品牌后，其以一年四季丰盛的鲜果为来此康养的人群提供健康"加分"。

洪雅县依托已形成区域品牌影响力的柳江古镇、槽渔滩、瓦屋山、七里坪森林康养小镇等景区，规范化、产业化推出季节性森林康养食品，打造特色森林康养餐厅。

巴中生态环境优良，是全国三大富硒带之一，硒、碘、硫、锌等生命元素含量丰富、均衡，适宜多种农作物生长和畜禽产品、水产品生产。全市有204个无公害农产品、49个绿色食品认证产品、70个有机食品认证产品、11个地理标志保护产品，所有县（区）都被认定为农产品无公害产地，拥有"中国银耳之乡""中国核桃之乡""中国富硒茶之乡""中国金银花之乡""中国南江黄羊之乡"等绿色、有机品牌优势。巴中在培育发展生态康养饮食业时，结合地方传统加工方法，把南江黄羊、空山黄牛、巴山土鸡、江口青鳙、巴山猪、核桃、森林蔬菜、菌类等加工成具有地方特色的、符合食物疗法要求的营养套餐，并着力以标准化为主要手段，强化康养食品质量管理，打造并叫响"巴食巴适"品牌。

6. 生态康养体育业

为契合妇孕婴幼康养、青少年康养、中年康养、老年康养的不同需求，四川利用康养区山水、阳光、空气、森林、海拔等资源优势，建立完善的公共体育设施配套体系，着力打造生态康养体育产业。

一是依托河流绿化带、道路绿化带和现有公共绿地空间，建设互联互通、无缝对接的康养步道、健身步道、生态旅游步道、保护巡护步道等，着力构建绿色健康步道体系，为康养人群提供便捷的慢休闲运动路径。

二是充分整合古道和森林康养步道资源，开发越野跑、山地马拉松、山地自行车、山地网球、山地竞走、负重登山等特色山地、森林康养运动项目，着力打造全国性生态康养运动品牌，促进产业联动。

三是依托地区气候和海拔优势，加快康养健身场地设施建设。选择条件合适的区域，适当建设康养体育公园、训练场、运动健身公园、滑雪场等场馆设施，满足运动员训练和游客休闲健身需求。

7. 生态康养文创业

在人们生态观念日益强烈，文化消费需求日益多样化的当下，四川着力挖掘康养区自然文化资源，通过引导康养人群对文化的深度认知及体验，使文化元素在人的机体内产生不同程度的心理和情感反应，从而实现养身、养神、养心的结合。特别是广元、巴中、达州等秦巴山区，一方面依托生态康养文创业丰富体验形态，另一方面通过开发生态康养文化，带动农民创业，形成以文化创意带动产业、以产业促进扶贫的良好互动格局。

如巴中立足厚重的巴文化、红色文化、生态文化、民俗文化等资源，以文化提升生态康养内涵，通过引入培育文化创业企业，将巴人符号、红色符号、三国符号等文化印记融入其中，开发独具巴中特色的森林康养文化创意产品；依托米仓山、空山、天马山、镇龙山等知名康养景点，建立康养艺术写生创作、教学培训、交易、博览、休闲、养生等多功能书画摄影写生创作基地。洪雅县以雅原文化为素材，充分挖掘雅山文化、雅水文化、雅竹文化、雅林文化等资源，鼓励社会参与创作生态康养文学、诗歌、书法、音乐、摄影、影视等艺术作品，打造有品位、有特色、有创意、有市场的生态文化精品。

（三）依托企业主体打造特色项目

四川坚持政府引领、市场主导的生态康养产业发展模式，基于优良的发展资源，在 2015 年省级层面肯定并布局谋划生态康养产业发展蓝图之后，社会资本参与的积极性一路高涨。洪雅玉屏山、峨眉半山七里坪、攀西阳光康养、北川药王谷、南江光雾山、崇州道明竹里、都江堰安缇缦等一批生态康养地理品牌正在夯实区域影响力。依托这些康养基地，社会资本积极进入，通过项目带动、联盟发展、协会引导等方式，实现了产业的快速崛起。

2015 年底，中国·青城山世界康体养生旅游目的地引进北京大基康明医疗设备有限公司，陆续在都江堰市落户三个项目，以高端体检、中医药养生、医疗旅游等为核心，两年总投资约为 10 亿元人民币[①]，建设一流的集健康体检、亚健康检测康复、养生康复、中医药、功能食品、健康和亚健康研究于一体的综合性健康中心。不仅于此，都江堰市为打造以养生康养为特色的西部健康服务产业研发基地、中国智慧健康生态创意城市和世界医疗

---

① 四川在线：《走康养路线 都江堰再添高端医疗项目》，http：//special. scol. com. cn/15djy/sdxw/20151116/20151116101346. htm。

（健康）旅游休闲度假目的地，还相继引入锦欣奥地利合作抗衰老医疗、上海南方基因检测等康体养生项目，积极吸引成都经济圈乃至国内外高端消费人士，围绕康检、疗养主题，拉升康体养生水平。

2016 年，以德胜集团、金杯集团、同仁堂集团、腾达集团、展翔体育等为代表，超过 50 家企业参与四川省森林康养产业发展，四川全省参与森林康养的资金突破 500 亿元。[①] 四川省生态文化促进会组织万达、巴登黑森林、花舞人间等企业建立了生态康养产业联盟，成立了生态康养管理有限公司。绵阳市森林康养协会于 2016 年 5 月 13 日成立，是全国首个地级市森林康养协会，成立时已审核通过 75 家会员单位，行业涵盖森林公园、自然保护区、医疗结构、科研院所、龙头企业等，其中年营业额上千万元的企业达 20 余家。[②]

据四川省林业厅统计，2017 年底，四川省拥有国家级森林康养基地试点单位 22 处、省级森林康养基地 224 处，建立省级森林自然教育基地 70 处、省级森林康养人家 400 余个。依托这些丰富的康养资源，全省社会资本投入突破 1200 亿元，参与康养相关经营的农户数近 3 万户。

（四）通过打造试点进行复制推广

借鉴我国改革开放摸着石头过河、边试点边推广的经验，为争取生态康养产业培育尽快取得突破，四川通过率先在已经具有较好基础、距离大城市近的区域建设试点或示范区，不断积累开发经验。2015 年 8 月，四川省首批确定南溪马家红豆杉基地、洪雅玉屏山、长江造林局白马森林康养中心、峨眉半山七里坪、夹金山国家森林公园神龙沟、普威林业局"迷易森林"康养基地、四川省鸡冠山森林公园、米仓山国家森林公园、天曌山国家森林公园、空山国家森林公园等十处为四川省森林康养试点示范基地。

---

① 柯素芳：《森林康养——大健康产业下的新业态、新引擎》，https：//www.qianzhan.com/analyst/detail/220/170428 - 43c767e6.html。

② 李桥臻：《全国首个地级市森林康养协会在四川绵阳成立》，http：//www.forestry.gov.cn/portal/main/s/102/content - 873230.html。

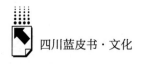

位于川南的大峨眉地区，以峨眉山—乐山大佛世界文化与自然双遗产为中心，地跨眉山、乐山、雅安三市，囊括了洪雅玉屏山、瓦屋山、仁寿黑龙滩、峨眉半山七里坪、峨边黑竹沟、犍为桫椤湖、沐川竹海、沙湾美女峰、金口河大瓦山、雅安周公山等生态康养基地，具有建设生态康养示范区的三大优势。

1. 康养资源富集

大峨眉地区具有得天独厚的"八度"优势。一是纬度，地处北纬30°左右，是地球上最适合人居住的地区之一。二是温度，全年四季分明，平均年气温为15℃～20℃，酷暑严寒时间短。三是湿度，多年平均相对湿度达60%以上，适合各类森林树木生长，人体体感舒适。四是高度，境内平均海拔500米左右。五是洁净度，年空气质量优良率达到90%以上。六是绿化度，全区森林覆盖率达到55%左右。七是负氧度，负氧离子能够消化自由基，显著减缓人体衰老进程，常态下成都天府广场负氧离子仅有几十个/立方厘米，同期峨眉半山七里坪则高达8000个/立方厘米。八是人文度，既有闻名世界的佛教禅文化，又有丰富浓郁的养生养老文化，能够赋予康养生态资源丰富的人文内涵，并与国际旅游资源形成协同发展。

2. 区位优势明显

大峨眉地区地处成都平原经济区与川南经济区结合部，是南丝绸之路和长江经济带的交汇点，不仅是四川对接"一带一路"沿线国家的重要切入点，也是成渝经济走廊的重要组成部分。从特大城市到康养基地一个半小时车程是国际通行惯例，大峨眉地区内具备成都天府国际机场、成绵乐城际高铁、多条高速公路、岷江中下游航道等航空、铁路、高速公路、水运交通网络，可大幅度缩短与国内中心城市乃至国际主要客源市场的时空距离。

3. 具备产业基础

大峨眉地区各地以及主体企业具有探索发展的积极性和主动性，已经取得了一定成效。一是创新体制机制，洪雅于2016年6月在全省率先单设健康产业办公室，从体制机制上协调全县大健康产业发展。二是着力扩大宣传，2015年在洪雅召开中国（四川）首届森林康养年会，《玉屏山宣言》

成为全国首个森林康养宣言。三是规范康养服务，积极创建星级森林人家，促进森林康养相关的餐饮住宿服务规范发展。四是打造示范基地，区内拥有3个四川省首批森林康养试点示范基地，2016年洪雅玉屏山森林体验基地成为全国首批9个森林体验试点示范基地之一。五是培育市场主体，眉山深入推进国有林场改革，转变产业发展思路，积极引入市场主体，变林区为景区。洪雅七里坪、瓦屋山森林公园（玉屏山景区）、峨眉山云中花岭、仁寿黑龙滩、峨眉黄湾、沙湾山水世界等由企业主体开发建设的康养基地已初具规模。

基于以上原因，2016年8月发布的《四川省森林康养"十三五"发展规划》明确提出，建设大峨眉森林康养示范区，范围包括眉山、乐山、雅安三市全境，并以洪雅县为森林康养示范县。

2015年10月联合国森林论坛秘书长马诺埃尔·索伯拉专程至洪雅林场进行考察，认为四川生态康养产业已经走在了全国前列。在示范县建设过程中，洪雅坚持全域要素向森林康养集中，以森林康养基地建设为核心，在生态康养步道建设、生态康养产品策划开发、中草药基地建设等方面，结合本地实际进行了探索，发挥了示范带动作用，成功创建了两个国家级康养基地（玉屏山为全国首批森林康养基地、七里坪为全国第三批森林康养基地）、4个省级康养基地、2个省级国际合作示范基地、5家省级康养人家、18家星级森林人家，形成了覆盖全域的森林康养基地集群。2017年洪雅县被评为全国森林旅游示范县，获评全国森林康养基地试点县，全国仅三，四川唯一。2015年至2018年初，全县累计接待法国、韩国、日本、中国台湾以及省内各级政府、相关企业组团考察学习400多批次，呈现出"全国森林康养看四川，四川森林康养看洪雅"的发展态势。[1]

（五）多渠道全方位加强宣传推介

一个新兴产业的发展离不开社会的广泛关注，离不开广植人心的舆论引

---

[1] 《洪雅县人民政府关于编制〈森林康养产业发展规划〉情况的报告》（洪府〔2018〕26号），2018年5月31日。

导。特别是生态康养这一涉及消费模式、生活态度甚至价值观转变的产业，更需通过现代传播手段重点推介。四川发展生态康养产业，从起步开始就注重媒介宣传。

1. 营造舆论环境

以广播、电视、报刊和网络等现代媒介，特别是微信公众号为手段，建立"森林康养家""森林康养""阳光康养攀枝花""森林康养全搜索""熊猫家园康养汶川"等公众号，有针对性地发布生态康养的理念、政策和最新动态，普及生态康养的内涵、作用和意义。依托重点生态康养项目建设，介绍创作一批生态康养宣传语、宣传画册、歌曲、微电影等精品力作，举办生态康养主题报道、节庆会展、康养论坛、赛事评选等各类活动，营造良好的舆论环境，推进生态康养知识传播，提升四川生态康养产业的知名度、美誉度和影响力。

2. 举办康养年会

为了扩大产业影响力、地理品牌辐射力、同行专家美誉度，挖掘发展潜力，四川培育生态康养产业的重要经验之一是举办具有行业影响力的年会，通过年会达到形成发展共识、制定行业标准、交流发展经验、引进优质项目的目的。

2015 年，四川省在全国率先提出"森林康养"理念，并在洪雅县瓦屋山国家森林公园玉屏山景区成功举办首届森林康养年会，年会研讨了森林康养的学术意义、现实价值及发展前景，发布了《玉屏山宣言》。组委会还起草了《四川省森林康养基地评审标准》（草案），为森林康养基地的鉴定提供了有效依据。

2016 年，中国·四川第二届森林康养（夏冬季）年会举行，本届年会采取一会两季的形式。广元利州区天曌山国家森林公园举办夏季年会，会上正式发布了《四川省森林康养试点示范基地建设标准》。攀枝花举办冬季年会，通过年会拓展大家对森林康养的认知，即不仅仅是"孝敬爹妈，请带到攀枝花""冬季康养，也请到攀枝花"。

2017 年 8 月，在广元市朝天区曾家山举行的第二届四川生态旅游博览会，将生态旅游与生态康养、脱贫攻坚主题密切结合。年会上，曾家山被四川省林业产业联合会和四川省生态旅游协会评定为"四川省生态康养旅游区"，四川省曾家山鸳鸯池森林公园、四川天曌山国家森林公园被授予全国森林康养基地试点建设单位，朝天区曾家响水寨等18个单位被授予"四星级森林人家"。

此后，2017年12月、2018年10月又先后在凉山州西昌市、成都崇州市举办中国·四川第三届、第四届森林康养年会。2018年12月22日，首届四川省生态康养旅游推进会暨生态原产地产品保护示范县创建启动仪式在凉山州会东县举行，会上发布了《发展生态康养旅游助推现代林业高质量发展（会东）共识》。

至此，四川省生态康养产业已形成以阳光康养、森林康养、熊猫家园生态康养、湿地康养、乡村康养为主体，以生态旅游为补充的六大品牌体系。生态康养主题年会不仅广泛传播四川生态康养的品牌影响力，更为各地发展生态康养产业筑巢引凤，引入重点项目，带动投资需求。据粗略统计，三年来全省生态康养年会及推介会平均签约项目10个，平均签约投资资金30亿元。

表3　2015年以来四川主要生态康养推介会

时间	会议名称	举办地	主要成果
2015年6月15日	四川首届生态旅游博览会	绵阳市江油市	发布四川生态旅游《江油宣言》，发起成立了中国（四川）生态旅游产业基金
2015年7月25日	中国（四川）首届森林康养年会	洪雅县瓦屋山国家森林公园玉屏山景区	研讨了森林康养的学术意义、现实价值及发展前景，发布《玉屏山宣言》
2016年8月12日	中国·四川第二届康养（夏季）年会	广元市利州区天曌山国家森林公园	发布《四川省森林康养试点示范基地建设标准》
2016年12月2日	中国·四川第二届森林康养（冬季）年会	攀枝花市	成立康养产业联盟
2017年8月22日	第二届四川生态旅游博览会	广元市朝天区曾家山	以"发展生态康养旅游、全力助推脱贫攻坚"为主题。
2017年12月15日	中国·四川第三届森林康养（冬季）年会	凉山州西昌市	发布《中国·四川第三届森林康养（冬季）年会——邛海宣言》

续表

时间	会议名称	举办地	主要成果
2018 年 10 月 30 日	中国·四川第四届森林康养年会	成都市崇州市	发布森林康养《成都宣言》,举办了主论坛和"森林康养＋乡村振兴""森林康养＋生态旅游""森林康养＋医养享老"三大分论坛
2018 年 12 月 22 日	首届四川省生态康养旅游推进会	凉山州会东县	发布《发展生态康养旅游助推现代林业高质量发展(会东)共识》

资料来源:根据公开资料整理。

3. 积极走出去推广四川生态康养

除了在舆论上"走出去",扩大四川生态康养品牌的影响力,四川还积极利用"一带一路"沿线旅游开发、川港澳合作等交流平台,积极举办活动周、参加旅游推介会,推广宣传四川生态康养产业。

2018 年 11 月 8 日,2018 四川自然保护周在香港海洋公园开幕,保护周除了展示四川独具特色的民族风情和自然资源外,重点以大熊猫栖息地生态保护为切入点,向香港市民广泛推介汶川卧龙生态康养系列产品,包括大熊猫保育知识教育、生态环境保护体验、阿坝州民族风情体验、四川特有食材品味体验等。

图 1　2018 四川自然保护周在香港海洋公园开幕

（六）构建生态康养的检测指标体系

为主动回应人们对于生态康养的科学性、可测性、可控性等疑虑，即什么样的生态环境、以何种方式体验、浸入多长时间才能获得怎样的身体机能修复，四川各地纷纷推出测量指标。

2013 年攀枝花推出"攀西阳光康养城"理念时，随即提出了适宜人类休养的"六度"禀赋理论。该理论指出高度（海拔）、温度、湿度、洁净度、优产度、和谐度等六度是自然生态与人文环境最好的结合。

2016 年巴中市提出"打造中国最佳森林康养目的地"，在描述本地富集的生态康养资源时，归纳出"九度"优势，即纬度、温度、湿度、高度、优产度、洁静度、绿化度、负氧度、精气度，其中空气负（氧）离子浓度、植物精气（植物释放的杀菌素或芬多精）等被纳入评价标准。

2018 年 5 月洪雅县发布专项产业规划，打造"国际知名的森林康养目的地和全国森林康养产业强县"，其总结该县适宜人类居住和休养的优越之处在于具备"八度"优势，即温度、高度、纬度、绿化度、洁净度、负氧度、精气度、优产度。

表 4　主要养生指标要素解释

要素	标准
温度	据人体学实验，人体最适宜的温度是 16℃～24℃。
高度	据生理卫生实验研究，最适合人类生存的海拔是 800～2500 米，在此区间内，人的睡眠、肺功能、造血功能等多项生理指标会得到比较明显的改善，对于加快人体新陈代谢，促进大脑健康和肌体长寿起到积极作用。世界著名的长寿地区海拔高度大多接近 1500 米
纬度	北纬 30° 贯穿四大文明古国，是一条神秘而又奇特的纬线。其附近区域是亚热带和温带的过渡地带，降水丰沛，植物茂盛，温度适合，特别适合人们生存
优产度	主要指农产品等地方物产的品质优劣程度，绿色、有机农产品占农产品总量的比重是衡量一地优产度高低的一个重要指标
洁净度	一般用空气洁净度和环境噪声强度来衡量。当 PM2.5 值低于 35ug/立方米时，空气洁净度为优。当噪声达到 100dB 时，人们会感到刺耳难受，甚至发生暂时性耳聋
绿化度	一般用森林覆盖率来衡量一个地区的绿化程度。森林覆盖率越高，负氧离子浓度越高。负氧离子有利于哮喘、支气管炎、高血压、冠心病等疾病康复，有益于女性养颜

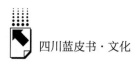

要素	标准
负氧度	按照《空气负(氧)离子浓度观测技术规范》(LY/T2586 – 2016)和《空气负(氧)离子浓度监测站点建设技术规范》(LY/T2587 – 2016)标准,空气负(氧)离子浓度等级划分为六个,每立方厘米超过 3000 个就达国家一级标准
精气度	森林中存在的植物精气状况。植物精气是植物释放的以芳香性碳水化合萜为主的气态有机物。根据《森林医学》(李卿著,科学出版社 2016 年 6 月版),通常情况下,松、杉、柏类等针叶林的植物精气含量高于阔叶林

资料来源:根据公开资料整理。

结合各地探索,2017 年 12 月,四川首次发布了全国"森林康养指数",上线启动全国首创的"森林康养一卡通"。该指数包括邛海湿地公园、攀枝花花舞人间、峨眉半山七里坪等四川著名森林康养基地的温度、湿度、高度、人气度、舒适度、通畅度 6 项康养指数,着力用数据回应养生人群的康养指标检测需求。

2018 年四川省文化和旅游厅在其官方微信公众号推出了氧生度指标。氧生度(生态康养舒适性环境评价)指数测算覆盖全省 119 个景区和 181 个县域,实时采集与人体舒适度密切相关的温度、湿度、风力、气压等数据,采用国家标准 GB/T 27963 – 2011 人居环境气候舒适度评价计算出舒适度数值,然后使用 Q/TW081501 – 2017 氧生度生态旅游目的地实时环境质量评价标准将舒适度计算为 0 ~ 100 的舒适性指数,最后得到氧生度(生态康养舒适性环境评价)指数,指数越高说明环境越舒适。氧生度指数将物联网、大数据和云计算技术与传统的生态旅游相结合,为康养人群提供数据指引。

在大数据指引下,四川生态康养产业着力细化指标运用,依托微信公众号、APP 等方式,针对不同受众开辟"静""动"双区。"静区"指引慢养人群,通过吐纳、禅修、静养、漫步、森林六步法、瑜伽、太极等活动,浸入式体验洁净空气、优质绿化、适宜负氧、较足精气对身心的修复。"动区"提供无动力滑翔伞、动力三角翼、定向越野、山地自行车、攀岩、森林自然教育徒步等户外运动,实现多业态延伸。

三　存在的问题及对策

（一）思想认识不够，需进一步加强宣传

不管是国内还是四川省内，生态康养产业都还处于萌芽阶段。作为新兴产业，业界对于生态康养与生态旅游、退休养老、治未病疗养、康复医疗的关系认识还不到位，对生态康养相关的资源利用、产业发展模式、发展前景、发展路径等的认识也比较模糊。国内从现代医学角度认知生态康养对人体代谢、强身健体、延缓衰老的作用，仍缺乏大量临床数据支撑，没有系统研究成果。针对认识不足、不全面、不深刻的问题，宣传工作任重道远。需要研究主要受众群体接受咨询的方式和渠道，有针对性地开展影响宣传、品牌推广，树立生态康养的消费理念和健康意识。

（二）体制机制协调难度大，需进一步理顺

生态康养涉及医疗、林业、旅游、养老等多个行业管理部门，2018年底开始的四川省级政府机构改革，已经对部分主管部门进行了合并或调整。但是结合生态康养产业的发展需要来看，省、市、县部门联动的协调推进机制仍未理顺，部门审批、管理权责不清的情况仍然存在，用地规划与产业规划的匹配仍需协调。建议以推进生态康养项目落地为目标，积极理顺体制机制障碍，结合本轮政府机构改革，达到事权与事责相匹配、管理与服务相衔接的良好愿景。

（三）政策扶持不足，需加大针对性支持

生态康养项目具有一定程度的公益性质，却还没有被纳入PPP政策支持范畴。鼓励社会资本参与生态康养产业投资的政策缺失，特别是国有林业资源与社会资本嫁接的经营管理和利益分配机制有待明确，撒胡椒面式的支持不利于产业的快速培育，建议从生态康养产业发展的薄弱环节入手，加大

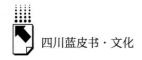

基金、用地、补贴等环节的针对性支持力度。

一是设立产业基金。设立省级生态康养产业基金，或加入省上已有的健康产业发展基金、生态旅游产业基金等，对利用大数据、信息技术、高科技进行生态康养产业发展的各类创新模式给予专项补贴。鼓励并带动社会加大生态康养投入，推动各类市场主体参与发展。

二是提供用地支持。为林地使用审批开通绿色通道，综合利用现有政策解决生态康养建设用地问题，特别是用活用好国务院《关于促进健康服务业发展的若干意见》（国发〔2013〕40 号）、国务院办公厅《关于加快发展健身休闲产业的指导意见》（国办发〔2016〕77 号）、全国绿化委员会、国家林业和草原局《关于积极推进大规模国土绿化行动的意见》（全绿字〔2018〕5 号）中的土地政策。

三是提供床位补贴。结合《关于四川省 2015～2017 年养老服务体系建设重点任务安排意见的通知》（川办函〔2015〕57 号）文件中关于公办机构、民办机构新增养老床位每张床位政府平均投资不低于 4 万元和 1.1 万元的规定，对示范基地的康养床位予以同等补助。

（四）行业基础薄弱，需强化人才支撑

生态康养产业刚刚起步，相关学科教育滞后，复合型人才严重不足。生态康养师、体验师、讲解师、咨询师等专业人才缺乏。为促进生态康养产业的可持续发展，提高产业的科技含量和创新能力，建议将生态康养管理人员、康养师、理疗师、康养助理的培训纳入地方人才保障和就业计划，加快建立相关从业资格认证体系，规范提升从业人员的技能水平，把康体、养生、养老与旅游服务体系相结合，满足群众多样化、多层次的养生和健康需求。

（五）行业覆盖面较窄，需拓展合作网络

当前的生态康养产业仍停留在政企合作的起步阶段，政府大力引导，企业积极跟进，相关项目方兴未艾，但仍无法真正完善利用生态进行康养的科

学理论支持问题。从利用优质医疗资源夯实生态康养的理论基础、进而以理论指导实践的角度出发，建议加强医养融合，走医疗资源携手产业发展的路子。利用省内华西医院、四川省人民医院、四川省中医院等具有全国影响力、地区影响力的雄厚医疗资源，在政策允许范围内，鼓励其直接或与社会资本合作，在康养基地布局建设康复医院。探索将基地内康复医院的相关康复理疗项目纳入地方医保支付范围，支持社会力量在林区或生态康养基地周边兴办医养融合型养老机构，对老年病、康复理疗、中医及护理等给予技术支持，促进生态康养医疗产业与养老产业融合发展。康养基地必须规划建设应急救护医疗通道和设施，具备为突发重大疾病提供应急医疗服务的能力。利用"互联网＋"建立医疗资源联盟网络。

聚焦：文化强省

Focus：Culturally Strong Province

B.6
四川革命文化传承弘扬报告

单孝虹*

摘　要：　四川省委、省政府把弘扬传承革命文化工作作为文化强省的重要工作来抓，由政府主导并责成相关部门牵头主抓，及时给予政策和财政支持。为筑牢革命文化的物质之基，近年来四川强化革命文物的抢救与保护工作，成效显著。为激活革命文化的物质载体，四川加大红色旅游融合发展力度，社会效益和经济效益日益协同呈现，还带动了生态环境的保护和精准脱贫攻坚工作。为提升革命文化的感染力，四川加大革命文化的研究与传播力度，以专业研究机构为主推出了四川革命文化的重大理论研究成果，建立了革命文化的重点研究基地，创作发行了革命文化文艺作品。

*　单孝虹，四川省社会科学院马克思主义学院毛泽东思想研究所研究员，主要研究方向为中共党史、红色旅游等。

关键词： 四川革命文化　革命文物　红色旅游

　　四川具有悠久的革命历史传统，拥有丰富而独特的革命文化资源。四川省委、省政府历来重视四川革命文化的弘扬和传承工作，近年来陆续出台了一系列政策，支持促进四川革命文化的研究与传承，支持四川红色文化产业发展壮大。自"十三五"开局以来，四川更是加大力度强化弘扬传承革命文化工作，在革命文物的抢救与保护、红色资源的开发与利用以及革命文化的研究与宣传方面做出了相应的规划与部署，相关部门着手稳步实施。目前四川革命文化传承弘扬工程建设已初见成效。

一　四川拥有丰富而独特的革命文化资源

　　革命文化是对中华优秀传统文化的延续和提升。中华文明源远流长，中华优秀传统文化刻写进中华民族的灵魂和血脉中，是我们民族的精神记忆和精神家园，是中华民族生命力和凝聚力的源泉，也是综合国力的重要体现。革命文化作为中国特色社会主义文化的重要元素，传承着中华传统文化的根和魂，是中国共产党在领导中国人民实现民族解放与自由以及建设社会主义现代中国的历史实践过程中凝结而成的一种新的文化形态，它体现了坚定的共产主义信念和崇高的道德境界、革命精神，承载着先进的革命理论和制度。革命文化资源集物态、事件、人物和精神于一体，呈现出物质文化和非物质文化两个方面。物质文化表现为遗物、遗址等革命历史遗存与纪念场所；非物质文化表现为红船精神、井冈山精神、长征精神、延安精神等中国共产党的革命精神。习近平总书记指出："在五千多年文明发展中孕育的中华优秀传统文化，在党和人民伟大奋斗中孕育的革命文化和社会主义先进文化，积淀着中华民族最深沉的精神追求，代表着中华民族独特的精神标识。"①

---

　　①　《习近平关于社会主义文化建设论述摘编》，中央文献出版社，2017，第13页。

四川素有革命传统，拥有丰富的革命文化资源。四川和中国其他地方一样，在百年风云中见证了中国共产党波澜壮阔的革命、建设和改革开放的历史，也涌现了诸多著名的无产阶级革命家以及革命先烈，积淀了厚重的革命文化。最能体现四川特色，又在全国乃至全世界都有影响的革命文化资源主要表现为以下几个方面。

第一，革命历史文化资源。从马克思主义在四川的传播到革命根据地（川陕苏区）建设，从红军长征到解放大西南，四川记录了中国共产党领导人民谋幸福求解放的革命运动中的重大历史事件，不仅承载着中国共产党的革命精神，也传颂着无数可歌可泣的英雄事迹，留下了独具四川特色的革命历史文化资源。

其一是川陕苏区革命文化资源。大革命后期，中国共产党就开始了建立农民自己的地方组织和政权的尝试与探索。1927年9月，中国共产党第一次以党中央的名义提出了建立工农苏维埃政权。1931年11月，中华苏维埃共和国临时中央政府成立。1932年12月至1935年3月，中国工农红军第四方面军在川陕边的大巴山地区创建了当时全国第二大苏区——川陕革命根据地，四川的通江、巴中和旺苍曾是川陕苏区的核心区域，川陕苏区40多个党政军领导机关驻扎四川三年多的时间。川陕苏区不仅承载着中国共产党革命的非物质文化，比如中国共产党开辟人民政权道路进行探索和实践的宝贵经验，比如培养造就了一大批治党、治军、治国的领导干部和各方面人才等，还留下了大量的红色旧址群、石刻标语群等物质文化遗产。

其二是长征文化资源。80多年前，中国工农红军长征所涉范围最广、时间最长的就是四川。两万五千里长征，历时两年，在四川的行程有一万五千里，途经70个县，时间长达一年零八个月。长征重大会议、战役、事件众多，其中进行的战役有大小数百次，四渡赤水、巧渡金沙江、强渡大渡河、飞夺泸定桥等著名战役都发生在四川，彝海结盟、爬雪山过草地等重要事件和人类奇迹都发生在四川。而且中共中央在四川召开了两河口会议、懋功会议等14次重要会议，因而在四川境内留下了非常多红军长征的重大事件遗迹、遗址，这些遗迹、遗址成为继承与发扬长征精神的重大革命文化载体。

第二，反映社会主义革命和建设时期民族精神的革命文化资源。四川拥有中国共产党领导中国人民图发展奔富强进行社会主义改革和建设的革命文化资源，其中最著名的就是体现"两弹一星"精神的绵阳梓潼"两弹城"、绵阳科学城的中国工程物理研究院（九院）以及反映"抗震救灾"精神的四川地震纪念馆集群。1965年8月，中国工程物理研究院（九院）内迁我省绵阳梓潼，其余各研究所分布于龙门山和剑门山。邓稼先、王淦昌、朱光亚等著名科学家隐姓埋名、呕心沥血于原子弹和氢弹的研发之中。他们爱国为民、艰苦奋斗、拼搏不息的精神长留绵阳，使绵阳闪烁着新时期革命文化之光。

四川风光旖旎但也地质灾难频发，在2008年汶川大地震、"4.20"芦山大地震以及"8.8"九寨沟地震中充分彰显的"守望相助、众志成城、顽强拼搏、自强不息"的抗震救灾精神是革命文化的重要体现，反映这种精神的物质载体就是在地震受灾地相继建立的汶川地震遗址、北川地震遗址、绵竹汉旺地震遗址和地震纪念馆，它们成为极富四川特色的新时期革命文化资源。

第三，体现川籍革命家精神风范的革命文化资源。四川人杰地灵，新民主主义革命时期涌现出的川籍无产阶级革命家如群星璀璨，邓小平、朱德、刘伯承、聂荣臻、杨尚昆、罗瑞卿、王维舟、张爱萍等革命家颇具军事才华、功勋卓著，为马克思主义中国化做出了重大贡献。他们的故居故里承载着革命家的革命风范和精神，成为重要的革命文化资源。

二 弘扬和传承革命文化纳入四川顶层设计

党的十八大以来，以习近平同志为核心的党中央高度重视革命文化的弘扬和传承工作，习近平总书记就弘扬和传承革命文化发表了系列重要讲话，强调中华传统优秀文化、革命文化、社会主义先进文化是中国特色社会主义文化的重要组成部分，是增强全党和全国人民文化自信的宝贵精神财富；强调"不忘初心"，传承弘扬好革命文化是保持革命精神、革命斗志的力量源泉。四川省委、省政府积极响应党中央和国务院的号召，在习近平总书记关于弘扬传承革命文化重要指示精神的指导下，把弘扬传承革命文化工作作为文化强省的重要工作来抓，不仅思想上重视，而且将其纳入省委、省政府工作规划和部署，由政府主导并责成相关部门牵头主抓，及时给予政策支持和财政倾斜。

首先，思想上重视，四川省委、省政府把弘扬和传承革命文化作为四川重要的文化建设工作，明确了革命文化弘扬和发展的方向。2012 年 5 月召开的四川省第十次党代会明确提出了四川红色文化产业的发展思路，会议明确提出"打造以红军长征路线、川陕革命根据地、伟人故里、将帅纪念园为主要内容的红色文化产业带"①。在党的十八大精神的指引下，2017 年 5 月召开的四川省第十一次党代会提出加快文化强省建设的目标，明确指出"深入挖掘优秀传统文化精神内核和当代价值，加强党史研究，做好档案工作，推动文化遗产保护和利用"②。在四川省委的历史上，这是第一次在党代会报告中强调加强党史研究，体现了四川省委对党史工作的高度重视，也从一个侧面反映了四川省委对革命文化弘扬传承工作的重视。因为党史是革命文化的重要来源，正如习近平总书记所说，"中国革命历史是最好的营养剂"③，他强调要发挥党的历史资政育人的作用。

其次，根据四川革命文化资源的状况，四川省委、省政府做出了传承弘扬革命文化工作的具体规划和部署。其一是把革命文化的传承和弘扬纳入省政府"十三五"工作规划和部署。2017 年 1 月，四川省政府出台的《四川省"十三五"文化发展规划》提出了到 2020 年"基本建成文化强省"的发展目标，明确提出"推进红色文化、军营文化、校园文化、企业文化等各类社会文化事业建设"，把弘扬红色文化作为提升公共文化产品和服务供给水平的重要内容，把红色文化的传承保护列为完善优秀传统文化传承体系重点项目。

其二是出台了具体的革命文化传承弘扬的相关措施。2017 年 3 月，四

---

① 《刘奇葆在四川省第十次党代会上的报告》，《四川日报》2012 年 5 月 23 日。
② 《王东明在四川省第十一次党代会上的报告》，《四川日报》2017 年 5 月 31 日。
③ 《习近平在河北省调研指导党的群众路线教育实践活动》，http://www.xinhuanet.com/politics/2013 - 07/12/c_ 116518771. htm。

川省人民政府办公厅发布了《四川省推动文化文物单位文化创意产品开发的实施意见》，提出结合"三国文化、红色文化、藏羌彝文化走廊、川剧"等文化遗产保护传承项目，打造具有巴蜀特色记忆的文化创意产品。2017年8月，中共四川省委办公厅、四川省人民政府办公厅联合印发的《关于传承发展中华优秀传统文化的实施意见》明确把"革命文化传承弘扬工程"新列为四川传承发展优秀传统文化的主要项目，责成文化厅牵头负责完善革命文物资源目录和大数据库，加强革命文物调查征集，实施革命旧址维修保护行动计划、馆藏革命文物修复计划以及加强对革命文化的研究阐释工作；责成省旅游发展委、文化厅牵头负责建立一批革命文化保护传承平台，打造"重走长征路"红色旅游精品线路。

三 筑牢革命文化的物质之基——四川强化革命文物的抢救与保护

四川是革命文物资源大省。四川是辛亥革命的导火线保路运动的发生地，是全国第二大苏区川陕革命根据地的主要区域，也是红军长征停留时间最长、召开关乎长征战略方针会议最多、做出重要决定最多的地区，还有大量革命先烈、革命伟人或出生在四川或曾在四川生活战斗过，这些都为四川遗留下了大量宝贵的革命历史遗迹。这些革命文物凝聚着中国共产党的革命精神，是弘扬传承革命文化的重要载体。四川省委、省政府一直重视四川革命文物维护工作，"十二五"期间四川对革命文物的维护工作取得重大成效。"十三五"开局以来，四川省委、省政府又做出强化四川革命文物抢救与保护工作的部署，四川革命文物保护与利用工作稳步开展。

（一）"十二五"期间四川革命文物维护成效

早在2009年，中共四川省委党史研究办公室就牵头组织各级部门对四川革命遗址进行普查工作，摸清了全省革命文物家底。"十二五"期间，四川省在《"十二五"文化改革发展规划》中就部署了包括"革命文物"在内的文物征集、修复和保护工作规划。"十二五"期间，四川共投入 4000 多万元进行革命文物的修缮和保护工作，相继完成了红四方面军总医院旧址、总指挥部旧址等革命文物的勘察设计、保护规划编制等工作；完成了对陈毅故居、红四方面军总指挥部、四渡赤水战役旧址、通江红军石刻标语群等革命遗址、旧址的维修保护工作。这就有效保护了四川革命文物的完整性和发展的可持续性。

在此基础上，四川以革命文物为载体的革命文化的弘扬和传承效果明显提升。截至 2015 年底，四川建立了展示革命文物的各类博物馆、纪念馆（陈列馆）50 个、基本陈列 127 个。2015 年，全省各类革命文化博物馆和纪念馆免费接待参观人数达 1907 万人次。大量的革命文物所在地已是当地进行革命传统教育和爱国主义教育的最主要场所，是生动的实践教学课堂。部分革命文物单位定期到学校、部队、企业等进行爱国主义和革命传统宣传，他们还结合文化遗产日、博物馆日以及建党、建国纪念日等重要节日，开展相关主题展示和革命教育活动，社会效果明显。

（二）"十三五"以来，四川加大了对革命文物的维护和利用力度

"十三五"以来，四川省委、省政府进一步重视革命文物对传承和弘扬革命文化的重要作用，采取各种措施强化四川革命文物的维护和利用工作。首先是在编制《四川省"十三五"文化发展规划》时，规划了形成文物文博文创事业链、产业链的发展目标，提出文物大县博物馆及无博物馆县文物库房重点工程建设目标。其次是针对四川革命文物的维护工作提出了具体可行的措施。2016 年 10 月，四川省人民政府发布了《四川省人民政府关于进一步加强文物工作的实施意见》，提出了对包括革命文物在内的文物保护和加强合理适度利用的举措，提出了加大文物安全保护和文物执法的力度。2016 年根据《国务院关于进一步加强文物工作的指导意见》等相关文件精神，四川发布了《四川省革命文物保护利用规划纲要》（征求意见稿），提出到 2020 年全面提升四川革命文物保护级别、基本建立革命文物保护制度体系等总体目标，不可移动革命文物全部落实"四有"（有文物保护标志牌、有保护范围和建设

控制地带、有记录档案、有管理机构或管理人员工作）、全国重点文物保护单位全部完成保护规划编制、维修保护工程及陈列展示改造等具体目标以及创建 1～3 个国家级红军长征文物保护利用示范项目等预期性指标。2018 年 6 月，四川省文物局、四川省文物考古研究院编制了《四川省革命文物保护利用规划》。2018 年 7 月中共中央办公厅、国务院办公厅印发了《关于实施革命文物保护利用工程（2018～2022 年）的意见》，四川相关部门及时传达学习，目前正在编制具体的四川贯彻落实此意见的措施。

2016 年以来，四川加大了对革命文物的保护和利用的力度。一是加强了对革命遗址的保护及革命纪念馆的建设。一方面，各地市州拟定计划做好革命文物的维保方案。2017 年四川完成了全省"重走长征路"精品红色旅游线路革命遗址和纪念馆现状普查工作，省内重点市州还编制革命文物的保护开发规划。巴中市、泸州市等先后完成了红色旅游发展专项规划编制工作，2017 年巴中市出台了《巴中市红军文物保护条例》；泸州市编制完成《泸州市旅游发展总体规划》《叙永"鸡鸣三省"石厢子红色旅游区修建性详规》，启动了《合江县五通镇石顶山红色旅游开发项目规划》。另一方面，多方筹措资金，保障红色旅游经典景区项目建设，主要是搞好革命遗址和纪念馆的规划设计和建设工作。绵阳梓潼县完成了两弹城景区"三防教育馆"和"两弹历程馆"的建设，苍溪县黄猫垭战斗遗址纪念地得以开发做成一个旅游项目。泸州市叙永县"鸡鸣三省"石厢子会议旧址等红色景区和川陕革命根据地红军烈士陵园等 5 个一、二期重点景区，共计 12 个项目被纳入三期目录，占全国的 5.26%，申请中央预算内资金 13208 万元。巴中恩阳古镇、广安翰林旅游小镇等红色旅游特色小镇初成规模。广元市全力推进旺苍木门会议遗址的保护和开发、旺苍·中国红军城战史陈列馆外围环境改造、后山烈士陵园建设等工程。德阳市黄继光纪念馆先后投入 300 万元修建馆内上山步游道、建设抗美援朝纪念墙、增加地方历史文化及红色文化元素雕塑。二是加大了革命文物周边基础设施建设。2017 年四川大力推进藏区 318/317 旅游公共服务建设示范段、九寨机场－红原基础落地自驾游示范段、大邑县龙门山旅游公路大邑至蒲江连接线、小平故里景区旅游连接线

（云轨项目）工程。万源市红军公园开展国家 4A 级旅游景区创建，总共投入资金 2360 万元，完成公园外部旅游通道建设、入口区域旅游环境综合整治、景区游步道、人行栈道、标识系统、旅游厕所等公共服务设施建设。

通过以上措施，目前四川省已基本形成以革命文物为主要旅游资源的长征丰碑、伟人故里、川陕苏区三大红色旅游品牌。其他地区的革命文物也融入当地旅游发展，成为当地发展旅游的重要文化资源；部分地区还形成生态旅游、红色旅游、乡村旅游等多种旅游形式协调发展的良好格局。

（三）当前四川革命文物维护尚存问题及保护建议

当前我们要看到四川革命文物的维护依然存在一些问题。由于自然和人为两方面的因素，重要革命文物本体损坏严重。例如，红一方面军在会理县巧渡金沙江的皎平渡口及山洞，由于岩体风化严重，部分洞穴已经坍塌，加上江水的侵蚀，岩体被剥蚀，对文物本体安全造成极大的威胁。分布于四川通江、南江、巴中等地区的红军石刻标语由于风化严重而字迹漫漶。部分书于民房的墨迹标语由于墙体表面的风化、剥蚀而面临消失。城市建设对文物的保护是一个很大威胁、破坏，部分文物受城市建设的影响，保护范围被缩小，控制地带内建筑与文物本体不协调的建筑等，都对文物造成人为损害。雷波县原凉山工委旧址由于城市建设，保护范围被街道规划侵占。伟人、名人故居（里）和会议旧址的建筑（群）不同程度地存在墙体裂缝，白蚁蛀蚀等隐患。石棉县红军强渡大渡河指挥部旧址为三层高的碉楼年久失修，成为危房。泸定县朱德长征途经泸定旧居建筑倾斜 20 厘米。另外，有的建筑被私人占用，这除了直接威胁建筑的安全外，还存在文物建筑被改建的状况。泸定县毛泽东长征途经泸定住址被当地居民占据，除建筑本身濒危外，居民对建筑结构进行随意改建。另外，部分散落民间的重要革命文物亟待征集、集中保护，革命文物保护单位缺乏专业维护人才等问题也在一定程度上制约了四川革命文物保护工作。

因此我们建议，再次加强四川革命文物的全面普查和征集等基础工作，在摸清馆藏革命文物保存、陈列现状的前提下，切实加大经费投入，实施馆藏革命文物修护计划；加强革命文物本体及周边环境的保护工作；改善提高革命文物展示利用条件，更新展览陈列内容、改进展陈方式、增强革命文物陈列展览的生动性、参与性和体验性，培育以革命文物为支撑的研学旅行和体验旅游精品；加强革命文物保护执法；加强人才培养与队伍建设，一方面组建一支水平高、综合性强的文物保护专家团队，另一方面加快革命文物保护人才培养以及加强现有基层文博单位人员业务素质培训工作。

表1 四川省革命文物保护单位（国保、省保）

序号	文物保护单位名称	地点	年代	保护级别
1	辛亥秋保路死事纪念碑	成都市人民公园内	1913年	国保
2	通江红军标语群（含巴中红军石刻标语群、列宁街石牌坊及红军标语）	巴中市巴州区、通江县、南江县、平昌县，达州市达州区、	1933年	国保
3	红四方面军总指挥部旧址	巴中市通江县	1932~1935年	国保
4	红四方面军总政治部旧址	巴中市通江县	1932~1935年	国保
5	红四方面军烈士墓	巴中市通江县	1935年	国保
6	泸定桥	甘孜州泸定县泸桥镇新北街	1935年	国保
7	红军飞夺泸定桥站前动员会旧址	甘孜州泸定县泸桥镇新北街	1936年	国保
8	强渡大渡河遗址	雅安市石棉县安顺乡安顺村	1935年	国保
9	邓小平青少年时代活动遗迹	广安市翰林院子等	清代、民国	国保
10	邓小平故居	广安市协兴镇牌坊村	近代	国保
11	朱德故居	南充市仪陇县马鞍镇琳琅村	1895~1907年	国保
12	朱德诞生地	南充市仪陇县马鞍镇琳琅村	1896年	国保
13	陈毅同志旧居	资阳市乐至县劳动乡	1901年	国保
14	张澜旧居	南充市顺庆区	40年代	国保
15	朱德况场旧居	泸州市泸县况场	1918年	国保
16	古蔺县红军四渡赤水战役遗址	泸州市古蔺县	1935年	国保
17	红一、红四方面军会师遗址	阿坝州小金县	1935年	国保
18	两河口会议会址	阿坝州小金县	1935年	国保
19	芦花会议会址	阿坝州黑水县	1935年	国保
20	毛尔盖会议会址	阿坝州松潘县	1935年	国保
21	沙窝会议会址	阿坝州松潘县	1935年	国保
22	红军长征纪念碑碑园	阿坝州松潘县	1935年	国保
23	包座战役遗址	阿坝州若尔盖县	1935年	国保
24	巴西会议会址	阿坝州若尔盖县	1935年	国保

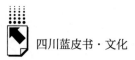

续表

序号	文物保护单位名称	地点	年代	保护级别
25	三元桥	阿坝州茂县	1935 年	国保
26	亚克夏山红军烈士墓	阿坝州红原县	1952 年	国保
27	乐山郭沫若故居	乐山市	1892 年	国保
28	吴玉章故居	自贡市	1878 年	国保
29	刘伯坚烈士故居	巴中市平昌县江口镇	1895 年	省保
30	罗瑞卿故居	南充市顺庆区	清、民国	省保
31	李家俊烈士故居	达州市万源市固军乡	近代	省保
32	阳翰笙故居	宜宾市高县罗场镇	近代	省保
33	李硕勋故居	宜宾市高县庆符镇	近代	省保
34	赵一曼故居	宜宾市宜宾县白花镇	近代	省保
35	南溪朱德旧居	宜宾市南溪区南溪镇	清末民初	省保
36	刘光第墓	自贡市富顺县城关镇	1898 年	省保
37	罗泉会议会址	内江市资中县罗泉镇	1911 年	省保
38	荣县军政府旧址	自贡市荣县城关镇	1911 年	省保
39	朱家山东华诗社旧址	泸州市江阳区	近代	省保
40	彭大将军纪念碑	成都市青白江区城厢镇	1913 年	省保
41	护国岩题刻	泸州市纳溪县花果乡	1917 年	省保
42	龙透关	泸州市华阳乡	1927 年	省保
43	巴中特别市苏维埃旧址	巴中市巴州区	1933 年	省保
44	川陕省苏维埃政府旧址	巴中市巴州区	1933 年	省保
45	长赤县苏维埃政府旧址及石刻标语	巴中市南江县长赤乡	1933 年	省保
46	红四门及城墙	巴中市南江县城关镇	1933 年	省保
47	红四方面军总政治部旧址	巴中市通江县诺江镇	1933 年	省保
48	石牌坊及红军标语	达州市达县石桥镇	1933 年	省保
49	木门会议会址及石牌坊	广元市旺苍县木门镇	1933 年	省保
50	中共阆南县委旧址	南充市阆中市水观镇	1933 年	省保
51	红四方面军王坪烈士墓及墓碑	巴中市通江县沙溪乡	1934 年	省保
52	毛泽东同志长征途经泸定住地旧址	甘孜州泸定县磨西老镇	1935 年	省保
53	红四方面军强渡嘉陵江渡口遗址	广元市苍溪县塔子山渡口	1935 年	省保
54	中国共产党十大政纲石刻	广元市剑阁县	1935 年	省保
55	皎平渡渡口及山洞	凉山州会理县通安镇	1935 年	省保
56	长征时毛主席接见彝族代表处	凉山州冕宁县城厢镇东街	1935 年	省保
57	彝海结盟处	凉山州冕宁县彝海乡彝海子村边	1935 年	省保
58	四渡赤水遗址	泸州市古蔺县二郎滩	1935 年	省保
59	红军胜利纪念碑	绵阳市江油市中坝	1935 年	省保
60	飞夺泸定桥战前动员旧址	甘孜州泸定县泸桥镇西南	清代	省保
61	红军城遗址群（含南峰山石刻标语、旺苍红军城）	广元市旺苍县东河镇	1933～1935 年	省保

序号	文物保护单位名称	地点	年代	保护级别
62	太公山红军遗址群	广元市元坝区	1933～1935年	省保
63	红军标语碑林	广元市皇泽寺内		省保
64	宏文校"工"字楼	达州市宣汉县清溪乡	近代	省保
65	国立戏剧专科学校旧址	宜宾市江安县城关镇	1935～1945年	省保
66	成都十二桥烈士墓	成都市十二桥街	1950年	省保
67	丁佑君烈士陵园及牺牲处	西昌市佑君镇佑君村南	1950年	省保
68	原凉山工委办公楼旧址	凉山州雷波县锦城镇城西北	1952年	省保
69	川滇黔工农红军游击队起义指挥部旧址	泸州市合江县五通镇	清代	省保
70	北川红三十一军总医院旧址	绵阳市北川县马槽乡	1935年	省保
71	毛主席著作学习室	绵阳市三台县柳池镇	1960～1978年	省保
72	苍溪县苏维埃政府旧址	广元市苍溪县	1933年	省保
73	中共川陕省苍溪县委旧址	广元市苍溪县	1933年	省保
74	黄猫垭战斗遗址	广元市苍溪县	1934年	省保
75	大路河红军石刻标语及红军墓	广元市剑阁县	1935年	省保
76	化林大队旧址	广元市剑阁县	1964～1979年	省保
77	红军城遗址群（含南峰山石刻标语、旺苍红军城）	广元市旺苍县东河镇	1933～1935年	省保
78	太公山红军遗址群	广元市元坝区太公镇	1933～1935年	省保
79	牛角沟起义纪念地（川军二十八军第七混成旅起义纪念地）	遂宁市蓬溪县大石镇	1929年	省保
80	红旗农庄	南充市高坪区永安镇	1958年	省保
81	阆中红四方面军总政治部旧址	南充市阆中市保宁镇	1935年	省保
82	长坪山红军战场遗址及石刻标语群	南充市南部县长坪镇	1933～1935年	省保
83	南充市解放纪念碑	南充市顺庆区果山街	近现代	省保
84	朱德纪念地	南充市仪陇县	清-近现代	省保
85	红九军政治部旧址	南充市营山县新店镇上街	1933年	省保
86	廖玉璧烈士墓	广安市岳池县中和镇	1985年	省保
87	红八十八师政治部旧址	达州市通川区蒲家镇	1933年	省保
88	红三十军政治部旧址	达州市达县梓桐乡	1932年	省保
89	川陕苏区红军石刻标语群	巴中市	1933～1935年	省保
90	巴山游击队指挥部旧址	巴中市南江县光雾山镇	1935年	省保
91	南江红三十一军医院旧址	巴中市南江县南江镇	1933～1935年	省保
92	北山寺会议旧址	巴中市平昌县得胜镇	1933年	省保

续表

序号	文物保护单位名称	地点	年代	保护级别
93	中共川陕省委党校旧址	巴中市通江县诺江镇	1933 年	省保
94	红江县政治保卫局旧址	巴中市通江县诺水河镇	1933 ~ 1934	省保
95	永安坝八一纪念会会址	巴中市通江县洪口镇	1933 年	省保
96	红四方面军总医院旧址	巴中市通江县沙溪镇	1934 ~ 1935 年	省保
97	川陕省工农总医院旧址	巴中市通江县瓦室镇	1934 ~ 1935 年	省保
98	大城寨红军烈士墓	巴中市通江县沙溪镇	1934 年	省保
99	毛浴坝会议会址	巴中市通江县毛浴乡	1934 年	省保
100	邝继勋烈士墓	巴中市通江县麻石镇	1933 年	省保
101	西康省委党校旧址	雅安市雨城区	1953 年	省保
102	天全红四方面军总部旧址红军总医院旧址	雅安市天全县老场乡	1935 年	省保
103	天全红四方面军总部旧址红军大学旧址	雅安市天全县老场乡	1935 年	省保
104	天全红四方面军总部旧址红军总政治部旧址	雅安市天全县仁义乡	1935 年	省保
105	天全红四方面军总部旧址红军总部旧址	雅安市天全县仁义	1935 年	省保
106	芦山红四方面军旧址	雅安市芦山县清仁、双石、龙门乡镇	1935 年	省保
107	中共四川省委旧址	雅安市芦山县芦阳镇	1935 年	省保
108	太平红军桥	雅安市芦山县太平镇	1935 年	省保
109	硗碛毛泽东、朱德居住地旧址	雅安市宝兴县硗碛乡	清代	省保
110	马岭山红军阻击战场遗址	阿坝州汶川县草坡乡	1935 年	省保
111	薛城红军石刻标语	阿坝州理县薛城镇	1935 年	省保
112	徐向前住址和红军石刻标语	阿坝州黑水县瓦钵乡	1935 年	省保
113	苟均桥	阿坝州若尔盖县求吉乡	1935 年	省保
114	金川红军革命纪念建筑群	阿坝州金川县金川镇	1935 ~ 1936 年	省保
115	得荣红军桥	甘孜州得荣县	1936 年	省保
116	贺龙桥	甘孜州得荣县	1958 年	省保
117	岚安苏维埃政府旧址	甘孜州泸定县	1935 年	省保

资料来源：四川省文物局。

四　激活革命文化的物质载体——四川加大红色旅游融合发展力度

红色文化资源以爱党、爱国和爱人民为核心，蕴含着深厚的革命精神，映射着革命先辈们对理想信念的坚定追求，是发展红色文化产业和组织红色文化活动可利用的各种资源，主要以红色旅游、红色经典作品等为载体发挥其传承和弘扬革命文化的作用。

（一）"十二五"期间四川红色旅游发展概况

四川是红色文化资源大省，红色文化资源不仅具有政治价值、文化价值、教育价值，更具有明显的经济价值。将红色文化资源的开发应用于提高人民生活水平上，最主要的途径就是推动红色文化建设产业化。近年来，四川大力发展红色旅游业和红色文化产业，将红色文化资源与生态资源整合起来，采取一系列切实有效的举措打造"长征丰碑""伟人故里""川陕苏区"三大红色旅游品牌，比如编制完成了《四川省红色旅游发展规划》；多渠道争取资金，加大对全省红色旅游资源的保护与开发；通过举办红色旅游主题等活动宣介推广全省红色旅游品牌；等等。通过这些举措，使四川逐步成为全国重要的红色旅游目的地。截至 2014 年底，四川省已打造红色旅游景区（点）120 多个，全国红色旅游经典景区 9 处 41 个，其中列入全国第一批红色旅游经典景区的有 5 处 28 个，列入全国第二批红色旅游经典景区的有 4 处 13 个。

（二）绘就"十三五"四川红色旅游发展蓝图并逐步推进

"十三五"开局以来，在总结"十二五"期间旅游发展成就的基础上，四川出台了《"十三五"旅游业发展规划》，在第四节《打造重点旅游产品》中对红色旅游做出了专题规划，提出"突出社会效益，强化教育功能，以培育和践行社会主义核心价值观为根本，将红色旅游打造成常学常新的理想信念教育课堂"的红色旅游发展目标，着力提升"长征丰碑""将帅故里""川陕苏区"三大红色旅游品牌在全国的影响力和号召力，将长征丰碑红色旅游线打造成四川十大精品旅游线路之一。2016年为"十三五"开局之年，四川红色旅游产业发展取得较大突破。四川省内红色旅游景区接待游客8320万人次，同比增长19.2%；接待入境游客95万人次，同比增长5.6%；实现红色旅游收入324.5亿元，同比增长29.38%；实现直接就业4.61万人次，间接就业18.54万人次。① 2017年，四川省出台了《关于贯彻落实〈2016～2020年全国红色旅游发展规划纲要〉的实施意见》和《2017年四川省红色旅游"饮水思源"行动方案》，提出了做优做强红色旅游产业的发展目标，并谋划了四川红色旅游发展的一系列可行性举措。2017年四川积极拓展红色旅游在脱贫攻坚方面的带动作用，紧抓重大活动的宣传推广，红色旅游产业进一步发展，全省红色旅游接待人数突破1亿人次，实现红色旅游收入416.75亿元，同比增长28.43%。② 在决胜全面建成小康社会的关键时期，四川红色旅游融合发展成效初显，红色旅游的社会效益和经济效益日益协同呈现，带动了生态环境的保护和精准脱贫攻坚工作。

以伟人故里广安市为例，依托邓小平故居陈列馆和缅怀馆红色文化资源，广安市委、市政府拟定了"十三五"期间建成我省红色旅游融合发展示范区的目标，多举措推进广安"伟人故里"红色旅游精品建设。其一，提升核心红色资源的展陈方式和水平。2014年以来通过对邓小平故居陈列馆进行改造升级，陈列馆硬件设施得以提档升级，3D电子墙、液晶大屏幕等多媒体技术被大量运用其中，增强了对观众的吸引力。新修的邓小平缅怀馆以亲切温馨的方式展陈了大量珍贵文物和史料，为公众展现了一个爱国爱民更加可亲的伟人形象。其二，提升广安红色旅游发展的周边环境和条件。通过对故居周边环境进行升级改造，对协兴镇景点景区进行整合提升，推进邓小平故里—华蓥山景区快速通道建设，联手重庆、巴中打造巴广渝红色旅

---

① 《传承红色基因　讲好红色故事　四川省大力发展红色旅游成效显著》，《西南商报》2017年5月9日，第08版。

② 《四川红色旅游融合发展迈向新阶段》，《西南商报》2018年1月31日，第8版。

游示范高速公路等一系列举措，广安的红色旅游基础设施建设档次不断提升。其三，通过系列宣传推广活动扩大广安红色旅游在全国乃至全世界的知名度。如高水平承办"5·19"中国旅游日主会场活动、欧洲熊猫粉丝活动、全国大学生红色旅游创意策划大赛等，借助报纸、电视台等传统媒体以及微信公众号等新媒体广为宣传，提升广安"伟人故里"形象。其四，积极构建与省外其他红色景区的合作联动平台扩大影响力。如联合广东中山、湖南湘潭组建"中国20世纪三大伟人故里旅游联盟"，构建广安—重庆—遵义—贵阳红色旅游精品连线，形成特色区域红色旅游产品。其五，强化新技术在红色旅游中的应用，在小平故居、华蓥山景区开展VR和AR试点。广安市建成了旅游公共信息和咨询管理平台（一期），完成全市4A级以上景区接入省市旅游信息化平台工作，实现视频监控和门禁系统与省市平台互联互通。并与全国最大在线旅游集团携程集团签订广安旅游战略合作协议，广安智慧旅游旗舰店于2017年9月在携程旅行网PC及APP端上线，首次在中央电视台开展了为期2个月的旅游形象宣传。2017年，广安实现旅游总收入350.7亿元，是2012年的3.4倍。①

再如，阿坝是红军长征停留时间最长、遭遇的自然条件最艰苦、做出重大决策最多的地方。近年来，阿坝充分发挥"雪山草地、长征丰碑"红色资源优势，以红色旅游与绿色旅游深度融合发展"红+绿"特色旅游产业，带动贫困群众脱贫奔小康。2018年上半年，全州红色旅游接待游客183.13万人次，实现旅游总收入6.65亿元人民币。② 阿坝州小金县两河口镇积极投资改造两河口会议纪念馆、纪念广场的硬件设施，提升了红色文化展示能力及教育基地影响传承能力。

（三）当前四川红色旅游发展的局限及发展展望

四川红色旅游在取得如此发展成就的同时，依然存在红色旅游资源分

---

① 《广安：红色旅游"红"起来》，《广安日报》2018年9月22日，第2版。
② 《上半年阿坝州红色旅游接待游客183.13万人次》，http://www.abazhou.gov.cn/jrab/zwyw/201807/t20180723_1362631.html。

散，景区保护措施有待提升，革命文物、遗址展陈方式陈旧，各地红色资源协调合作机制有待建立健全，红色旅游项目资金投入不足，人才队伍缺乏等问题。尤其是四川红色旅游在全国的竞争力和吸引力有待提升，与红色旅游产业发展势头日益上升的北京、上海、延安、遵义、井冈山等地相比，四川各地红色旅游资源相对孤立分散，近几年更是各自打造红色文化旅游品牌，就连四川境内红军长征沿线各地市州的长征文化资源都各自为政，没有形成联动机制，致使四川红色旅游品牌在知名度、吸引力、活跃度、传播力方面都较为落后，四川没有一个城市（即使是最有名气的广安市）进入人民网舆情监测室旅游大数据中心发布的 2017 年"红色旅游城市品牌影响力排行榜"前 30 名①。

为了打造在全国知名的四川红色旅游品牌，更好发挥四川红色旅游产业的经济、政治、文化、社会、生态综合效应，我们认为当前最重要的就是下好全省红色旅游一盘棋，提升红色旅游品牌的品位和影响力。一是要整合川陕苏区红军文化资源，整合四川长征文化资源，形成红色旅游文化资源的合力。二是要整合全省党史、党性、廉政教育基地，探索统筹规划、命名、管理机制，从而发挥四川红色资源的整体效应。三是要进一步破除"盆地意识"，推进四川红色旅游的全方位对外开放大格局，比如红军长征文化资源就可以敞开胸怀与红军长征沿线各省区实现区域联动合作，形成红军长征大旅游格局。四是继续做好四川红色旅游发展的强基固本工作，加大红色旅游项目资金投入，强化旅游基础设施和人才队伍建设等必须实实在在稳步实施。

五　提升革命文化的感染力——四川加大革命文化的研究与传播力度

革命文化的理论研究以及革命文化文艺作品是革命文化传承和弘扬的重

---

① 《人民网舆情监测室发布〈2017 年红色旅游影响力报告〉》，http：//yuqing.people.com.cn/n1/2018/0131/c394872 - 29798399 - 2. html。

要载体。以四川革命文化研究成果和四川革命文化影视作品为平台，近年来四川革命文化不断提升其传播力和影响力。

（一）四川革命文化理论研究成果不菲

四川对革命文化的理论研究非常重视，不仅有专业的研究机构，而且成立了相关研究学会和重点研究基地，2016 年以来推出了许多革命文化方面的理论研究成果。

一是以专业研究机构为主推出了四川革命文化的重大理论研究成果。中共四川省委党史研究办公室、省社科院、省委党校及四川各高校的马克思主义学院专门从事革命文化的理论研究工作，近年来推出了多部四川党的历史研究成果以及红军长征专题研究成果。中共四川省委党史研究办公室修订再版的《红军长征在四川》由四川民族出版社于 2016 年出版，新编《红军长征在四川图志》及《改革开放以来四川党的建设资料选编》由四川人民出版社于 2016 年出版。2018 年 1 月，中共四川省委党史研究办公室编撰的《中国共产党四川历史大事记（2012.5～2017.4）》内部出版。由省社科联和省社科院联合，长征路线经过的成都市（邛崃市）、阿坝州、凉山州、绵阳市等 11 个市州社科联共同参与编撰的《长征路线（四川段）文化资源研究》丛书（12 卷）2016 年以来陆续由四川人民出版社出版。省社科院马克思主义学院（毛泽东思想研究所）同志主编的《长征中的川籍革命家》2017 年由四川民族出版社出版。省社科院主办的《毛泽东思想研究》杂志辟有《弘扬长征精神与长征线路申遗研究》专栏刊发相关研究成果。西华师范大学历史文化学院编撰的《川陕革命根据地历史文献资料集成（套装共 3 册）》2017 年由四川大学出版社出版。

二是成立了四川省红色文化协会推动四川革命文化研究。四川省红色文化协会于 2016 年 2 月成立，由四川省社会科学院主管，着力于红色文化资源开发研究及推广活动。

三是建立了革命文化的重点研究基地，整合全省力量聚焦革命文化研究。比如，四川革命老区发展研究中心（2008 年成立，2010 年被评为四川省哲学社会科学重点研究基地）和四川王右木研究中心（2017年在绵阳成立）这两个革命文化研究基地每年定期发布四川革命文化研究课题，2016年以来已推出了《四川红色旅游景点外宣翻译研究》《四川红色旅游资源开发利用的现实审视与路径优化》《浅析四川红色文化的当代价值》等十多项专题研究成果。

总体而言，四川关于革命文化的理论研究成果在全国的影响力和知名度还有待提升。虽然近两年四川学者关于革命文化研究的课题已有一些获准立项为国家社科基金课题，比如《中国工农红军长征史展陈的文化特质研究》《红色影视传播对青少年国家认同的影响研究》等，但相较于其他研究领域已有多项课题获得国家社科基金立项而言，四川学者革命文化研究课题获准立项的还不多。建议省社科联、四川革命老区发展研究中心和四川王右木研究中心要注意规划设计和立项一些关于四川革命文化的重大选题，以此作为国家社科基金的孵化课题，争取更多项目立项为国家课题并高质量完成，争取冲刺国家级的社科奖项。

（二）革命文化文艺作品的问世推广及社会影响

文艺作品也是革命文化的重要载体，由于具有通俗性、大众化以及娱乐性等特点，其对革命文化的传承和弘扬有大众乐于接受这一不可替代性，寓教于乐是红色题材影视文艺作品的重要功能。2016年以来，在红色旅游业不断发展的同时，红色文化题材的影视剧、纪录片、歌舞戏剧等也不断推出，红色文化产业得到一定发展，在满足人们精神文化消费需求的同时，也带来了一定的经济效益。

一是以川籍革命家为主角的红色题材影视文艺作品的推广发行。四川是一代伟人、改革开放总设计师邓小平的故乡，2018年是我国改革开放40周年，讲述邓小平20世纪30年代、70年代两次在江西落难并重新崛起经历的电影《出山》于2018年8月23日在广安邓小平故居陈列馆举办首映式。这是一次传承和弘扬邓小平对共产主义的坚定信念和对人民无比热爱的伟大情怀的首映式。这次首映活动通过央广网和人民网推送宣传，实际上对邓小平故居也起到了很好的宣传作用。此外，6 集文献纪录片《典范——改革开放中的邓小平》（暂定名）已由中央党史和文献研究院、中央电视台、中共四川省委宣传部、中共广安市委联合摄制，该片于 2018 年 11 月在中央电视台国际频道晚 20：00 黄金时间《国家记忆》栏目播出。

二是四川革命历史题材文艺作品以群众喜闻乐见的形式如电视剧、川剧、歌舞等形式呈现。2016 年是红军长征胜利 80 周年，四川推出了多部反映红军长征在四川这一历史的文艺作品，助推了四川革命文化的传播。由凉山文广传媒集团出品发行、王伟民导演的电视剧《彝海结盟》2016 年 10 月 24 日在央视八套播出后，赢得观众喜爱，收视率自播出的当周就排名全国黄金档热播剧第一。该剧获得了第 12 届中美电影节金天使奖优秀电视剧奖和第 31 届中国电视剧飞天奖优秀电视剧奖。反映红军长征过彝区的舞蹈《情深意长》2016 年入选第十一届全国优秀舞蹈作品展演。以长征亲历者陈靖将军 1959 年出版的同名小说改变的川剧《金沙江畔》2018 年 11 月在四川省锦城艺术宫上演，该剧讲述了红军长征经过藏族同胞聚居区的故事，上演以来深受观众好评。

三是推出了一些反映四川改革开放新时期时代精神的文艺作品。2018 年 5 月，由四川广播电视台摄制的人物纪录片《汶川十年·我们的故事》（共 5 集）登录中央电视台纪录频道播出，该纪录片叙述了"5·12"汶川特大地震中几个典型人物灾后自强不息的奋斗故事，充分展示了四川人在大灾大难前的顽强不屈精神。

总体而言，近两年反映四川革命文化的文艺作品取得了一定的成绩，但与其他题材的文艺作品相比仍然偏少，反映川陕苏区历史及四川解放历史的作品更少，反映四川改革开放成就以及抗震救灾精神的作品也不多。就已有的文艺作品来看，其制作技术和传播力、影响力都还有待提升。新时代的文化领域是一个百花齐放的领域，要强化革命文化题材文艺作品的传播力和影响力，我们认为一是要挖掘创新题材，不仅要重视长征这样的革命传统题材的创作，也要把创作视角扩展到四川三线建设、军民融合、抗震救灾、脱贫

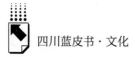

攻坚等题材；二是要提高演艺水平和制作技术，比如我们可以采用新技术拍摄革命文化题材的动画片，甚至设计几款积极健康的游戏；三是改进推广策略，扩大传播途径，尤其是开拓新媒体的传播途径，除了在省内外电视频道播出，我们可以把四川红色影视作品密集地投到微博、微信等媒体中，加快传播速度，扩大红色影视受众范围。

B.7
四川传统节日振兴报告

蹇　莉[*]

摘　要： 传统节日是一个国家重大而特殊的文化遗产，它是优秀传统
文化的重要载体和集中展示。本报告深入剖析了中国传统节
日的文化内涵：体现了"天人合一"的精神，蕴藏着深刻的
民族精神和中华传统美德，发挥着传承文化、整合社会和凝
结民族情感的巨大作用。细致梳理了四川传统节日资源，调
查了四川振兴传统节日的创新实践，如项目化推动、品牌化
推广、特色化发展、助推地方经济社会发展等。分析了目前
四川传统节日振兴面临的空心化、商业化、快餐化危机，提
出了四川振兴传统节日的对策建议：挖掘传统节日内涵，着
重价值引领；整合社会资源，加强传统节日活态传承；创新
内容形式，提升传统节日感染力影响力等。

关键词： 四川　传统节日　文化振兴

传统节日是一个国家重大而特殊的文化遗产，是优秀传统文化的重要载
体和集中展示，也是一种具有公开性和体验性的活态文化。振兴传统节日，
有助于民众情感表达，促进人际和谐、人与自然的和谐，也有利于促进我国
各民族文化的交流与融合，巩固民族团结，增强中华民族的凝聚力。2017

---

* 蹇莉，四川省社会科学院新闻传播研究所副所长、副研究员，研究方向为新闻传播、文化
产业。

年2月，中共中央办公厅、国务院办公厅印发了《关于实施中华优秀传统文化传承发展工程的意见》，要求"实施中国传统节日振兴工程，丰富春节、元宵、清明、端午、七夕、中秋、重阳等传统节日文化内涵，形成新的节日习俗"，"使中华民族最基本的文化基因与当代文化相适应、与现代社会相协调"。近年来，四川省不断创举措，通过振兴传统节日更好地传承中华优秀传统文化，使传统节日更具吸引力和凝聚力。

一　中国传统节日的文化内涵

所谓传统节日，是指人类在历史上创造并以活态形式传承至今的，具有重要历史价值、艺术价值、文化价值以及科学价值的传统节庆活动。[①] 中国传统节日的文化内涵丰富厚重，主要体现在以下四个方面。

（一）体现天人合一的中国传统文化基本精神

中国有着发达而悠久的农耕文明，以二十四节气为依据来安排农事生产与生活，形成一种天地与万物、与人的生理状态的天人合一；同时以一系列的礼乐规范与庆典仪式，来调整自身与他人、与社会的关系，形成天地与万物、与人的社会结构的天人合一。这种天人合一与春种、夏锄、秋收、冬藏的生产性节令相呼应，春节迎春、清明踏青、端午赛龙舟、中秋赏月、重阳登高……让生产生活与季节更替的自然节奏相一致，体现了中华民族尊重自然、顺应自然、天人合一的追求。因此，"自汉代以迄清朝两千年的漫漫历史长河中，每到立春、除夕、元旦、人日、元宵、上巳、寒食、清明、浴佛、端午、七夕、中元、中秋、重阳、春秋社日、腊日、冬至等这些重要的节日来临，从官方到民间，从城市到乡村，人们总是全身心地投入节日庆典活动之中"[②]。

---

① 苑利、顾军：《传统节日遗产保护的价值和原则》，《中国人民大学学报》2007年第1期。
② 刘魁立、萧放、张勃等：《传统节日与当代社会》，《民间文化论坛》2005年第3期。

（二）蕴藏着民族精神和中华传统美德

中国传统节日基于农历，井然有序地分布在一年四季，通过过节的形式，将一份独有而深刻的民族感情、民族精神潜移默化地镌刻在人们心底。传统节日习俗，如除夕中秋团聚、清明七夕扫墓祭奠、端午祭祀屈原、重阳敬老等活动，无不蕴藏着中华民族尊亲敬祖、忠孝节义、热爱家庭、崇尚天伦等民族精神和传统美德。而色彩纷呈的节日活动，与自然季节更替、社会人文生活的节奏暗合，鲜明独特、周而复始，历经千年沉淀，饱含中华文化的记忆和基因，有着浓重的历史感、归属感和追随感，世世代代，生生不息，成为民族精神和传统美德的载体和象征。

（三）发挥着传承文化、整合社会的巨大作用

节日是生活中的盐，生活中不能没有节日。节日巧妙地调解着社会生活的节奏，使辛苦劳作的人们有休息和放松的机会，赋予社会生活一张一弛的节奏和更多的色彩。中国传统节日的饮食、服饰、礼仪、娱乐等都有别于日常生活，而且有更多各具特色的节日活动，如春节期间的社火表演、贴春联、舞狮舞龙、放鞭炮，元宵节期间的闹花灯、猜灯谜，清明节期间的放风筝，端午节赛龙舟，重阳节期间的登高山、插茱萸、赏菊，赋予人们一种深刻的民族记忆和丰富的文化表达，使得中国传统节日成为活态文化传承的重要载体和渠道。

（四）凝结民族情感，增强民族文化认同

中国是一个统一的多民族国家，少数民族节日文化遗产非常丰富，是中华传统节日文化的有机组成部分。在 55 个少数民族中，每个民族都有自己独特的节日，如广西壮族三月三、西藏雪顿节、彝族火把节、蒙古族那达慕、傣族泼水节、傈僳族刀杆节、哈尼族扎勒特、景颇族目瑙纵歌、拉祜族月亮节、苗族花山节、回族古尔邦节，等等。少数民族的节日有着悠久的历史，所包含的文化信息丰富而集中，其文化展演方式绚丽多姿、显赫夺目，

是中华文化重要的组成部分，凝结着民族的历史和情感。振兴传统节日也包含少数民族的传统节日，尊重和发扬少数民族的传统节日也是增进民族交流、促进文化认同的重要手段。

二　四川传统节日资源梳理

四川文化资源富集、文化底蕴深厚、文化特色鲜明，民间节庆种类繁多，其中最具传统色彩、最为红火热闹的节庆有成都灯会、成都花会、龙泉桃花节、郫都区望丛祠赛歌会、自贡恐龙灯会、都江堰放水节、五通桥龙舟会、广元女儿节等。四川是多民族大省，有全国最大的彝族、羌族聚居区，中国第二大藏区，各民族和谐相处、繁衍生息、相互交融，民族节日丰富多彩。彝族有大凉山火把节、彝族年节，藏族有黄龙寺庙会、塔公草原赛马会、康定转山会、木里藏族俄喜节、马尔康赏花节、白马歌会、藏历年，泸沽湖摩梭人有朝山节，羌族有祭山会、羌年节、羌族端午节，德昌等地的傈僳族有阔拾节，等等。

表1　四川传统节日（按照时间统计）

时间	节庆活动
一月	南国冰雪节、俄喜节、纯阳观文化庙会、自贡恐龙灯会、元宵节、黄龙溪火龙节、彭州市"棒棒节"、赵镇龙灯会(金堂县城赵镇)、火龙节(洛带)、广汉保保节、新津河鲜美食节
二月	春节、元宵灯会(成都)、晒佛节、固驿春台会(邛崃固驿镇自明万历以来，每年农历二月十四，定期举行"春台会"，以庙会形式进行各种活动和盛大的集市贸易)、宝兴硗碛上九节、兴文苗族花山节、绵竹年画节、达州元九登高节、成都大庙会、金沙太阳节、人日游草堂、巴中登高节
三月	龙泉桃花节、赠带节(流行于叙永县下东一带)、成都花会、金鸡风筝节(一年一度的"崇州金鸡风筝节"是中国风筝的盛会，四川省风筝比赛、全国风筝精英赛经常在此举行)、苍溪梨花节、汉源梨花节、金川县梨花节、蒙顶山国际茶文化节、古蔺双沙菜花节
四月	清明节、都江堰放水节、平乐平台会与河灯会(邛崃平乐镇的平台会与固驿的春台会齐名，现演变成清明河灯会)、天彭牡丹花会、白马藏族歌会(平武县)、荥经鸽子花旅游节、芦山民俗节、都江堰放水节、彭州牡丹花会、蒲江光明樱桃节、宜宾蜀南竹海春笋节、米易傈僳族约德节

续表

时间	节庆活动
五月	康定跑马山转山会(又称沐佛节、敬山神)、峨眉山朝山会、端午节、色达金马节、新津龙舟会、采花节(九寨沟县博峪一带藏族传统节日,为期两天)、乐山五通桥龙舟会
六月	新都荷花节、望丛祠赛歌会、巴塘亚勒节
七月	赏花节、黄龙寺庙会、马湖庙会、彝族火把节、赛马会(流行于红原县等地,节期一天)、赶苗场(流行于叙永、古蔺一带)、甘孜山地旅游节、宜宾川南荔枝文化节、合江荔枝节、洛带水龙节
八月	望果节(望果节是藏族地区古老的民间传统节日,为期1~3天)、泸沽湖转山会、南充丝绸节、新都桂花节、都江堰李冰文化旅游节、资阳乐至烤肉节、泸州江阳桂圆旅游文化节、康定情歌节、理塘县八一国际赛马节、德格格萨尔文化风情节、华蓥山旅游文化节
九月	广元女儿节、尔苏木雅藏族环山鸡节、都江堰道教文化节、眉山彭祖山登山节、甘孜德格央勒节、成都国际非遗节
十月	中秋节、米亚罗红叶节(理县)、重阳节、南江县光雾山红叶节、雅安红叶节、马尔康市嘉绒锅庄文化旅游节、甘孜丹巴嘉绒藏族风情节、观音文化旅游节(遂宁)
十一月	祭山会、甘孜燃灯节(又称五供节)、藏历年、开斋节、凉山彝族新年、康定转山会
十二月	宜宾转转会(农家在丰年后相互酒食的习俗)、峨眉山冰雪温泉节、甘孜兴隆县十三节、岳池农家文化旅游节、宜宾酒圣节

三 振兴传统节日的四川实践

四川是中华文明的重要发祥地,文化积淀悠久深厚,文化资源丰富多元,名人巨匠灿若星辰,文献典籍浩如烟海。在5000多年历史进程中孕育的传统节日,积淀着巴蜀大地的地域特色和人文内涵,代表着四川人民的情怀诉求和价值追求,是中华优秀传统文化的重要组成部分。近年来,四川在推进文化强省建设规划中,突出振兴传统节日,推动中华优秀传统文化创造性转化、创新性发展。

(一)实施重点工程,着眼项目化推动

四川在传承优秀传统文化过程中,特别注重归纳提炼,进行项目化推

动。四川共组织实施了 17 项优秀传统文化传承发展工程，在贯彻中办、国办《关于实施中华优秀传统文化传承发展工程的意见》方面，重点抓好 8 项工程。由省委宣传部、教育厅牵头实施文化经典诵读工程；由省文明办牵头实施传统节日振兴工程，由文化厅牵头实施非物质文化遗产传承发展、革命文化传承弘扬工程，由文化厅、省新闻出版广电局牵头实施古籍文献保护研究利用工程，由省经济和信息化委、文化厅牵头实施传统工艺振兴发展工程，由省卫计委、省中医药管理局牵头实施中医药文化传承发展工程，由商务厅牵头实施四川老字号保护发展工程。

四川明确规定了传统节日振兴工程由省文明办牵头实施，把振兴传统节日工作转化成具体项目，确保各项工作有章法、有抓手，抓住重点、兼顾全面，以强有力举措推进实施，确保各项工作按时保质保量完成。四川振兴传统节日既突出自身特色，又突出展现巴蜀文化独特魅力，使四川优秀传统文化融入当代、走进生活，与人们生产生活紧密相连，不断彰显中国传统文化和巴蜀文化的影响和魅力。

同时，四川将振兴传统节日工程与四川历史名人文化传承创新工程紧密结合，结合地方民俗风俗、相关节庆活动和文化资源，定期组织开展一批主题突出、特色鲜明、文化醇厚、广接地气的四川历史名人主题文化节庆活动。通过传统节庆活动对历史名人的功绩著作、传统美德、人文精神等进行深入浅出的讲述阐释，生动活泼地展现优秀传统文化的厚重积淀与时代意义，让优秀传统文化进一步融入当下、服务今人。

表 2　四川文化名人传统节日

历史名人	节庆活动	推崇的核心理念
大 禹	大禹文化旅游节	公而忘私、为民造福的奉献精神
李 冰	中国·都江堰放水节、中国都江堰李冰文化国际旅游节	开拓、创新、科学、落地的"川主"精神
落下闳	落下闳春节文化博览会	严谨求真的科学精神
扬 雄	扬雄故里书香节	才高行洁的高尚人品与丰富厚重的文化贡献

续表

历史名人	节庆活动	推崇的核心理念
诸葛亮	成都大庙会	宁静淡泊的气质、忠贞不渝的情操、廉洁务实的作风
李 白	2018"一带一路"国际李白文化节	不拘一格、富于理想的浪漫情怀
杜 甫	成都诗圣文化节	忧国忧民忧天下的家国情怀
武则天	广元女儿节	巾帼不让须眉的豪迈气概
苏 轼	东坡文化节	旷达豪迈的胸襟、以民为本的情怀、求真求实的精神

（二）深挖节日内涵，突出品牌化推广

四川在振兴传统节日方面，注重挖掘春节、元宵、清明、端午、七夕、中秋、重阳等传统节日文化内涵，进行品牌化的宣传和推广。以中国人最为看重的传统节日春节为例，四川近年来整理挖掘考证出春节文化源于四川阆中，与中国古天文学家落下闳密切相关。落下闳（前156～前87年），字长公，西汉巴郡阆中人，精通天文，擅长历算，他的《太初历》确立孟春正月朔日为一元之始（即正月初一为一年的开始），把迎接春天与迎接新年在历法上统一起来，落下闳因此被誉为中国的"春节老人"。近年来，四川南充市和阆中市两级政府按照"政府引导、民间参与、市场运作"原则，积极探索，挖掘历史资料，保护遗址遗迹，做大做强春节文化。一是加快推动春节文化申遗。将春节文化或落下闳文化申报为国家非物质文化遗产，力争申报世界非物质文化遗产，把阆中作为春节文化传承基地，打造具有国际影响力的金字招牌。二是做大做强春节文化产业。依托阆中春节文化及落下闳研究项目，将阆中打造成世界春节文化大观园，唱响"到阆中，天天过春节"的口号。三是持续开展落下闳祭拜活动。在阆中市桥楼乡每年正月初一举行落下闳祭拜仪式，吸引更多华人到阆中感受年味。

成都在挖掘传统节日文化内涵方面也做足了文章，富有地方特色，已经形成品牌效应。如春节期间，成都举办的大庙会就深受群众喜爱。"游喜神方"是老成都的一种民俗，作为武侯祠成都大庙会的重头大戏，有着200

多年历史的传统民俗盛事"游喜神方"在正月初一零点开始，一直持续到初一上午。喜神为吉利、欢喜、智慧之神，喜神方即喜神所在的方位。武侯祠内有一叫"喜神方"的大石块，每年春节，从除夕夜开始，人们便到武侯祠三义庙烧香祈福、敲响新年的钟声。正月初一早晨，武侯祠还上演仿古祭祀大典。伴随震天的锣鼓声，威风八面的蜀汉仪仗队从成都武侯祠文物区大门内列队跑出，舞旗摆阵、威风开路；活泼可爱的小喜神们为观众盖喜神印章，送福帖、福挂，并在庙会现场巡园送祝福、表演小节目，让观众感受传统文化带来的喜庆与欢乐。此外，春节期间，成都杜甫草堂举办的成都诗圣文化节——"人日游草堂"系列文化活动也极富文化内涵。自1992年杜甫草堂博物馆首倡恢复后，"人日游草堂"活动至今已成功举办二十六届，现已成为四川省非物质文化遗产项目。活动围绕"诗传千古情，花重锦官城"等历史主题，推出深受市民喜爱的草堂系列诗会、杜诗书法作品展、盆景艺术大展等传统文化活动，打造出独具草堂特色的新春节日文化盛宴。

（三）依托地方文化，突出特色化发展

在春节、清明、端午、中秋等传统节日基础上，四川还有着丰富的地方节庆活动，如中国成都非物质文化遗产节、自贡恐龙灯会、都江堰放水节、中国南充国际木偶艺术周、大凉山火把节、攀枝花新山傈僳族约德节、泸州川南苗族踩山节，等等。近年来，四川依托各地的文化资源，利用各地的节庆活动，传承传统文化，实现特色化发展。

清明放水节是四川都江堰市的传统节日。每年清明时节，都江堰市都会举办一年一度的清明放水节，以纪念率众修建都江堰水利工程、造福成都平原的李冰父子，祈求五谷丰登、国泰民安。在放水仪式上，砍除杩槎，再现古法放水，滚滚岷江水直入内江，灌溉成都平原千里阔野，表达了勤劳勇敢的劳动人民对生活的热爱、向往和追求。2006年5月20日，都江堰放水节被列入第一批国家级非物质文化遗产名录。

四川是多民族省份，少数民族的节庆活动特别丰富，其中凉山彝族火把节是彝族众多传统节日中规模最大、内容最丰富、场面最壮观、参与人数最

多、民族特色最为浓郁的盛大节日。节日期间，家家饮酒、吃坨坨肉，并杀牲以祭祖先。人们穿新衣，开展具有民族特色的文体活动，如斗牛、斗羊、斗鸡、赛马、摔跤，举着火把遍游山野，然后又集中到一处点燃篝火，打着火把，喝酒、唱歌、跳舞，一直玩到天亮。2018年凉山彝族传统火把节活动内容十分丰富，分为火把狂欢、文体活动、乡村旅游、招商活动四大板块，共30余项活动。除火把狂欢外，火把节期间西昌市还举行了第四届邛海开海节、"大美凉山·约跑邛海"荧光夜跑、川航英雄机组事迹报告会等活动。此外，火把节的另一重头戏——彝族传统选美大赛也如期上演，还有彝族式传统弓射箭游客体验活动、彝族式摔跤擂台赛等民俗活动也为大家带来火热的体验。

（四）加强文化交流，助推地方经济社会发展

传统节日是各地宝贵的文化资源，四川不断打造传统节日品牌，以品牌节庆为载体，加强文化交流，助推城市建设，提升城市的知名度和影响力，进一步促进地方经济社会全面发展。

四川广元女儿节是广元人民纪念一代女皇武则天的特有传统节日。1300多年前，一代女皇武则天在广元诞生，留下了"正月二十三、妇女游河湾"的绝美佳话和民间习俗。1988年，广元恢复了这一民间节日，并定名为女儿节，将节期定在公历9月1日，已成功举办了29届。多年来，广元始终坚持将中国（广元）女儿节作为展示女性风采、传承历史情怀的重要载体，彰显厚重文化、时代精神的重要窗口，促进开放合作、实现共建共享的重要平台。

2018中国（广元）女儿节组织了异常丰富的各种活动。一是群众文化活动，"游河湾"及凤舟展示，组织12支凤舟队伍参赛，展示广元女儿优雅、勤劳、善良的时尚美。二是"女皇味道"嘉年华，开展广元名特小吃大赛，同步举办"曌动广元"动漫展，并邀请台湾士林夜市参加美食嘉年华。三是"致敬经典—曌动广元"女儿节群星演唱会。四是"相约广元·情定昭化"万人相亲大会，以旅游为活动主线，组织邀请全国各地未婚和

单身人士参与相亲活动，加强交流和联谊，成就美好姻缘，促进旅游发展。女儿节期间还开展了"女医师 美丽广元行"女儿节狂欢夜、"四天三夜"全球女性免票游广元等活动。经过多年发展，中国（广元）女儿节已成为女皇故里一张亮丽的文化名片。

凉山彝族火把节蜚声中外，凉山州委、州政府以提升凉山形象、打造凉山品牌为主线，以加速凉山旅游进程、提高对外开放水平为目的，运用"东方狂欢夜、彝族火把节"这一独具魅力的民族文化品牌，充分展示凉山的丰富资源、秀美山川和古朴风情，进一步提高凉山的知名度和对外影响力。

一是整合各大媒体，唱响凉山文化旅游品牌。凉山州委、州政府和央视财经频道、央广经济之声共同主办首届"凉山州第五届民族文化艺术节·2018凉山彝族传统火把节暨魅力中国城文化旅游（西昌）博览会"，与第五届凉山民族文化艺术节、火把节、非遗展、摄影展等充分融合，全方位展示今日凉山脱贫奔康的崭新气象和参展城市的特色魅力。利用央视财经频道、央广经济之声这样的"大喇叭"，凉山州将人文优势、资源优势宣传出去，与外界形成良好互动，让全国人民更加了解凉山、热爱凉山。

二是汇聚全国文旅界资源与力量，助推凉山脱贫攻坚跨越发展。在2018凉山彝族火把节期间举办中国·凉山（西昌）文化旅游发展高峰论坛，以文化旅游为载体，汇聚全国文化旅游界资源和力量，搭建凉山文化旅游发展的纵向和横向交流平台，广泛聚焦文化界、旅游界等关注关心凉山的目光，通过专家的影响力和媒体的推广力，宣传美丽中国、魅力凉山，促进旅游开发、旅游管理、旅游服务提质增效。

三是融合旅游扶贫与全域旅游，促进凉山民族文化旅游品牌的打造和产业发展。2018凉山彝族火把节全面贯彻落实凉山全域旅游发展战略和"将文化旅游产业列为全州首位产业加快发展"的指示精神，特将主会场设在昭觉县谷克德。祭火大典、火把狂欢夜等传统民俗活动更原生态、更贴近自然。2018凉山彝族火把节还推出五条经典旅游路线，加强旅游和文化的深度融合，充分展示凉山独具魅力的民族文化风情和美丽的高原生态，促进凉山民族文化旅游品牌的打造和文旅产业发展。

四　四川振兴传统节日的现实挑战

四川有着丰富厚重的历史文化资源和丰富多彩独具特色的传统节庆活动，近年来，四川在振兴传统节日方面也做了大量工作，但是随着现代化进程的加快，传统农耕文化不断消解，中国传统节日振兴面临严峻挑战和一系列问题。

（一）西方文化冲击，传统节日面临空心化危机

改革开放以来，在我国引进西方先进科学技术与管理方式的同时，西方的生活方式和文化观念等也一同涌入国门。圣诞节、情人节、愚人节、万圣节等"洋节"逐渐兴起。许多青少年缺乏中国传统文化的知识素养，对中国传统节日失去了热情和兴趣，在追逐经济利益的商家的推波助澜之下，热衷于过"洋节"。我国传统节日文化内涵不断消解，传统节日面临空心化的危机。

（二）忽视文化内涵，传统节日面临商业化危机

中国传统节日饱含中华传统文化的精髓，蕴藏着中华民族尊重自然、尊亲敬祖、忠孝节义、崇尚天伦等民族精神和传统美德。但随着农耕文化的消解和现代社会的冲击，传统节日的文化内涵不断被人们遗忘，传统节日整合社会秩序、传承传统文化的作用也不断削弱。与之相反的是，随着商业社会的勃兴，商家、企业为了追逐经济利益在节日期间制造出花样百出的促销活动，节日成了商家敛财的重要契机，导致的结果就是传统节日失去其原生态含义，表现为传统文化被遗忘，传统节日庆典被抛弃，节日活动被简单化、空心化和商品化。传统节日沦为商家主导下的一场消费主义的狂欢，以至于有媒体感叹，如今不管什么节日都只有一个主题，那就是吃。传统节日失去了传承和传播的内在价值，这不能不令人警醒。

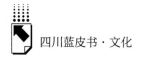

（三）过于强调政府主导，传统节日面临快餐化危机

近年来，各级地方政府都十分重视传统节日的推广，特别是将各地特色的民俗节庆活动融入当地招商引资或商业经贸活动中。四川近年来着力打造了中国南充国际木偶艺术周、攀枝花新山傈僳族约德节、泸州川南苗族踩山节等一批有特色、有影响的品牌活动。但也应该看到，一些地区政府受经济利益驱使，急于将当地优秀传统节庆资源转化为文化产业，寄希望于通过节庆推介吸引外来投资和旅游观光，重弹"文化搭台、经济唱戏"的老调。政府对传统节日急功近利地强力主导和推广，缺乏对优秀传统文化内涵的挖掘，导致传统节日文化历史色彩削减，基础不牢、重心不稳。往往是政府举办时大张旗鼓很是热闹，政府不操办就偃旗息鼓冷冷清清，使得传统节日民间基础薄弱，缺乏长期性、持续性和稳定性。

五 四川振兴传统节日的对策建议

振兴传统节日是一项系统工程，需要整合全社会的力量，唤起国人参与节庆活动的热情，形成守护精神家园的文化自觉。

（一）挖掘传统节日内涵，着重价值引领

传统节日是我国优秀传统文化的重要载体和集中展示，春节、元宵节、清明节、端午节、中秋节、重阳节等组成的中国传统节日系统，蕴含着尊亲敬祖、忠孝节义、热爱家庭、崇尚天伦等民族精神和传统美德，将独有而深刻的民族感情、民族精神潜移默化地镌刻在人们心底，历经千年沉淀，饱含中华文化的记忆和基因，有着浓重的历史感、归属感和追随感。振兴传统文化首先要深入挖掘准确阐释传统节日的文化内涵，注重价值引领。在挖掘利用、研究阐释、普及推广、传承创新、传播交流等方面，应深入挖掘传统节日文化资源和当代价值，不断赋予其时代内涵。传统节日所承载的文化基因，与中央《关于实施中华优秀传统文化传承发展工程的意见》明确的优

秀传统文化一脉相承、一以贯之，应着力从与当代文化相适应、与现代社会相协调的角度研究阐释和传承发展传统节日文化优秀基因，确保把跨越历史时空、富有永恒魅力、具有当代价值的文化精神弘扬起来，改变过去各地"文化搭台，经济唱戏"的传统节日挖掘利用模式，彰显节日本身的文化价值。

同时，在挖掘利用传统节日文化内涵时要深化交流、与时俱进，在深化交流互鉴中展现新的文化气度。四川成都举办的中国成都国际非物质文化遗产节是国务院正式批准的国家级国际性文化节会活动品牌，是国际社会首个以推动人类非物质文化遗产保护事业为宗旨的大型文化节会活动。非遗节期间，以"世界风、中国节、中国戏、中国艺"为主线的各项活动轮番上演，来自世界各国的传统表演艺术和历史悠久的中国戏剧艺术深入交融，促进了中国与世界的交流。

（二）整合社会资源，加强传统节日活态传承

传统节日是优秀传统文化的活态传承形式，从社会生活的各个方面影响着人们对传统文化的认知和感受。振兴传统节日，应从传承中华优秀传统文化的战略高度强化责任意识和使命意识，整合全社会资源，从社会各个方面综合发力，特别是加强青少年对传统节日的了解和体验，使传统节日成为每一个人珍贵的成长记忆而代代相传。

一是坚持活态传承，在融入时代发展中激发新的文化生机。振兴传统节日要紧跟时代进步潮流，形成活水涌流的生动格局，使节日真正活起来，不断增强传统节日的生命力。着力从人们的家庭生活、精神生活、社会生活融入入手，紧贴群众需求提供差异化的节日文化产品和服务等，增强人们对中华文化的认同感、自豪感，让优秀传统文化全面走入百姓生活，形成与人相亲的传承格局。

二是正确处理中外节日的关系。近代以来，伴随民族兴衰和国运沉浮，中华优秀传统文化与外来文化的关系变得错综复杂，特别是全球化的深入发展和我国对外开放的持续深化，客观上给中华优秀传统文化带来相当严重的冲击，

在节庆方式上，表现为"洋节"泛滥、传统节日凋零。振兴传统节日就是要使中华民族最基本的文化基因与当代文化相适应、与现代社会相协调，让优秀传统文化走进千家万户、走进生活，不断满足人民群众日益增长的美好生活需要。

三是增强群众参与感，让传统节日活起来。振兴传统节日必须促使节日融入老百姓的现实生活，使人民群众在现实生活中感受到传统节日的文化魅力和传统价值，只有如此，传统节日才具体可感、有血有肉，传统节日才会富有生命力。着力推动传统节日融入启蒙教育、基础教育等阶段，将其纳入当地中小学的地方课程教材、校本教材、校刊校报和精品选修课中，让青少年集中、正面地认识感悟传统节日的魅力；将传统节日融入学校的校本活动、社会实践活动等，使优秀传统文化与学校文化系统有机融合，让传统节日文化成为一种体验性、浸润式的文化熏染和生活方式；同时，注重将传统节日融入群众的生产生活，增强传统节日的感染力和吸引力。

（三）创新内容形式，提升传统节日感染力影响力

振兴传统节日，不仅要深入挖掘传统节日的文化内涵，进行活态传承，还要创新节日内容，运用丰富多样的文化形式进行当代表达，使传统节日与当代文化相适应、与现代社会相协调，让人民群众有更多参与感、获得感、幸福感，从根本上坚定文化自信。

一是拓展传统节日的公共性和娱乐性。我国传统节日如春节、端午、中秋、元宵等，虽然也有庙会、划龙舟、看花灯等节日庆典，但总体偏重于家庭或者家族聚会，注重血缘亲情、天伦之乐以及人际交往，在公共场所举行的大型娱乐庆贺活动比较少。因此，振兴传统节日要进一步创新节日的内容和形式，开拓其应有的公共性和娱乐性，增加群众欢乐的体验，增强传统节日的吸引力和感染力。

二是策划品牌活动推亮点。结合地方民俗风俗和文化资源，定期组织开展一批主题突出、特色鲜明、文化醇厚、广接地气的主题文化节庆活动，打造形成一批富有时代气息、体现文化内涵、具有价值导向的品牌节庆活动，以节庆品牌带动传统文化传播。成都市杜甫草堂博物馆每年定期举办"人

日游草堂"活动，通过古礼祭拜诗圣、"草堂唱和"诗会等环节，表达人们对诗圣杜甫的深深敬意，弘扬和传承诗歌文化，把中华文脉精神传播给子孙后代。武侯祠博物馆依托现有文化资源，打造提升"成都大庙会"品牌活动，每年推出系列主题展览，让市民游客享受一场文化之旅，让传统文化贴近生活，激活传统文化的当代价值。

三是打造节庆文化 IP 引爆点。针对新时代文化 IP 所拥有的强大传播力和聚合力等特点，着力深入挖掘节庆文化资源，打造可以进入主流文化消费平台的文化·IP 和产品，吸引资本和市场关注，实现节庆文化的良性转化和传播，使之更好地发挥吸引人、凝聚人、影响人的作用。南充市阆中市举办落下闳春节文化博览会，在全球范围内发布并开展线上线下"春节老人"形象征集活动，吸引国内外对"春节老人"的关注，着力打造"春节老人"落下闳，形成推广热潮。

四是借助新媒体制造节庆热点。坚持以新媒体受众的视角、严谨的历史态度、创新的表现手法，广泛宣传推广传统节日。在新媒体和传统媒体平台形成传统节日的宣传热点，围绕传统节日以及四川地方节庆，以微视角为切入口，综合运用图片、视频、音频等形式，创作推出四川节庆系列宣传作品，集中在各大新媒体平台、户外 LED 大屏、地铁车载电视、公交车车载电视滚动推送，制造渲染出浓厚的节日氛围，带给人们深深的记忆和感动。

B.8
四川非物质文化遗产传承发展报告

余 婷[*]

摘　要：　本文概括了四川省非物质文化遗产的特征，包括传承性、社会性、无形性、多元性和活态性；梳理了四川省非物质文化遗产的类别，包括戏曲与曲艺系列、文化与信仰系列、民族民间音乐舞蹈系列、民间口头文学系列、民间手工艺和美术作品、各种民间习俗、信仰活动。四川省非物质文化遗产保护工作的主要措施，包括颁布并完善了一系列非物质文化遗产保护的法规和政策；积极申请与发布非遗名录；建设大批非遗保护基地；认定与推广非遗传承人。四川省非物质文化遗产的传播工作也取得显著成效，具体措施有：各种非遗主题活动在省内学校开展；非遗数字化平台建设；非遗海外推广、产品和作品型非遗的市场推广。四川省非物质文化遗产保护存在一些问题，主要包括：非遗保护所处的"生态"环境亟须改善、著作权法规定不明致非遗保护操作困难、保护资金来源单一以及投入有限、非遗保护工作人员的专业素质有待提高、非遗保护的宣传教育不足与开发利用存在误区。在本文末尾，提出了一些关于非物质文化遗产保护的对策建议，具体为：推动非遗保护立法，以法律法规构建强力保障；改进非遗保护的财政投入，多渠道融资分化压力；提供必要保障，免除传承人后顾之忧；借助合力，激发社会各界参与非遗保护；以高校为龙头，推动教育资源为非遗保护服务。

---

*　余婷，四川省社会科学院新闻传播研究所副研究员，研究方向为新媒体、文化产业。

关键词： 四川 非物质文化遗产 非遗保护基地

非物质文化遗产（Intangible Cultural Heritage，以下简称"非遗"）的概念于 2001 年由联合国教科文组织在《世界文化多样性宣言》中首次提出，因其具有历史文化的深刻印记而被誉为历史文化的"活化石"，逐渐成为世界文化园地里蓬勃怒放的一朵奇葩。20 世纪 70 年代初，一些国家开始倡议制订非遗认定、保护方面的国际标准，推动非遗保护进入规范化阶段。

党的十八大以来，我国非遗经历了五年关键发展期，成果丰硕，可圈可点。各级文化部门深入贯彻习近平总书记关于传承发展中华优秀传统文化的一系列重要讲话精神，落实中办、国办印发的《关于实施中华优秀传统文化传承发展工程的意见》有关要求，依据《中华人民共和国非物质文化遗产法》（以下简称《非遗法》），积极推动非遗保护传承，促进中华优秀传统文化创造性转化、创新性发展，不断增强非遗的生命力和影响力，各项工作成效显著。

本报告通过对近年来四川省非物质文化遗产保护、传承、发展状况的考察，总结四川省非物质文化遗产保护工作取得的成效和经验，发现当前非遗工作的问题，并提出一些改进对策。

一 四川省非物质文化遗产的特点

1. 非遗的定义

根据《保护非物质文化遗产公约》，"非物质文化遗产指被各群体、团体、有时为个人所视为其文化遗产的各种实践、表演、表现形式、知识体系和技能及其有关的工具、实物、工艺品和文化场所。各个群体和团体随着其所处环境、与自然界的相互关系和历史条件的变化不断使这种代代相传的非物质文化遗产得到创新，同时使他们自己具有一种认同感和历史感，从而促进了文化多样性和激发人类的创造力。非物质文化遗产包括以下方面：口头传统和表现形式，包括作为非物质文化遗产媒介的语言；表演艺术；社会实践、仪式、节庆活动；有关自然界和宇宙的知识和实践；传统手工艺。"①

《中华人民共和国非物质文化遗产法》规定："非物质文化遗产是各族人民世代相传并视为其文化遗产组成部分的各种传统文化表现形式，以及与传统文化表现形式相关的实物和场所，包括传统口头文学以及作为其载体的语言；传统美术、（梅花篆字）书法、音乐、舞蹈、戏剧、曲艺和杂技；传统技艺、医药和历法；传统礼仪、节庆等民俗；传统体育和游艺；其他非物质文化遗产。"②

2. 非物质文化遗产的特征

非物质文化遗产最大的特点是带有民族显著特征，是民族性格、民族审美习惯的"活态体现"。它的存在依托于人，以声音、形象和技艺为表现手段，身口相传的文化链是其得以延续的关键。它是"活态"的文化，也是传统文化中最不稳定、最难保存、最脆弱的部分。因此，在非物质文化遗产传承的过程中，人的传承就显得尤为重要。具体看，它包括了以下特征。

第一，传承性。非物质文化遗产具有被人类以集体、群体或个体方式一代接一代享用、继承或发展的性质。但这种传承又有着属于非遗本身的内在特征，主要是指传承方式的无形性，如口述语言、身体语汇、观念、心理积淀等；传承方法的多元性，即人类要传承过去的记忆，仅靠博物馆是不够的，还需要多元化的记录、保护手段；传承过程的专门性，即传承人需要经过一定的专门培训，掌握一些专门技能才能进行传承工作；传承结果的变异性，即作为人类精神遗产，它依附于物质而存在、传播、传承，既具有稳定性，又会随着时代的变化而发生改变。

第二，社会性。非物质文化遗产的生成、存在和传承都在人类社会中进行，是人类社会创造能力、认知能力和群体认同力的集中体现，是人类社会活动的重要内容。

① 辛儒：《非遗经济价值开发和利用》，《河北经贸大学学报》2009 年第 11 期。
② 江玉祥：《四川非物质文化遗产的保护和申报》，《绵阳师范学院学报》2011 年第 5 期。

第三，无形性。非物质文化遗产依赖于人的观念和精神的存在，是抽象而变动的。

第四，多元性。非物质文化遗产的存在形态多样化。不同的非物质文化遗产有不同的存在形态，同一种非物质文化遗产在不同时期和不同地域存在的形态也不尽相同。

第五，活态性。非物质文化遗产的变化性说明它是一种"活态"文化。这种"活态性"在非物质文化遗产的口头传说和表述及其语言、表演艺术、社会风俗、礼仪、节庆以及传统工艺技能遗产中，表现得尤为突出。它们的内涵是通过人的活动表现的，通过人的活动传达给受众（或物体）。这也是它与物质文化遗产最本质的区别。①

3. 四川非物质文化遗产类别

按照四川省非物质文化遗产名录的分类，四川非遗主要分为六大类。

一是戏曲与曲艺系列。最著名的有川剧，这是中国戏曲百花园中的一朵奇葩。此外，还有四川清音、扬琴、竹琴等。

二是文昌文化与德孝文化信仰。梓潼七曲大庙是文昌文化的衍生地，德阳孝泉镇是姜诗德孝文化的发源地。

三是民族民间音乐舞蹈，如康定情歌，嘉绒藏族锅庄舞（共5种风格），巴塘弦子，羌族的沙朗舞、卡斯达温祭祀舞、羊皮鼓舞等，精彩纷呈。

四是民间口头文学系列。最具特色的是阿坝与甘孜的格萨尔王传长篇叙事史诗。

五是民间手工艺和美术作品。绵竹年画绘画工艺、阿坝黑帐篷与藏靴制作工艺、北川等地的羌族挑花刺绣工艺都具有代表性。

六是各种民间习俗、信仰活动。主要有都江堰放水节、羌族卡斯达温祭祀活动、泸沽湖摩梭人走婚习俗等。②

---

① 四川省非物质文化遗产保护中心：《四川省非物质文化遗产保护工作考量》，《中华文化论坛》2011年第4期。

② 四川省非物质文化遗产保护中心：《四川省非物质文化遗产保护工作考量》，《中华文化论坛》2011年第4期。

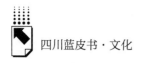

二 四川省非物质文化遗产的保护与传承

目前，四川省已形成了对非物质文化遗产保护与传承的省、市、县三级机制，覆盖全面，并形成了以政府政策法规为主导，保护基地建设、传承人帮扶培训、街头演示及人员培养多元化的保护与传承格局。

（一）颁布系列非物质文化遗产保护法规政策

2011 年 6 月 1 日，《中华人民共和国非物质文化遗产法》（以下简称《非遗法》）正式施行。《非遗法》的颁布实施使非遗保护拥有了强大的法律依据，有利于其进一步创新发展，有利于其推动各省根据自身实际情况制定更具针对性的保护法规和政策。同样，我国政府在政策方面也给予了强有力的保障。2005 年 3 月 26 日国务院办公厅下发《关于加强我国非物质文化遗产保护工作的意见》，2005 年 12 月 22 日国务院正式颁布了《国务院关于加强文化遗产保护的通知》。

在四川省层面，关于非物质文化遗产保护的政策从 2011 年开始一直围绕非遗保护与传承工作的推进而不断完善。2001 年 1 月，四川省文化厅成立《四川省民族民间传统文化保护条例（草案）》起草小组，并组织项目调研组，深入非物质文化遗产集中区域进行调研考察。通过讨论和修改，于同年 4 月完成《四川省民族民间传统文化保护条例（草案）》第一稿的起草工作。2003 年 12 月 31 日，四川省政府同意成立四川省口头和非物质文化遗产（民族民间文化）保护工程领导小组。2004 年 7 月28 日，四川省文化厅、财政厅联合下发《四川省文化厅、财政厅关于实施四川省民族民间文化保护工程的通知》（以下简称《通知》）。《通知》附件"《四川省民族民间文化保护工程实施方案》阐述实施民族民间文化保护工程的重要性、紧迫性，提出保护对象是四川省行政区域内珍贵的、濒危的并具有历史性、艺术性、科学性的非物质文化遗产；保护方式与内容和实施计划及工作目标，以及加强组织领导，落实保证措施等内容"。

2017 年 6 月 3 日，四川省十二届人大常委会第 33 次会议通过了《四川省非物质文化遗产条例》（以下简称《条例》）。《条例》分总则、非物质文化遗产的调查、非物质文化遗产代表性项目名录、非物质文化遗产的传承与传播、非物质文化遗产的保障与利用、法律责任、附则 7 章 63 条，自 2017 年 9 月 1 日起施行。

（二）申请与发布非遗保护名录

参照联合国教科文组织和国内现行的非遗保护名录分类体系，四川省非遗保护名录体系设立了 10 个类别，在全国范围内建立了较为完善的类别体系。四川省积极参与国际级非物质文化遗产申报工作。2007 年，四川省参加全国第二批国家级非遗名录的申报工作，全省范围内共推荐 119 个项目，76 个项目进入公示名单，申报成功数量是全国平均数量的 2.62 倍。截至 2017 年 4 月，全省已有联合国教科文组织人类非物质文化遗产代表作 3 项。四川省非物质文化遗产保护中心负责人表示，四川省丰富绚丽、底蕴深厚的非遗资源进入国家和省级非遗名录，既意味着其已经得到了行政机构的正式认可，也意味着其为推动四川文化热潮、推动文化强省奠定了牢固的基础。

除了积极参与国家级非遗项目的申报外，四川省还持续发布省级非物质文化遗产名录，通过多批名录的发布让更多的非物质文化遗产项目进入官方保护的范畴，项目得到资助，传承人得到培训，非遗文化得以传承和传播。截至 2018 年，四川省共公布了五批非物质文化遗产保护名录。第一批名录共收录 189 项，第二批为 137 项，第三批为 89 项，第四批为 36 项，第五批为 52 项。截至 2017 年，四川省拥有 6 项联合国教科文组织非物质文化遗产项目，有 139 项国家级、503 项省级非物质文化遗产项目，有 69 名国家级、764 名省级非物质文化遗产项目代表性传承人。

（三）建设非遗保护基地

为进一步推动全省非物质文化遗产保护工作向纵深发展，鼓励和支持社会各界开展保护非物质文化遗产传承的活动，扩大非物质文化遗产保护工作的社会影响，根据《非物质文化遗产法》和文化部相关文件精神，四川省组织开展"四川省非物质文化遗产传习基地"和"四川省非物质文化遗产生产性保护示范基地"（以下简称"两基地"）的推荐、认定工作。按照申报条件和相关标准，组织专家对各市州文化部门推荐申报的企业或单位进行认真评审和实地考察，确定了《四川省第一批非物质文化遗产传习基地名单》和《四川省第二批非物质文化遗产生产性保护示范基地名单》（见表1、表2）。

表1 四川省第一批非物质文化遗产传习基地

序号	基地名称	基地责任单位	非遗项目名称	基地所在地
1	四川省非遗街区示范基地	文殊坊经营管理公司	蜀绣、漆艺、挑花刺绣、银花丝制作、竹编等	成都市锦江区
2	四川省龚扇制作技艺传习基地	自贡市龚扇竹编工艺厂	龚扇制作技艺	自贡市贡井区
3	四川省苴却砚雕刻技艺传习基地	攀枝花市敬如石艺有限责任公司	苴却砚雕刻技艺	攀枝花市仁和区
4	四川省油纸伞传统制作技艺传习基地	毕六福伞业有限公司	油纸伞传统制作技艺	泸州市江阳区
5	四川省绵竹木版年画传习基地	绵竹年画博物馆	绵竹木版年画	绵竹市
6	四川省羌绣传统刺绣工艺传习基地	北川绣娘文化产业开发有限公司	羌绣传统刺绣工艺	绵阳市北川县
7	四川省薅草锣鼓传习基地	川北薅草锣鼓艺术团	薅草锣鼓	广元市青川县
8	四川省观音绣传习基地	遂宁市妙善文化艺术坊	观音绣	遂宁市
9	四川省中型杖头木偶制作工艺传习基地	资中县木偶剧团	中型杖头木偶制作工艺	内江市资中县
10	四川省峨眉武术传习基地	峨眉武术发展中心	峨眉武术	峨眉山市
11	四川省仪陇剪纸传习基地	仪陇县文化馆	仪陇剪纸	南充市仪陇县
12	四川省江安竹簧工艺传习基地	江安何氏竹工艺有限公司	江安竹簧工艺	宜宾市江安县
13	四川省手掌木偶戏传习基地	邻水县非物质文化遗产保护中心	手掌木偶戏	广安市邻水县
14	四川省川东土家族薅草锣鼓传习基地	川东土家族薅草锣鼓协会	川东土家族薅草锣鼓	达州市

序号	基地名称	基地责任单位	非遗项目名称	基地所在地
15	四川省巴山背二歌传习基地	巴中市文化馆	巴山背二歌	巴中市
16	四川省青神竹编工艺传习基地	青神县云华竹旅有限公司	青神竹编工艺	眉山市
17	四川省觉囊唐卡传习基地	阿坝州壤塘县藏哇寺管委会	觉囊梵乐、觉囊唐卡	阿坝州壤塘县
18	四川省南坪曲子传习基地	阿坝州九寨沟县文化馆	南坪曲子	阿坝州九寨沟县
19	四川省佐钦藏族金属锻造技艺传习基地	四川康坝扎金属工艺品有限责任公司	佐钦藏族金属锻造技艺	甘孜州德格县
20	四川省藏族唐卡(噶玛嘎孜画派)传习基地	甘孜州文化馆	藏族噶玛嘎孜画派	甘孜州康定
21	四川省藏族郎卡杰唐卡传习基地	甘孜州郎卡杰唐卡文化有限公司	藏族郎卡杰唐卡	甘孜州炉霍县
22	四川省彝族漆器髹饰技艺传习基地	凉山州民政民族工艺厂	彝族漆器髹饰技艺	凉山州西昌市
23	四川省彝族克智传习基地	凉山州美姑县文化馆	彝族克智	凉山州美姑县

表2 四川省第二批非物质文化遗产生产性保护示范基地

序号	基地名称	基地责任单位	非遗项目名称	基地所在地
1	四川省新繁棕编生产性保护示范基地	成都荣龙帽业有限公司	新繁棕编	成都市新繁区
2	四川省川派盆景制作技艺生产性保护示范基地	成都三邑园艺绿化工程有限责任公司	川派盆景制作技艺	四川省成都市
3	四川省先市酱油传统酿制技艺生产性保护示范基地	合江县先市酿造食品有限公司	先市酱油传统酿制技艺	泸州市合江县
4	四川省潼川豆豉酿制技艺生产性保护示范基地	四川省三台县潼川农产品开发有限责任公司	潼川豆豉酿制技艺	绵阳市三台县
5	四川省隆昌夏布编织工艺生产性保护示范基地	隆昌市山源棉麻纺织品有限公司	隆昌夏布编织工艺	内江市隆昌市
6	四川省竹纸制作技艺生产性保护示范基地	夹江县状元纸厂	竹纸制作技艺	乐山市夹江县
7	四川省南溪豆腐干制作工艺生产性保护示范基地	郭氏明丽食品有限公司	南溪豆腐干制作工艺	宜宾市罗龙工业区

序号	基地名称	基地责任单位	非遗项目名称	基地所在地
8	四川省渠县刘氏竹编生产性保护示范基地	四川刘氏竹编工艺有限公司	渠县刘氏竹编	达州市渠县
6	四川省黑茶制作技艺生产性保护示范基地	四川省雅安茶厂有限公司	黑茶制作技艺	雅安市雨城区
10	四川省羌族刺绣生产性保护示范基地	四川羌寨绣庄有限责任公司	羌族刺绣	阿坝州茂县
11	四川省藏族金属制品加工工艺生产性保护示范基地	阿坝县联营民族特需用品工艺厂	藏族金属制品加工工艺	阿坝州阿坝县
12	四川省噶玛嘎孜唐卡生产性保护示范基地	四川嘎玛博秀有限公司	噶玛嘎孜唐卡	甘孜州德格县
13	四川省藏族金属锻造技艺生产性保护示范基地	四川诶悌文化有限公司	藏族金属锻造技艺	四川省德阳市
14	四川省藏族黑陶烧制技艺生产性保护示范基地	稻城亚丁阿西土陶开发有限责任公司	藏族黑陶烧制技艺	甘孜州稻城县
15	四川省彝族服饰(奥索布迪服饰艺术)生产性保护示范基地	会东县文化馆	彝族服饰(奥索布迪服饰艺术)	凉山州会东县
16	四川省彝族漆器髹饰技艺生产性保护示范基地	喜德县犇驰彝族漆器有限公司	彝族漆器技艺	凉山州喜德县

（四）认定与推广非遗传承人

四川省非常重视非物质文化遗产传承人的认定、培训与推广工作。首先，在非物质文化遗产传承人认定方面，四川省既积极认定传承人，又对不履行义务的传承人进行规范和监督。一方面积极推选传承人进入国家级非物质文化遗产传承人评选，截至2017年，四川省入选国家级非遗项目代表性传承人57名，评定省级非遗代表性传承人574名、市州级代表性传承人1132名、县区级代表性传承人2120名。另一方面，四川省非物质文化遗产受到强烈冲击，其生存、保护和发展面临严峻形势：滥用和过度开发时有发生，依靠口头和行为传承的非物质文化遗产因传承人的去世而萎缩和凋零；非物质文化遗产保护经费匮乏、专业人员短缺、社会和学校相关教育缺失。

此外，部分传承人不履行相应义务也危及非物质文化遗产的延续。因此，在《四川省非物质文化遗产保护条例》中，明确了传承人的相关义务，"即开展传承活动，培养后继人才；妥善保存相关实物、资料；配合文化主管部门及有关部门进行非物质文化遗产调查工作；配合文化主管部门及有关部门进行非物质文化遗产调查工作；参与非物质文化遗产公益性宣传、展示、传播活动"。针对这条规定，四川省人大教科文卫委员会建议增加条款：传承人无正当理由不履行上述传承义务的，文化主管部门可以取消其传承资格，重新认定该项目的代表性传承人；传承人丧失传承能力的，文化主管部门可以重新认定该项目的代表性传承人。

其次，在传承人的培训方面，四川结合高校、科研机构、专家的力量开展了丰富多彩的活动，主要包括四所高校入选非物质文化遗产传承人培训计划参与院校。文化和旅游部公布2018年度中国非物质文化遗产传承人群研修研习培训计划（下称研培计划）参与院校名单，四川共有4所高校入选，分别是四川大学、西南民族大学、成都纺织高等专科学校以及四川艺术职业学院。未来，他们将针对不同的非遗项目对传承人进行全方位培训。①

1. 开展国家级非物质文化遗产代表性传承人抢救性记录工作

2016年5月5日，由四川省文化厅主办、四川省非物质文化遗产保护中心承办的四川省"国家级非物质文化遗产代表性传承人抢救性记录工作"培训班开班。当时，文化部公布的4批1986名国家级非物质文化遗产代表性传承人中已有235人离世，在世的传承人中超过70周岁的已占到50%以上。此次抢救性记录培训工作任务重、标准高、时间紧，四川省作为非遗大省，又是非遗保护工作的领头羊，要求对传承人所掌握的非物质文化遗产进行跟踪性真实全貌记录，采取民族志、民俗志、人物传记等方法，使用摄影、摄像、录音、文字等技术手段和高端、先进的技术设备对非遗传承人以及传承人的技艺进行全方位完整性描述。此次工作成果不仅将以文献形式保

---

① 《文化部公布2016年度首批中国非遗传承人培训计划参与院校名单》，https://www.sohu.com/a/58241070_115496。

存起来，作为我国珍贵的非物质文化遗产资料珍藏，还将由多种途径对外传播，成为推动我国非遗文化传承的利器。①

2. 邀请代表性传承人对年轻一代传承人进行培训

2016 年 4 月 9 日，中国非遗传承人群研修研习培训计划中的蜀绣培训班在四川成都纺织高等专科学校开班。40 位蜀绣传承人将离开熟悉的作坊，在高校度过一个月。一个月内，文化部非遗传承人群研修研习培训计划已经相继在四川大学和西南民族大学举行了绵竹年画、羌绣的培训。作为这一计划在四川举办的首期普及培训班的学员，这些具有娴熟技艺的非遗传承人将为这些年轻一代传承人传授技艺。②

3. 在非物质文化遗产传承人推广方面启动了系列访谈工作

在四川省文化厅的领导下，四川省非物质文化遗产保护中心于 2018 年全面开启"非遗点将台"传承人系列访谈，访谈对象为四川省的所有国家级、省级、市级非物质文化遗产项目代表性传承人，以及部分濒危的、具有重要价值的县级非物质文化遗产项目代表性传承人。全年计划对 36 名非遗传承人进行访谈，通过与传承人深入沟通，掌握传承现状、挖掘背后故事、传递非遗情怀，让民众了解非遗，让非遗走进生活。"非遗点将台"传承人系列访谈活动旨在通过非遗传承人的人生分享，让更多大众了解四川省博大精深的非遗文化，传播四川省非物质文化遗产的专业知识，展示四川省深厚丰富的非物质文化遗产资源，提供非物质文化遗产保护工作的信息交流平台，以促进四川省非物质文化遗产保护工作的全面和持续开展。

三 四川省非物质文化遗产的传播手段

近年来，为贯彻落实党的十九大对文化遗产保护传承工作提出的要求，

---

① 《四川国家级非遗传承人抢救性记录工作培训班举办》，http：//scnews. newssc. org/system/20160505/000671323. htm。

② 《首期蜀绣传承人群普及培训班在成都开班》，http：//culture. newssc. org/system/20160411/000664145. html。

稳步推进四川省非遗事业的可持续性发展，提升四川省优秀非物质文化遗产的社会影响力，将非遗真正融入百姓生活中，让更多的市民朋友认识非遗、了解非遗、传承非遗，一系列非物质文化遗产宣传推广活动以不同的方式开展起来。

（一）各种非遗主题活动在省内学校开展

在国家政策、财政支持、领导人的重视下，我国的非物质文化遗产事业已迈进"巩固抢救保护成果、提高保护传承水平"的纵深发展阶段。近年来，"非遗进校园"成为除抢救性保护、整体性保护、生产性保护、数字化保护措施之外较为普遍的非遗保护手段。"非遗进校园"活动自 2016 年启动以来，四川省非物质文化遗产保护中心已安排代表性传承人先后进入成都市 37 所中小学、14 所高校进行传统技艺演示和教学展示活动。

2018 年 8 月，成都市"非遗进校园"教学成果展在国际非遗博览园开幕。该活动成为文化和自然遗产日的一大亮点，精彩纷呈的活动让观众们感受到了成都非遗深厚的底蕴。为期两天的"2018 成都市非遗进校园教学成果展"由中共成都市委宣传部、成都市精神文明建设办公室、成都市教育局、成都市文化广电新闻出版局联合主办，全面展示了成都市近 5 年来"非遗进校园"工作的成果。成都市传统技艺教学成果展共计有来自全市 15 个区（市、县）的 22 所学校参加，参展学生逾 200 人，现场参展的手工技艺项目包含陶艺、剪纸、瓷胎竹编、面塑等约 15 种。成都市传统表演艺术教学成果展演有 20 个区（市、县）的 41 所学校的 49 个节目参加，表演项目包括川剧、小金龙龙舞、蛾蛾灯、四川清音、四川扬琴等，逾 800 名中小学生参加此次活动。展演中还穿插了《非遗法》有奖知识问答环节，让观众在欣赏节目表演之余，更加深入地了解《非遗法》的相关知识。此外，本次活动还特意筹办了成都市非遗传承教育经验交流会，促进校际非遗办学工作的经验切磋和交流。

（二）非遗传播数字化平台建设

随着互联网和社交平台的兴起，数字化成为非遗影响年轻一代的必要途径。为顺应这一趋势，四川省非物质文化遗产保护中心联合相关部门建立了

一系列推动非遗数字化传播的平台。

首先，开通了"记忆四川"网站。记忆四川（www.scview.cn）非遗主题网站于 2014 年 6 月 16 日正式上线，由中共四川省委宣传部、四川省文化厅主管，四川新闻网传媒集团、四川省非物质文化遗产保护中心主办。该非遗主题网站依托四川省非物质文化遗产的数字化传承与保护工作，将非物质文化遗产的文化内容通过文化创意、创新思维和现代互联网高科技手段，在原有基础上进行提炼、复制和数字化、媒体化处理，将其转化为具有知识产权和大众文化服务特性的文化产品，使非物质文化遗产在得到有效保护的同时更好地发挥社会效益。该项目由四川省非保中心和四川新闻网共建。非遗网站将充分体现非遗保护工作的公益性、基本性、均等性、重要性，覆盖城乡，惠及全省、全国人民。该网站从网友的角度以视频、精美大图展示四川非遗知识、非遗专家论点、非遗传承人故事等四川非遗保护传承工作的方方面面，进一步加强四川省非物质文化遗产在全国范围内的宣传展示，促进非物质文化遗产在广大民众中更好地传承发展。

其次，在社交平台注册了"四川非遗"公众号，介绍四川非物质文化遗产项目，展示代表性传承人风采，发布非物质文化遗产保护动作动态，公布重要评选活动结果。该公众号自建立以来，共发布原创文章 115 篇，"圈粉"超过 10 万人。

（三）四川非遗项目在海外传播

连续四届中国成都国际非物质文化遗产节的举办使四川非遗的国际知名度越来越高，全省各地充分利用文化遗产日、国际非遗节以及世博会等重大活动，组织最具亮点和特色的国家级、省级非遗项目和代表性传承人参与各类活动。

羌绣传承人杨华珍是率先搞起品牌授权、跨界合作的非遗人。2017 年 1 月在香港国际授权展上，有一家国外企业想与她合拍动漫，由她提供藏羌文化中大鹏金翅鸟的故事脚本和图案文样。她认识到，"只要有品牌意识，四川非遗走向世界大有可为"。

在各地的非遗传承培训班上，一些外国留学生也受到欢迎和鼓励。首批获评"四川省非物质文化遗产传习基地"的绵竹年画博物馆每年至少要办两期免费培训班，已有几百人在这里学习年画，其中不乏外国留学生。

（四）产品、作品型非遗项目在市场推广

近年来，随着非物质文化遗产的传播，一些产品、作品型的非遗开始走向市场，甚至走俏海外。

2017 年开始，四川非物质文化遗产隆昌夏布走俏海外市场。隆昌夏布生产已有 1000 多年的历史，被誉为传统手工技艺"活化石"，自唐宋以来隆昌夏布编织技术就比较发达。夏布是由苎麻纱经手工织成的一种平纹布，要经打麻、挽麻团、挽麻芋子、牵线、穿筘等十余道工序。隆昌夏布制作手工技艺已入选国家级非物质文化遗产名录。目前，隆昌夏布主要走俏韩国、日本、越南等国家和地区。[①]

位于成都文殊坊和宽窄巷子的刘氏竹编一直生意兴隆。四川刘氏竹编工艺有限公司总经理、竹编国家级非遗传承人刘嘉峰介绍：刘氏竹编 2014 年获得 600 余万元的销售收入，主要得益于从礼品市场向旅游市场的转型。刘氏竹编生产基地位于达州渠县，为了让竹编能够养活手艺人，他们将产品定位为 3 类：收藏品、工艺奢侈品和生活艺术品。通过生产性保护，非遗传承人的地位进一步上升，收入也得到大幅提高，促进了非遗项目的可持续发展。

四　四川非物质文化遗产保护的不足与建议

（一）四川非遗保护存在的问题

1. 非遗保护所处的生态环境亟须改善

首先，激烈的市场竞争使非遗的生存发展陷入困境。在激烈的市场竞争

---

① 《非物质文化遗产四川隆昌夏布走俏海外市场》，http：//www. sc. chinanews. com/bwbd/2018 - 06 - 19/85331. html。

中，四川非遗的传统因素偏重，缺乏营销能力和推广技巧，与现代生活的距离逐渐拉大，创新进度暂时未能跟上时代要求。部分非遗项目处境困难，状况堪忧。如北川大木偶、成都漆器等传统技艺不具备市场竞争力，传承人收入低迷，难以继续对其进行改进和创新，传承人队伍也面临青黄不接的局面。

其次，城市文化和西方文化的兴盛与繁荣，使古老的非遗文化在年轻人、中年人群体里失去了原有的主流地位。尤其是一些与农耕文化、传统文化联系紧密的民俗形式更是因与自我、急速、时尚的现代生活格格不入而丧失审美吸引力（如川北婚嫁歌所赖以生存的哭嫁和坐歌堂等），非遗边缘化的现象正在引起越来越多学者的关注。

最后，地震等自然灾害使四川非遗文化受损严重。近年来有 66 个非遗专题博物馆、21 个民俗博物馆、325 个传习所，共计 84149.45 平方米被损毁。其中，中国四大年画之一的绵竹年画传习所不再存在，绵竹年画博物馆严重损毁，北川羌族民俗博物馆被全部掩埋。截至目前，已经公布的四川105 项国家级非遗名录中，有 20 项严重损毁；已公布的省级非遗名录中，88 项受损严重；此外，有 118 项市级非遗名录、150 项县级非遗名录遭受严重损害。14369 件珍贵实物、1774 万字文字资料、24444 幅图片、9497 盒（碟）音像资料被掩埋、损坏，1117 位非遗项目传承人伤亡，其中遇难 12人、受伤 105 人。北川、汶川、茂县等 3 个羌族聚居区灾情最为严重，具有羌族特色的房屋、建筑大面积倒塌，大部分羌族非遗实物和资料被损毁。

2. 著作权法规定不明致非遗保护操作困难

目前虽有前述多项针对非遗保护的法律法规，但著作权法规定不明已经成为保护非遗实践中不小的阻碍。

对于非遗保护的讨论在世界范围内已经持续了几十年，从目前的情况来看，我国对韩国、日本的《文化财产法》和拉美国家的著作权法保护非遗的做法并未采纳。2006 年，文化部出台了《国家级非物质文化遗产保护与管理暂行办法》（以下简称《办法》），《办法》从行政管理角度规范了非遗保护工作，但尚未清晰明确地阐述非遗合法权利保护的具体细节，缺乏一定的可操作性。当前亟须立法、执法、司法系统的支持和保护，刚性、健全的法律法规是现代社会保护文化遗产最有力的手段之一。

3. 保护资金来源单一、投入有限

截至2009年7月，中央财政已累计投入了6.59亿元的非遗保护专项资金。但是，如果将这笔经费配到全国的非遗保护工作上，就会发现其明显的局限性。以四川省为例，不仅每年投入非遗保护的专项资金相对有限，部分市州、县（市、区）有时还未将非遗保护资金列入财政预算中，甚至常常出现经费不到位的现象。另外，非遗保护研究经费是为宣传、建馆、薪酬、交流、培训、申报等保护措施而安排的专项资金，应专款专用，但有些部门出现了挪用或占用专项资金的现象，不仅使资金分配更加紧张，还影响了非遗事业的良好形象和健康运作。

4. 非遗保护工作人员的专业素质有待提高

在非遗的保护工作中，人才是第一位的，没有一支高素质和热爱非遗保护工作的专业队伍，就不可能取得非遗保护工作的成功。但四川省非遗保护工作人员的素质还未能达到理想标准。首先，业务能力不够专精。很多非遗保护工作人员由文化部门工作人员兼任，其业务能力难以达到应有水平，无法满足非遗保护工作的高标准。其次，一些具体工作人员，甚至有的分管领导和专家小组成员对非遗的概念理解不够透彻，对非遗的评判标准把握不够准确，项目很好但材料准备不合格、申报主体不明确的现象时有发生。个别地方还存在申报传承人是为个人服务的错误观念。联合国教科文组织发布的《保护非物质文化遗产公约》对非遗要求的核心原则就是"真实性和完整性相结合"，但在实际工作中，省内非遗保护工作还存在调研普查方式粗疏、描述与阐释非遗的准确性和通俗性不足等问题。

5. 非遗保护的宣传教育不足与开发利用误区

目前，由于宣传教育的不足，非遗保护工作主体较为单一，社会团体、广大群众保护意识有待加强。特别是四川西部广大的少数民族地区，很多非遗传承人和群众仅凭世代累积的经验进行非遗的创作、表演与传承工作，没有及时更新专业知识结构和注入具有现代精神的时尚元素。一项针对四川大学部分学生的调查显示，80%以上的在校大学生对非遗的概念、非遗包含的内容和种类、非遗保护的方法、非遗的创新与传承等问题一无所知。由此可见，提高全社会的非遗保护意识是亟待加强的工作。此外，不合理的开发和不适当的利用，导致非遗被曲解和误导。不少地区将当地的非遗作为重要的旅游资源进行开发，一味追求旅游商业价值，忽略了非遗所蕴含的民族精神特质和民族文化本质。部分地方将某些非遗过度商业化、庸俗化，甚至将质朴、纯真的非遗项目变成娱乐游客的工具，逐渐背离了非遗保护的初衷，丢弃了非遗保护的精髓。

（二）如何进一步推进非物质文化遗产保护？

非遗是提高区域竞争力、建设文化强省的重要抓手。面对上述问题，为了进一步加强非遗保护，本文从以下几方面提出参考建议。

1. 推动立法，以法律法规构建强力保障

非遗的法律法规保护应进一步完善。今后，对非遗的立法保护重点应在以下几个方面。第一，非遗产权的确权保护。非遗产权权利人可依据确权保护行使占有、支配、继承等权利。第二，非遗权利人署名权、演绎权保护。他人侵害非遗权利人的署名权、演绎权，应当承担停止侵害、消除影响、赔礼道歉、精神赔偿等民事责任。第三，非遗技术秘密的保护。许多非遗虽属公有领域，但掌握其要领离不开勤学苦练，违反竞争法规定，窃取传承人技术诀窍的，应承担不正当竞争责任。第四，非遗代表性传承人的保护。传承人的认定和经费资助应得到行政保护，其制作的非遗产品，应受物权保护，其运用非遗向他人提供服务，受债权保护，其传承非遗的表演，受邻接权保护。第五，非遗权利人收益权的保护。他人在传统和习惯之外的特定范围内使用非遗，需经许可和付酬，否则非遗权利人有权请求其支付报酬，必要时责其停止使用。第六，非遗完整性权的保护。破坏非遗的完整性，应当承担停止侵害、停止使用、消除影响、赔礼道歉、精神赔偿等民事责任……在各种社会因素的交互影响形势下，非遗保护必须借助法律的强大力量，非遗保护的立法已刻不容缓。

2. 改进财政投入，多渠道融资分化压力

除财政专项拨款外，还可通过政策引导等措施，鼓励个人、企业和社团对非遗保护工作进行资助。另外，非遗保护专项资金应投到濒临失传的艺术项目、非遗传承人、非遗实物征集等方面；补助经费的投入应通过严谨缜密的申报、评审渠道，保证评审、发放的公开、公平、公正。另外，应该从税收渠道减轻非遗企业的财务压力，在法律和政策范围内切实做到为非遗企业减负去忧。

3. 提供必要保障，免除传承人后顾之忧

非遗只有依靠非遗传承人才能生存发展、不断迸发出新鲜的活力。如前所述，当前非遗传承人不仅生活、工作费用拮据，社会声望和地位与其作品、成就不相符合，还常常遭遇作品被侵权却无法保护自己的困境。因此，政府有责任保护传承人，传承人有责任主动展示、宣传非物质文化遗产。

首先，政府应该为非遗传承人提供必要的、定期的生活保障。四川虽是西部经济大省，但许多经济相对落后地区的非遗传承人受到社会、经济、文化等因素的影响，他们的技艺并不能维持生活。一些四川非遗传承人因不能得到基本生活保障而不得不放弃非遗文化传承任务，这种现象并不鲜见，但这种无奈的放弃可以由政府的定期资金发放加以化解。其次，行政机构可以将对非遗传承人的奖励变成固定制度，对其授予等级封号或发放奖金等。只有得到切实的保障与激励，非遗传承人才能充满创作的激情和韧性。

4. 借助合力，激发社会各界参与非遗保护

一个地区非遗保护的成效离不开宣传，更离不开社会公众的广泛参与。非遗保护的宣传是一项多学科性、社会性、综合性的工作，需要举全社会之力、倾全社会之情，不断创新宣传手段和方式。首先，学术力量应成为研究、宣传非遗保护的领头羊。学者应凭借其对非遗保护现状的调研考察，切实梳理、描述现存问题并提出合理对策，高校、研究机构等智库的研究成果将成为行政机构决策者的重要参考依据。其次，社会力量应团结。博物馆、文化馆、图书馆等公共文化单位应将宣传和推广优秀非遗作为重要任务，举办非遗方面的社会性活动。还有，报纸、广播电视、网络等媒体的力量应加

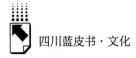

以充分利用。如通过开办专栏和讲座、举办非遗趣味知识竞赛、拍摄宣传片、明星倡导等方式，推动社会各界积极参与文化热潮，营造非遗保护的良好氛围和培养未来的非遗传承人。

5. 以高校为龙头，推动教育资源为非遗保护服务

充分发挥四川的人力资源优势，发动各级各类高等院校的教师、学生为非遗保护工作各展所长。青年作为社会文化的主要消费者和评价者，可为非遗资源的保护、创新注入新鲜血液，在保留传统文化精髓的同时，与现代社会文化同生共进，其积极参与非遗保护工作具有重大意义。同时，高校还可以起到龙头示范作用，激励中小学校师生将非遗保护现状作为公民教育的重要学习部分，以中华文化的复兴作为奋斗目标。可在大学开设非遗相关课程，让大学生了解非遗的历史和现状；专门设立非遗保护研究组，将一些有意愿的学生吸纳进来，同教师一起进行相关课题调研和分析论证，以培养大学生对非遗保护的兴趣。

B.9
四川古籍整理保护利用报告

王启涛*

摘　要：　本报告按中国传统的四库分类法，对四川古籍进行了科学的
分类。报告从文献整理、文献研究、文献传承三个方面，论
述了四川古籍整理的具体措施。四川以历史文化名人工程为
龙头，以《巴蜀全书》为抓手，从刊刻、注释、翻译、考
证、辨伪、辑佚等角度，对巴蜀古籍进行全面整理。四川新
建一批研究基地，充实人才队伍，努力挖掘四川古籍的地方
特色，狠抓古籍菁华的载体转换，落实古籍精髓的旅游普及，
强调古籍内容的古为今用，提升古籍内涵的精准解读，提倡
古籍传播的国际视野，终于在全国走出了一条古籍整理研究
与应用的新路。

关键词：　四川　古籍　文献

一　古籍的定义

古籍即古代典籍，从其载体分类，可以分为甲骨、钟鼎、简帛、砖石、纸质等文献；从其方式分类，可以分为写本文献和刻本文献；从存在空间分类，可以分为出土文献和地面文献；从体现形式分类，可以分为文字文献和

* 王启涛，博士，西南民族大学敦煌吐鲁番文献研究所所长，教授，博导，主要研究方向为中华传统文化与敦煌吐鲁番文献。

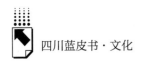

口语文献；从语言文字分类，可以分为汉文献和民族文献。

古籍是考察过往历史最重要的依凭。《论语·八佾》载："夏礼吾能言之，杞不足徵也，殷礼吾能言之，宋不足徵也，文献不足故也。足，则吾能徵之矣。"这里的"文献"，就包括了古籍，因此宋代朱熹集注："文，典籍也；献，贤也。"宋元之交学者马端临的《文献通考·自叙》载："凡叙事，则本之经史而参之以历代会要，以及百家传记之书，信而有证者从之，乖异传疑者不录，所谓文也；凡论事，则先取当时臣僚之奏疏，次及近代诸儒之评论，以至名流之燕谈，稗官之记录，凡一话一言，可以订典故之得失，证史传之是非者，则采而录之，所谓献也。"

较之于其他文明和国度，中华文明更注重文献的撰写、保存、收集、整理与研究，这一方面是对先辈的记忆与传承，另一方面也是自身人生价值的体现。《左传·襄公二十四年》："太上有立德，其次有立功，其次有立言，虽久不废，此之谓三不朽。"这里的"立言"就是撰述，在古人看来，它能让人永垂不朽。汉代司马迁撰写《史记》，目的是"究天人之际，通古今之变，成一家之言"。三国魏曹丕《典论·论文》言："盖文章，经国之大业，不朽之盛事。年寿有时而尽，容乐止乎其身，二者必至之常期，未若文章之无穷。"可见，在古人看来，唯有文献能够让其作者和主人公流传千古。

二 四川古籍的分类

四川是古籍大省（今日四川，涵盖了古代巴蜀的广袤地区）。四川人杰地灵，数千年来，涌现了一大批天才般、世界级、百科全书式的文人学者，他们的论著成为中华传统文化的重要组成部分。我们以中共四川省委宣传部委托四川大学编纂《巴蜀全书》时提供的《四川重要古籍名录》为基础，并结合我们自己对四川古籍的普查遴选结果，按照传统的四部分类法，将四川古籍分为经史子集四类。

如果再加上老官山出土的汉代医书、各地的碑刻墓志，以及藏文、彝文典籍和藏羌彝口头文献，更是蔚为大观。四川的古籍主要形成于秦汉以后，唐宋以后达到高峰，这与四川历史文化名人的时代分布是相吻合的。古代四川文化名人的时代分布是先秦时期 6 人、秦汉时期 14 人、魏晋南北朝时期 10 人、唐宋时期 38 人、元明清时期 76 人。而四川历史文化名人的地域分布是成都平原 55 人、川东北 29 人、川南 39 人、攀西 10 人、川西北 14 人。四川历史文化名人的领域分部是政治类 53 人、文化类 49 人、军事类 13 人、科技类 11 人、教育类 7 人、宗教类 11 人。古代四川的典籍，在政治理念上是以民为本、天下为公；在行事理念上是开拓进取、与时俱进；在立身理念上是自强不息、求真务实；在修身理念上是廉洁清正、克己奉公；在家国理念上是舍身为国、忠厚传家；在教育理念上是隆师重道、崇德向善；在社会理念上是和睦乡邻、慈爱孝悌；在处世理念上是刚正不阿、威武不屈。四川古籍在人文精神上表现出天人合一的哲学思维，精益求精的工匠精神，敢为人先的担当意识，不拘一格的豪迈气魄，富于理想的浪漫情怀，出身逆境的达观性格，博学慎思的探索勇气，明辨笃行的奋斗情怀，巾帼不让须眉的豪迈气概。

三　四川古籍整理保护利用研究

对古籍的保护利用，可以分为三个方面：古籍整理、古籍研究、古籍传承。现在我们就从这三个方面，综合论述四川古籍的整理保护与利用措施。

（一）四川古籍整理措施

文献整理涉及面非常广，包括版本、目录（官簿、史志、私录、其他）、校勘。而整理文献的具体工作包括抄写、注解、翻译、考证、辨伪、辑佚。近年来，四川古籍整理的首要目标是整理出版《首批四川历史文化名人文献丛书》《四川历史名人史料汇编》。由于先秦时期的四川历史文化名人如大禹、李冰等所留下的文献甚少，他们的事迹在正史和出土文献中语焉不详，所以，非常有必要从传世经史子集文献或出土文献中辑录有关大禹、李冰的资料，将历代文献中有关大禹、李冰的文字记载分类整理。汉代及汉代以后，四川的历史文化名人勤于著述、治学广博，且善诗文，他们在经史子集领域各占胜场，给我们留下了丰厚的文献遗产。对于这些古籍，需做一番辨章学术、考镜源流的文献学功夫，从文字、音韵、训诂、义理考据辞章，将千百年来后人的研究成果进行一番穷尽式整理，形成一批传世集大成的文化整理成果。比如汉代四川百科全书式的学者扬雄，其著述千百年来广为传颂，今天我们迫切需要将扬雄著述的各种流传版本以及扬雄作品研究资料和相关史料进行汇编。在扬雄研究史料搜集过程中，发掘出了《扬雄全集》未收入的扬雄著述辑佚文字。如三国时期的诸葛亮，在治理蜀国期间有一批重要著述，我们必须系统收集三国至清有关诸葛亮研究的文献资料。又如在四川出生后来成为大周皇帝的武则天，我们必须整理、编纂一部《武则天文集》，并进行校勘、整理、集注，同时勾稽唐至现代有关武则天的研究资料。对于李白、杜甫、苏轼、杨慎等川籍名人撰写的文献，我们需要做好以下八个方面的工作：一是搜罗普查海内外所藏四川古籍的各种版本，编写总目；二是从传世文献、出土文献中辑佚失传的四川古籍篇章段落，包括从唐宋类书、字书、韵书、训诂书、经史子集笺注、诸史及总集中收集，以期恢复四川古籍的全貌；三是进行辨伪，剔除今本四川古籍中属于后人增删或篡改的内容；四是进行汇校，将历代校勘成果汇总，得出精校本；五是进行汇注，汇集历朝历代的注释成果，得出精注本；六是汇评，对历代的整理成果进行去粗取精、去伪存真的甄别工作，在前人成果的基础上，形成一套精评本；（七）对作品进行科学的定名和断代；（八）将全部四川古籍实现数字化。

长期以来，我国不少地区主要依托科研机构和高等院校，以及一些民间组织开展古籍整理工作，因而普遍存在以下现实问题。一是研究机构分布不平衡。科研机构主要还是集中在高等院校以及人才资金较为雄厚的省城，民族地区和发展滞后的地区较少。二是科研机构和社会组织还存在着同质化、分散化的问题。三是研究队伍人才断层明显。受社会环境、经济利益等诸多因素的影响，学习和从事优秀传统文化的专业人员不断减缩，留住人才和培养人才的环境缺失，导致队伍青黄不接。但四川近年来对这一现状进行了比较彻底的改变，花大力气加大了对本省传统文化的研究阐释力度和资金投入力度，推出了一系列重要的研究成果。先后整理出版了《宋代蜀文辑存校补》《廖平全集》《苏轼全集校注》《民国珍稀文献丛书》等 120 余种四川传统文化整理书籍，达 5000 万字，数量上位居全国前列。2010 年 1 月 13 日，中共四川省委常委会研究决定，将四川大学申请编纂的《巴蜀全书》纳入全省古籍文献整理规划项目，采取编纂《巴蜀文献精品集萃》的形式进行编纂，并要求编出水平、编成精品。对此，《巴蜀全书》整个工程精心整理和重新出版巴蜀精品文献 500 种（包括校点或注释），编制功能齐全的《巴蜀文献联合目录》，重印 100 种左右巴蜀珍本善本文献，极大地推进了四川古籍的整理进程和力度。

（二）四川古籍研究措施

长期以来，我国不少地区对中华传统文化的历史渊源、发展脉络、基本走向的阐释不够，对传统文化中蕴涵的思想理念、人文精神、当代价值的发掘不够，研究成果的学术影响力不够、权威性不够。近年来，四川彻底扭转了这一格局，主要实施了以下步骤。

1. 建立研究基地和充实人才队伍

2017 年 2 月以来，中共四川省委宣传部出台了《关于实施四川历史名人文化传承创新工程的意见》，经过调研摸底、市州申报、专家评审、领导小组审定，从全省各地推荐了 144 名历史名人，然后遴选出大禹、李冰、落下闳、扬雄、诸葛亮、武则天、李白、杜甫、苏轼、杨慎等首批十人。目前，四川省建立了首批十个四川历史名人社科重点研究基地，并形成《四川历史文化名人经典研究文丛》《四川历史文化名人经典新论》等阶段性成果。

名人是靠其名篇、名言而千古流芳的，因此，对其留存下来的典籍进行研究，是对名人最好的纪念和传承，而建设或新创一批有关四川古籍研究的学术刊物和研究会，吸引并聚集一批海内外知名的专家学者，围绕挖掘阐释四川古籍的思想理念、传统美德、人文精神等开展联合攻关尤为重要。特别是办好《杜甫研究学刊》《李白研究论丛》《苏轼研究》等学术刊物；全力建设巴蜀书社等以出版四川古籍为己任的出版机构；举办有关四川古籍研究的国际研讨会；建设好收藏四川古籍的图书馆、博物馆、名人故居、文化传承基地、主题教育基地；举办好各类文化节日，如东坡文化节、藏羌彝文化节；积极搭建好主题突出、特色鲜明、文化醇厚、广接地气的四川古籍研究、普及和传播平台；创办相关的文化品牌，更是重中之重。可喜的是，四川在这一方面全力推进，成效日益显著。

2. 挖掘四川古籍的地方特色

四川省近年来充分发挥地方文献存史、资政、释义、育人的特点，吸收最新考古学成果，依托一百余所驻川高校和科研机构，建立了一流的四川古籍研究中心和社科重点研究基地。实施课题项目制度，广泛开展历史名人作品鉴赏、思想评鉴与价值研讨，不断推出一批研究深入、思想新颖、学术水平高的研究成果。

（三）四川古籍传承措施

四川近年来对包括四川古籍在内的中华传统文化资源实施"保护为主、抢救第一、合理利用、加强管理"的政策措施，综合运用经济、法律、行政等手段，推动形成文化遗产保护与经济发展良性互动的保护传承体系，可以归纳为以下内容。

1. 古籍菁华的载体转换

将博大精深的四川古籍内容，特别是古籍中承载的厚重历史文化和中华民族核心价值观进行载体方面的现代转换，用现代人喜闻乐见的大众传播方式，解读、注解、阐释和弘扬四川古籍。这些传播方式包括文献纪录片、戏剧、音乐、舞蹈、曲艺、书法、摄影、美术作品、电影电视剧、动画片、文创产品、游戏、动漫、纪念品、传记历史小说、人物评传、普及读物、名人讲堂等。针对老年和青少年等不同年龄段的阅读者，编辑了一批四川古籍普及读物，综合运用报纸、书刊、电台、电视台、互联网等各类载体，融通多媒体资源，统筹宣传四川古籍，赋予优秀传统文化现代表现形式，围绕文化展演、影视出版、媒体传播等重点领域，坚持政府推动、媒体传播、市场运作的思路，形成全方位、多层次、宽领域的四川古籍传播载体的现代转换格局。

2. 古籍精髓的旅游普及

旅游实现了人与自然的密切沟通，旅游是陶冶性情、放飞心情的重要方式，由于相当一部分旅游景点具有厚重的历史文化底蕴，所以旅游也是传播、普及古代文献精髓的重要方式。四川是旅游大省，近年来，中共四川省委宣传部和各级文化旅游部门将四川古籍的阅读与品鉴同旅游线路、旅游景点紧密结合，促进文化旅游融合发展，取得了非常好的效果。

3. 古籍内容的古为今用

中华传统文化的传承，必须坚持创造性转化、创新性发展，必须为改革开放和现代化建设提供理论智库支撑、学术研究支撑、精神价值支撑。中华传统文化中讲仁爱、重民本、受诚信、崇正义、尚和合、求大同的核心思想理念，吃苦耐劳、自强不息、敬业乐群、扶危济困、见义勇为、孝老爱亲的传统美德，社会和谐、积极向善的思想文化内容，完全与我们这个时代的思想理念、道德规范、价值追求相契合。近年来，四川各地将普及优秀传统文化典籍与立德树人、培养践行社会主义核心价值观结合起来，把优秀传统文化纳入学校教育、社会教育，遵循学生认知规律和教育教学规律，按照一体化、分学段、有序推进的原则，把四川优秀古籍传统文化全方位融入国民教育体系。全省 11320 所中小学校按照《完善中华优秀传统文化教育指导刚要》的要求，把中华优秀传统文化典籍融入学校课程和教材体系，并从校园之内延伸到校园之外，形成了大手牵小手的全社会参与氛围。巴山蜀水间，响彻着对四川古籍的琅琅诵读之声。

4. 古籍内涵的精准解读

古籍形成于遥远的古代，由于古代与今天的现实状况不同，这就注定了古籍中既有精华也有糟粕，既有永恒的真理也有过时的论述，既有至理名言也有奇谈谬论，所以，在古籍传承过程中，我们必须做一番去粗取精、扬长避短的扎实功夫。可喜的是，近年来四川 21 州市在中共四川省委宣传部的统一部署下，对四川古籍进行精准的解读，杜绝古籍理解和传承中的简单化、商业化、庸俗化倾向，同时对一些体现糟粕的传统文化典籍进行甄别，提醒大家明辨是非，收到了很好的效果。

在四川古籍的内涵解读中，四川各地注重营造大众氛围，举办传统诗词创作大赛、四川经典诵读大赛，尤其注重把典籍中的爱国精神、民族精神凸显出来，起到了很好的大众教育作用。

5. 古籍传播的国际视野

四川古籍具有广泛的国际影响，像李冰、扬雄、苏轼、杨慎这样的百科全书式人物，妇孺皆知、闻名遐迩。近年来，四川各地区结合本地特色传统资源，举办各种文化交流活动，组织优势资源赴北美、欧洲以及东南亚，通过高端学术交流（包括与域外汉籍研究学者交流）、作品展演、文化互动，实现合作共赢。值得一提的是，四川一直注重用汉语、英语等多种语言翻译、普及和宣传四川古籍，取得了良好的国际反响。

附　录

第一类：经部文献（包括小学类）。

（一）易：29种。1.（旧传）大禹《连山》（佚文辑校），2.（汉）扬雄《太玄》，3.（北周）卫元嵩《元包》，4.（唐）李鼎祚《周易集解》，5.（宋）苏轼《东坡易传》，6.（宋）房审权原著、李衡改编《周易义海撮要》，7.（宋）张浚《紫岩易传》，8.（宋）张栻《南轩易说》，9.（宋）李心传《丙子学易编》，10.（宋）李石《方舟易说》，11.（宋）张行成《周易通变》，12.（宋）张行成《元包数总义》，13.（宋）魏了翁《周易要义》，14.（宋）魏了翁《周易集义》，15.（宋）税与权《校正周易古经》，16.（宋）税与权《易学启蒙小传》，17.（宋）李杞《周易详解》，18.（元）赵采《周易程朱传义折衷》，19.（元）黄泽《易学滥觞》，20.（元）王申子《大易辑说》，21.（明）来知德《周易集注》，22.（明）熊过《周易象旨决录》，23.（清）李调元《易古文》，24.（清）刘沅《周易恒解》，25.（清）李富孙《李氏易解賸义》，26.（清）李道平《周易集解纂疏》，27.（清）吕调阳《易一贯》，28.（清）何志高《易经本意》，29.（清）廖平《易经经释》。

（二）书：8 种。1. 大禹《洪范》，2.（宋）苏轼《洪范论》，3.（宋）苏轼《苏坡书传》，4.（宋）魏了翁《尚书要义》，5.（清）刘沅《书经恒解》，6.（清）吕调阳《洪范原数》，7.（清）王劼《尚书后案驳正》、8.（清）廖平《书经大统凡例》。

（三）诗：7 种。1.（宋）苏辙《诗集传》，2.（宋）魏了翁《毛诗要义》，3.（清）李调元《童山诗音说》，4.（清）刘沅《诗经恒解》，5.（清）吕调阳《诗序议》，6.（清）廖平《诗经经释》，7.（清）宋育仁《诗经讲义》。

（四）礼：22 种。1.（宋）魏了翁《仪礼要义》，2.（宋）魏了翁《礼记要义》，3.（明）杨慎《夏小正解》，4.（明）杨慎《檀弓丛训》，5.（清）刘沅《礼记恒解》，6.（清）刘沅《周官恒解》，7.（清）刘沅《仪礼恒解》，8.（清）吕调阳《考工记考》，9.（清）何志高《释礼》，10.（清）王劼《周礼存真》，11.（清）李滋然《周礼古学考》，12.（清）吕调阳《古律吕考》，13.（清）廖平《王制订》，14.（清）廖平《王制集说》，15.（清）廖平《分撰两戴记章句》，16.（清）廖平《坊记新解》，17.（清）廖平《周礼订本略注》，18.（清）廖平《礼记识》，19.（清）廖平《容经浅注》，20.（清）廖平《周礼新义凡例》，21.（清）吴之英《仪礼奭固》，22.（清）吴之英《仪礼奭固礼事图》。

（五）春秋：21 种。1.（后蜀）冯继先《春秋名号归一图》，2.（宋）苏辙《春秋集解》，3.（宋）杜谔《春秋会义》，4.（宋）魏了翁《春秋左传要义》，5.（宋）崔子方《春秋经解》，6.（宋）崔子方《春秋本例》，7.（宋）崔子方《春秋例要》，8.（宋）程公说《春秋分纪》，9.（宋）赵鹏飞《春秋经筌》，10.（宋）家铉翁《春秋集传详说》，11.（元）黄泽说，12.（赵）汸述《春秋师说》，13.（明）熊过《春秋明志录》，14.（清）李调元《春秋左传会要》，15.（清）刘沅《春秋恒解》，16.（清）

廖平《重订谷梁经传古义疏》，17.（清）廖平《释范》，18.（清）廖平《起起谷梁废疾》，19.（清）廖平《公羊春秋经传验推补正》，20.（清）廖平《何氏公羊解诂三十论》，21.（清）廖平《左氏春秋古经说义疏》，22.（清）廖平《春秋三传折中》。

（六）孝经：4 种。1.（宋）范祖禹《古文孝经说》，2.（清）刘沅《孝经直解》，3.（清）宋育仁《孝经讲义》，4.（清）宋育仁《孝经正义》。

（七）四书：10 种。1.（宋）苏轼《论语说》，2.（宋）苏辙《论语拾遗》，3.（宋）苏辙《孟子解》（附旧传苏洵《苏批孟子》），4.（宋）张栻《论语解》，5.（宋）张栻《孟子解》，6.（清）刘沅《大学恒解》，7.（清）刘沅《中庸恒解》，8.（清）刘沅《论语恒解》，9.（清）刘沅《孟子恒解》，10.（清）宋育仁《中庸大义》。

（八）群经：18 种。1.（宋）苏洵、苏轼、苏辙《三苏经说》，2.（宋）杨甲《六经图》，3.（宋）李石《方舟经说》，4.（明）杨慎《升庵经说》，5.（清）廖平《今古学考》，6.（清）廖平《古学考》，7.（清）廖平《经话》（甲乙），8.（清）廖平《经学初程》，9.（清）廖平《四益馆经学四变记》《五变记笺述》《八十寿序》《经学六变记》，10.（清）廖平《知圣篇》，11.（清）廖平《知圣续篇》，12.（清）廖平《群经大义》，13.（清）廖平《群经凡例》，14.（清）廖平《尊孔篇》，15.（清）廖平《群经总义讲义》，16.（清）廖平《孔经哲学发微》，17.（清）廖平《家学树坊》，18. 吴之英《汉师传经表》。

（九）小学文献：26 种。1.（传）大禹《禹碑》（岣嵝碑，附杨慎释文），2.《巴蜀图语》，3.（汉）司马相如《凡将》，4.（汉）犍为文学《尔雅注》，5.（汉）扬雄《方言》，7.（宋）李焘《说文解字五音韵谱》，8.（宋）李从周《字通》，9.（明）李实《蜀语》，10.（明）杨慎《俗言》，11.（明）杨慎《转注古音略》，I2.（明）杨慎《六书索隐》，13.（明）杨慎《古音骈字》，14.（明）杨慎《古音丛目》，15.（明）杨慎《古音复字》，16.（明）杨慎《古音附录》，17.（明）杨慎《古音猎要》，

18. （明）杨慎《古音余》，19. （明）杨慎《古音拾遗》，20. （明）杨慎《古文韵语》，21. （明）杨慎《古音略例》，22. （清）吕调阳《六书十二声传》，23. （清）张慎仪《蜀方言》，24. （清）张慎仪《方言别录》，25. （清）张慎仪《读方言拾遗》，26. （清）宋育仁《尔雅今释》）。

第二类：史部文献。

（一）国史名：21 种。1. （晋）陈寿《三国志》，2. （后蜀）何光远《鉴戒录》，3. （后周）王仁格《开元天宝遗事》，4. （后周）王仁格《玉堂闲话》，5. （宋）苏洵《谥法》，6. （宋）苏辙《古史》，7. （宋）唐庚《三国杂事》，8. 范祖禹《唐鉴》，9. （宋）费枢《廉吏传》，10. （宋）李焘《续资治通鉴长编》，11. （宋）李焘《六朝通鉴博议》，12. （宋）李攸《宋朝事实》，13. （宋）李心传《建炎以来系年要录》，14. （宋）李心传《建炎以来朝野杂记》，15. （宋）李心传《旧闻证误》，16. （宋）张从祖、李心传编《宋会要辑稿》，17. （宋）王偁《东都事略》，18. （宋）杜大珪《名臣碑传琬琰集》，19. （宋）杨仲良《皇宋续资治通鉴纪事本末》，20. （宋）李埴《十朝纲要》，21. （宋）彭百川《太平治迹统类》）。

（二）巴蜀史料。

第一、史事：21 种。1. 祝世德《大禹志》，2. （汉）扬雄《蜀王本纪》，3. （晋）常璩《华阳国志》，4. （晋）任豫《益州记》，5. （梁）李膺《益州记》，6. （宋）黄休复《益州名画录》，7. （宋）黄休复《茆亭客话》，8. （宋）勾延庆《锦里耆旧传》，9. （宋）郭允韬《蜀鉴》，10. （宋）张唐英《蜀梼杌》，11. （宋）来祁《益州方物略记》，12. （元）赵居信《蜀汉本末》，13. （明）曹学佺《蜀中广记》，14. （清）张邦伸《锦里新编》，15. 清张澍《蜀典》，16. （清）彭遵泗《蜀故》，17. （清抄本）《四川布政录》，18. （清）刘景伯《蜀龟鉴》，19. （清）丁宝祯《四川盐法志》，20. （清）陈祥裔《蜀都碎事》，21. （民国）姜方锬《蜀词人评传》。

第二、山川：9 种。1. （明）杨慎《云南山川志》，2. （明）杨慎《滇载记》，3. （清）陈登龙《蜀水考》，4. （清）李元《蜀水经》，5. （清）马冠群《四川地略》，6. （清）蒋超《峨眉山志》，7. （清）彭洵《青城山

记》，8，（民国）马以愚《嘉陵江志》，9.（清）周煌《琉球国志略务》。

第三、游记：26种。1.（宋）陆游《入蜀记》，2.（宋）范成大《吴船录》，3.（明）何宇度《益部谈资》，4.（明）黄清《蜀游经略》，5.（明）杨慎《滇程记》，6.（清）郎廷槐《宦蜀纪程》，7.（清）金钺《蜀游日录》，8.（清）王昶《蜀徼纪闻》，9.（清）王昶《蜀徼纪闻》，10.（清）王昶《秦蜀驿程后记》，11.（清）王昶《陇蜀余闻》，12.（清）陈奕禧《益州于役记》，13.（清）方象瑛《使蜀日进》，14.（清）吴焘《川中杂记》，15.（清）孟超然《使蜀日记》，16.（清）郭尚先《使蜀日记》，17.（清）张邦伸《云栈纪程》，18.（清）陶澍《蜀輶日记》。19.（清）沈镐《蜀游记》。20.（清）王沄《蜀游记略》，21.（清）洪良品《巴船纪程》，22.（清）洪良品《东归录》，23.（清）文祥《蜀轺纪程》，24.（清）吴焘《游蜀日记》，25.（清）吴焘《游蜀后记》，26.（清）黄勤业《蜀游日记》。

第四、金石：8种。1.（宋）王象之《蜀碑记》，2.（明）杨慎《石鼓文音释》，3.（清）况周颐《万邑西南山石刻记》，4.（清）姚觐元《涪州石渔文字所见录》，5.（清）李调元《蜀碑记补》，6.（清）张澍《大足县金石录》，7.（清）王昶《蜀石经残字》，8.（清）叶毓荣《蜀中金石志》。

第五、民族：40种。1.（唐）樊绰《蛮书》，2.（宋）郭允蹈《西南夷本末》，3.（宋）员兴宗《西陲笔略》，4.（宋）赵汝适《诸蕃志》，5.（明）朱孟震《西南夷风土记》，6.（明）谭希思《四川土夷考》，7.（清）来保《钦定平定金川方略》，8.（清）赵翼《平定两金川述略》，9.（清）阿桂《平定两金川方略》，10.（民国）《川边各县舆地图》，11.（民国）蔡廉洲《川边各县舆地图说》等。

第三类：子部文献。

（一）思想：28种。1.（战国）尸佼《尸子》（清辑本），2.（汉）严遵《老子指归》，3.（汉）杨雄《法言》，4.（唐）赵蕤《长短经》，5.（唐）武则天《臣轨》，6.（宋）苏辙《老子解》，7.（宋）范祖禹《帝学》，8.（宋）李心传《道命录》，9.（宋）魏了翁《师友雅言》，

10.（宋）魏了翁《经外杂钞》，11.（宋）魏了翁《古今考》，12.（宋）员兴宗《辨言》，13.（宋）史绳祖《学斋占毕》，14.（宋）苏籀《栾城遗言》，15.（明）杨慎《谭苑醍醐》，16.（明）杨慎《庄子阙误》，17.（明）杨慎《墨池琐录》，18.（明）杨慎《丹铅总录》，19.（明）杨慎《丹铅余录》，20.（明）杨慎《丹铅续录》，21.（明）杨慎《丹铅摘录》，22.（明）杨慎《丹铅杂录》，23.（明）杨慎《艺林伐山》，24.（明）杨慎《璚语编》，25.（明）杨慎《杨子卮言》，26.（清）唐甄《潜书》，27.（清）廖平《庄子经说叙意》，28.（清）廖平《庄子新解》。

（二）科技：19种。1.（汉）洛下闳《太初历》，2.（唐）昝殷《产宝》，3.（唐）李洵《海药本草》，4.（唐）杜光庭《玉函经》，5.（五代）韩保昇《蜀本草》，6.（宋）苏轼、沈括《苏沈良方》，7.（宋）苏轼《东坡养生集》，8.（宋）唐慎微《经史证类备急本草》，9.（宋）杨子建《十产论》，10.（宋）田锡《曲本草》，11.（宋）王灼《糖霜谱》，12.（宋）季实《续博物志》，13.（明）陈述《农桑风化录》，14.（明）杨慎《谢华启秀》，15.（清）张鹏翮《浛河签书》，16.（清）张崇法《三农记》，17.（清）郑钦安《伤寒恒论》，18.（清）郑钦安《医理真传》，19.又《医族圆通》。

（三）笔记：12种。1.（五代）杜光庭《录异记》，2.（五代）孙光宪《北梦琐言》，3.（宋）王灼《碧鸡漫志》，4.（宋）范镇《东斋记事》，5.（宋）彭乘《墨客挥犀》，6.（宋）彭乘《续墨客挥犀》，7.（宋）苏轼《仇池笔记》，8.（宋）苏轼《东坡志林》，9.（宋）苏轼《东坡手泽》，10.（宋）苏轼《艾子杂说》，11.（宋）苏辙《龙川略志》，12.（宋）苏轼《龙川别志》。

（四）艺术图谱：10种。1.（宋）邓椿《画继》，2.（明）杨慎《书品》，3.（明）杨慎《画品》，4.（明）杨慎《异鱼图赞》，5.（元）费著《岁华记丽谱》，6.（元）费著《笺纸谱》，7.（元）费著《蜀锦谱》，8.（元）费著《氏族谱》，9.（元）费著《器物谱》，10.（元）费著《楮币谱》。

（五）道书：17种。1.（汉）张陵（或张鲁）《老子道德经想尔注》，

2.（唐）王悬河《上清道类事相》（原题"大唐陆海羽客王悬河修"），

3.（唐）王悬河《三洞珠囊》，4.（唐）李荣《道德真经注》，5.（唐）王玄览撰、王大霄编集《玄珠录》，6.（五代）杜光庭《道德真经广圣义》，

7.（五代）杜光庭《太上老君说常清静经注》，8.（五代）强思齐《道德真经玄德纂疏》，9.（五代）彭晓《参同契分章通义》，10.（宋）范应元《老子道德经古本集注》，11.（宋）李嘉谋《元始说先天道德经注解》，

12.（宋）塞昌辰：《黄帝阴符经解》（原题"同如建隆观事赐紫道士保宁大师昌辰解"），13.（宋）师仁寿《太上开明天地本真经》（原题"通玄三教眉山师仁寿授"），14.（宋）陈抟传《麻衣道者正易心法》（旧题宋麻衣道者撰，或题希夷先生受并消息），15.（宋）张商英注《黄石公素书》，

16.（宋）《太上无极总真文昌大洞仙经》（简称《文昌大洞仙经》。据称此本系文昌帝君于南宋乾道戊子年（1168）降坛传授，故后世称作梓潼文昌经本或蜀本），17.（宋）李昌龄注《太上感应篇》（撰人不详。约出于北宋末南宋初，源于南宋李昌龄注）。

（六）佛典：8种。1.大足石刻《牧牛图颂》，2.（隋）费长房《历代三宝记》，3.（唐）宗密《大方广佛华严经普贤行愿品别行疏钞》，

4.（唐）宗密《禅源诸诠集都序》，5.（唐）马祖道一《语泉》，6.（唐）马祖道一《百丈清规》，7.敦煌遗书"保唐宗经典"：《历代法宝记》，

8.（清）释通醉《锦江传灯录》。

（七）教育类文献：6种。1、（清）李承熙《锦江书院纪略》，2.（清）孙桐生辑、赵增荣重辑《国朝全蜀贡举备考》，3、（清）戴纶喆《四川儒林文苑传》，4、（清）方守道《蜀学编》，5、（清）黄英《筹蜀篇》，6、（清）张晋生《锦江书院训士条约》）。

第四类：集部文献。

（一）汉唐五代：14种。1.（汉）司马相如《司马相如集》，2.（汉）扬雄《扬雄集》，3.（汉）王褒《王谏议集》，4.（汉）李尤《李尤集》，

5.（蜀汉）：诸葛亮《汉丞相诸葛忠武侯集》，6.（唐）武则天《武则天集》，7.（唐）陈子昂《陈拾遗集》，8.（唐）李白《李白诗系年新注》，

9.（唐）杜甫《杜工部集》，10.（唐）薛涛《洪度集》，11.（五代）韦庄《韦庄集注》，12.（五代）杜光庭《广成集》，13.（五代）费氏《花蕊夫人集》，14.（五代）贯休《禅月集》。

（二）宋代：32 种。1.（宋）苏洵《嘉祐集》，2.（宋）苏洵、苏轼、苏辙《三苏文粹》，3.（宋）苏轼《苏轼全集》，4.（宋）苏轼《东坡词》，5.（宋）苏辙《栾城集》，6.（宋）范祖禹《范太史集》，7.（宋）文同《丹渊集》，8.（宋）苏易简、苏舜钦、苏舜元《梓州三苏集》，9.（宋）王珪《华阳集》，10.（宋）鲜于侁《鲜于谏议集》，11.（宋）田锡《咸平集》，12.（宋）吕陶《净德集》，13.（宋）苏过《斜川集》，14.（宋）唐庚《眉山集》（《眉山唐先生文集》），15.（宋）苏籀《双溪集》，16.（宋）韩驹《陵阳集》，17.（宋）王灼《王灼集》，18.（宋）李壁《雁湖集》，19.（宋）张浚《张魏公集》，20.（宋）张栻《张南轩集》，21.（宋）度正《性善堂稿》，22.（宋）李埴《李文肃集》，23.（宋）李石《方舟集》，24.（宋）魏了翁《鹤山集》，25.（宋）冯时行《缙云文集》，26.（宋）吴泳《鹤林集》，27.（宋）员兴宗《九华集》，28.（宋）家铉翁《则堂集》，29.（宋）牟巘《牟氏陵阳集》，30.（宋）阳枋《字溪集》，31.（宋）高斯得《耻堂存稿》（《耻堂文稿》），32.（宋）史尧弼《莲峰集》。

（三）元明：38 种。1.（元）邓文原《巴西集》，2.（元）杨朝英《杨朝英集》，3.（元）任士林《松乡集》，4.（元）虞集《道园学古录》，5.（元）虞集《鸣鹤余音》，6.（元）蒲道源《闲居丛稿》，7.（明）杨基《眉庵集》，8.（明）杨慎《升庵全书》（含《升庵文集》《升庵遗集》《升庵诗文补遗》《升庵玉堂集》《升庵南中集》《升庵长短句》《陶情乐府》《古今风谣》《五言律祖》《绝句辨体》《风雅逸篇》《尺牍清裁》《唐绝增奇》《空同诗选》《雪山诗选》等），9.（明）熊过《熊南沙文集》（《南沙先生文集》），10.（明）吕潜《吕半隐诗文集》，11.（明）张佳胤《居来山房集》，12.（明）先著《先著集》，13.（明）周洪谟《周洪谟集》，14.（明）李长梓《天问阁集》，15.（明）费经虞，清费密、费锡璜、费锡琮

《费氏丛书》（含《弘道书》《荒书》《燕峰诗抄》《掣鲸堂诗集》《贯道堂文集》《剑阁芳华集》《阶庭谐咏》《雅伦》《蜀诗》《汉诗说》等）。

（四）清代：30 种。1.（清）陈书《鹃声集》，2.（清）彭端淑《白鹤堂文稿》，3.（清）陈书《白鹤堂诗文集》，4.（清）陈书《雪夜诗谈》，5.（清）彭遵泗《丹溪遗稿》，6.（清）李调元《童山文集》，7.（清）李调元《童山诗集》，8.（清）李鼎元《师竹斋集》，9.（清）李骥元《中允诗集》，10.（清）张问陶《船山诗草》，11.（清）张问陶《张船山集》，12.（清）张问陶《船山诗注》，13.（清）张问安《亥白诗草》，14.（清）李蕃、李钟壁、李钟峨《通江三李文集》，15.（清）李惺《西沤全集》，16.（清）吕调阳《观象庐文集》，17.（清）顾复初《顾复初诗文集》，18.（清）李鸿裔《苏邻居》，19.（清）李榕《十三峰书屋全集》，20.（清）刘光第《介白堂诗集》，21.（清）杨锐《杨叔峤诗集》，22.（清）王乃徵《诗文集》，23.（清）李滋然《采薇僧诗集》，24.（清）姜国伊《尹人诗文集》（含《尺牍存》《尹人文存》《尹人诗存》《尹人制艺存》），25.（清）顾印愚《顾印愚诗集》，26.（清）吴之英《寿栎庐文集》（《寿栎庐丛书》），27.（清）宋育仁《宋育仁诗文集》，28.（清）赵熙《赵熙集》，29.（清）骆成骧《清漪楼遗稿》，30. 段正元《师道全书》。

（五）诗文评、戏曲、小说：18 种。1.（宋）计有功《唐诗纪事》，2.（明）杨慎批点《文心雕龙》，3.（明）杨慎《升庵诗话》，4.（明）杨慎又《词品》，5.（明）杨慎《洞天玄记》，6.（明）杨慎《诗话补遗》，7.（明）杨慎《绝句衍义》，8.（明）杨慎《千里面谭》，9.（明）杨慎《词林万选》，10.（明）杨慎《历代史略词话》，11.（清）李调元《雨村诗话》，12.（清）李调元《雨村词话》，13.（清）李调元《乐府侍儿小名》，14.（清）张祥龄《词论》，15.（清）刘省三《跻春台》，16.（清）廖平《楚辞讲义》，17.（清）廖平《楚辞新解》，18.（清）宋育仁《三唐肆言》。

（六）总集文献：17 种。1.（五代）赵崇祚《花间集》，2.（五代）韦毂《才调集》，3.（宋）朱熹、张栻、林用中《南岳倡酬集》，4.（宋）袁说友《成都文类》，5.（明）杨慎《全蜀艺文志》，6.（明）杜应芳《补续全蜀艺文志》，7.（明）傅振商《蜀藻幽胜录》，8.（清）谭宗浚《蜀秀集》，9.（清）孙桐生《国朝全蜀诗钞》，10.（清）李调元《蜀雅》，11.冯煦《蜀十五家词》，12.傅增湘《宋代蜀文辑存》，13.傅增湘《明蜀中十二家诗钞》，14.林孔翼《成都竹枝词》，15.张祥龄、宋育仁、赵熙、林思进《近代蜀四家词》，16.李谊《全蜀词》（新编），17.陈伦敦《全蜀赋》（新编）。

行业报告

Industrial Reports

B.10
四川竹文化产业发展报告

李　晖*

摘　要： 四川竹资源富集、竹文化深厚、竹产业扎实、竹技艺成熟，发展竹文化产业具有较好基础，多年来，四川依托资源优势、深挖文化内涵，在竹编、竹餐饮以及其他领域方面走出竹文化产业的四川之路。然而在发展理念、品牌建设、内涵提炼以及宣传推广方面的诸多短板导致四川文化产业上升遭遇瓶颈，未来宜从贯彻五大理念增强发展力、注重区域效应增强集聚力、深挖文化内涵增强文化力、善用宣传平台增强营销力、通过三条途径加强人才力等方面下功夫，推动四川竹文化产业更好更快发展。

---

* 李晖，四川省社会科学院新闻传播研究所副研究员，研究方向为文化产业。

关键词： 竹文化产业　四川　品牌建设

在全球气候变暖、木材短缺的当下，作为绿色产业的竹产业，有着重要的生态价值、经济价值和文化价值。2018年初，习近平总书记来川视察时指示："四川是产竹大省，要因地制宜发展竹产业，发挥好蜀南竹海等优势，让竹林成为四川美丽乡村的一道风景线"①。竹文化产业是竹产业中的关键一环，发展竹文化产业，有助于充分挖掘四川竹资源潜在的社会、经济以及文化价值，进而实现四川竹产业的创造性转化和创新性发展。

一　四川竹文化产业发展基础

四川具有发展竹文化产业丰富的自然资源、文化资源、产业资源和技术资源。其中，自然资源和文化资源是根本，产业资源是基础，技术资源是支撑，四类资源共同推动着四川竹文化产业向前发展。

（一）自然资源富集

四川省以丘陵、低山地貌类型为主，属于亚热带湿润性气候，雨量充沛、四季分明，具有丰富的竹资源，主要体现在三个方面。一是品种多。四川省竹子种类丰富，包括18属160余种，属数与种数在国内占比为46%和32%，这些竹子多用于观赏、产笋、制造、生态及其他用途，不同地域可结合当地具体情况开发利用。二是面积大。截至2016年底，四川全省经济竹林面积达到了1750万亩，位居全国第一，发展潜力巨大。② 其中，蜀南竹海面积高达120平方公里，是世界上面积最大的竹林。三是基础好。山南山

---

① 《省旅游发展委赴宜宾调研竹产业发展》，http：//www. sc. gov. cn/10462/10464/10465/10574/2018/4/24/10449594. shtml。
② 李秀江：《未来五年四川将建40个竹产业重点县》，http：//news. huaxi100. com/index. php? m = content&c = index&a = show&catid = 18&id = 944962。

北、坝西坝东、房前屋后适合不同竹类的生长，慈竹、绵竹、四季竹、楠竹、淡竹、硬头簧、芦竹、刺竹、香妃竹等笼笼翠竹到处可见。有"竹海"之誉的景点有蜀南竹海、沐川竹海、芦沟竹海、大旺竹海、西蜀竹海等多处。"一半翠竹一半田，竹林深处闻鸡犬，溪水清清竹边过，竹下老者编竹鸳"是对四川农家生活的形象写照。对于产竹地域的老百姓来说，竹笋、竹荪、竹米、竹蜜、竹虫、竹鼠可供食用，竹笕可供饮水，竹筒可供酿酒、煮饭、焙茶，竹筏、竹篙可供运输，竹索可供修桥，竹炭可供冶铜、竹笼可供冶水，竹资源已成为多地可持续增收的重要产业。

（二）历史文脉深厚

四川有关竹的文脉由来已久，主要体现在三个方面。

一是四川拥有很多与竹子相关的民俗文化。如方言俗语"竹根亲"（关系交错且较为疏远的亲戚），"千担"（用于挑草的两头尖尖的一种长竹竿），"烘笼儿"（用于烤火取暖的工具），"轿轿儿椅"（供小孩坐的竹椅），"吹火筒"（柴灶鼓风用的竹筒），"笋子熬坐墩（儿）肉"（用竹篾打小孩的屁股）等；有歇后语"口子上拈烘笼儿——撮火（谐戳火）"，"吃竹屙笋筅——肚头编的（喻胡编乱造）"，"冬天的扇子、夏天的烘笼儿——没用"等；儿歌《骑竹马歌》[嘟嘟嘟嘟颠颠，颠到家婆门前。家婆出来打狗，骑起花马（竹马）就走]，《嫩竹妈》[嫩竹妈，嫩竹娘，二天（指今天）我长来比你长]。

二是文人对竹的青睐。竹子因其素朴之美和崇高品格，常入文人诗赋。如苏东坡就曾为竹子赋诗称赞："宁可食无肉，不可居无竹。无肉使人瘦，无竹使人俗。人瘦尚可肥，士俗不可医。"古代文人们喜好以竹为伴，视竹为友，从而赋予竹文化丰富的内涵。如黄庭坚《葛氏竹林留别》、范成大《过江安》、宗让《万松岭》以及曹禺《蜀南竹海》等文学作品，都赞美了宜宾竹。正是因为文人与竹的密切关系，《竹公神像的来历》《诸葛亮与雌雄井》等很多四川流传的民间故事也讲述了文人与竹的故事。

三是竹艺的深厚悠久。新石器时代的巴蜀先民们就将竹器运用于生活。

到战国时期，竹编朝工艺化发展，装饰味道也越来越明显。[1] 汉代时期竹艺就较为成熟，据考证，当时四川人民就可以用与竹相关工艺建造 1600 米深的盐井，欧洲使用相同的技术大概到了 19 世纪，可见当时四川竹艺的先进性。[2] 及至宋代初叶，竹编艺术性进一步提高，川内官员或者贵族喜好精细的竹龙头、竹龙身和竹花灯，挂在街头炫耀。到了明清时期，竹编技艺人才增多，竹编的民间日用品渐渐多了起来。[3]

（三）产业基础良好

依赖竹资源天然优势，四川形成了良好的竹产业基础，体现在以下三个方面。

一是整体优势明显。四川竹产业重点区域是"一群三带"，"一群"即川南竹产业集群，这一集群涉及乐山、宜宾、泸州和自贡 4 市 14 县（区），是四川竹种类最多且面积最为集中的区域。"三带"即渠江竹产业带，以慈竹、白夹竹为主，涉及达州、广安 2 市 5 县（市、区）；青衣江竹产业带，以山地中小径竹为主，涉及眉山、雅安和乐山 3 市 8 县（区）；龙门山竹产业带，涉及成都市的彭州市、蒲江县等 6 个县（市）。[4] 这几大区域资源相对集中，具有整体优势。

二是部分优势突出。竹产业已成为四川部分地区的支柱产业。从产品多元化程度看，四川竹加工产品包括造纸、家具、地板、工艺品、竹编产品、竹纤维、竹食品等，近千种产品远销多个国家和地区。从产业链完善程度看，兴文县等部分地区已初步形成种苗生产、竹片（竹材）加工、竹笋加工、竹家具制造、林下种养、竹林旅游、竹林康养等从种植到生产再延伸到第三产业的全产业链。从地域收益情况看，2017 年，竹业总产值在 10 亿元以上的县（区）有沐川县、叙永县、长宁县、青神县等，人均竹业收入达

---

① 潘前春：《蜀南竹海与传统竹文化》，《巴蜀史志》2000 年第 2 期。
② 刘玮玮：《四川竹编工艺的传播及其现代化重构》，成都理工大学硕士学位论文，2015。
③ 王云鹏：《浅谈竹艺在雕塑语言中的运用》，《成功》2013 年 18 期。
④ 王成栋：《一根翠竹撑起"两个翻番"》，《四川日报》2018 年 4 月 9 日，第 5 版。

2000 元以上的有 11 个县（区）。①

三是产业潜力巨大。以竹造纸工业为例，2017 年四川省竹子制浆企业有 14 家，年产量达 110 万吨；竹浆生产生活用纸原纸制造企业有 60 家，年生产生活用纸原纸 100 万吨；竹浆生活用纸加工企业有 300 家，年加工竹浆生活用纸 110 万吨。② 四川省竹林面积共计 1750 万亩，以平均亩产 1 吨竹材的标准测算，四川竹林每年可生产优质制浆造纸用材 1200 万吨，生产竹浆 300 万吨，从产量上看，竹浆造纸还有较大发展空间。

（四）竹产品技艺成熟

成熟的竹产品技艺必定是经过岁月积淀且具有较高艺术水准的工艺。四川竹产品技艺主要有三个特点。

一是技艺悠久。梁平竹帘画起源于宋代，北宋年间就被列为皇家贡品。龚扇由同治年间自流井人（即今自贡市）龚爵五肇始，曾获得慈禧太后御赐金牌、莱比锡国际博览会蓝色奖章。四川成都瓷胎竹编始于光绪三年。江安竹器早在元明就名声在外。蜀南竹海地区竹编工艺早在北宋时期就开始发展，早期以实用性较强的东西为主，如竹筷子、竹蒸笼、竹背篓、竹箩筐、竹提篮、竹扇子等，而后竹产品的艺术性渐趋增强。

二是技艺流派多元。既有大的门类，如梁平的竹帘画、江安的竹簧雕刻和竹镶嵌、崇庆的瓷胎竹编、自贡的龚扇等。也有小的流派，以江安竹簧为例，其内部门派纷呈、各领风骚，同时以致和派系（清代刘子卿为首的致和工厂）、玉竹派系（清代周少清为首的玉竹工厂）、王氏派系（清代王绍清为首）、综合派系（现代赖银章为首）等四大流派最负盛名。他们信仰相同、习俗相同，都崇拜竹公神像，共同推动江安竹文化长盛不衰。③

---

① 蒋作平、陈地、杨进：《四川竹产业：远看是道道风景线，近看是座座金山银山》，http：// www. xinhuanet. com//fortune/2018 – 04/17/c_ 1122696786. htm。

② 梁川、郭彩云：《立足竹资源生态优势 打造竹浆纸一体化特色产业——访四川省造纸行业协会会长、四川永丰纸业集团董事长吴和均》，《造纸信息》2018 年第 4 期。

③ 《四川竹文化名片——江安竹簧》，https：// www. sohu. com/a/208172382_ 654416。

三是形成了与竹有关技艺的标志性地域。四川省崇州市道明镇等地是公认的竹编之乡。道明竹编以立体编织的各种帽子、篮子、盆罐以及包装等日用工艺产品为主。清末时期，道明生产的儿童竹编玩具就获得四川省劝业会一等奖的殊荣。20世纪80年代，道明镇的竹编专业市场作为"川西第一竹编市场"获得业界和传媒界广泛赞誉。1995年道明镇相继被成都市文化局与文化部授予"特色文化之乡（竹编之乡）""中国民间艺术（竹编）之乡"的称号，次年又被文化部正式命名为中国民间艺术"竹编工艺之乡"。2007年3月、5月，道明竹编分别被评为四川省物质文化遗产与成都市非物质文化遗产。① 都江堰聚源镇也因生产聚源竹雕而知名。2010年聚源竹雕入围四川省非物质文化遗产保护名录，且在2011年被评为四川省非物质文化遗产。

二 四川竹文化产业发展现状

四川竹资源富足，为竹产业快速发展提供了先决条件。于是，四川多个地域同时布局并推进竹文化产业。与此同时，竹文化产业与旅游业、手工艺业、餐饮业、演艺业等有了不同程度的结合，从而呈现出多地域、多业态的发展气象。

（一）依托自然资源多地共举

依托自然资源，四川多地发力竹文化产业，竹游、竹编、竹艺、竹宴、竹画等产业蓬勃发展。根据目前各地发展重心，可分为三类。

第一类是"百花齐放"型，即多元业态同时发展，并具备区域影响力。截至2017年底，宜宾市竹林面积已突破300万亩。② 作为川南竹文化产业集

---

① 张芳芳、郭荣茂：《农村传统手工技艺的保护——以福建省永春漆篮为例》，《安徽农业科学》2010第10期。
② 颜婧、黄大海：《宜宾打造"中国竹都 最美竹海"》，《四川日报》2018年4月8日，第1版。

群的核心区、全国十大竹资源聚集地之一，在竹文化产业发展方面，宜宾市做了如下工作。（1）已形成多元化产业布局，翠屏区以高品质竹产品为主，长宁县与兴文县以竹生态旅游业、竹康养业、竹博览业、竹工艺业等为主，江安县以竹工艺品加工为主，南溪区以竹纸业与竹日用品业为主，其他县（区）则重点发展竹基地。（2）重视规模发展，正推动形成长宁县蜀南竹海、江安县仁和百竹海、兴文县僰王山、宜宾县商州—屏山县龙华四大资源片区。（3）做好品牌提升，提升蜀南竹海知名度和美誉度，打造具有国际影响力的蜀南竹海生态旅游品牌从而带动全域竹生态旅游发展。（4）注重借助外脑，宜宾市政府已与国际竹藤组织和中国工艺美术学会签约并建立长期全面战略合作伙伴关系。

第二类是"一枝独秀"型，即精耕一种产业类型，使其深入发展。截至2017年底，眉山竹林面积达108万亩。[①] 眉山市在竹文化旅游与竹文化工艺业领域发展迅速，并形成国际竹艺博览馆、云华竹旅、中国首家竹林湿地公园、中华竹编第一村等特色景点，其中国际竹艺博物馆是全世界收集展示竹和竹工艺品最全面的集旅游观光、竹艺展示、竹编生产于一体的竹生态园林和竹编艺术系列展览城。为推动竹文化工艺业，眉山还与中国轻工艺品进出口商会建立长期战略合作关系。[②]

第三类是"双头并进"型，即以某两种产业类型为主导，实现平稳发展。截至2017年底，乐山市有竹林基地186万亩。利用打造国际旅游目的地、发展全域旅游的契机，乐山市不断推进竹文旅和康养产业建设，保护性发展传统手工草纸工艺，实现竹旅产业融合发展。已建成沐川竹海3A级景区1个、竹康养基地4个、2017年接待游客180多万人次、竹文旅产值达12.6亿元。[③] 再看泸州，截至2017年底，泸州市竹林面积达到378万亩，

---

① 《2018国际（眉山）竹产业交易博览会隆重开幕》，http://www.ybzcy.com/detail.asp? id = 794。

② 李秋霖、简放鹏：《我市竹产业产值 首次突破百亿元大关》，《泸州日报》2018年5月22日，第2版。

③ 刘景周、蔡颖：《乐山市林业局四举措加快竹产业发展》，http://www.leshan.gov.cn/lsszww/bmdt/201805/c17437ca19154852bac4d40a926f9744.shtml。

现有竹林面积和蓄积量居全省第一。[①] 泸州市以国家森林康养基地、森林小镇、森林人家、竹林人家等创建活动为载体，积极发展森林休闲旅游、林家乐等乡村旅游，从而推动森林康养产业、森林体验等新兴业态快速发展。雅安兼重文旅产业与竹编产业，截至2016年底，共有竹林面积216.64万亩。该市一方面打响"雅竹"品牌，开发竹林生态旅游，如依托周公山温泉景区，打造"百竹园"，促进竹文化旅游产业发展；积极做好竹文化与熊猫文化结合文章，引导林区竹农发展以竹文化为主题的竹林休闲旅游。[②] 另一方面推进竹编产业规模化发展，在竹文化产业发展过程中，以农产品包装和旅游商品为重点，开发立体竹编和平面竹编产品；建设周公山竹编博览馆，将其打造成为雅安市竹文化、竹编文化、竹工艺品展示的窗口；邀请青神竹编大师陈云华来雅安投资，提升雅安竹编产业发展水平。达州则以文旅产业与演艺产业为主要发展方向，截至2017年底，该市竹林面积约为60万亩。达州市大力推进竹文化旅游业、竹编以及竹笋等产业发展，达州大竹县竹唢呐还被列入四川省非物质文化遗产名录。位于达州市西南部的渠县，该地刘氏竹编已进入第一批国家传统工艺振兴目录。[③]

（二）竹与文化联姻展现优势

发展文化产业，重在清理文化资源，挖掘文化内涵。四川发展竹文化产业对文化的重视表现在三个方面。

一是竹景区与文化的结合。具体做法有三种。（1）"生态＋竹文化"。如体现着丰富竹文化的蜀南竹海，以"东坡竹韵"竹文化为主题的眉山东坡竹园，以竹林景观为基底、以青神县历史文化为背景、以青神竹编为特色的中国首家竹林湿地公园，以及借助竹王祠等名胜景区筹建的中华竹知识乐

---

① 刘泰承：《泸州：做活竹文章　锻造产业链》，http://www.chuannan.net/article/plz/201808/131868.html。

② 雅安市林业局：《雅安市林业局对市第四届人大第一次会议第36号建议答复的函》，http://www.yaan.gov.cn/htm/openview.htm? id=20180117092652-755237-00-000。

③ 《重磅！达州一项国家级非遗入选第一批国家传统工艺振兴目录》，https://www.sohu.com/a/232785506_501883。

园。(2)"竹文化＋名人文化"。望江楼公园以竹为特色，该公园将竹文化与薛涛文化结合予以传播。① 眉山将竹子作为传播东坡文化的载体，于2018年推出竹文化旅线线路"东坡初恋地国际竹艺城"。游客会先到三苏祠感受三苏文化，再到青神国际竹艺城浏览竹文化发展历程，与竹编技艺大师现场体验竹编技艺，品味3000余件竹编艺术精品，聆听竹乐器演奏的竹乐，观看以竹为主题的演艺节目，品尝青神东坡竹宴，购买竹编工艺品，而后再逛中国首家竹林湿地公园、云华竹旅景点、中华竹编第一村等特色景点，充分感受竹的魅力。(3)"竹文化＋廉文化"。由青神县纪委牵头打造的廉洁文化教育基地依托国际竹艺城旅游景区内的国际竹编艺术博览馆、中国首家竹林湿地公园，将竹文化与廉文化有机结合，借竹子虚心抱节、坚韧无私的特质展现出以竹咏廉、以竹颂廉、以竹传廉的氛围②。

二是竹工艺与文化的结合。竹工艺的文化性不仅体现于内在，如聚源竹雕运用明清时期的川派浮雕手法和绘画技巧，结合现代工艺和材料特点，吸收了国画、书法等艺术的长处，发挥了竹制品工艺的新艺术价值，还体现于外在，如竹雕、竹编等艺人以人物、动物或者文化场景为题材，精心编织各种技艺精湛的工艺品，画面富含情趣，构图栩栩如生。

三是竹文化与各类活动的结合。宜宾竹圣龙灯节、竹海春笋节（截至2018年4月已举办16届）、竹海龙舟节（截至2018年6月已举办15届）、竹生态旅游美食节（截至2018年6月已举办10届）、蜀南竹海全国热气球锦标赛、蜀南竹海国际梦想天空节等丰富多彩的文化活动，都丰富了节日的竹文化内涵。

（三）借力竹编工艺异军突起

四川竹编工艺历史悠久，依托竹编工艺，四川竹文化产业也有较好发展，典型就是青神竹编，主要体现在三个方面。

---

① 阳敏：《感受竹文化 传播竹文化》，《成都日报》2018年1月16日。
② 姚永亮、陈健：《四川青神：竹文化融入廉文化》，http://www.scqs.gov.cn/info/1358/92140.htm。

一是产业发展快速。眉山依托竹资源，围绕竹编产业，重点推动文化旅游业，围绕竹海、竹艺、竹城积极布局并初步构建出现代竹编产业体系。青神还成立了竹编产业园区，每年拿出 2200 万元专项资金支持引导企业和竹编能手入驻园区，解决园区建设发展中的资金难题。[①]

二是体系较为完备。青神竹编体系多元，拥有平面竹编、立体竹编和竹编套绘三大类，且已形成包括竹装饰产品、竹景观产品以及其他衍生产品等3000 余种产品的庞大体系。

三是推进基地建设。青神县相继被认定为"国际竹藤组织培训基地""国际竹藤网络中心培训基地""中国竹编制品出口基地""全国版权示范园区""国家级非遗生产性保护基地"。[②] 2017 年四川工商学院眉山校区还成立了竹编产业研究所。相关基地与研究机构的建设将有助于青神县进一步挖掘竹编文化资源，推进产品创新开发。

（四）融入餐饮行业平稳发展

四川竹产业融入餐饮行业主要体现在三个方面。

一是推出菜品占领市场。四川餐饮企业、行业推出竹笋、竹荪蛋、竹荪菜、竹菌、竹海腊肉、竹筒豆花、竹筒竹、竹荪酒、竹泡菜等"竹"系菜品，并在市场上逐渐占据一席之地。

二是塑造品牌强化影响。2018 年 6 月，宜宾市启动"全竹宴"打造工作，且宜宾市餐饮商会已初步完成"全竹宴"打造方案以及标准的制订工作。后续还将完善"全竹宴"标准体系，深入挖掘"全竹宴"的历史文化内涵，做好"全竹宴"的营销推广，促进"全竹宴"与旅游业联动发展等。

三是注重评选激励发展。2013 年 7 ~ 9 月，宜宾市商务局、宜宾市旅游

---

① 陈地、姚永亮：《四川青神：小竹编成增收致富大产业》，http：//www.myzaker.com/article/5b9c574077ac6466667d04a2。

② 《筹办第九届中国竹文化节 打造国际竹编艺术城》，http：//www.scqs.gov.cn/info/1358/23191.htm。

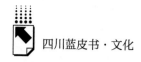

局、宜宾市竹海管理局在蜀南竹海景区联合开展蜀南竹海全竹宴特色菜品、蜀南竹海特色餐饮名店评选活动。① 此后，美食评选成为当地文化活动中的常见项目，如长宁县竹海菜品创新争霸赛、"竹海名厨"评选就是2018年长宁县第十届竹生态旅游美食节的主要项目。

（五）搭乘其他产业多寻出路（"竹文化+其他"）

除上述多元业态外，竹文化也在与其他产业整合并找寻出路。

培训教育业方面，眉山青神自2012年起以残疾人、妇女、青年劳动者、失地农民和移民为重点，开展竹编产业工人"千人培训"，涉及瓷胎竹编、竹家具制作、竹包装、竹灯笼、平面竹编等五方面。雅安市雨城区也曾举办少数民族竹编技能培训班。

康养业方面，2018年，宜宾长宁县与上海御庭酒店管理集团有限公司签订了御庭集团养生生态度假区建设项目投资协议，拟打造康养小镇等项目。宜宾县与青旅（海南）旅游开发有限公司签订了天宫茶海旅游综合体开发项目投资协议，将建设森林公园、森林康养基地及其他配套设施。

节庆会展产业方面也有相关实践，第三届中国竹文化节2001年在宜宾举办，第九届中国竹文化节与国际（眉山）竹产业交易博览会分别于2016年、2018年在眉山市举办②。

演艺业方面，四川竹琴节目《竹宴》是长宁县特有的省级非遗项目，节目将曲艺、舞蹈、童谣三种艺术表现形式与地方竹文化、饮食文化、民俗文化相融合，勾勒出长宁历史文化变迁、城市风貌变化、区域交通发展状况。同时，该节目又保持"苏济川"虫虫歌非遗项目的本真性，强调其格律和韵脚。

---

① 伍策、王月婷等：《四川蜀南竹海评选全竹宴特色菜品 保护饮食文化》，http：//www.china.com.cn/travel/txt/2013－07/18/content_29462900.htm。
② 中国竹文化节是我国规模最大、规格最高、影响最广的国家级、国际性竹事盛会。

三　四川竹文化产业现存问题

四川竹文化产业多地共举、多路出击，从缓慢发展到快速出击，收效明显。然而，其也暴露发展短板，与四川竹资源大省、竹文化大省的地位并不相匹配。有数据为证，四川竹林面积位居全国第一，但2017年全省每亩竹林产值不过500元，仅为浙江等沿海省份的一半。[①]

（一）体制机制尚不健全

当下，四川竹文化产业发展体制机制不健全，制约了四川竹文化产业的快速发展。一是当前与竹产业有关的中介组织数量少、规模小、实力弱，个别与竹产业有关的中介组织缺乏政策和资金上的支持，多围绕原料收购和销售两个环节做文章，经营服务形式较为单一，诸如技术培训、科技推广、品类开发以及经营管理等方面的探讨刚刚展开。在此背景下，高度依赖低端加工组装、缺乏技术创新、缺少有影响力的品牌的产业体系已越来越不适应竞争环境的变化。二是个别手工艺人思想观念保守，对工艺技术非常保密，几乎不外传，然而在市场经济背景下，结构重组若不及时进行，产品艺术品位可能难以提高，竹编工艺长此以往可能面临被主流市场淘汰的风险。三是工艺品、雕根和精竹片等竹文化产品，产业规模较小，产品科技含量低，竹原材料消耗大，产品附加值不高。四是竹农缺乏对竹性的认识以及砍伐时的技术指点，其对未成熟竹子的滥伐降低了原竹质量，也削弱了竹资源的再生性，对竹文化产业长期健康发展造成负面影响。

（二）品牌发展小而分散

虽然蜀南竹海、煢王山、兴文方竹笋等品牌基础较好，但诸多竹品牌仍然小而分散，表现在三个方面。一是作坊式生产方式不利于打造品牌。很多

[①]　王成栋：《一问种管收"有竹不伐"何时休》，《四川日报》2018年4月25日，第9版。

小型竹编加工厂由非物质文化遗产传承人个人开办，缺少产业化管理，艺人多为留守村镇的老年人。且作坊式生产方式形成的产品多为半成品，所消耗的竹资源较多，有效利用率低，具备高附加值的竹产品加工项目尚在起步阶段，这种方式不利于塑造品牌。二是产品设计理念不到位。已经生产的诸多竹文化产品设计较为单调、造型尚且粗糙、包装较为简陋，产品研发和营销存在较大不足。部分竹文化旅游产品内容单调、档次不高，市场竞争力较低。竹旅游与竹康养产业对现代科技的采用非常有限，不能满足市场和公众需求。三是打造品牌存在惰性和误区。调研中了解到，大多数小企业都认为，只有持续大量的广告投入方能建立品牌，小企业生存和发展的关键问题是销量，也只有资本积累到一定程度才能考虑建立品牌，这种认识也影响了竹文化产业品牌的形成与发展。

（三）文化内涵挖掘不深

一是竹产业与文化的融合存在不足。当前，与竹相关的产业与文化元素虽有融合，但融合程度不高，且多为旅游、展馆等第三产业与文化元素的融合。这种融合不足不仅体现在产品生产后，也体现在产品生产进程中。虽然中年艺人和老年艺人非常了解竹编历史，但是年轻手工艺人中仅有不到两成对之非常了解，其原因或许是年轻艺人对这类问题没有兴趣，听了就忘，或许是中老年艺人没有合适的方式或途径去介绍相关的竹编历史文化。这至少说明中老年人不重视对年轻艺人传播竹编历史文化。[①]

二是对竹文化深挖不足。竹文化产业题材多为花鸟虫鱼和人物形象，尚未结合所在区域的文艺、宗教、民俗等文化资源开发出相应的竹雕产品，文化附加值较低，缺少个性化、特色化的文化产品。当前，竹雕产品作为主要旅游文化商品，既是竹文化对外传播的重要路径，也是景区展示文化特色的重要方式，然而艺术价值不高、文化定义模糊的竹雕文化产品较难提升文化层次，甚至可能对竹景区的长久发展造成不良影响。

---

① 刘玮玮：《四川竹编工艺的传播及其现代化重构》，成都理工大学硕士学位论文，2015。

三是缺少具有知名度和影响力的竹文化产品。如竹雕，逐利心理致使部分竹雕旅游产品太过商品化，且过分依赖机器生产使得竹雕文化产品仍旧以简单重复的实用型产品为主，千店一面现象较为突出。再如文学、演艺作品，世界级、国家级的竹文化精品力作缺乏，地方级的竹文化舞台作品、旅游演艺作品等也很少，与竹有关的影视剧、动漫作品、游戏作品等也是寥寥可数。① 虽然宜宾、崇州等地新的竹文化产品也在陆续开发中，但是始终缺乏有知名度和影响力的竹文化产品，这使得四川竹文化产品始终处于不被重视也难被识记的境地。

（四）宣传推广犹有不足

当前四川省对宣传推广竹文化的重视程度得到前所未有的提高，正在搭建多渠道、立体化的宣传推介网络，但是仍然存在较大不足，表现有三。

一是宣传推广主体仍较单一。四川竹文化的宣传推介活动基本上以政府为主体。政府在协调新闻、出版、外事等相关部门时有明显优势，也可以解决诸多信息不对称问题，但是政府如果集决策者、组织者、协调者于一身，难免会出现政企不分、越俎代庖等现象。

二是较为系统的宣传推介机制尚未形成。已有的宣传活动缺少合理而科学的整体宣传推介制度和机构保障，在市场细分、宣传时间、整体策划、特色挖掘、媒体运营、商务洽谈以及其他环节，旅游宣传推介机制都有待建立和完善。

三是宣传推介缺少个性与创意。当前，四川竹文化宣传推介缺乏对核心理念的提炼和提升，也缺少对四川不同地域竹文化产业的个性化认知，宣传推介内容和表达方式的创意不足。

（五）各类人才亟须充实

一是人才流失严重。如竹雕，该项技艺需要大量的培训时间成本，市场

---

① 黄铄然：《以文化消费为引领　掀起宜宾竹文化发展新高潮》，http://www.ybxww.com/news/html/201805/322601.shtml。

行情并不利好，且年轻人去城市另谋出路，导致竹编人才流失严重。与此同时，在机器生产模式的冲击下，纯手工的竹雕工艺生存难度加大，生产销路无法打开，甚至出现仅依靠制作竹编工艺品无力维持的局面，种种因素使得竹雕人才数量大量缩减。这也反映了现代化背景下，传统民间竹手工技艺发展正面临着前所未有的挑战。①

二是传承链濒临断裂。家族传承、师徒传承是竹编艺人的主要传承方式，仅有部分竹雕艺人通过社会培训机构和相关工厂统一培训学得手艺。这种传承方式虽然有利于保护知识产权，但不甚契合现代社会的需求。

三是文艺、创意与营销人才远远不足。四川创作竹文艺作品尤其是精品的人才偏少，从事竹工艺、竹主题策划等文化创意的人才远远不足，也相当缺乏承担竹文化产品生产管理、市场推广的人才。

四　四川竹文化产业发展策略

2018 年，四川省政府办公厅印发《关于推进竹产业转型发展的意见》，指出要支持竹产业转型发展，提高竹产业资源质量，……改善竹区生态环境、促进竹区经济增长、助力精准扶贫精准脱贫，推动四川由竹资源大省向竹经济强省转变。具体来说，可从增强内生力、集聚力、文化力、营销力、人才力入手。

（一）健全体制机制增强内生力

四川竹文化产业要加速发展并完成现代化转型，须健全体制机制增强内生力，加快形成高产出、高效益、开放性的现代产业格局。具体来说，一是变革运作方式，要在充分明了竹子特性的基础上展开开采工作，保证竹资源的再生性，引导不适合现代社会语境的传承方式及时展开调整，在保证传承的基础上实现发展。同时，根据区域特色规划竹文化产业发展方向，形成竹

---

① 祁庆富：《论非物质文化遗产保护中的传承及传承人》，《西北民族研究》2006 年第 3 期。

文化产业错位发展新格局。二是健全市场体系。充分发挥竹文化相关资源配置中市场的决定性作用，引导并鼓励市场主体展开公平竞争，完善竹文化市场体系。通过项目补助、公共采购、定向扶持等多元化方式共同推动四川竹文化产业发展。三是搭建推介平台，通过政府机构以及其他社会力量搭建与竹文化有关的产品展示、交易或中介平台，并让这些平台在竹文化产品的"走出去"和"引进来"进程中发挥积极作用。

（二）注重区域效应增强集聚力

四川成都、宜宾、眉山、雅安、泸州、乐山、达州及广安8市竹林面积占四川全域竹林面积的80%，另外地处川南、渠江、青衣江、龙门山四大竹资源带的25个县（市、区）竹林面积为20万亩以上。竹资源相对集中为规模化加工奠定了基础。因此，四川竹文化产业从资源分布角度而言适合集聚发展。如何增强集聚力？一要合理确定具体地域的差异化发展方向。须在考虑资源禀赋、政策方向、区位优势等各类因素的基础上，明确不同区域竹文化产业的基本定位、发展思路、特色与主导产业以及集聚集群在竹文化产业格局中的地位和角色。二要激活区域内竹文化产业发展内生机制。改善内在管理机制，扶持中介组织成长，再通过二者推动最大限度的资源整合，完善竹文化产业链条，促进专业化分工和合作。三要加强集聚监管。集聚发展是国内外经验都证明了的一种现实可行路径，但是以往集聚发展中，存在无效集聚、错误集聚等诸多问题。因此，在发挥区域效应增强集聚力的同时要加大对集聚企业的管控力度，不要将无关的或者远相关的企业引入集聚范围。

（三）深挖文化内涵增强文化力

在美国人类学家克鲁柯亨看来，文化可以分为显性文化和隐性文化两种形态。二者之间的关系体现在显性文化是隐性文化的外在形式，隐性文化对显性文化有着影响和制约作用。对于竹文化而言，显性成分主要体现为传统手工艺品、特色餐饮等，隐性成分主要体现为与竹文化有关的习俗、信仰、心理和价值等。在竹文化产业开发进程中，应对显性文化实体中的隐性文化内涵进行深入挖掘。循此思路，一可注重呈现显性文化实体的文化内涵，譬如修葺或者再建相关设施，在景区建筑物的合适位置增加竹刻题诗等内容，还可将景区垃圾桶或者其他设施的外形打造成竹雕文化艺术品。二可不断丰富隐性文化的显性化表现形式。譬如在竹雕博物馆等多元化平台辟专区展示竹雕文化的发展脉络及与其有关的民俗习惯、诗歌艺术、建筑文化、服饰风格等。三可借力科技丰富显性、隐性文化的呈现方式。前者如运用"竹缠绕"技术（一种新兴技术，可以代替钢管、水管和塑料管）改善物质内在机理，后者如运用 VR 等技术复原历史，阐释文化，给公众更加生动的体验。

（四）善用宣传平台增强营销力

营销是增强竹文化产业影响力的关键环节。要增强营销力，一要建立宣传推介体系。建立"媒体＋内办活动＋外赴展会"的模式，在加强与媒体沟通合作的同时，定期举办竹文化产品贸易活动和竹文化（产业）交流研讨会，不定期举办竹文化项目招商引资活动，积极参加国内外各类展会，宣传推介四川竹文化产业的发展优势和项目前景。二要善用社交平台。可建设以传播竹文化为主的微信公众号与微信平台，鼓励和引导电影人或微电影爱好者用镜头与影像讲好竹文化故事，还可开展与竹相关的随手拍征集活动与展览。三要借助其他宣传技巧。如话题营销、活动营销、口碑营销、植入营销、体验营销、节点营销等。

（五）通过三条途径加强人才力

一可加快推进竹文化产业人才培养项目。诸多既有的教育或文化机构应当在竹文化产业人才培养中发挥主力军作用，要注重调动高等院校以及相关机构的积极性，并在适当时机与国内外相关机构、企业建立合作平台，共同培养适应四川省情的竹文化产业发展所需的技术、管理和营销人才。二可建立健全人才挖掘与保护机制。熟知不同文化的文化传承人可在竹文化产业发展中发挥重要推动作用。因此，要营造适合文化传承人、民间艺术大师及传统工艺人的发展环境，持续建设与竹文化产业发展有关的人才队伍。三是调整和改善不适应现代社会的传承机制。对于濒临失传又有发展价值的技艺，要积极引导其现代化转型。

B.11
四川川菜文化产业报告

何煜雪*

摘　要： 川菜作为中国四大菜系之一，已经成为一种文化产品和文化现象。作为四川区域经济的特色优势产业，川菜文化产业不仅传播了蜀文化，还促进了四川区域经济转型和四川文化产业的全面发展。本文从川菜的发展、社会文化、川菜特色品牌建设等方面对川菜文化产业脉络进行梳理。

关键词： 四川　川菜　文化产业

一　川菜文化产业的相关概念和特性

（一）川菜文化

川菜文化是四川人在饮食烹饪的社会历史实践过程中，为满足自身生存、发展、享受的生理和心理需要所创造的物质财富和精神财富的总和。从狭义上说，川菜文化特指四川人在烹饪食物的社会历史实践过程中所创造出的一切精神财富。① 川菜的发展与古巴蜀国紧密联系在一块儿。据《华阳国志》记载，古代巴蜀人就有"尚滋味""重辛香"的餐饮习俗，这也受到四川盆地多阴雨且潮湿的地理环境的影响。秦统一后的迁六国大户入川、明末

＊ 何煜雪，四川省社会科学院新闻所助理研究员，研究方向为文化传播。
① 杜莉：《川菜文化概论》，四川大学出版社，2003，第2页。

清初的湖广填四川、清代外籍官员入川等人口的流动和迁移更是给川菜菜式带来了一场饮食文化的大融合，赋予了川菜博采众长、兼容并蓄的风格。①

（二）川菜文化产业的含义与内容

文化产业指的是按照工业标准生产、再生产、储存以及分配文化产品和文化服务的一系列活动。川菜文化产业是指川菜产业在国民经济中由一个初级产品生产部门转变成现代区域经济产业链上不可缺少的重要环节的过程，包括川菜的社会化、工业化和集约化等内容。

对于川菜产业化的内容，黄维兵先生在《论川菜产业化》一文中做了如下论述。首先川菜的社会化，是指将单兵作战的餐馆及饮食店等传统餐饮转向专业化社会分工，解放传统的家务劳动生活。其次在川菜的工业化过程中，快餐生产方式占据了整个工艺的主要内容，手工被部分机械所代替，个体生产变成了流水线作业，传统川菜的部分品种经过工厂化和工程化操作，生产出了符合大众审美习惯的烹饪成品或半成品。最后是川菜的集约化，不同于传统的粗放型模式，集约化是借鉴国内外经验，加强品牌意识，提升品牌形象的一个阶段。比如对具有悠久历史的名店或传统菜品进行创新，实施品牌战略，探寻连锁经营等组织管理方式；建立大型川菜集团，建成国内外知名的川菜名品名牌餐饮企业。

二　川菜文化产业的发展现状

四川菜可分为五个派系：蓉派菜系以成都和乐山为主，特点是口味清淡、传统菜品居多；川东北特色区以达州、南充为中心，其特点是大方粗犷，以花样翻新迅速、用料大胆、不拘泥于材料著称；长江区域特色区主要有川南盐帮菜、泸菜及叙府菜，其特点是大气、口味鲜辣怪异；另外还有攀西亚热带特色区和川西北藏羌特色区。作为省内食品工业的支柱产业，川菜

① 吕锐：《川菜及其文化的演变与发展策略》，《教育观察》2016年第9期，第129页。

文化产业与省内经济、文化及社会生活的发展密不可分。四川独有的文化特色、思维观念、精神状态以及川菜独具一格的风格和历史赋予了川菜鲜明的个性文化灵魂。

（一）打造饮食文化旅游体验经济圈

成都以三国文化的外延为背景，重点打造以具有民俗艺术氛围的"百年锦里"为中心的三国饮食文化旅游体验区。好吃街集聚了成都著名的小吃，深受游客喜爱，成为来成都必打卡之地。锦里著名的三国文化主题餐馆三顾园以三国典故命名的"水淹七军""张飞牛肉""木牛流马""草船借箭""神机妙算""锦囊妙计""孔明馒首""万箭齐发""八阵图"等菜品创意无限，[1] 寓意深刻，让游客在品尝川菜的同时领略三国的历史与文化。

郫都区于2005年在安德镇打造了郫县豆瓣地理标志产品保护示范园区，依托郫县豆瓣的产业优势，建立了一个覆盖三次产业、带动周边地区的川菜产业功能园区，这同时也是川菜主题的综合旅游景区——中国·川菜体验园。里面建有美食体验街、川菜文化体验馆、蜀都特产商城以及川菜特色餐饮名店，是一个集菜文化体验、工业生产线参观、美食品尝、特色商品销售和休闲娱乐等功能于一体的川菜文化主题旅游景区。

自贡现已形成汇东东兴寺美食街区、汇川路餐饮示范街、南湖华商国际城盐帮美食街、贡井区青杠林社区美食一条街和同心路夜市等餐饮聚集点。大山铺镇作为恐龙主题特色小镇，正规划打造一条300米长的盐帮美食街。[2]

宜宾李庄古镇于2017正式启动国家5A级景区创建工作，打造精品民宿、古镇美食街、王爷庙影剧院以及长江特色植物园等项目。美食街与古镇商业核心区域融为一体，总营业面积超过28000平方米，总长度为1600米，

---

① 蒋英：《成都饮食文化旅游探析——以三国文化元素为例》，《中共成都市委党校学报》2013年第1期，第67页。

② 李远驰、邓丹：《自贡向全球推介文化旅游和盐帮美食　签约总额163亿元》，http：//sc. people. com. cn/n2/2017/1201/c379469–30985647. html。

开设餐饮店铺 50 余间。美食街区以本地特色美食和名特产为主题，业态丰富，为旅客提供美食和工艺品等李庄特色伴手礼。①

泸州于 2018 年开始打造沱江新城两江美食文化街项目，项目全长 2.5 公里，力在打造川渝滇黔特色结合的美食会客厅，是集美食文化、婚庆文化、小火车观光、五星级酒店、灯光表演于一体的综合美食文旅街。眉山打造了以泡菜博物馆、风情街、泡菜广场、企业观光生产线、万亩绿色蔬菜基地、湿地公园为主要内容的国家 4A 级旅游景区"中国泡菜城"。②

（二）开展和参加美食节节事活动

成都市政府推出的中国国际美食旅游节是一个兼具地方特色和国际化的盛大民俗节日。目前已经成功举办了十五届，每一届都有不同的主题和活动。首届中国国际美食旅游节设在熊猫城，打造了可供万人同时进餐的"中华第一大厨房"③；第二届美食节提出"成都美食想吃就吃"和"美食嘉年华"主题；第三届美食节着力打造"金沙宴"和"超级辣王争霸赛"等亮点活动，推出了大型川菜文化节目"金沙蜀宴"，配以秦汉风格的礼仪表演、盛唐的华丽歌舞，展现悠久的成都平原文化。第十三届美食旅游节以"美食即文创"为主题，在东郊记忆会场聚集了彭州九尺板鸭、郫县玉龙轩、青白江锅边馍风干鸡、金堂烤黑山羊等特色川菜美食，评选出了成都大蓉和的"蓉和宴"、钟水饺的"名小吃宴"、夫妻肺片的"秋之宴"、郫县餐饮同业公会的"郫县豆瓣宴"、陈麻婆川菜馆的"百年豆腐宴"等十佳川菜筵席。2018 年的美食旅游节则以海外传播为主，登陆欧洲和美国，④ 举办四场美食派对，展现了成都美食豆腐、成都火锅、串串香等川菜名片，以川

---

① 陈忆：《李庄古镇创 5A 景区　将建成"花园式"污水处理厂》，http：//www.ybxww.com/news/html/201711/296221.shtml。

② 袁丽霞：《眉山：一坛泡菜"吃"出三种味一年"泡"出 165 亿元》，《四川日报》2018 年 2 月 11 日。

③ 许忠伟：《节事活动案列研究》，北京旅游教育出版社，2015，第 127 页。

④ 刘向：《成都美食文化节在维也纳举行》，http：//www.xinhuanet.com/2018 - 10/21/c_129976266.htm。

菜为媒，天府文化为韵，与美国、欧洲开展系列商贸、文化、旅游等多领域的交流。除此之外，世界川菜大会 2018 年在成都盛大举行，邀请了来自世界 50 多个国家和地区的餐饮业代表相聚成都，让现场嘉宾透过舌尖上的愉悦，领略中国西南重镇独具特色的美食与文化。

绵阳打造的中国酱文化节，从 2016 年到今年已举办三届。作为四川知名的饮食文化活动，酱文化节以清香园早春第一坛中坝酱油"开坛仪式"作为"酱·醋"文化娱乐活动的重头戏。2018 年酱文化节除了别开生面的早春第一坛中坝酱油"开坛仪式"，更加入了群众喜爱的吃酱油拌饭比赛，喝酱油、醋比赛等互动参与活动，并邀请了明星助阵。①

眉山从 2009 年开始举办了 9 届"中国泡菜展销会"，被中国食品工业协会认定为"中国泡菜展销会永久会址"。除此之外，自贡"神奇盐都，魅力自贡"旅游盐帮美食节、宜宾长宁县开展的竹生态旅游美食节、雅安美食节等川内其他城市的节事活动，都对当地饮食文化和城市品牌进行了传播。

（三）打造特色川菜餐饮品牌

1. 具有非遗文化特色的成都市饮食公司

四川省成都市饮食公司成立于 1956 年，是一家专营川菜、成都小吃的特色餐饮企业。2004 年公司完成了股份制改造，企业焕发生机。通过品牌连锁化发展、规模化经营，产品工业化生产，文化建设和形象宣传三管齐下，该公司旗下的"中华老字号"直营店达 27 家。2012 年、2014 年"陈麻婆""赖汤圆"先后被认定为"中国驰名商标"。2010 年，龙抄手、陈麻婆豆腐、赖汤圆、夫妻肺片、耗子洞鸭店、钟水饺、盘飧市、带江草堂邹鲢鱼传统制作技艺进入成都市非物质文化遗产名录；2011 年，赖汤圆、陈麻婆豆腐、钟水饺、夫妻肺片传统制作技艺进入四川省非物质文化遗产名录；

---

① 尹秦：《清香园·中坝酱油第三届中国酱文化节在江油举行》，《绵阳日报》2018 年 3 月 20 日。

15 名员工被认定为四川省、成都市非物质文化遗产传承人。该店计划用五年时间把中华老字号门店全面更新升级，把老店打造成旗舰店、形象店、标志店，以满足消费者吃文化吃品味的需要。[①]

2. 以文创艺术为主的"成都印象"

"成都印象"餐饮店于 2004 年由杜兵创立，旗下还拥有北京、西安、郑州、长春、首尔等地的"成都印象"，成都的"转转会""宽坐""小场合""莲花坊""轻安""高宅"等同系品牌，目前全球共有 40 余家门店。

"成都印象"以餐饮作为聚客的流量入口，在餐厅出售各种高端定制文创产品。公司旗下以素食餐饮为主打的轻安素食馆，位于成都市铁像寺水街，注入了图书、家具、定制服装、瑜伽、插画、沙龙等课程等；崇德里开设了私房菜馆"吃过"、茶馆"谈茶"和微型精品酒店"驻下"以复原李颉人故居；集就餐、游览、参观、购买于一体的现实版设计博物馆高宅位于太古里，餐厅内陈列了意大利建筑大师卡洛·斯卡帕，荷兰建筑和设计大师里特维尔德等的设计作品。这三家餐厅年营收额均在千万元上下，非餐饮业态的收入占了近一半：轻安素食馆餐饮业态的营收占比为 50% ~ 60%，剩余的销售营收则来自瑜伽、插花、画廊、各种沙龙活动业态；崇德里的餐饮销售占比则为 55%，酒店可以取得 35% 的营收，茶与文化交流活动则占到 10%；高宅出售定制家具的营收已经高出了餐饮收入。在高宅，其餐厅收入与酒吧收入比例为 3∶7，同时高宅负责的定制产品，一年也能取得一两千万元的收入。[②] 餐厅的营收模式已经脱离了传统的赚取毛利，转向赚取餐厅中展示的各种高端定制文化产品的利润。除此之外，"成都印象"也瞄准青年人喜爱文艺的生活特点，打造了街巷小食的"小场合"、"碗来"、日式料理"真炙"、成都第一家以"饺子馆"为主题的酒吧"饺醉"。成都映象餐饮集团把文化和艺术深度融入美食，构建了融合高端与大众、中餐西餐火锅全系餐饮型态的大格局，可谓创新川菜类中最为成功的代表企业之一。

---

① 《成都市饮食公司简介》，http：//www.cdysgs.com.cn/article/1562398630。

② 《年入千万的餐厅靠的不是卖饭，而是卖货!》，https：//m.sohu.com/n/470524542/? wscrid = 953603。

3. 川南盐文化盐帮菜"蜀江春"

盐帮菜来自盐都自贡，自贡拥有着两千多年的采盐历史，清朝年间，自贡工商业开始兴旺，餐饮得以繁荣。厨师独得自贡盐调料之利，即有"吃在四川，味在自贡"之说。自贡盐帮菜分为盐商菜、盐工菜和会馆菜，味型分别为麻辣、辛辣、甜酸味。菜品以晒醋、辣椒、姜、蒜、泡菜、豆瓣酱为主，再配以古代最好的宫廷贡盐，形成味醇厚、口味重、调味丰富的鲜明特色。川菜中的水煮、火爆、干煸、冷吃等做法都起源于自贡。盐帮菜具有好滋味、喜辛香的特别风味，著名的菜品有仔姜煮鲫鱼、小煎鸡、鲜锅兔、椒姜牛肉丝等，受到广大食客的欢迎。

"蜀江春"成立于 1931 年，开业至今有 85 年的悠久历史，为自贡市盐帮菜之首。新中国成立后，"蜀江春"创始人倪树章的徒弟余长明继承传统，对菜品推陈出新，创造出以味为核心，兼具色、香、形、器的"蜀江春"系列菜肴，将小河帮菜系推上新的高点，成为自贡市唯一的"中华餐饮名店"。小炒牛肉、跳水花鲢、小煎生态鸡等经典菜品深受食客喜爱。现已发展成为全国性的餐饮连锁公司，旗下有地跨云、贵、川的十多家川菜连锁店，一个物流配送中心，一个烹饪培训学校。①

4. 东坡养生文化"眉州东坡"

眉山，古代称为眉州，位于四川盆地西南边缘，已有一千四百多年建制历史。此地物产丰富、才人辈出。由文人苏东坡开创的用泡菜调理烹制的东坡肘子、东坡鱼、鱼香瓢儿白等眉州东坡菜，成为我国饮食文化的宝贵遗产。

眉州东坡酒楼创始人王刚先生，在继承东坡饮食文化的同时进行创新，眉州东坡川菜由此诞生。1996 年，眉州东坡酒楼在京开业，致力于弘扬东坡文化，大力塑造企业品牌。2008 年，眉州东坡成为第 29 届奥运会组委会奥运村（残奥村）运行团队餐饮服务商，而后又成为哈佛商学院的经典案

---

① 康珺：《自贡盐帮菜文化的发展与变迁》，《群文天地》2012 年第 11 期，第 240 页。

例。① 2015 年，眉州东坡举行年度新菜谱全球发布会，全新推出以川菜文化为底蕴，融国内八大菜系之所长，独具眉州东坡文化特点的东坡菜。其核心理念是自然，源自质朴的民间；传承，源自经典的文脉；养生，源自四时之有序；融合，源自天地人和合。在国内发展方面，公司定位不同消费群体，打造各种消费场景需求，旗下的眉州东坡酒楼主打日常中餐、王家渡火锅对准中高端火锅市场、眉州小吃对准快捷价廉的小吃市场。在国际发展方面，眉州东坡于 2013 年与美国零售物业集 Westfield 公司携手，在洛杉矶开设了第一家门店，2016 年开设了洛杉矶亚凯迪亚店和好莱坞环球影城店。2017 年，眉州东坡集团在美国又增设了两家门店，海外版图继续扩大。眉州东坡不仅注重对田间、工厂、餐厅三部分进行合理衔接，打造川菜产业链，还从瑞典引进专家技术，以科技赋能实现模拟手工、国标生产，打造高品质产品，深挖市场的消费潜力。②

5. 服务至上的海底捞火锅

作为中国本土餐饮品牌首个且是唯一达到百亿元营收的企业，海底捞并不以味道突出而制胜。中国的火锅是天生的社交餐饮，海底捞致力于让更多人在餐桌敞开心扉，吃得开心。在门店为食客展示四川特色变脸表演和融合中华武术的捞面表演，打造全球年轻人都喜爱的餐桌社交文化。其最突出的企业文化在于注重用户体验，并将之做到极致。其提供的特色服务包括免费美甲和手护、皮鞋擦拭清理。照片打印，按摩椅放松，部分门店设有儿童游乐园，并有专人陪护。另外，企业一开始就瞄准省外市场和国际市场。从海底捞在全国和海外的门店分布情况便可一窥究竟：成都 4 家、北京 28 家、郑州 22 家、上海 19 家等，③ 在新加坡、美国、韩国和日本的签约餐厅数量已达到 28 家，还将继续扩张欧洲、美洲、大洋洲等海外市场。海底捞在更

---

① 刘文婷：《"强势"川菜笑傲餐饮江湖》，《广西质量监督导报》2015 年第 9 期，第 45 ~ 46 页。

② 魏雯静：《"眉州东坡"王刚让世界尝到川菜之香》，《经营管理者》2018 年第 9 期，第 14 ~ 17 页。

③ 《四川需要第二个海底捞》，https：//wallstreetcn.com/articles/3413204。

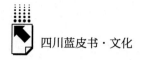

好融入全国全球市场、迎合大众口味上，做得比其他川菜餐饮更彻底，其不拘泥于传统川味的重麻重辣重油，主打的番茄汤锅受到众多食客的喜爱，由此获得比其他川式火锅更高的口碑和知名度。

（四）建立特色川菜辅料品牌

1. 以川菜辅料类为主的丹丹牌郫县豆瓣

川菜有三样宝：辣椒、花椒和豆瓣酱。豆瓣酱是川菜之"魂"，这种产自郫都区、由普通蚕豆制成的调味酱料，不仅是巴蜀文化浓郁、明快的象征，也是川菜行走天下的灵魂。

郫都区地处成都平原的中心地带，气候温暖、雨水充沛，年平均温度为16摄氏度，年平均日照可以达到1264小时。这里的平均湿度可以达到84%以上，空气中蕴含着大量酿造豆瓣酱所需的有益微生物。清康熙年间（1662），福建永定县翠享村一位名叫陈逸仙的人士迁到郫邑定居，经营原料手工酿造制品。至嘉庆九年（1804），陈家开创了"顺天号"酱园，其所出售的盐渍鲜红细辣椒就是郫县豆瓣的雏形。咸丰年间，陈家后辈陈守信在顺天酱园的基础上设立"益丰和号"酱园，研发了加入蚕豆和面粉经几次自然发酵的方法，郫县豆瓣由此诞生。新中国成立后，益丰和等酱园实行公私合营共同组成国营郫县豆瓣厂。为保护"郫县豆瓣"这个传统品牌，成都市郫县食品工业协会向国家工商总局申请注册"郫县豆瓣"地理标志证明商标，于2001年被正式核准注册。"郫县豆瓣"制作工艺于2006年被评为四川省第一批非物质文化遗产。

依托郫县豆瓣产业的优势，中国·川菜产业化园区形成了一个覆盖全产业链、带动周边地区的川菜产业功能区。[①] 目前，被许可使用"郫县豆瓣"证明商标的家企业中，有中国驰名商标四川丹丹郫县豆瓣。四川省丹丹郫县豆瓣集团股份有限公司创立于1984年，是一家集郫县豆瓣及川菜调味料原

---

① 王建宏：《小豆瓣，大产业　川菜之魂完美升华》，《当代县域经济》2017年第9期，第58页

料种植、研发、生产、品牌营销于一体的农业产业化国家重点龙头企业。在传承郫县豆瓣三百多年传统工艺的基础上，采用先进的科研技术和现代化生产方式不断创新，已建成规模宏大的豆瓣晒场，以及全自动包装生产线和成套科研检测设备，倾力打造"川菜灵魂"健康品牌形象。主营产品包括郫县豆瓣、火锅底料、鸡精、火锅调料、香辣酱、四川泡菜等 30 多种调味品，产品不仅畅销国内市场，还出口美国、英国、韩国、加拿大、俄罗斯、澳大利亚、马来西亚等国家，弘扬了郫县豆瓣和川菜文化，传承了国家级非物质文化遗产。①

2. 百年制酱文化的四川清香园

清香园酱园创建于清道光初年，距今已有近两百年历史。其创始人冯道人在江油古镇中坝北门创立清香园酱园，以其多年研究的秘方为基础，酿制出汁稠色艳、豉香浓郁的高档酱油，为当地酱品之冠。1828 年，清香园·中坝酱油被奉为贡品，驰名川内外，逐渐成为川菜调料八珍之首。所以，有历史可考的公元 1828 年，也成为清香园酱园创立年份。

从 1932 年更名为精诚酱园，到解放后公私合营，再到改革开放后的品牌回归，在"让健康代代相传"理念的引导下，清香园从一个古作坊发展成为拥有清香园色食品产业园的现代企业，实现了历史性的飞跃。在修建新区时，公司按照清香园酱园百年前的风貌，在产业园内重建了清香园酱园，从原料处理、器具和工艺操作等方面，再现了清香园·中坝口蘑酱油的古坊制作工艺，建成了中国最大的酱文化观光园，传承了文化品位四千年味道文化。②

（五）兴建特色饮食文化博物馆

1. 成都川菜博物馆

四川的美食历史源远流长，丰富的生态、文化和民族资源带来了美食文

① 黄彬：《郫县豆瓣产业发展战略研究》，西南交通大学硕士论文，2013，第 35 页。
② 四川清香园：《品味四千年味道文化，体验两百年制酱工艺》，http：//www.scqxy.com/。

化的多样性。省会成都更是一座在饮食文化方面不断推陈出新的城市。联合国教科文组织在 2012 年 2 月授予成都"国际美食之都"的称号。而成都作为川菜的发源地，以别具一格的美食文化享誉世界。这里诞生了中国第一座酒厂，是最早的中国茶文化中心，也是最早的中国美食之都，这里也建有中国第一家美食博物馆。

成都川菜博物馆位于郫县古城镇，2007 年由民营企业家苟德投资建立，博物馆的主题以菜系文化为主，以"一座可以吃的博物馆"为口号，秉承"美食面前有食无类"的理念，建有典藏馆、互动演示馆、品茗休闲馆、灶王祠、川菜原料加工工具展示区等，展示从战国时期到现代，青铜、牙骨、陶、瓷等材质的 3000 多件烹饪器具，以及与川菜有关的文字和图稿。馆内还拥有价值 400 万元人民币的泡菜坛、全国最大的灶王祠、世界上最好的氨氮含量超过国家出品 26 倍的手工豆瓣。在互动演示馆，游人将全方位感受川菜刀功、火候及成菜过程，体验川菜的色香味形器以及"一菜一格，百菜百味"、"五味调和，百味生香"的丰富内涵。[①]

2. 自贡市盐业历史博物馆

自贡市盐业历史博物馆是我国最早建立的专业博物馆之一，坐落在四川省自贡市市中区龙峰山下，系自贡世界地质公园的核心景区。博物馆始建于 1959 年 3 月，以清代建筑西秦会馆为馆址，于 1959 年 10 月正式对外开放。博物馆拥有西秦会馆、吉成井盐作坊遗址两个全国重点文物保护单位和王爷庙 1 个省级文物保护单位，并在历史文化名镇富顺狮市镇设有狮市分馆。主办历史学类核心刊物《盐业史研究》，面向国内外公开发行。盐业博物馆以收藏、研究和陈列中国井盐历史文物为基本功能，文物种类丰富，具有资源的唯一性，独特性和完整性，涵盖盐史文物、书画、陶器、瓷器、铜器、钱币、织绣、票据等近二十个类别。馆藏珍贵文物 3879 件（套），其中珍贵

---

① 刘军丽：《我国饮食文化博物馆的发展现状及功能提升》，《美食研究》2017 年第 2 期第 34 卷，第 32 页。

文物有595件（套）。2017年被正式评定为国家一级博物馆。[①]

3. 成都饮食文化博物馆

成都饮食文化博物馆由四川旅游学院建立于2008年，该馆位于四川旅游学院酒店内，博物馆共有七个展厅，分别为茶文化厅、酒文化厅，农作物病虫害标本及毕业生作品厅，食材标本厅、动物标本厅、饮食器具、民族饮食展厅。食材标本展厅、动物标本展厅分别陈列有剥制型和浸制型动物姿态标本，解剖构造标本，无脊椎动物标本，昆虫和蝶类的干制型盒装标本，植物叶序的类型标本，豆科、茎类等标本。酒文化展厅陈列有各类白酒瓶、洋酒瓶。饮食器具、民族饮食展厅展示的是从古至今的部分饮具、炊具、餐具。

4. 郫县豆瓣博物馆

郫县豆瓣博物馆位于成都市郫都区战旗村，向游览者展现中国蜀酱文化、郫县豆瓣传统工艺。博物馆特别设有蜀酱坊、郫县豆瓣中国非遗印象主题馆、郫县豆瓣传统制作展示基地、味道、蜀窖1393、郫县豆瓣创新馆（满江红馆）、制曲馆、点酱台、传统晒场、非遗文化大院体验区和科创物流中心等展区。博物馆收藏历史工用具、文物等3000多件，还原古窖池70余个，恢复古井一处、古酱园一座、郫县豆瓣中国非物质文化遗产墙一处。此外，博物馆还建设有郫县豆瓣非遗传习所、郫县豆瓣非遗文化大院、郫县豆瓣培训中心各一处。

5. 中国泡菜博物馆

中国泡菜博物馆于2102年建立于苏东坡的家乡眉山市东坡区中国泡菜城内，博物馆展览面积达2000余平方米，由历史与文化、生产与加工、传承与创新、产品与品牌、品鉴与体验、质量与安全以及展望未来等展区构成，设置有泡菜精品展示厅、泡菜文化历史展示厅、泡菜制作工艺展示厅、眉山泡菜多功能展示厅及文化活动中心等。整个博物馆体现了科学性和知识

[①] 自贡盐史馆：《博物馆介绍》，http://www.zgshm.cn/content.jsp? id = 297e0fc26362ffbb016
380a82d360199。

性、互动性和体验性、原创性和艺术性，是中国泡菜博览的标志性展馆。观众在免费参观游玩的同时，还可以学一手泡菜制作技术。①

6. 中国酱文化博览园

清香园是中国西部最大的酱油生产企业，其投资 5000 余万元建成的中国酱文化博览园，占地面积 20000 多平方米，是国家 3A 级景区。园区建有接待大厅、讲述酱文化趣味典故的味道中国厅、常年动态生产的清香园古作坊、日晒夜露的天然晒露场以及现代清香园等主要主题场馆。中国酱文化博览园自运行以来，已接待了近十万名游客，成为绵阳当地著名的传统工业旅游景点。②

三 川菜文化产业的不足与对策

（一）川菜文化产业的不足

《中国餐饮报告 2018》数据显示：2017 年底，美团点评川菜店铺收录数达 28 万家，比年初减少 4 万家；18 个重点城市的川菜店铺数量均呈下降趋势；除了成都和杭州外，14 个城市川菜门店数量下降幅度超过 10%。③ 川菜的发展面临着以下问题。

1. 川菜标准化意识淡薄，无法让消费者形成统一的记忆点

当前川菜师傅大多以经验为主，在食材的选购、调味料选择、制作工艺等方面都按照个人喜好来确定，并没有按照菜品的统一要求来制作。比如川菜的代表性菜品麻婆豆腐在全国任何一家川菜餐馆所用的原材料和制作工艺都不相同，没有一个标准的口味，导致给消费者传递的口味和消费记忆点也不同。

---

① 胡建：《一产转三产一轴带四区四川眉山依托泡菜联动发展》，《中国食品报》2012 年 1 月 18 日，第 2 版。
② 四川清香园：《品味四千年味道文化，体验两百年制酱工艺》，http：//www. scqxy. com/。
③ 张鑫：《消费者口味从"吃调料"转向"吃原料"》，《法制日报》2018 年 5 月 22 日。

2. 川菜文化的传播不够全面，让大众对其口味的认识有偏差

川菜的知名度高，但是大部分消费者对川菜的认识还停留在麻、辣以及平价上，除了火锅和传统菜品比如麻婆豆腐、宫保鸡丁、鱼香肉丝等少数菜品广为人知之外，大多数的区域特色川菜和清淡型口味川菜无人知晓。

3. 川菜品牌位卑言轻，缺乏有效影响力

论餐馆数量，川菜馆依然高居全国第一。但论质量，四川本土餐饮品牌与川菜在全国的地位并不高，缺少地域特色的名牌产品。据 2018 年 5 月中国饭店协会发布的《2018 中国餐饮业年度报告》，2018 中国正餐集团 50 强排名中，无一四川餐饮品牌入选。[①] 从全国市场来看，大众餐饮有不少地方菜开始迅速崛起，并趋于成熟。各大菜系的消融、地方文化的崛起，影响了川菜的布局。加上"高手在民间"的观念长期制约了川菜品牌发展，从业人员以大厨为主，忽视了现代餐饮带给消费者的体验是餐厅的整体印象。当前大部分川菜馆与其他地方特色菜品相比，档次和品牌形象还比较低，川菜的就餐环境给人嘈杂、难登大雅之堂的印象。

4. 川菜品牌传播面受限，缺乏对媒介的整合运用

川菜品牌文化的传播比较零散，以川菜文化为主的媒体作品较少，多数通过节目或电视剧传播，且所占篇幅较少，缺少有效的互动平台。川菜传播品牌大多选择本地媒体，传播面极其有限，致使受众对川菜的认识单一，国外的受众对川菜更是缺乏有效了解，与打造"国际美食之都"的目标不相符合。[②]

（二）川菜文化产业的发展建议

1. 推动川菜标准化，实行"匠人"与"平民"两线作战

一菜一格、百菜百味是川菜最大的特点。近年来，餐饮服务业被四川省政府列为支柱产业，其产业规模逐年增长，其发展却参差不齐。川菜标准化

---

① 中国饭店协会：《2018 中国餐饮业年度报告》，2018 年 5 月 10 日，第 11 页。
② 苏畅、陈卓：《"两微一端"时代川菜文化传播的创新与发展》，《青年记者》2017 年 5 月，第 125 页。

不仅仅是产品的标准化，更多的是管理模型和运营的标准化。日本料理就是菜品标准化的现成样本，既有极富匠人精神的手握寿司台，也有高度工业化的咖喱饭料包。由此可见，川菜的标准化也不是一条路的选择，而是分为两方面。

第一，打造超市化的川菜品牌。超市化标准的川菜消费群体是普罗大众。超市化标准的川菜要走以肯德基、必胜客等为模板的工业化、标准化之路，好吃但不惊艳。宁波的新四方大食堂和乡村基旗下的大米先生都是典型。超市化标准包括川菜文化、风味、工艺以及烹饪设备的标准。借鉴西式餐饮加工设备的发展经验，针对川菜的复合味型，制订出易于判断和应用的标准。加快川菜原辅料生产基地的建设，对川菜的制作流程、温度和时间、原料和辅料的使用量以及制作关键点等环节进行量化研究，减少制作过程的随机性，促使经验型烹调转向标准型烹调。①

第二，打造匠人式高端文化川菜品牌。以匠人精神精心打磨高端品牌的标准之路是川菜标准化里最具挑战的部分。川菜缺乏高端品牌，最重要就是缺乏具有匠人精神的从业者，大多数的从业者只是迎合市场而非创造需求引领市场。

情感经济背景下，文化川菜、旅游川菜、科技川菜、智慧川菜等更多的元素融入川菜产业发展之中，从而满足消费群体从吃东西转向吃一种体验、吃一种文化品位、吃一种场景、吃便捷等的诉求。其中，文化、品位和场景这三个元素日益凸显。上文提到的成都印象遵循了反传统营销法则——"凡勃伦效应"，即价格越高销售越多。其3家餐厅都处在成都的地标位置：轻安素食馆建在成都铁像寺旁；崇德里本身就是历史建筑文化项目，自带文化地标基因又位置靠近春熙路；高宅位于成都城市地标Mall太古里。如此与奢侈品如出一辙的选址，皆是为了获取高端消费圈层。成都印象将餐饮做成了高于餐饮行业的品牌文化产品。这种定位超越了传统意义上的餐饮运营，成为一条以餐饮为核心的高端文创产业链，在打造品质文化川菜的同

---

① 杨鉴：《川菜标准化体系建设思考》，《中国食品安全》2017年第9期，第55页。

时，兼顾针对普通大众的业态形式。成都印象这种与餐饮品牌文化定位相符合的多种业态共同开展的模式可以为川菜文化推广以及川菜餐饮运营提供一种新方向。

2.挖掘川内各市州特色单品菜，以菜带城联动发展

地方菜系是城市文化的重要组成部分及载体，已成为城市经济增长助推器、社会和谐重要基石和地域文化与品牌重要标志。川菜产业可分为成都平原中心区、川东北特色区、长江区域特色区、攀西亚热带特色区和川西北藏羌特色区。[①] 而当前大众知晓最多的川菜都属于成都平原中心区的川菜，其他四个特色区的川菜仍只限于当地，在国内外甚至全省都还无法形成品牌。完善川菜产业，需要重点打造成都平原区川菜之外的其他四大区域，对菜系进行创新、提升和整合，借以带动城市的品牌传播和全方位发展。对川内各地市的菜系名称进行完善和宣传，发掘、恢复、传承、弘扬特色川菜品牌。泸菜就是继川东渝菜、川西蓉菜之后，推出的以川南风味为代表的第三大川菜主流区域菜系。泸菜概念的提出，展现了川菜的区域化和区别化，也提升了泸州这座川南城市的知名度。还比如前些年宜宾提出打造叙府菜，结合宜宾的山水、历史和文化等对餐饮业进行创新。

同时，挖掘地域特色和食材特色，提升区域特色单品川菜的影响力。以单品带动区域川菜连锁发展，实施品牌战略，大力开拓全域川菜。现今传统川菜在衰退，单品模式的川菜品牌却在崛起。比如酸菜鱼、毛血旺、麻婆豆腐以及四川小吃遍地开花。餐饮正从过去大而全为主进入小而精细为主，逐渐弱化菜系的表达和认知，也是品类分化的必然结果。聚焦单品，就是抓住地方菜系当中最具地域特色的一个或者一类菜进行创新和优化。打造具有地域特色的品牌川菜，针对各个市州的风土人情、地域特色、食材特色进行深挖和创新。实现饮食与旅游相结合，打造饮食文化、旅游文化的经济圈，提升城市形象和文化品位。宜宾推行的"全竹宴"就是一个典型单品菜系案

---

① 刘军丽、杨祥禄、王明：《地方特色优势产业互动融合发展研究——以川菜、川酒为例》，《特区经济》2017 年 3 月，第 72 页。

例。其食材来源于宜宾市长宁、江安、兴文等竹资源丰富的山区，以传统烹饪技法成菜，创新成具有推广价值的竹林特色菜品。[①]"全竹宴"不仅结合了当地名优产品，还可将菜品成文成书、制作视频，在微信微博上对菜品的进行传播和推广，使作为竹笋的单品菜内涵更深、影响更远。应着重打造被顾客认知的单品，创新地方菜并对餐饮品牌进行精准定位。

3. 注重美食本体文化和城市文化传播，提升川菜国际影响力

早在2002年2月25日，《华西都市报》就以四个整版的巨型篇幅，刊登了中国都市报研究会会长席文举先生的署名文章《倾力打造"川菜王国"》，[②]唤醒了本土餐饮企业走出四川，走向世界的意识。

首先，川菜企业的向外传播不仅要精雕川菜味道，更要重视四川独特的城市文化。将四川独有的巴蜀文化、熊猫文化、休闲文化、茶文化，酒文化等文化内涵与美食文化相融合进行国际传播，传递成都城市包容文化哲学，唤起国际传播受众对于美食文化中所蕴含的人文精神的共鸣，构建城市文化外交载体，实现地方文化的全球共享。其次，开发以体验川酒川菜文化为主题的旅游路线。连接川酒川菜产业园与美食体验，创新旅游形式，丰富旅游结构。加强川内五大菜系区域文化共创、资源共享，以川菜文化带动区域城市特色文化的品牌传播。[③]

4. 定位青年群体，运用新媒体激发创意消费

信息传播必须要有承载的传播工具。首先，川菜餐饮要重新定位，面对成长起来的"90后""00后"主流消费群体，充分利用"两微一端"等新媒体平台，将川菜的相关知识、新闻、节目、影视作品制作成不同趣味板块，加快川菜的推广，对四川菜系和餐饮文化进行传播，打造颜值、服务、品质、口味，卫生高度契合的餐饮品牌，激发创意消费。比如微博

---

① 王黎、黄大海：《发掘饮食文化　宜宾将重新打造"全竹宴"》，https：//sichuan. scol. com. cn/ggxw/201806/56256256. html。

② 席文举：《倾力打造"川菜王国"》，《华西都市报》2002年2月25日。

③ 刘军丽、杨祥禄、王明：《地方特色优势产业互动融合发展研究——以川菜、川酒为例》，《特区经济》2017年3月，第72页。

用户李子柒通过拍摄制作川菜视频，介绍川内特色食材和菜品，在收获众多粉丝的同时也对川菜文化进行了有效传播。其次，加强门店与美团、大众点评等平台的合作，制订吸引客流的措施，利用大数据对销量曲线、消费行为特点、顾客反馈等数据进行统计和分析，增强顾客黏度。在大数据时代，川菜餐饮如何充分利用网络和数据吸引客流、提升效率仍是一个需要探索尝试的过程。

B.12
四川川剧发展调研报告

黄俊棚 *

摘　要： 川剧作为巴蜀文化的重要组成部分，是四川的文化符号与标
识，拥有悠久的文化传统、独特的声腔音乐、丰富的经典剧
目、精妙的表演艺术、无声的教化功能。川剧是中国地方大
剧种之一，在中国剧坛具有不可取代的地位。1982 年，中共
四川省委、省政府提出"振兴川剧"。经过四十多年，四川
省在振兴川剧中取得了一些重要成就，但也存在一些影响川
剧的传承和发展的问题。梳理川剧发展现状、发现影响川剧
发展的问题，并针对存在的问题提出振兴川剧的相关对策建
议，这有助于保护和发展川剧文化、传承和振兴。

关键词： 川剧　巴蜀文化　戏曲

1982 年，中共四川省委和省政府提出了"振兴川剧"的口号，制定了
"抢救、继承、改革、发展"的八字方针。2006 年 5 月 20 日，经国务院批
准，川剧被列入第一批国家级非物质文化遗产名录，这极大地推动了川剧的
传承和保护，也有助于今后川剧的发展和振兴。但就目前的现实情况而言，
川剧的传承和发展状况是成就与问题并存。

2018 年 7 月至 9 月，四川由省委宣传部政策法规研究室、四川省社科
院历史研究所和四川大学历史文化学院组成联合调研组，赴资阳、内江、自

---

* 黄俊棚，四川省社会科学院历史所副所长、副研究员，从事中国近现代史、巴蜀文化方向研究。

贡、泸州、宜宾、乐山等川南六市及雅安、眉山、绵阳、德阳、遂宁、成都等地，开展四川省川剧传承发展工作相关情况的调研，实地考察川剧演出场地、川剧艺术研究中心和当地非物质文化遗产研究中心，并与当地主管相关业务的文广新局、基层戏曲院团、川剧表演艺术家、戏曲工作者座谈。调研组电话采访省内川剧界资深从业艺术家及川剧团管理人员，结合省委宣传部召开的四川省戏曲界代表座谈会、省文化厅（现为省文化和旅游厅）2018年4月开展的调研情况和问卷调研情况，形成本报告，着重梳理川剧发展现状、影响川剧发展的问题，并提出振兴川剧的相关对策建议。

一 振兴川剧的文化基础

中央2015年（52）号文件指出："戏曲具有悠久的历史、独特的魅力和深厚的群众基础，是表现和传承中华优秀传统文化的重要载体。"四川省2016年（12）号文件指出："以川剧为代表的四川戏曲是巴蜀文化的重要组成部分，体现着四川人的性格和情感，是四川的文化符号与标识之一。"川剧拥有悠久的文化传统、独特的声腔音乐、丰富的经典剧目、精妙的表演艺术、无声的教化功能，是中国地方大剧种之一，主要流行于中国西南地区川渝云贵四省市的汉族地区，在中国剧坛具有不可取代的重要文化地位。

1. 悠久的文化传统

剧目是一个剧种形成之后演变发展的重要载体之一，作为四川重要文化符号和标识的川剧，拥有着数量庞大的剧目遗存。这些剧目遗存是悠久的文化传统在戏曲舞台上的艺术呈现。川剧的剧目遗存有"五袍""四柱""江湖十八本"的说法，"五袍"指的是《青袍记》《黄袍记》《白袍记》《红袍记》《绿袍记》，"四柱"指的是《碰天柱》《水晶柱》《九龙柱》《五行柱》，"江湖十八本"则指的是《幽闺记》《彩楼记》《木荆钗》《玉簪记》《白罗帕》《百花亭》《葵花井》《鸾钗记》《白鹦鹉》《三孝记》《槐荫记》《中三元》《聚古城》《铁冠图》《全三节》《汉贞烈》《五贵联芳》《蓝关走雪》等。这些剧目遗存将四川历史上发生的几乎所有的重大事件、四川历史上的著名人

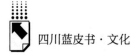

物、四川当地的风物传说以及民俗习惯用艺术化的形式在舞台上呈现出来，因而蕴涵了文学、历史学、社会学、艺术学等多方面的内容。

2. 独特的声腔音乐

川剧融汇了四川灯戏和昆曲（也叫"昆腔"或"昆山腔"）、胡琴（即皮黄腔）、弹戏（即梆子腔）和高腔（原称为"弋阳腔"或"弋腔）这五种声腔艺术，以及为这五种声腔伴奏的琴、笛曲谱和锣鼓、唢呐曲牌等音乐形式。川剧网罗众家之长，囊括并吸收了全国各大戏曲声腔体系的优点和长处，并与四川本地的方言、声韵和音乐融会贯通，逐渐形成了艺术形式多样、戏剧结构严谨、表演风格迥异、高腔曲牌丰富的特点。川剧是巴蜀传统文化中最具代表性和根源性的艺术形式，从民俗学的视角来看，川剧是四川民间艺术的重要内容，是四川民俗文化的重要组成部分，具有浓郁的乡土特色和独特的艺术价值。

3. 丰富的经典剧目

川剧剧目有"唐三千、宋八百，数不完的三列国"的说法，这句话形象地说明了川剧剧目的丰富性与多样性。在长达数百年的形成和发展的历史过程中，川剧融会了包括昆曲、胡琴、弹戏、高腔等演唱形式在内的中国戏曲所有的声腔艺术形式，尤其以高腔这一艺术形式的发展最为完善。川剧发展至今，共积累了6000多个高腔剧目，这些剧目在川剧的剧目体系中占3/5以上，是川剧的主体剧目。经有关部门的搜集和调查，有超过2000出的川剧剧目是有记录的，还有1000多本剧目是经过整理的完整剧本。1955～1957年，四川成都和重庆两市的川剧界对搜集到的剧目进行了鉴定和表演。鉴定之后，具备演出基础的传统剧目尚有321个，而整理出版的剧本则有116个。有30多个剧目经过加工和整理，可以经常演出。改革开放以来，以李明璋、魏明伦、徐棻等人为代表的川剧作家，又创作了《望娘滩》《江姐》《夫妻桥》《和亲记》《王熙凤》《死水微澜》《巴山秀才》《四姑娘》等一大批新编历史戏和《张大千》《乱世塘坊》《解放绵阳》《他与羌山同在》等大型现代戏，进一步丰富了川剧剧目宝库。

4. 精妙的表演艺术

由于各种声腔艺术流行地区和艺人师承关系的不同，川剧的艺术流派以河流作为划分的标准，分为"四条河道"，故而川剧的艺术流派也被称为"上下南北四条河"。"上"是上坝，即以成都为中心的川西坝；"下"是下川东，即以重庆为中心的川江流域；"南"是资阳河，即川南的沱江和岷江流域；"北"是川北河，即嘉陵江、涪江、渠江流域。由于各条河道拥有不同的人文、风俗、习惯、方言特点，形成了异彩纷呈的表演风格和艺术形式，人们称这四个艺术流派为川西坝、下川东、资阳河、川北河。每个川剧艺术流派都有自己擅长的声腔、经典剧目和艺术特点：川西坝以胡琴为主，形成独特的贝调；资阳河以高腔为主，艺术风格最为谨严；川北河受秦腔的影响比较多，主要唱弹戏；下川东的特点是声腔艺术多样化，戏路比较杂。这些不同的艺术流派，共同形成了川剧精妙的表演艺术。

5. 无声的教化功能

戏曲具有劝善惩恶的教化作用。中国的戏曲艺术继承了中华文化的精粹，它将诗歌、音乐、舞蹈融为一体，充分展示了中华灿烂文化的无穷魅力。戏曲在娱乐他人和自己的同时，也能够弘扬民族传统、传播历史知识、宣扬道德标准和价值取向，在培育社会公德方面发挥重要作用。

二 川剧发展现状及主要成就

（一）川剧发展的现状

改革开放以来，文艺形式和娱乐方式日益多元，加之外来文化的影响和广大人民群众的审美逐渐多元，川剧呈现出了不景气的发展趋势，最明显的表现便是川剧院团数量的不断减少。

据有关部门统计，1980 年四川省全省剧团总数为 244 个，1984 年减到 216 个，4 年减少了 28 个，平均每年减少 7 个院团。1980 年，川剧的从业人数为 20169 人。到 1984 年，这一数量减少到 15274 人，这 4 年中平均每年减少 1000 多人。2006 年 6 月《四川日报》《川剧—在欣喜与忧虑中前进》一文披露:"目前,四川省川剧院团有 44 个,13 个院团的人数在 15 人以下,19 个院团人数在 25 人以下,有的只是退休人员在领工资的挂牌院团。"1984~2006 年的 22 年间,共消失川剧院团 172 个,平均每年消失大约 7.8 个。在 2012 年的文艺院团体制改革浪潮中,有 12 个县级川剧团被合并到了县级文化馆,仍能演出部分川剧的 3 个市级院团和 3 个县级院团被改制为艺术中心或研究院(所)。全省其他的县级川剧院团先后被撤销。

如自贡市川剧团转为自贡市川剧艺术中心,乐山市川剧团转为乐山市川剧艺术研究院,巴中市巴州区川剧团改制为巴中市巴州区川剧艺术保护传承中心,资阳市安岳县川剧团 2007 年更名为安岳县演艺中心,资阳市乐至县川剧团更名为乐至县文化艺术中心。原绵阳市川剧团属于事业财政拨款单位,2102 年文艺院团改制后,原绵阳市川剧团大部分人员转岗、退休,剩下的 22 名团带班演员划归绵阳市艺术剧院有限责任公司管理。达州市川剧团在 2001 年 12 月被撤销,原达州市川剧团的中青年演员 40 余人融入达州市艺术剧院。2013 年 5 月,原泸州市川剧团、泸州市演出公司和泸州市歌舞团三个专业院团整合成立泸州市非物质文化遗产保护传习所。盐亭县川剧团由原来的事业单位改制为民营非企业,隶属于盐亭县文化广播电视和新闻出版旅游局。眉山市以东坡区川剧团为班底组建"心连心"艺术团。因财政支持不足、生存困难,资阳市雁江区川剧团、遂宁市蓬溪县川剧团、遂宁市射洪县川剧团等被撤销。

截至 2013 年 7 月 31 日,除四川省川剧院外,四川全省仅有有 22 个市、县级院团享受财政拨款。其中成都、内江、自贡、遂宁、乐山等市保留有市级川剧院团;乐至、威远、如果将民营川剧院团不统计在内,从 2006 年到 2013 年,又有 20 多个川剧院团消失,平均每年消失 3 个。即便如此,仅存的川剧院团也存在这样那样的问题,面临生存和发展的困境。

除去政府拨款的国有川剧院团以外,各市、县还存在一些民营川剧团,如绵阳市梨园川剧团、天青苑川剧团,三台县群元川剧表演团、光兰川剧团;遂宁市船山区弘扬川剧团、射洪县川剧团、大英县金元川剧团;成都市百家班川剧团、一心桥川剧团、成华区老年协会南洋川剧团等，这些民营剧团的生存状况也不容乐观。

（二）川剧发展的重要成就

1982 年 7 月，中共四川省委发出了"振兴川剧"的号召，经过四十多年的发展，振兴川剧也取得一些重大成就，主要表现在创作质量提高，经典剧目不断涌现；优秀剧目突出，全国性获奖增多；政府支持加大，演出场次增多；川剧节好戏连台，新创剧目精彩纷呈等四个方面。

1. 创作质量提高，经典剧目不断涌现

各市、县川剧团不断出人出戏，创作、排演了大量的传统及现代优秀剧目。四川省川剧院和以成都市川剧院、宜宾市酒都艺术研究院、自贡市川剧艺术中心、内江市川剧团等为代表的市级院团，以及以江油市川剧团、乐至县川剧团等为代表的县级剧团，在剧目创作上下深功夫、花大力气，使得剧目创作质量提高，经典剧目不断涌现。

四川省川剧院创作、排演了传统及现代优秀剧目 200 余出，2017 年排练演出了《铎声阵阵》《双八郎》两出经典川剧。其中《铎声阵阵》《双八郎》《打红台》《御河桥》《夕照祁山》《十五贯》《镜花缘》《荷珠配》等剧目是四川省川剧院的代表性剧目。

成都市川剧院创作、演出了大量有特色有影响的艺术作品，如《山杠爷》《田姐与庄周》《王熙凤》《红楼惊梦》《四川好人》《刘氏四娘》《目连之母》《激流之家》《文成公主》《青春涅槃》《欲海狂潮》《红梅记》等经典剧目，很多艺术珍品至今仍保留在川剧舞台之上。

宜宾市酒都艺术研究院川剧队 2018 年将传统大幕戏《夕阳楼》改编成《梅女》一剧，并在第四届川剧节演出，得到了观众的一致好评。剧团恢复、创作、演出了传统大幕戏《御河桥》《拉郎配》《福寿图》等，创排了现代荒诞川剧《抓壮丁》，恢复创作演出了《岳母刺字》《十字坡》《扈家庄》《当官难》《三江祭》等 40 个传统折子戏，还创作了《寻根》《上门的儿子》《最后的方队》等十余个小品，都引起了观众的强烈反响。

自贡市川剧艺术中心（川剧团）先后创作排演了著名剧作家魏明伦的《易胆大》《巴山秀才》《四姑娘》《岁岁重阳》《潘金莲》《夕照祁山》《中国公主杜兰朵》和著名作家廖时香的《人济秋霜》《刘光第》《还我河山》等10余台大幕戏，都成为川剧的经典剧目。

内江市川剧团近十几年来创作、改编了大量有影响力的作品，如《杏花二月天》《紫竹观音》《萝卜原》《屈原》《岳飞》等。剧团目前正在创作大型现代川剧《张大千》和《乱世塘坊》，并将其打造成为内江永久的文化名片。

绵阳市艺术剧院有限公司成立以来，编排了《挂画》《拜新年》《三岔口》《滚灯》《山村喜事》《天下第一福》等优秀川剧剧目，并在各级比赛中斩获多项荣誉。

江油市川剧团建团先后发掘、整理编排和上演了《陈胜王》《金沙江畔》《刘胡兰》《满江红》《屈原》《焦裕禄》等大小上百个剧目，引起了观众的强烈反响。

乐至县川剧团除了发掘、整理和编排以《草莽英雄》《班超》《碧波红莲》《白蛇传》等为代表的一大批传统戏，还创作了《陈毅回乡》《假戏真唱》《闲事多管》等现代戏，深受基层观众的好评，并在省、市各种文艺会演中获得大奖。

2. 优秀剧目突出，全国性获奖增多

伴随着川剧剧目创作质量提升，各个剧团创作的优秀剧目不断获得各种大奖，其中四川省川剧院、成都市川剧院、宜宾市酒都艺术研究院、自贡市川剧艺术中心、内江市川剧团等院团成绩比较突出，创作了大量优秀剧目，并多次荣获各种全国性的奖项。

四川省川剧院的《变脸》《易胆大》《巴山秀才》等优秀剧目先后荣获第六届、第七届中国艺术节大奖新剧目奖，第七届、第十届全国"五个一工程"奖优秀作品奖，第八届中国文华大奖，第四届、第七届、第八届、第十届中国戏剧节大奖，国家人口文化奖，中国戏曲突出贡献奖，国家舞台艺术精品工程十大精品剧目奖等国家级奖项。

成都市川剧院的优秀剧目先后荣获全国、省、市各项大奖，如中宣部"五一个工程"奖，文化部文华大奖，文化新剧目奖，文化表演奖，中国戏剧节优秀剧目奖、表演奖、编剧奖、音乐奖，中国戏曲学会奖及振兴川剧奖等多项大奖。

宜宾市酒都艺术研究院创排的《槐花几时开》2011 年获得四川省精神文明建设"五个一工程"奖，2012 年获得四川省文华奖、四川省巴蜀文艺奖，荣获 2011~2012 年国家舞台艺术精品资助剧目。《梅女》获得文化部2017 年度剧本扶持工程"整理改编剧本"创作扶持资助剧本。2014 年，折子戏《扈家庄》荣获四川省第二届青年川剧演员比赛一等奖，《当官难》《岳母刺字》荣获二等奖，《书馆悲逢》《打神》荣获三等奖。2017 年，小品《上门的儿子》荣获四川省第十六届戏剧小品（小戏）比赛剧目二等奖，并获得 2017 年度国家艺术基金资助。

自贡市川剧艺术中心创排的《夕照祁山》2011 年荣获第四届中国戏剧奖优秀剧目奖，2012 年荣获四川省"五个一工程"奖和四川省第七届巴蜀文艺奖；《还我河山》2015 年入选文艺部国家艺术基金资助项目、荣获四川文华奖最佳剧目奖、"五个一工程"奖、第八届巴蜀文艺奖。其中《夕照祁山》2011 年荣获第四届中国戏剧奖优秀剧目奖，2012 年荣获四川省"五个一工程"奖和四川省第七届巴蜀文艺奖；《还我河山》2015 年获得文艺部国家艺术基金资助、荣获四川文华奖最佳剧目奖、"五个一工程"奖、第八届巴蜀文艺奖。

内江市川剧团荣获国家、省、市级奖项近百个，在四川省中青年川剧演员比赛中连续三次获得一等奖。现代小戏《扶贫那些事》《帮腔》分别荣获国家艺术基金的扶持和文化部剧本孵化项目扶持。

绵阳市艺术剧院有限公司川剧队新创的大型川剧《天下第一福》剧本入选 2018 年度国家剧本孵化项目；2017 年新创现代戏《山村喜事》荣获四川省第十六届戏剧小品（小戏）比赛三等奖；2016 年《挂画》《失子惊疯》荣获四川省第三届青年川剧演员比赛一、二等奖。

江油市川剧团 2011 年荣获第十届山花奖银奖，2015 年获得第十五届小

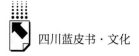

品大赛剧目奖、创作奖和个人表演奖，2017年和2018年两次荣获全国小戏小品曲艺大展比赛金奖。

民营川剧团绵阳市天青苑川剧团2013年获得第五届全国"服务基层、服务农民文化建设先进集体"称号，并获得第十四届小品小戏比赛最佳表演奖、最佳原创奖、最佳导演奖等三项大奖，这在民营剧团中是首屈一指的，甚至可以媲美部分县级院团。

3. 政府支持加大，演出场次增多

近年来随着政府采购公共文化服务力度的加大，以及各级院团在宣传、传承川剧方面的努力，川剧的演出场次越来越多，其中戏曲进校园和送戏下乡的演出场次显著增加。另外，川剧的对外文化交流成效突出，海外演出的场次也不断增多。

首先是戏曲进校园活动川剧演出场次显著增多。四川省川剧院连续六年创新举办川剧校园行公益戏剧活动，让精品川剧成功走进国内众多知名学府，以高雅艺术进校园的方式展示了公益性艺术剧院的全新运作思路。宜宾市酒都艺术研究院川剧队每年坚持开展川剧进校园专场活动，从2016年开始，平均每年演出30场。内江市川剧团开展的百场戏剧进校园活动已经成为内江市文化惠民的重要品牌。自贡市川剧艺术中心、乐山市川剧艺术研究院、遂宁市川剧团，以及其他各县级川剧团都坚持开展川剧进校园活动，部分民营院团如天青苑川剧团也送戏曲进校园进行专场演出，川剧进校园的演出场次不断增多。

其次是送戏下乡、送戏下基层的演出场次显著增多。如四川省川剧院演出团队不间断地组织川剧"三下乡"活动，常年坚持送文化下乡，取得显著成效。宜宾市酒都艺术研究院川剧队开展的川剧专场下基层、进军营、进警营以及文化惠民戏剧专场慰问演出，年均60余场次。2017年7月该川剧队开始开展"月月有戏剧，周周有展演"的文化惠民活动，开展专场演出9场，2018年开展专场演出4场。自贡市川剧艺术中心先后开展了川剧进校园、进社区以及到工矿、部队的专场演出活动，并在贡井陈家祠堂、盐业历史博物馆和自贡川剧艺术中心剧场定点定时演出，每年完成各类演出场次

200 余场。内江市川剧团近年来开展的"文化惠民·月月看大戏"演出活动是内江市文化惠民的另一大品牌，还不定期在剧团剧场进行演出，并坚持送戏下乡。绵阳市艺术剧院有限公司自 2013 年起，组织川剧演员走进市区、县级各乡镇开展惠民演出，每年演出 30～60 场。江油市川剧团长期坚持送戏下乡、进社区、进厂矿、进学校、进军营等公益性演出。绵阳市天青苑川剧团坚持基地日常演出、送戏剧进校园、送戏下乡村，年均演出 400 多场。

最后，川剧的海外演出场次也不断增多。四川省川剧院在对外文化交流中取得突出成效，应邀赴欧洲、美洲各国及日本、新加坡等国家和地区演出，受所到地区或国家观众的高度赞誉。作为南充市对外文化艺术交流的活动之一，2018 年南充川剧的海外巡演活动，以其独有的魅力征服了海外观众。

4. 川剧节好戏连台，新创剧目精彩纷呈

第四届川剧节的新创剧目会演，先后为成都戏迷上演了 14 台内容丰富、形式多样的新编大戏。这其中，既有表现精准扶贫的现实题材川剧《乌蒙山脊梁》，也有红色革命题材川剧《红盐》《布衣张澜》《金沙江畔》《江姐》《还我河山》《青年陈毅》，还有具有现实关照意义的历史题材川剧《苍生在上》《南海李准》《诗酒李白》，更有由《伪装者》编剧亲自操刀的谍战川剧《天衣无缝》、传统川剧改编整理的聊斋川剧《梅女》，以及根据曹禺名剧《日出》改编创作而成的川剧《白露为霜》等，好戏连台，深受观众喜爱。

同时，第四届川剧节推出了七场优秀传统折子戏展演，上演了一大批优秀的传统折子戏剧目。如遂宁市川剧团、郫都区川剧团联袂献演了《太君祭甲》《扫松》《打神》《珠帘寨》等四折传统折子戏，达州市文化艺术中心聂绍红演出川剧胡琴《萧何追韩信》，绵阳市艺术剧院演出川剧弹戏《挂画》和《失子惊疯》，内江市川剧团演出《衣冠梦》，巴中市巴州区川剧艺术保护传承中心演出《长生殿》，内江市川剧团演出《马房放奎》和《六月雪》，天府新区川剧团演出《收黑虎》，内江市川剧团和宜宾市酒都艺术研究院组台演出具有典型资阳河风格的剧目《钓金龟》，宜宾市酒都艺术研究院演出《思凡》和《把宫搜诏》等。

川剧节的开展，有效地促进了川剧的传承和振兴，既做好了川剧的推广和宣传工作，吸引了大批的戏迷和观众，为川剧聚集了人气，也培养了观众。

三 川剧发展存在的问题

20世纪80年代初，四川省一度有专业川剧团130余个（区县有剧团，乡镇有剧场戏台）、从业人员17000余名。经过20世纪80年代第一轮改革和2012年改革，各个剧团尤其是基层剧团受到编制严重不足、专业人才匮乏、演出阵地缺失、剧目传承断代、创作经费短缺、自身创新发展动力不足等瓶颈制约。

1. 专业人才断档、流失严重

目前，四川省公有独立建制川剧院团仅存19家，从业人员不足700人。其中，保存基本建制且独立编制（不少于30人）的戏曲院团仅有四川省川剧院、四川省曲艺研究院和成都、自贡、内江、遂宁、南充市川剧院（团）等7个，其他非事业单位的川剧院团留不住人才，人员流失严重。另外，相当一部分市、县基层川剧团目前实行人员编制"只减不增、退一减一"的政策，也难以吸引年轻川剧演员的目光。很多市、县的川剧团20多年来没有新进过一名年轻川剧演员，如威远县川剧团曾于1950年、1958年、1963年、1977年、1987年招了五届学员，此后再未招过学员；乐山市川剧团从1995年到2016年二十年间也没有招过年轻演员入团。当前从业的川剧演员平均年龄大多在50岁，5年后老龄人员到期退休，川剧团就会难以为继并慢慢地自然消亡。绝大多数市、县级剧团由于一直没有新进人员，不仅生、旦、净、末、丑的演员行当不齐，乐队行当也不齐全，如乐山市川剧艺术研究院缺乏管弦乐师，剧团的软场面人员不足。除了演员、乐队基本行当不齐全外，编剧、导演、舞美等重要的艺术岗位也非常需要人才。另有部分戏曲院团人员在院团改制后被分流、转岗，或者院团本身被并入综合性文化机构，如文化馆、文化中心，或者演艺公司等，丧失了独立决策的权利和发展空间，创演的重心被迫转向小品、歌唱等综艺节目。川剧的变脸、滚灯、水袖等技巧变成娱乐节目，川剧演出场次越来越少，川剧演出时间碎片化。折子戏、大幕戏等剧目难以经常性演出，导致以川剧为主的地方戏曲艺术不断退化。上述造成经典剧目传承乏力，演员综合表演艺术水平下降等消极影响，并形成了恶性循环。此外，四川省民营剧团和民间班社演职员普遍老化、剧目陈旧、收入无保障、生存困难，如由于创作经费缺乏，严重制约了绵阳天青苑川剧团原创作品的生产，只能年复一年地演老戏。遂宁市船山区弘扬川剧团常演的是100多个传统剧目，没有新创排的剧目。

2. 排练和演出场所严重不足

四川省各市、县川剧院团所属的剧场在城市化改建进程中被大量撤除或挤占，排练和演出环境亟待改善。目前，德阳、南充、泸州等市和简阳、双流、江油、盐亭、犍为等县的大部分川剧团没有自己的剧场和排练场所；乐山市川剧团的新又新剧院、自贡市川剧艺术中心剧场、遂宁市川剧团、内江市川剧团的剧场均为几十年的老场馆，不仅面积较小、座位数量较少，还受到周围居民楼、商业建筑的挤压，存在不同程度的消防、安全隐患。

宜宾市酒都艺术研究院川剧队的排练场所金江剧场，还处于改建整修中，没有固定的演出场所。绵阳市艺术剧院有限公司川剧团现在使用滨河路歌舞团歌舞排练厅，没有自己的演出场所。绵阳市天青苑川剧团在当地社区的支持下，将一个垃圾池改造为剧场，坚持日常的基地演出。三台县群元川剧表演团有自己的剧场，座位数量为120个左右；遂宁市船山区川弘扬剧团承租500余平方米的地皮，搭建了一个能容纳200余人的临时演出场地；大英县川剧团包场演出，无固定演出场地。固定演出场地的缺失导致部分川剧团缺乏戏曲阵地，难以聚集老戏迷、吸引新观众、形成戏窝子。

3. 专项经费缺少制度性保障

目前，四川省"振兴川剧"专项资金仅有150万元，除成都、自贡、南充各地外普遍缺乏专项经费保障。内江市川剧团在内江市政府和四川艺术职业学院的支持下，2018年招收了30名学员，可想而知，如果不是内江市政府在财政资金上的大力支持，内江市川剧团在现有的平均年龄50岁左右的专业人员退休后将难以为继。德阳市川剧团现有的服装道具破旧老化，已不适应当前的演出需要，但是由于剧团经费不足，已经多年未采购添置表演服装和道具。2017年初，经过德阳市文广新局专题向市政府、市财政申请，才获得专项资金20万元，用于解决市川剧团购买演出道具、服装的问题。内江、德阳两市川剧团只是个例，其他川剧团基本未取得专项资金的支持。

另外，部分川剧院团被合并到艺术剧院、文化馆后，丧失自主经营权和财务决策权，无法保障川剧剧目的创作演出经费。如绵阳市川剧团的演员在改制后划归绵阳市艺术剧院有限公司管理，无法独立编排川剧大幕戏。在基层政府强调发展市场经济和旅游经济的过程中，与综艺晚会、开幕演出的大投入相比，川剧演出成了配合旅游、综艺演出的娱乐化节目。

4. 川剧创新缺乏内生动力

从20世纪末到21世纪初，川剧获得了多项国家级剧目奖和戏剧表演梅花奖，涌现出的魏明伦、谢平安、陈智林、陈巧茹等编导演类名家名人，他们都是来自市州甚至县级基层戏曲院团，经过多年的根基培养而成长起来的。从1990年起，基层院团大量减少、川剧专业人才培养断档、剧本创作严重不足，新剧目的创作生产难以进行。目前，全省戏曲院团普遍存在人员老化、30~45岁的中年尖子演员断档、艺术行当不齐等问题，川剧团的基本行当都配置不够，编剧、导演、音乐、舞美这些艺术人才更是屈指可数。以唯一设戏曲专业的高等院校——四川艺术职业学院为例，2015年以前川剧专业招生每年仅为20人。相比晋剧、豫剧、越剧、秦腔等剧种，我省地方戏曲缺乏全省性的定期展演会演平台，缺乏广播电视频道、栏目和网络推广专栏等媒体传播普及。

另外由于娱乐方式的日益多样，专业戏曲院团缺少对年轻观众的研究分析、缺乏对市场的有效了解，创作的剧目缺少时代特征，与时俱进的创新创作能力弱。川剧营销推广方式老化，难以吸引年轻观众。

5. 民营剧团缺乏有效支持

四川省现有基础较好、队伍基本稳定的民营川剧团（社）有40余个，大多数从业人员是各市、县基层院团改制后退下来的演员或资深票友，年轻演员几乎没有。如射洪县川剧团的24名演员，生、旦、净、末、丑行当齐全，都是原国营射洪县川剧团的专业演员，但是最年轻的也过了40岁；绵阳市梨园川剧团有60余人，基本都是退休川剧演员及川剧票友；绵阳市天青苑川剧团的演员都是来自全省各地市原川剧团的学生，平均年龄都在五十多岁。

这些民营川剧团很难享受各级财政资金的支持，在创作、专业赛事、购买公共文化服务等方面获得的财政奖励、补贴也很少。因此民营川剧院团要养活演员和进行剧目创作，就必须坚持每天演出，这样才能维持剧团的正常运作。

民营川剧团的演出成本比较高、票价低。船山区弘扬川剧团场地租借费每年3万元，票价13元，外搭一杯茶。射洪县川剧团的演出票价15元，并送一杯茶水。除水电、化妆、杂支和一定的留余外，平均每场演出收入2000余元。

民营剧团也缺乏更新剧目的创演能力，生存岌岌可危。如绵阳市天青苑川剧团由于资金上的严重困难，建团十二年来共创作了12个现代小戏和2个现代大戏。创作资金的匮乏不仅严重制约了原创作品的生产，也制约了剧团的发展，只能年复一年地演老戏。

6. 主体责任不到位，政策落地困难

中央、省相继出台了多项关于弘扬优秀传统文化和支持戏曲传承发展的文件，然而很多行政主管部门还是有选择或者打折扣地在执行上级政策。另外相关主管部门对文艺院团在财政、土地、编制等方面的扶持举措缺乏可操作性，更多的是维持现状。基层在落实政策时困难重重，即使明确了相关政策，但是缺乏相应的配套落实机制，没有督查、没有考核、没有问责，市、州、县的主体责任落实不到位，为执行者预留了选择和打折扣的空间。

四　振兴川剧的对策建议

本报告针对四川省川剧发展存在的问题、振兴川剧的现实基础，以及振兴川剧的实践，提出以下对策建议。

1. 川剧的定位问题

川剧是走雅的路子还是走俗的路子？是要走小众的精品的路子，还是大众的普及的路子？是要走政府财政拨款公益性事业单位的路子，还是走市场化运营自负盈亏的文化服务公司的路子？这几个问题的答案决定了川剧的前途和命运。

振兴川剧的实践，证明了川剧只能走雅的路子、小众的路子、政府财政拨款的公益性事业单位的路子。川剧具有特殊性，川剧尤其是川剧大戏的演出是集团项目，演出一出大戏至少需要70人的通力配合，需要剧院、练功房、道具等配套。川剧人才多数需要从10岁左右开始训练，5~10年后方能逐渐成为台上的骨干演员，且以牺牲专业的文化学习为代价。在各种新媒体的冲击下，市场化的川剧演出的收入难以得到保证，川剧演员的发展前途难以得到保障。如果走市场化的道路，将不会有家长把自己的小孩送到艺术职业学院或者川剧团来学习川剧表演。目前，观众选择多样化，对川剧了解不多、喜欢不深，川剧演出收入无法保障，导致现有川剧演员不再愿意把更多的时间花在川剧剧目的排练上。加之现阶段川剧演员断层严重，又无新生力量补充，不仅大戏难以排演，就连排练和演出10来人的折子戏，也需要到兄弟院团借人借道具才能开展，实有捉襟见肘之窘境。由于以上原因，川剧难以出精品，给普通大众留下的印象只剩下吐火、变脸等一般性技艺，观众对川剧所蕴含的精湛的表演艺术、深厚的文化内涵、生动形象的道德教化功能不能有深刻体会，越发使得川剧失去群众基础。由于没有演出需要，川剧的剧本创作就显得没有必要，没有优质的剧本和优秀的演员，就排演不出优秀的剧目，川剧便在这样的恶性循环中逐渐消亡。

2. 振兴川剧的具体措施

（1）形成不同针对目标的振兴方案。以"心连心"艺术团改制转型成功的经验为基础，结合其他县级剧团面临的问题形成一套方案，在县级剧团进行推广，主要承担文化惠民、下基层演出、戏曲进校园等任务，重点解决县级川剧团的生存和发展问题。另外，以内江、自贡等市级川剧团的经营和发展经验为基础，结合其他市级川剧团的现状形成一套方案，在市级川剧团进行推广，重点解决川剧的传承、保护以及创新发展问题。

（2）解决各市、县川剧团的编制问题。川剧发展走小众的、雅的定位明确后，顶层设计就变得简单。一是根据现有全省各地川剧团的业务水平，以及各地人口数量、经济发展水平、群众基础等基本情况，确定一定数量的川剧团作为四川省非物质文化遗产保护传承单位或者振兴川剧基地，并将其作为公益一类事业单位，确定编制岗位数量，享受全额财政拨款。其他的川剧团可以作为公益二类事业单位，自筹部分经费。有了这样的制度设计，川剧团的演员便有了基本收入保障，可以专心排练节目，无后顾之忧，也可以吸引人才，储备后备演员。

（3）对剧场、设施进行整修维护。剧场是川剧演出的阵地和平台，也是川剧排练的主要场所，一个标准化、设施齐全的剧场对于川剧团来说至关重要。对各市、县川剧团现有的剧场以及相关设备设施进行整修和维护，对不能满足现有演出需要的设施设备、服装道具等进行更新换代。对于没有演出和排练场所的川剧团，可以由政府提供部分经费，租用具有条件的其他场地进行演出和排练。

（4）要加大专项经费和政策支持。建立政府购买公共文化服务的机制，将川剧演出纳入政府采购公共文化服务目录，由各地财政安排文化惠民专项经费购买服务（惠民演出、对外接待、文化交流、戏曲进校园、送戏下基层等），另外安排非物质文化遗产保护专项经费，用于川剧艺术的传承和保护。同时也要积极落实中央、省出台的关于支持戏曲传承发展的相关政策，给予川剧团政策支持。

（5）要重视川剧后备人才的培养。成都市川、内江市、泸州市在培养川剧后备人才方面进行了大胆的探索。2012年9月，成都市在财政部门的支持下，面向全省新招收了44名川剧相关专业团带班学员作为第三梯队人才进行培养。泸州市和内江市分别于2017年和2018年委托四川艺术职业学院各培养30名川剧演员，由政府支付学费、生活费等相关费用。学员学成后，经考核进入当地川剧团成为正式演员，并在团内继续深造，更据所学的专业，学习功法剧目，排演传统剧目和现代剧目，通过实践快速成长，从而挑起剧团艺术生产的大梁。

B.13
四川老字号保护发展报告

四川省社科院历史所课题组*

摘　要: 本报告探讨的四川老字号包括由商务部认定的中华老字号和
四川省商务厅认定的四川老字号。老字号是具有独特历史、
文化、商业价值和有良好信誉的产品、技艺或服务品牌。四
川老字号在行业上主要集中于饮食和酿酒业,地域上主要集
中在各政治经济中心。目前四川老字号发展参差不齐,有些
企业在转型中面临发展困境。就此我们提出了深挖文化内涵
价值、集团化产业化发展、"走出去"战略等建议。

关键词: 四川老字号　文化商业价值　产业转型

　　当今市场经济以无法想象的速度迅猛发展,技艺或产品不断创新迭代。
一个企业、产品、技艺的存废受制于时代环境,取决于市场大众的选择。四
川老字号在这样的时代背景下,面临着前所未有的机遇和挑战。

一　四川老字号的总体情况

　　老字号是历史悠久,拥有世代传承的产品、技艺或服务,具有鲜明的中

＊　本课题组成员:张彦,四川省社会科学院历史研究所副研究员,研究方向为巴蜀文化;岳崇
磊,四川省社会科学院研究生;姚刚,四川省社会科学院研究生;贾良宜,四川省社会科学
院研究生;贾丽红,四川省社会科学院研究生。

华民族传统文化背景和深厚的文化底蕴，取得社会广泛认同，形成良好信誉的品牌。①

2006年4月，商务部发布《"中华老字号"认定规范（试行）》，其中规定中华老字号的认定条件为：（1）拥有商标所有权或使用权；（2）品牌创立于1956年（含）以前；（3）传承独特的产品、技艺或服务；（4）有传承中华民族优秀传统的企业文化；（5）具有中华民族特色和鲜明的地域文化特征，具有历史价值和文化价值；（6）具有良好信誉，得到广泛的社会认同和赞誉；（7）国内资本及港澳台地区资本相对控股，经营状况良好，且具有较强的可持续发展能力。四川省商务厅在《"四川老字号"认定规范（试行）》中规定四川老字号为：（1）拥有商标所有权或使用权（商标已获得注册或已受理商标注册事宜）；（2）品牌创立于1956年（含）以前；（3）传承独特的产品、技艺或服务；（4）有传承四川优秀传统的企业文化；（5）具有民族特色和鲜明的四川地域文化特征，具有历史价值和文化价值；（6）具有良好信誉，得到广泛的社会认同和赞誉；（7）境内资本及港澳台地区资本相对控股，经营状况良好，且具有较强的可持续发展能力。

本文所探讨的四川老字号包括四川中华老字号和四川老字号，其中四川中华老字号48家、四川老字号125家（含四川的中华老字号）。

四川中华老字号包括：第一批26家，分别是成都的"龙抄手""陈麻婆""赖汤圆""钟水饺""夫妻肺片""荣乐园""盘飧市""耗子洞""带江草堂""全兴""鹃城牌""绍丰和""德仁堂"、宜宾的"五粮液"、泸州的"泸州老窖""郎牌"、德阳的"剑南春""雄健丰田"、遂宁的"沱牌"、南充的"保宁蒸馍""保宁醋""烟山牌""鼎兴"、资阳的"临江寺"、巴中的"江口醇"、自贡的"太源井"，第二批22家，分别是南充的"川北""贵族王中王"、成都的"痣胡子""张老五""洞子口张""汤长发""桂花

---

① 商务部等14部门关于印发《关于保护和促进老字号发展的若干意见》的通知，2008年3月31日。

庄""韩包子""胡开文""庚鼎"、绵阳的"丰谷""清香园"、泸州的"护国岩"、乐山的"桥""苏稽"、眉山的"彭祖"、自贡"天车""龚倩"、德阳的"罗江"、内江的"梓潼宫"、遂宁的"全泰堂"、阆中"寿昌号"。① 四川中华老字号是四川具有深厚历史文化的企业的代表，是在全国具有影响力的品牌。

四川老字号相对于中华老字号，名气不如后者大，但在四川地区也是有一定影响力的品牌企业。迄今为止，四川省商务厅分三批共评定四川老字号125 家（含四川中华老字号），期中第一批 59 家（2006 年）、第二批 29 家（2008 年）、第三批 37 家（2009 年）。

从四川老字号行业分布情况来看，125 家老字号中，有饮食业 57 家、酒业 25 家、调味品 9 家、药业 7 家、酿造业 7 家、纺织业 7 家、其他 6 家、豆瓣业 5 家、茶业 2 家，主要集中在饮食业、酒业、调味品业、药业、酿造业、纺织业等产业，其中饮食业和酒业占比最高，分别达 45.6% 和 20%（见图 1）。四川物产丰盈，历史上多次移民，特别是清代以来湖广填四川，各种美食荟萃四川，造就了今天名扬天下的川菜。而四川酒业历史悠久，以四川泸州老窖为例，这里拥有我国建造时间最早、使用时间最长、保存最为完整的"中国第一窖"老窖群。四川独特的地理气候，适合多种野生中草药的生长，因此医药业也有相当占比。

从四川老字号地域分布情况来看，125 家老字号中，成都 38 家、自贡 6家、泸州 7 家、德阳 7 家、绵阳 4 家、广元 3 家、遂宁 6 家、内江 6 家、乐山 6 家、南充 13 家、宜宾 2 家、巴中 6 家、雅安 3 家、眉山 9 家、资阳 4家、广安 1 家、达州 4 家，主要集中在成都、南充、眉山、泸州、德阳等地。这些地区都是区域政治经济中心，人口密集，交通便利，是历史上人文经济发达之地，也具备自然资源之利，具有雄厚的商业基础。雄厚的经济基础为老字号的发展创造了条件（见图 2）。

---

① 《中华老字号信息管理》，http：//zhlzh. mofcom. gov. cn/searchEntps. do？ method = andiqudow nload。

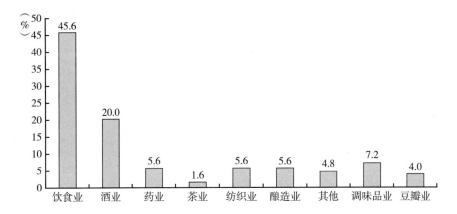

图1　四川老字号的行业分布

数据来源：四川省商务厅网站。

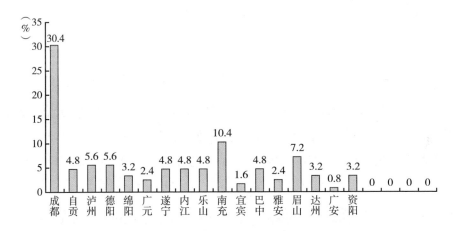

图2　四川老字号的地域分布

数据来源：四川省商务厅网站。

二　老字号的文化和商业价值

老字号生动的故事、优质的产品、高超的技艺、良好的经营理念等，既是中国优秀的物质与文化结晶遗存，也是文化记忆的主要载体。老字号产品

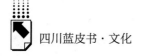

是人们与传统历史文化沟通的一种心理方式，每次与老字号的互动实践都是一种对过去的回忆与重构。总结它们背后的这些内涵，对我们今天发展社会生产、弘扬优秀传统文化具有积极的启示作用。

（一）老字号体现了艰苦创业的精神

每个老字号的背后，都有着一个不同寻常的生动创业故事。中国传统文化中吃苦耐劳、自强不息、积极进取的精神品格，与当今的创业精神一脉相传。赖元鑫挑着担子在烈日风雨中走街串巷，陈麻婆起早贪黑地洗刷烹炒，他们都是靠着这种吃得苦中苦、方为人上人的创业精神，才在社会上立足，并创造出众人颂扬的品牌。在现代人看来，这些小摊小贩是创业，但在当时老百姓眼里，他们只是因生活窘迫而干点辛苦的营生养家糊口。这些行业是辛苦利微的小生意，但在老字号创业者精心操持下，钱财积少成多，生意都逐渐壮大起来。赖元鑫利用积攒的收益在成都的繁华地带春熙路北街口开了一家汤圆店，店名为"赖汤圆"。邹瑞麟初创"三江茶园"，他坚守信用，不断进行创新，采取薄利经营的策略，生意越来越兴旺，于是扩大店面，成立了带江草堂。总结这些老字号创始人的创业成功之道，可以看到他们身上都有如下特点：不安于贫困，而是积极主动，创业致富；不固执保守，而是善学精思，发展壮大；不好吃懒做，而是吃苦耐劳，艰苦奋斗；不挥霍无度，而是以小博大，聚沙成塔。这些人的成功经历，都是值得当今白手起家创业者学习的典型范例。

满足客户需求是老字号得以存续之道。老字号传承至今，必然具有其独特的价值。提到老字号的产品，大家想到的多是产品优良。老字号产品的生产者精心地劳动工作，其成果明显地体现在产品或服务的质量上，只有如此，他们才能得到消费者的认可，才能在业界立足，才能获得利润以发展壮大。

从物质方面看，老字号生产出了满足人们需要的优秀的产品，与客户心理高度契合，对客户消费高度负责。从客户角度而言，老字号能够生产出优质产品产品，提高了人们的生活质量，提升了顾客的幸福指数，客户自然愿意为老字号的产品支付费用，同时消费者也会发自内心地去赞赏并宣扬老字号的产品。于是，顾客和老字号之间通过优秀的物质产品形成了亲密的情感关系，久而久之，顾客由满足感产生归属感，这种情感逐渐固化为一种文化，作为记忆不断传承下去。因此，创造生产出符合用户需求与品位的产品，是老字号企业的珍贵特点，这正是当今企业需要深刻认识的重要内容。

（二）老字号体现了工匠精神

老字号的高质量产品背后无不体现一种工匠精神。这种工匠精神主要表现为一种不断创新的精神和精益求精的工作态度，即人无我有，人有我优。

老字号的创立本身就是一种创新精神的结果。郫县豆瓣就是一个案例。郫县豆瓣伴随着一段艰辛移民史而产生。明末清初，福建人陈逸仙长途跋涉入川，所带作为干粮的胡豆霉变，陈逸仙以辣椒拌而食之，竟觉味美无比，便萌发了生产豆瓣酱的设想。经过不断的尝试实验，逐渐摸索总结出科学的流程，创造了美名远扬的郫县豆瓣，这便是创新的成果。郫县豆瓣产生之后，并没有裹足不前，而是随着川菜的需要而不断创新。川菜以豆瓣酱为主要调味品，不同的成分配比方式可以变化出麻辣、酸辣、椒麻、蒜泥、鱼香、红油等不同风味，使川菜蜚声中外。麻婆豆腐麻辣香、鲜嫩美的特色，也是厨师们一次次总结实践经验、不断调整、融合、创新各种原料和方法而成的。当今郫县豆瓣、赖汤圆、钟水饺的工业化生产，已经使这些产品走入千家万户，这也是后人与时俱进、不断创新的结果。

精益求精包括专业化程度，还包括精神追求，它所对应的是实现超卓的技能和追求完美的态度。没有工匠精神，产品、技能一定行之不远。一些老字号品牌的工匠大师们，他们对细节精求、对产品负责、对工作专注的态度，都达到了严苛的地步。这种工匠精神既是一种爱岗敬业的职业道德，又是为了用户满意的一种诚信友善的精神自觉。泸州老窖古老酿酒技艺口授心传的传承，代表着专一与精深。酿造过程有数百道工序，每一个环节都不允许有丝毫马虎，只有把全部的心思投入，才能酿造出美酒。一般人要想成为一名真正的酿酒大师，必须有对职业的兴趣、对技艺的热爱、精力的投入和永不放弃的坚守。同样，四川"全兴"老字号之所以能不断延续发展，是因为他们始终坚守着儒家文化唯精唯一的匠心，才使得旗下的全兴大曲和水井坊两个古老品牌为成都浓香型白酒带来了优良的声誉，也把成都乃至川酒推向了全国及全球。

（三）老字号值得称道的经营法则

一个老字号能长久传承，与其值得称道的经营管理法则不无关系。当今社会，企业的核心竞争力之一便是经营管理能力。传统老字号企业，就具有许多值得称道的朴素管理特点，如仁爱、诚信经营等。仁爱之心是儒家的核心思想，在商业经营中重视仁心和以人为本是一些老字号的准则。四川德仁堂是一家具有近百年历史的老字号药店。创始人乐达仁先生出身于医药世家北京同仁堂，后选择在成都春熙路南段开药店，取名为"德仁堂"，坚持同修德仁、济世养生的经营准则。其质量第一、信誉第一、优质服务、顾客至上的经营理念延续至今。德仁堂恪守北京同仁堂炮制虽繁必不敢省人工，品位虽贵必不敢减物力的诚信理念，因此至今依然声誉卓著。儒家文化背景下以义取利、诚信经商、互惠互利的经商道德对老字号影响颇深。在肯定企业要获利生存的同时，更强调了义对利的主导作用。"无欲速，无见小利。欲速则不达，见小利则大事不成"就能很好地解释这种思想。诚信的经营理念能促使商人们专注于产品质量，而互惠互利更体现了老字号长远的眼光和可持续发展的智慧。以四川耗子洞鸭店为例，这个老字号在20世纪50年代就在成都市民中有口皆碑了。创始人张国良当时就严遵"不怕无人买，只怕货不真；不怕无人请，只怕艺不精"的父训，为商业经营管理定下了严格的准则。在管理环节上，从供应链采购开始，到生产、销售，制订了朴素的经营之道。如：在采购环节上严格把关，进货所选鸭、鹅不取老、小、瘦、死，只要大、肥、嫩、活，现杀现用；生产环节的配料，腌、熏、蒸、炸、切盘、装盘，无不精心对待；销售环节要求"只卖好，不求多，剩买主不剩货，要求卖完早收摊，晚间不经营"；如遇生意不好，则剩余的食品在关门前就收回，由其他地方推销，绝不在店卖陈货。久而久之，便赢得了顾客的信赖。

（四）老字号的品牌塑造与传播经验

再好的品牌，也需要宣传，有时候"酒香也怕巷子深"。取一个好的招牌与利用名人传播，对老字号的发展和壮大极为有利。成都的带江草堂初创时，取名三江茶园。后来一位文人顾客在优美的环境中享受美味之后，便借杜甫诗句"每日江头尽醉归"，改"尽"字为"带"字，赠"带江"二字给邹老板，于是三江茶园改名为带江草堂，文化意蕴悄然而生。郭沫若品尝到带江草堂的鱼后，赋诗赞曰"三洞桥边春水深，带江草堂万花明。烹鱼斟满延龄酒，共视东风万里程"，更是无形中增加了店的名气。著名的四川籍文化名人巴金、沙汀、李劼人、欧阳予青等也经常聚会于此。海内外名流接踵而至，文人雅士的传颂褒奖起到了巨大的广告效应。

优美的雅号能吸引更多人的眼球，刺激消费者的体验欲，这些都是当今商业经济中品牌塑造和传播不可避免采用的手段。盘飧市创办于20世纪30年代，牟茂林、杨汉江、冷远举三个文化人联合创办了一家卤货店，店名取自杜甫《客至》中的诗句"盘飧市远无兼味，樽酒家贫只旧醅"。杜甫的这首诗，犹如一副风景秀丽的画卷，并且充满了浓浓的、温馨的邻里之情，从中可以体会到宾主之间真诚淳朴的情谊以及觥筹交错的和乐气氛。"盘飧市"这一绝妙取名，激起了许多人的好奇心，很多顾客特地来体验品尝。另外，三位老板在选择店址时也很用心，把店堂选在人流巨大的成都锦江剧场附近，这样许多热爱看川剧的人物都成为盘飧市的座上客，这些顾客在无形中也为盘飧市做了免费的广告宣传，起到了极大的推广效果。这些利用优秀传统文化取名和利用文化名人来进行推广的手段至今仍有借鉴意义。

三　四川老字号的发展现状

老字号企业因其历史的悠久和长期塑造积累的品牌，在社会大众中形成良好的口碑，这对老字号企业的发展和壮大有积极影响。从1953年的公私合营到改革开放后的公司改制，老字号企业的所有权和经营权历经多次变更。改革开放后，老字号企业在市场化的浪潮中有经历转型获得新生的情况，也有转型失败、经营状况一泻千里的情况，更有被市场边缘化退出市场的情况。以成都市为例，经营不善逐渐消失的老字号企业有韩包子、荣乐园等；老字号品牌仍在，但影响力已大不如前的老字号企业有夫妻肺片、桂花庄等；老字号品牌被其他商家盗用、滥用的情况，如钟水饺、赖汤圆、张凉粉，这些品牌对大众的吸引力已经大大缩水。

进入 21 世纪以来，年轻一代对传统文化的认同感不如中老年一代，而中老年一代又逐渐老去。老字号品牌的受众群体出现减少甚至断层的现象，对老字号的发展壮大有所制约。老字号在现代市场中的繁荣和消亡，一方面是市场充分竞争的结果，另一方面是老字号企业在转型过程中不能准确把握时代趋势、经营管理不善的结果。

（一）老字号品牌塑造和经营模式

老字号品牌重在一个"老"字，少则几十年，多则数百年，其品牌的形成是消费者对其产品高度认可的结果。老字号所蕴含的深厚历史文化底蕴，凝聚着精益求精的工匠精神，代表着民族的传统文化，是民族文化的瑰宝。老字号所包含的传统文化精神内核在当代社会仍有存在的价值。

老字号的成长、消亡也有其历史发展周期，针对品牌生命周期的问题，国内外学者多有研究。有学者认为可以将老字号品牌的生命周期划分为成长阶段、成熟阶段、老化阶段和休眠阶段。[①] 老字号品牌同普通品牌最大的区别在于老字号具有深厚文化内涵，在现代社会中仍有存在的价值。要充分发挥老字号的潜能，依托现代企业让其重新焕发生命力才是根本。依靠科学理论，着重把握老字号的成长周期，为老字号品牌在新的历史时期继续健康发展做理论指导。

中华老字号企业的经营模式可以概括为以下几种：前店后厂、自营连锁、授权加盟、网络销售、由经销商进行销售等，企业采用一种或多种经营

---

① 李飞：《中华老字号的生命周期研究》，《北京工商大学学报》2015 年第 4 期。

方式。① 四川老字号企业曾经采用的前店后厂模式因不能适应现代化已经消失在历史中。当前四川老字号企业经营模式以自营、加盟为主。经统计，自营连锁模式占老字号企业经营模式的比例为35%。在互联网时代，部分老字号企业也重视互联网销售，据统计，仅有4.17%的企业积极采用互联网渠道线上、线下相结合的经营模式，但84%的老字号的产品可以通过网上购物平台购买。② 四川老字号企业的经营模式趋向多元化，能够迎合新的商业发展模式，运用新的销售模式销售自身产品。

（二）老字号产品创新和人才培养情况

人才与创新是一个企业不断发展壮大的动力源泉，四川老字号企业的发展离不开人才的培养和技艺的传承创新。20.83%的企业为满足市场需求拓宽了经营服务范围，79.17%的企业依旧面临产品结构单一的发展问题。只有25%的企业对产品进行了技术升级与革新；31.25%的企业拥有自主的产品技术研发中心，并且配备有专业的技术传承人，③ 可以看出四川地区的中华老字号企业创新意识不足。政府意识到传统文化品牌的重要性，以非物质文化遗产保护的方式对老字号品牌进行保护，这也是国际社会的通常做法。得到政府保护的老字号避免了被市场淘汰的命运，而非遗传承人的确立可以保证老字号企业人才传承的连续性，避免人才断层。企业的发展还需要改进产品和技艺，只有不断创新才能保证企业的存活。从统计数据来看，四川老字号企业在经营模式和产品技艺改进创新方面还面临不小挑战，改进的空间还很大。

（三）老字号的发展困境

老字号企业面临的困境主要集中在以下几个方面：技艺传承障碍；商标纠纷；缺乏技术人才，创新不足；代表性网点消失；历史文化原因。

---

① 陈丽芬、果然：《中华老字号发展现状及、问题与对策》，《时代经贸》2018年第32期。
② 成都读城投资有限公司编《走进四川老字号》，内部资料，2017。
③ 该数据来源于成都读城投资有限公司编《走进四川老字号》，内部资料，2017。

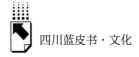

1. 技艺传承障碍

老字号的技艺传承条件及经营理念相对落后，缺乏创新能力。老字号多为家族世代相传，对继承人的挑选条件较为苛刻，例如汤长发麻饼的制作配方和制作工艺秘不外传，而且只传儿媳、不传儿女。为了更好地发扬传统制作工艺，汤长发麻饼的第六代传承人程氏打破祖训，把制作秘方传给儿子汤克勤（汤仕元的第七世孙）和儿媳皮仁远。① 这在一定程度上给老字号企业的技艺传承增添了保险。同时，由于老字号多兴起于家庭作坊，更多采用家族式管理，缺乏科学的企业生产管理流程和管理人才，产品不能满足人们的需求，市场份额萎缩，丧失了市场竞争力。

2. 商标纠纷

老字号企业缺乏对自身品牌的保护意识，老字号品牌被盗用、滥用的情况时有发生，而老字号企业后期维权的经济成本较高，这在一定程度上削弱了老字号的品牌价值。以成都地区为例，老字号品牌钟水饺、麻婆豆腐等品牌也存在大量被人盗用的情况。面对众多的盗用商家，钟水饺的母公司四川省成都饮食公司通过法律途径采取维权，经济成本巨大。盗用钟水饺品牌的商家因资质和生产工艺参差不齐，无形中损害了老字号的品牌价值。再者，老字号本身既是商标名，也是菜名，商标名的使用涉及侵权问题，但菜名则是公共的，人人都有使用权利，因此市面上假冒伪劣产品较多，企业自身打假维权力度受限。

3. 缺乏技术人才，创新不足

很多老字号为家族型传承，但老一代传承人逐渐退出后下一代年轻人为了追求更大的发展空间和发展机会又拒绝接受传统手艺，导致一些民间手工艺技术面临失传的风险。另外，由于现代科技快速发展，传统工艺逐渐被现代科技所取代，老字号的手艺人为解决生存问题，不得不放弃。老字号企业坚守传统产品，在保持老味道、老工艺、老特色的同时，其生产模式很难有所突破，企业的人力、物力、财力也不足以支持扩大经营规模和技术创新。

---

① 成都读城投资有限公司：《走进四川老字号》，内部资料，2017。

以餐饮类老字号来说，在产品上面创新有难度，现阶段主要是创意创新，包括就餐环境、餐具使用、用户体验。品牌问题上，老字号的口碑一方面来源于老百姓的历史记忆，另一方面是名人效应，因此在文化层面上的创新也不多见。

4.代表性网点消失

城市建设使老字号正在离开它的标志地点。老字号消失与城市建设规划有关，受拆迁、租金、行业调整、选择性招商等客观因素的影响，一些曾经带有地标性质的老字号门面正逐渐离开其标志性地点，网点优势正在丧失。经营场所的变更让其营业额急剧下降，进而造成恶性循环。

5.历史文化原因

老字号大多经历过 20 世纪 50 年代的公私合营和改革开放后的公司改制，企业的所有权和经营权历经多次变动。改制后的企业背负沉重的历史包袱。参加改制的职工既是股东又是劳动者，但股权过于分散、新进员工没有持股，使得企业难以轻装上阵，出现人员多、底子薄的局面，扩张发展资金不足。再者，老字号企业发展思想保守。管理层人员多为"50 后""60 后"，思想上延续了计划经济条件下卖方市场的思维，使得老字号企业缺乏竞争的压力和意识，观念更新难。

四 四川老字号的发展路径

老字号经过几十年、上百年时间所积累起来的口碑，在当代社会仍有巨大的文化价值和经济价值。深入开发老字号的精神价值和文化价值在保护传统文化、留住传统技艺等方面仍有积极意义。

（一）深挖、提升老字号的价值

2017 年，商务部等十六部委联合下发《关于促进老字号改革创新发展的指导意见》，提出推动老字号传承与创新、加强经营网点保护、推进产权改革等三个方面的改革，以及促进老字号企业可持续发展的八项任务，为我

国老字号企业的保护、振兴与发展指明了方向。基于国家的老字号振兴方针，我们可以从两方面提升老字号的内涵价值。

1. 提升老字号产品的形象价值

年轻人的消费潜能极大，是当今的主流消费群体，因此老字号产品必须转向"吸引下一代，稳固上一代"。针对曾经的或者已有的消费群体主打"温情回忆牌"，引起消费者的生活记忆，吸引他们再次消费。针对年轻一代消费群体则要创新产品形象、产品营销理念，迎合年轻一代的审美标准和生活理念，吸引他们的关注。这其中包括包装设计的更新升级，要使产品既保留原有的厚重历史感又不缺乏时代的新鲜感。

2. 保护老字号产品的文化价值

老字号不能只依靠其发家史而不融入当代社会文化价值。商品的更新换代发展，不仅是产品质量、生产技术的革新发展，更应该包含时代精神和时代发展主流价值。老字号原有的文化历史内涵以及制作工艺需要我们继续深入挖掘，对于部分极具文化价值的老字号，还要以非遗的形式进行保护。

（二）优化老字号产业发展路径

老字号源起于自给自足的小农经济社会，有着小农经济的脆弱性和不平衡性。以个体作坊为主的老字号多以家族形式进行经营，手工生产、规模小、耗时多，无法够满足市场的需求，也很难形成集团效应，缺乏影响力。怎样用传统工艺满足大批量、产业化生产的要求是老字号面临的发展困境。传统工艺工序复杂且要求标准高，不能批量化大规模生产。产品的传统工艺特色和经济效益之间的不平衡是个大问题，这一问题可以通过连锁经营的策略得到解决。连锁经营的每一个点都是小规模的，在每一点上的生产、经营都和传统工艺相匹配，多个锁经营点联合起来就是一个庞大的集团群，这样也能够达到工业化、产业化生产的规模效益。

（三）借助新媒体讲好老字号品牌故事

在电商高速发展的时代，老字号也要拓宽其宣传途径，改变宣传模式和经营理念，植入年轻化的基因。用新的想法抓住消费者，用新的传媒方式渗入消费者生活，主动拥抱互联网时代，赢取年轻一代的消费市场。

利用影视讲述品牌故事。人们喜欢老字号不仅因为它的产品质量好，还因为它包含许多动人的故事，有几代人的情怀。所以我们要抓住老字号独有的文化底蕴，大力开发老字号的品牌故事，展现老字号的品牌精神。

（四）实施老字号"走出去"战略

老字号在改变宣传方式的同时还要积极地开拓其他地区的市场。老字号有着极强的地域性，这是它的本土优势，也是它难以向外发展的劣势。由于老字号与其他品牌存在地区间的文化差异，如果想让老字号顺利地"走出去"，就必须在保持老字号文化先进性的同时开放怀抱融入其他文化。

将本土老字号品牌推向国外也是值得考虑的方向。现在我国的一些老字号已经走出国门，被其他国家的消费者所接受，甚至有的老字号"墙内开花墙外香"，在国内没有什么知名度，在国外广受欢迎。

B.14
巴蜀美术传承发展报告

唐 林[*]

摘 要: 巴蜀地区是古代中国美术活动最频繁、遗存最丰富的地区之一。尤其是绘画、雕塑和工艺美术三个门类,它们是古代巴蜀人创造的中国和世界文化遗产,也是留给当代巴蜀人民最珍贵的财富。如何传承它们中最精华的部分,是巴蜀地区各地面临的重要课题。本报告评估了巴蜀地区目前有影响力的美术传承(遗产)地以及近年来重要的美术传承活动和项目,并就存在的问题提出了建议,希望巴蜀美术在传承的基础上获得更大的发展。

关键词: 巴蜀美术 非物质文化遗产 美术传承

巴蜀,古代是指四川盆地及其附近地区,地处中国西南地区,今天指重庆市和四川省,文中也称川渝。

美术是艺术门类之一,是用一定的物质材料,如纸张、画布、颜料、泥土、木料、石头、金属等,塑造可视的平面或立体的视觉形象,以反映自然和社会生活,表达艺术家思想观念和感情的一种艺术活动,也叫造型艺术、视觉艺术。主要包括绘画、书法、建筑、雕塑、工艺美术等五大门类,俗称"大美术"。因此,本文中美术的概念是个大概念,而不只是专指绘画一个种类。

---

* 唐林,四川省社会科学院艺术研究中心主任,研究方向为四川绘画史、书法史、雕塑史、工艺美术史。

绘画，包括水墨画、油画、壁画、版画、水彩画、水粉画等。书法指中国书法，如篆书、隶书、行书、草书、楷书等。建筑指纪念性建筑、宫殿陵墓建筑、宗教建筑、住宅建筑、园林建筑、生产建筑等。雕塑包括石雕、陶雕、金属雕刻等。工艺美术包括玉器、金银首饰、象牙雕刻、景泰蓝、漆器、壁挂、陶艺等。

本报告中的传承，是一个广义词，包括传递、传授、继承等含义。

美术传承，即传递、传授、继承巴蜀传统美术中优秀的内容，弘扬优秀民族文化和优秀巴蜀文化。

巴蜀美术在历史上有过辉煌的一页。如绘画，产生了黄筌、黄居寀、文同、苏轼、赵昌、牧溪、蒋兆和、张大千等绘画大师，创立了中国著名的黄筌画派和湖州竹派。书法，产生了苏轼、李建中、破山海明、郭沫若等书法大师。建筑，有宝墩古城、船棺葬、大石墓、渠县汉阙、成都王建墓、龙泉驿明王墓、乐山彭山汉代崖墓、三台中江汉代崖墓、重庆明玉珍墓等。雕塑有乐山大佛、荣县大佛、大足石刻、安岳石刻、广元石刻、巴中石刻，还有德阳三星堆铜像、击鼓说唱俑、立式说唱俑等。工艺美术有金沙遗址太阳神鸟、三星堆青铜神树、绵阳何家山东汉摇钱树、蜀锦（包括新疆尼雅遗址出土的"五星出东方锦"）、蜀绣等。[①] 它们均在中国美术史上占有极其重要的地位，是巴蜀人创造的中国和世界文化遗产。就巴蜀美术传承来讲，传承的就是巴蜀美术中最精华的这些部分。[②]

一 发展概况

党的十八大以来，巴蜀美术发展空前繁荣，专业美术机构发展势头良

---

① 唐林：《四川美术史》（上册·先秦至隋唐），巴蜀书社，2015；唐林：《四川美术史》（中册·五代两宋），巴蜀书社，2017。

② 由于重庆相关资料缺乏，本报告主要涉及四川省，少量涉及重庆市。由于本报告字数限制，仅介绍巴蜀美术最重要的部分，如绘画主要包括壁画、唐卡等，建筑主要包括峨眉山佛教建筑、青城山道教建筑等，雕塑主要包括大足石窟、安岳石窟、三星堆青铜像等，工艺美术主要包括蜀锦、蜀绣、竹编、雕刻等。

好，美术家创作热情不减，代表巴蜀美术方方面面的各类美术社团、博物院、画院、美术馆、各综合类高校美术专业、美术传媒和美术出版社、美术艺术品市场都获得了极大的发展。由于政府公共政策的支持，博物馆、美术馆等进入国家现代公共文化服务体系。美术成为各地党委和政府工作的一部分，在社会经济生活中发挥着越来越突出的作用。

过去几年，巴蜀美术传承作为四川历史文化传承的重要组成部分，得到了高度重视，取得了巨大进步。具体而言，在以下几个方面取得了累累成果：川渝两地美术传承地众多；国家"培训计划"和"资助项目"成绩卓著；各个层面美术传承活动多；美术传承活动针对性强，成效显著；巴蜀美术史相关研究成就突出。

在取得成绩的同时，我们也不要忽视存在的一些问题，比如川渝两地美术界交流不多、目前尚无美术各门类的专史、对巴蜀古代的书画大师宣传不够、各地对当地的美术历史资源的挖掘还不够充分等。

二　巴蜀美术传承发展的成就与突破

（一）川渝两地美术传承地众多

巴蜀地区的美术传承地非常多，在西部地区仅次于陕西，此处说的美术传承地指各门类美术作品展示之地，包括博物馆、美术馆、寺庙、石刻、墓葬、汉阙、遗址等。除博物馆、美术馆之外，它们大多数是国家文物保护单位、中国文化遗产地。

由于历史原因，四川地区美术传承地要远远多于重庆地区。限于篇幅，本文仅以博物馆、寺庙、石窟、美术馆为例进行介绍。

1. 博物馆

博物馆是美术传承的重要场地，因为它们展示的大多数展品都是"大美术"范畴内的古代巴蜀人创作的作品，其中以工艺美术、雕塑、建筑为最多。

巴蜀在国内外有影响力的博物院有四川省博物馆、重庆博物馆（中国三峡博物馆）、四川广汉三星堆博物馆、成都金沙遗址博物馆、成都杜甫草堂博物馆、成都武侯祠博物馆、遂宁宋瓷博物馆等。以下为各博物馆精品：四川博物馆的巴蜀青铜器、成都万佛寺石刻、历代陶器瓷器、历代工艺美术，尤其是汉代画像石和汉代画像砖；重庆博物馆的汉代画像石、汉代画像砖和汉阙；四川大学博物馆的古代石刻、服饰、陶瓷；广汉三星堆博物馆的金器、青铜器、玉石器、陶器；成都金沙遗址的古代遗址、金器、玉石器（其中"太阳神鸟"是中国文化遗产标志）；永陵博物馆的王建墓冢、地宫、石雕；成都杜甫草堂博物馆的古代园林、碑刻；成都武侯祠博物馆的雕塑、书法；遂宁宋瓷博物馆的宋代瓷器；成都蜀锦蜀绣博物馆的汉代织机等。

2. 寺庙

巴蜀的寺庙是仅次于博物馆的展示巴蜀古代美术之地，以建筑、雕塑、雕刻、绘画为最多。

巴蜀在国内外有影响力的寺庙有列入世界文化遗产的峨眉山各年代寺庙和青城山各年代寺庙，峨眉山、青城山的部分园林和寺庙建筑物是中国古代建筑的典范。以下为各寺庙精品：峨眉山飞来殿、无梁砖殿、华严铜塔、明代铜铸佛像；青城山建福宫、祖师殿、老君阁、圆明宫；宝光寺的五百罗汉雕塑、白塔；新津观音寺的明代壁画、雕塑；平武报国寺的明代寺庙建筑、壁画和雕塑；新都新繁万藏寺的历代书法碑刻；云阳张飞庙（张桓侯庙）的石碑、摩崖石刻、木刻书画；梓潼七曲山（全国文昌帝君的发祥地）大庙的盘陀石殿、桂香殿、天尊殿、百尺楼、铁质铸像。

3. 石窟

巴蜀石窟具有世界性影响，重庆大足石窟是世界文化遗产，巴蜀石窟以雕塑、建筑为主。巴蜀石窟是巴蜀地区的世界性文化名片。

重庆大足石窟以宝顶山、北山、南山、石门山、石篆山"五山"为代表，与敦煌、云冈、龙门等石窟一起构成了一部完整的中国石窟艺术史，最著名的建筑有转轮经藏窟、圆觉道场、万岁楼、圣寿寺，著名雕塑有千手观音、水月观音、观音变相、圣迹图、地狱变相、华严三圣。安岳石刻最著名的建筑有卧佛院、千佛寨、玄妙观、毗卢洞、华严洞、茗山寺、圆觉洞、孔雀洞、木门寺，著名雕塑有紫竹观音、华严三圣、卧佛等，还有卧佛院唐代石刻佛经。广元石刻以千佛崖、皇泽寺为代表，著名建筑有大云洞、莲花洞、牟尼阁、大佛窟、菩提瑞像窟，著名雕塑有莲花观音像、菩提瑞像、观音像、阿弥陀佛像。巴中石刻以南龛、水宁寺为代表，著名雕塑有分身瑞佛、草鞋天王、珂得谛母，石刻有飞天。巴中水宁寺有"水宁寺盛唐彩雕全国第一"之称。

4. 美术馆

中国现有的美术馆以展示"大美术"门类中的绘画为主，以书法、雕塑、工艺美术为辅。巴蜀地区最重要的美术馆是四川美术馆、重庆美术馆和四川美术学院美术馆，还有四川大学艺术学院美术馆、西南大学美术馆。巴蜀地区民间美术馆众多，成都有现代美术馆、成都大观美术馆、成都域上和美美术馆，重庆有华人当代美术馆、501当代美术馆、渝澳国际美术馆。

这些美术馆大多数时间展出现当代艺术家的作品，也有一些有关巴蜀传统美术的活动。四川美术馆曾举办四川省首届岩彩画·壁画展、手作匠心——首届西南青年版画创作推动计划、走向大众·传承经典四川美术馆馆藏精品展等展览，以及各种巴蜀美术的讲座。巴蜀地区的美术馆是巴蜀美术承上启下的重要窗口。

（二）国家"培训计划"和"资助项目"取得突破

1. 国家"培训计划"

中国非遗传承人群研修研习普及培训计划简称"培训计划"，由文化部和教育部共同设立，目的是提高传承人群的实践水平和传承能力，促进非物质文化遗产融入当代生活。中国工艺美术类别中的非物质文化遗产许多可归类于"大美术"的范畴，如刺绣、制锦等。

中国非遗传承人群研修研习普及培训计划涉及全国57所大专院校，四川省有四川大学、西南民族大学、成都纺专高等专科学校，重庆有四川美术学院、重庆文化艺术职业学院。四川也因此成为文化部确定的全国非遗传承人群培训六大基地（北京、上海、江苏、浙江、广东、四川）之一，将重点为中西部地区培训非遗传承人才。

"培训计划"已经开展的培训有：羌族刺绣的保护传承与当代设计（西南民族大学）、蜀绣（成都纺织高等专科学校）、漆艺（四川美术学院）、蜀绣（重庆文化艺术职业学院）、刺绣（重庆文化艺术职业学院）、编织（重庆文化艺术职业学院）。目前正在面向巴蜀地区陆续举办年画、剪纸、传统竹编、传统陶艺、西南民族服饰、藏族唐卡、民间刺绣、民间印染等方向的普及培训班。

2. 国家"资助项目"

"资助项目"指国家艺术基金艺术人才培养资助项目，由文化部设立，旨在引导、鼓励、支持艺术单位和机构提高培训质量，培养高素质专业人才。

绘画方面资助项目有：年画艺术创新人才培养（四川大学艺术学院）、巴蜀石窟造像绘画创新人才培养（西南民族大学）。

建筑艺术资助项目有：四川阿坝藏羌传统村落保护与民居创意设计人才培养（西南民族大学），旨在培养藏羌传统村落与文化遗产保护的专业人才、掌握建造技艺的实用人才，以及民居建筑与创意设计相结合的创新性人才，学员24位；传统古镇特色创新设计人才培养（四川美术学院）。

工艺美术资助项目最多，有羌族民族民间工艺与当代羌族地区旅游产品设计人才培养（西南民族大学）、四川残疾人蜀绣艺术人才培养（成都锦美蜀绣文化有限公司）、藏羌织绣艺术专业人才（阿坝藏族羌族自治州藏族传统编织挑花刺绣协会）、皮影工艺与创作培养工程（西南民族大学）、自贡扎染艺术创新人才培养（四川理工学院）、川剧脸谱艺术人才培养（成都市文化艺术学校）、荣昌夏布艺术创新人才培养（四川美术学院）、艺术设计人才培养（成都许燎源现代设计艺术博物馆）等。

一些个人也进入了国家艺术基金青年艺术创作人才资助项目，如四川大学张令伟进入中国画项目、四川美术学院张汉钦进入雕塑项目、绵阳市文学

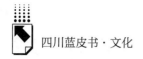

与书画艺术研究院唐龙进入书法篆刻项目、四川美术学院的何艳、罗黛诗、娄金、程琦、林文洁、范易和四川师范大学伍妍进入工艺美术项目。

另外，还有一些展览也被列入国家艺术基金资助项目，如四川美术学院"重拾营造"传统村落民居营造工艺作品展。

（三）各个层面美术传承活动多

在成都建立成都国际非遗博览园，举办成都国际非物质文化遗产节。成都国际非物质文化遗产节由联合国教科文组织、文化部、四川省人民政府主办，每两年一次，至今已举办6届。非遗节的一项重要内容就是民间绘画、工艺美术品的展示，集中展示了独具巴蜀特色的蜀锦、蜀绣、绵竹年画、梁平年画、夹江年画、藏族唐卡等国家级和四川省级非遗项目。非遗节还举办"巴蜀工匠"非遗精品展、传统工艺竞技展等活动，邀请传统织造技艺、木版年画、成都糖画、银器制作技艺、竹编、雕刻（木雕）、刺绣、面塑和糖塑等非遗项目的数百名传承新生代开展竞技展演。数百位国家级和省级非遗大师、工艺美术大师亲临现场，不但引起了广大观众的兴趣，也大大激发了巴蜀美术工作者对传承巴蜀美术的动力。

四川省诗书画院自成立以来，坚持打造巴蜀书画品牌，努力培育具有明显巴蜀地域审美取向和独特个人风格的精英书画人才队伍。近年来，实施巴蜀书画艺术传承创新工程，推进巴蜀画派名家工程和巴蜀画派人才培养计划，分为名家作品集、展览等项目。目前，已出版《四川汉代砖文研究》《四川东汉崖墓题记研究》等书籍，已推出冷柏青书法作品展、邓枫中国画作品展等展览。

四川省文化厅、四川文化创意产业研究院着力打造巴蜀传统工艺（手工技艺）振兴体系，举办2017传统工艺与现代设计学术交流会，就四川传统工艺面向新时代继承创新等话题进行了学术交流。举办巴蜀工坊·四川传统工艺与现代设计展，分四个展区展示四川非遗保护传承与创新的成果。一是竹编、油纸伞展区，二是织绣、唐卡、银花丝展区，三是烧造、漆器展区，四是皮影、木偶、年画展区，全面呈现了创新、传统与现代的巴蜀工艺，成为巴蜀工艺美术传承的一次盛会。

四川美术馆举办各种巴蜀美术传承活动。举办四川人"创立"的著名中国画派：黄筌画派与湖州竹派，列入 100 幅中国名画的四川绘画大师及其他，四川历代高僧绘画、书法珍品，四川古代入蜀美术大师及其影响等讲座。推出版画体验周、版画（藏书票、套色版画）体验、名家版画印制等系列体验活动，市民们在老师的示范和带领下，起稿、拷贝、刻制、上墨、磨印，逐渐熟悉木刻版画的每一个流程，充分体验版画创作的乐趣。

四川博物院持续多年的暑期蜀绣培训班、巴蜀书画兴趣班等活动，已形成品牌效应。其还开设了汉代陶石主题工作坊等固定的传统文化课堂，并以馆藏文物古蜀日月神图腾、画像砖、青铜器、张大千画作作为依托，开发出各类文创产品，这是一种巴蜀美术传承的新方式。

重庆美术馆不时举办与巴蜀美术相关的活动，如讲座"'汉字之美'系列讲座""战斗的艺术——抗战时期重庆波澜壮阔的木刻运动"，展览"长枪出击——抗战时期大后方版画运动文献展"等。

成都杜甫草堂博物馆利用馆藏文物、遗迹，推出青少年传统文化教育体验项目——"草堂一课"，以系统化的教学内容（包括书法、绘画、古代建筑、园林、鉴赏等）成为博物馆美术传承教育的成功案例。

四川省艺术院常年举办以"巴蜀书画艺术传承发展工程"为主题的各类培训班，如巴蜀书画艺术骨干培训班、全省花鸟画骨干培训班；邀请名家来讲座，如"中国花鸟画漫谈——以 100 幅中国名画的四川名画"、"四川美术的历史"等。

甘孜州积极开发白玉河坡手工艺、麦宿河坡手工艺、德格印经院雕版印刷、郎卡杰唐卡、稻城阿西土陶等传统民族工艺美术产品。郎卡杰绘画事业取得了长足发展，培训唐卡人才 60 余名，成立了炉霍县民族工艺技术培训基地。

阿坝州成立了藏族传统纺织挑花刺绣协会，先后培训 3000 余人次；成立了壤巴拉石刻协会，吸纳数百人进行石刻等文化产品制作；通过订单形式组织开展羌绣系列手工艺品制作。

（四）美术传承活动针对性强，成效显著

西南民族大学"巴蜀石窟造像绘画创新人才培养"项目、时长2个月，有学员25位。项目结束后，分别在大足石窟和西南民族大学举办成果展，展览展出学员作品共计108余件（组），包括油画、国画、漆画、综合材料等多种艺术表现形式。作品取材于千年川渝石窟造像艺术，兼具古典造型与现代审美，深刻体现了将历史文化传承发展与当代艺术创作相结合的理念，传承了石窟造像的本体意义，延续了它的生命力。

四川大学"年画艺术创新人才培养"项目（绵竹年画），时长1个月。培训班共有60名学员，全部来自德阳市绵竹县，均为从事绵竹年画技艺一年以上的传承人、从业者和相关人员。西南民族大学"羌族刺绣的保护传承与当代设计"项目时长1个月，有学员60人，均为羌绣绣娘，全部来自阿坝州羌族文化生态保护区的茂县、理县、汶川。成都纺织高等专科学校"蜀绣"项目时长1个月，有学员40人，均来自成都郫都区安靖镇。这些培训学员回到家乡，均成为美术各个方面的传承骨干。

除开国家和省级层面，基层一级的传承活动也在逐渐开展，并取得了实效，以四川德格八邦噶玛噶孜画派传承方式为例。

德格八邦噶玛噶孜画派是四川康区具有代表性的藏族绘画艺术流派。此画派于15世纪由南喀扎西活佛初创于西藏昌都市噶玛乡，其后经过几个阶段，画派中心转移到了四川阿坝州德格县八邦乡。目前，噶玛噶孜画派已经形成由四川德格八邦为中心辐射各个藏区的态势，甚至在海外也有传承。

改革开放前，德格噶玛噶孜画派主要传承方式有两种：寺院传承、师徒传承。其中师徒传承中影响最大的是通拉泽翁大师，其著名弟子有画师贡萨降巴、卓孙达吉、尼玛泽仁（第十世班禅大师的画师）、郎普颜登、泽翁加措、布德、呷马多吉等。

改革开放之后，噶玛噶孜画派在以师徒传承为主要方式的基础上，传承方式走向多样化。四川民族学院（原康定高等师范专科学校）美术系开设了专门的唐卡绘制课程，四川省藏文学校开办了唐卡专业，开始的几届学生集中在德格八邦寺，由著名唐卡画家通拉泽翁大师亲自指导，这些弟子中一些优秀者，已在德格噶玛噶孜唐卡绘画艺术中具有相当的地位，一些人甚至名扬海外。

除了学校教育传承之外，民间师徒传承的方式也得到发展。德格仲萨寺康谢五明佛学院开设有工艺班，学员多为当地青少年，对其培训的目的在于通过对唐卡绘画的深入学习找到工作，唐卡班主要学习通拉泽翁的画法。

还有私人作坊式传承，这种形式以营利性绘画为主，附带传授，也达到了相当较有规模。白玉寺扎西多吉画师是著名的唐卡画家，他带领 37 个画师在八邦寺作画两年，之后一直在白玉。白玉寺的唐卡绘画班多为该寺作画，采取承包制。

特别要提到的是四川甘孜州实施的格萨尔千幅唐卡绘制工程。这个项目由根秋扎西等当地著名艺人发起，政府文化部门参与，属于甘孜州打造的世界级文化精品，是一个再现格萨尔和噶玛噶孜画派艺术的重大工程。1200多幅唐卡组画，内容为《格萨尔王传》故事，所有唐卡均使用噶玛噶孜画派的画法。画家们来自四川、青海、西藏、甘肃等省份藏区。这些唐卡画家们齐聚甘孜，互相学习、互相讨论，有助于画派的继续发展。加之参与者有许多年轻画家，为画派传承增加了新鲜血液。绘制工程不但增加了该画派的知名度，也增强了人们对噶玛噶孜画派唐卡的了解和重视。[1]

（五）巴蜀美术史相关研究成就突出

美术史，包括绘画史、书法史、建筑史、雕塑史、工艺美术史，是整个美术传承事业不可分割的重要组成部分，它不仅对古代美术有传承的作用，也对今天的美术创作起到支撑作用。在川渝地区，除了笔者的《四川美术史》之外，在美术五大门类方面，关于巴蜀美术的研究取得了较为丰硕的成果。

---

[1] 雍西：《德格八邦噶玛噶孜画派传承方式简述》，《康定民族师范高等专科学校学报》2007年5期。

1. 绘画方面

这方面的主要研究成果有：龚廷万《巴蜀汉代画像集》、高文《中国巴蜀新发现汉代画像砖》、范小平《四川画像石棺艺术》《绵竹木板年画》《中国绵竹年画》（上下）、孟燕《中国唐卡艺术集成——德格八邦卷》、魏学峰《聋道人指画经典》《张大千留蜀精品》、罗玉华《明代藏传佛教经堂碉壁画》、曾繁森《四川佛寺壁画艺术》、刘显成《四川明代佛寺壁画》、金维诺《四川新津观音寺壁画》、杨嘉铭《康巴唐卡：藏传绘画艺术吉祥瑰宝》、黄宗贤《中国抗战美术史研究》等。

2. 书法方面

这方面的主要研究成果有：王万洪《巴蜀书法理论选粹》、高文《四川历代碑刻》《巴蜀铜印》、冷柏青《四川汉代砖文研究》《四川东汉崖墓题记研究》、魏学峰《四川博物院藏古代书法精品选》、周正举《巴蜀印人》、代银《重庆市少数民族碑刻楹联》、廖科《陪都重庆书法研究》、赵仁春《包弼臣　余沙园》、何应辉《中国书法全集·四川》等。

3. 建筑方面

这方面的主要研究成果有：范小平《四川崖墓艺术》、熊梅《川渝传统民居地理研究》、季富政《巴蜀城镇与民居》《单线手绘民居》、张弘《巴蜀古建筑》、何智亚《重庆民居》、赵逵《"湖广填四川"移民通道上的会馆研究》、高大伦《四川文庙》、曾宇《巴蜀园林艺术》、曾列《汉唐巴蜀古道遗珠》、赖武《巴蜀古镇》、李星丽《四川道教宫观建筑艺术研究》、杨嘉铭《四川藏区的建筑文化》、以及《泸县宋墓》《中江塔梁子崖墓》《明玉珍及其墓葬研究》《四川古建筑》《四川民居》等。

4. 雕塑方面

这方面的主要研究成果有：胡文和《巴蜀佛教雕刻艺术史》《四川道教、佛教石窟艺术》《安岳大足佛雕》、刘长久《安岳石窟艺术》《大足石刻研究》《中国石窟雕塑全集·四川重庆》、罗宗勇《广元石窟》、雷玉华《巴中石窟》、李已生《四川石窟雕塑》、卢丁《中国四川唐代摩崖造像　蒲江、邛崃地区调查研究报告》、黄尚军《巴蜀牌坊集成》《川东北清代墓碑集成》等。

5. 工艺美术方面

这方面的主要研究成果有：何鸿志《四川工艺美术史话》、李进增《三星堆和金沙遗址出土文物精华录》、陆杨《三星堆的通天神树》、秦臻《巴蜀汉代陶塑》、魏学峰《四川陶俑艺术》、于一《巴蜀面具艺术》，以及《中国青铜器全集·巴蜀》《三星堆　古蜀王国的神秘面具》《巴蜀地区典藏古琴精品》等。

由于部分门类融为一体，有些成果在分类时略有重复，如三星堆青铜造像，它在雕塑中属于造像，在工艺美术中又属于金属工艺。又如石牌坊，它在雕塑中属于造像，在书法中属于铭文碑刻，在工艺美术中又属于雕刻。

三　问题与思考

（一）巴蜀两地交流不足，美术各门类尚无专门的史书

川渝两地美术界虽不时有交流，但多是个人之间的来往，还两地官方缺乏一定的交流合作机制。

川渝两地目前尚无美术各门类的史书。以绘画史为例，川渝两地目前均无专门的绘画史书籍，即"四川绘画史""重庆绘画史"。四川有笔者所撰的《四川美术史》，但按照大美术分类，四川绘画只是四川美术的一部分，还没有形成"四川绘画史"的专著。当然，如果将《四川美术史》分开，其部分内容也可形成"四川绘画史"，但不管怎么说，四川现在还没有专门出版的"四川绘画史"。至于重庆，虽然重庆有全国知名的美术院校四川美术学院，但重庆迄今为止也没有"重庆绘画史"专著。现西南大学的前身西南师范学院的美术科曾在 1960 年曾印行过一本叫《四川美术史》的油印小册子，但没有出版，而且只有几万字，更重要的是受当时社会环境的限制，它更像一部批评帝国主义、资本主义的美术评论，当然这也不是绘画史。

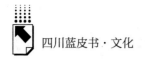

（二）巴蜀各地对美术历史资源的挖掘还不够充分

巴蜀各地虽然较为重视历史文化名人的研究，但挖掘尚不充分，一些美术历史名人甚至至今仍然在巴蜀地区默默无闻。

清代四川梁山（今重庆梁平）人、著名绘画家刘彦冲，见诸四川或重庆的史料只有一则，即重庆市文化局编《重庆文化艺术志》，计30余字，即"铜梁县画家刘彦冲（字荣，咏之）作《柳燕图》问世，以后复作《群峰秋翠图》《松荫高士图》《仿麓台小青绿山水》，均传世佳作"。其他没有任何记载，并且这个唯一的记载将他的籍贯也搞错了，说他是重庆铜梁人。在他的故乡梁平区，所有的文史资料根本没有他的任何记载，也就是说，梁平区根本不知道那个地方在清代出过如此知名的画家。

杨翰，清代四川茂州（今茂县）人，进士出身，曾官至湖南兵备道，书法绘画俱佳，书法有"小何绍基"之称，但这样的人不仅四川不知道，甚至连茂县的县志也没有一点记载。

这在挖掘历史文化名人成为潮流的今天，在历史文化名人在各地争相宣传的今天，不能不说是一个遗憾。

（三）对巴蜀古代的书画大师宣传不够

就美术来讲，任何一个地区，都需要美术代言人，即著名的画家、书法家、雕塑家等。在传媒时代，对他们的宣传、推广可以作为标杆，为社会各界提供参照系，同时也为巴蜀美术家的推荐提供条件。

目前，对巴蜀古代艺术家的宣传和推广十分缺乏，比如《黄筌画派》《湖州竹派》两书，是由江苏的两位作者撰写的，也是由外省出版社出版的。比如宋代蜀人牧溪，他的作品在宋代传到日本，被日本人视若珍宝，他在日本是家喻户晓的绘画大师，被日本人奉为神明，而在巴蜀两地，即使画家知道的也不多。赵昌，宋代德阳广汉人，画史称其为"写生赵昌"，其画作《写生蛱蝶图》是100幅中国名画之一。他是四川历史上最著名的画家之一，但当地许多画家甚至不知道此人。

四 建议与路径

（一）加强川渝美术界的合作研究

由于川渝的历史过于久远，川渝两地的许多人物、事件等，本身就是你中有我，我中有你，难分彼此。就像罗中立（著名油画作品《父亲》的作者）的成就一样，过去是四川的，今日又是重庆的。

为了加强川渝两地美术史（清代以前，含清代）的合作研究，川渝美术界应该建立有效的沟通机制，及时沟通美术史研究的相关信息。在成果上，川渝可以分享双方研究的成果，四川已经研究了的，重庆就可以不再研究（深入研究另当别论）。在表述上，川渝两地各自言表，即四川说四川历史的部分，重庆说重庆历史和今天的部分。这种合作研究的优点在于：一是可以节省财力物力，二是可以节省时间，三是可以集中精力，四是可以发挥各自的地域优势，五是可以减少重复性研究。

在川渝两地，不止绘画界，书法、雕塑、建筑、工艺美术等大美术范围内的各界，都应该建立这样的合作研究机制。

（二）重视当代民间美术传承

包括师徒传承、家庭家族传承、节日传承、行业传承、民间典籍传承等方式在内的民间传承，自古以来都是巴蜀美术传承的重要形式，在四川藏区，师徒传承最为重要。不同时期，民间传承在保护和传承传统美术方面发挥着不可忽视的重要作用。由于当前经济发展、分工细化，许多民间传承方式面临着困境，其作用和效果大大降低。要采取措施完善民间美术传承方式，发挥其在当代社会中的作用。一是要全面、正确认识民间美术传承方式在当代优秀传统美术传承中的重要价值；二是要保护、建设有利于民间传承方式生存的良好的文化生态，推动民间美术活动的继承发展；三是要在当地的条件下，实现传统美术传承方式与现代方式的取长补短、优势互补。

在以上诸方面，四川德格县唐拉泽旺文化艺术研究学会对噶玛噶孜画派传承活动，可资借鉴。该学会以著名高僧唐拉泽旺（通拉泽翁）大师名字命名，由通拉泽翁大师弟子根秋登子老师为主要负责人。成立之初，会员大多是通拉泽翁大师的亲传弟子，他们是协会的骨干，主要从事绘画活动，但也涉及多领域的文化传承与发展。一是收集整理《唐拉泽旺作品精要》一书，内容为大师所画的经典壁画与唐卡，还有 50 幅印版、20 幅灌顶画和书法作品。二是举办了数十次培训，培训对象为各类参与文化传承与保护的群体，主要讲述了文物的特点、现状、管理方法以及一些新的文物管理理念，涉及对古唐卡的保护、壁画的保护、建筑物的保护和维修、雕塑的保护等。三是是组织会员，在观摩内地绘画课本的基础上结合藏族绘画的基本特点，编写藏族绘画课本，供小学阶段学习使用。四是整理出版康区著名画家志巴普布泽仁和郎卡杰的作品集。

（三）加快当代公共美术场馆建设

以巴蜀各地各类美术遗址（如石窟、寺庙）、博物馆、美术馆等为代表的公共美术场馆是巴蜀美术传承的重要方式，这种传承方式的优势是受众面广、形式直观、传承场域独特、传承内容精当、文化氛围浓烈。

一是促进场馆类型的多元化，建立绘画、书法、雕塑、工艺美术等多类型的美术场馆（部分场馆本身就是数个类型的融合），从而满足不同公众的文化需求。二是增加场馆数量，在政府建设公共美术设施的同时，大力提倡、鼓励、扶持民间和私人建设美术场馆。三是完善免费开放政策，提升传承质量。四是借鉴国内外的先进经验和成熟理念，拓展场馆教育职能，使美术场馆融入社会之中和人们的生活之中。

具体来讲，要加快推进成都东华门遗址（建筑）、邛崃邛窑遗址（工艺美术陶瓷）、新津宝墩遗址（建筑）和龙泉驿明蜀王陵（建筑之墓葬）等巴蜀地区重要遗址公园建设。要大力开发自贡市盐业历史博物馆（建筑、雕塑、书法）、遂宁宋瓷博物馆（陶瓷）、四川夹江手工造纸博物馆（工艺美术之造纸）等行业类博物馆，它们在级别上、场馆建设上已经有了较好的基础，如果按照美术类（行业类）博物馆的开发思路，可以成为巴蜀美术传承基地的新生力量。要借鉴发达国家许多博物馆、美术馆均属私人、企业的经验，大力支持500强企业在重庆和成都建立博物馆、美术馆，如广汇集团在成都天府新区设立美术馆项目等，给予它们各种优惠政策，让它们尽快落地，使其更加有效地服务于公众。天府之国作为历代的"大后方"，初步具备这样的条件和优势。

（四）加强当代院校美术教育传承

由于当代院校教育具有系统性、完整性、稳定性、强制性等特点，因此它在传统美术传承中具有十分重要的价值和不可替代的作用。这方面，成都、重庆集中了众多高等院校，许多院校都设有美术学院、艺术学院，是一个明显的优势。

一是强化当代院校教育在美术传承中主渠道、主阵地的地位与作用。二是美术传承内容不能守旧，而要与时俱进，要在继承和弘扬优秀巴蜀美术的基础上有所创新、有所发展。三是在不同层次、不同类型的学校教育中，选择与之相适应的传承内容和传承方式方法，从而确立不同的传承任务。

这方面，四川美术学院的雕塑家们在贵州省桐梓县羊磴镇的艺术实践或可借鉴。四川美术学院的雕塑系在国内外颇负盛名，从集体创作的《收租院》，到叶毓山的《春》《夏》《秋》《冬》，都在美术界具有极大影响。2012年，四川美术学院雕塑家焦兴涛教授在贵州桐梓发起"羊磴艺术合作社"项目，同四川美术学院雕塑系的雕塑家和同学一起，进行持续的在地艺术实践，开展了"乡村木工""赶场计划""美术馆""羊场板凳"等项目，将艺术特别是美术融入社会和生活，最终受到了当地民众和政府的欢迎，也在国内外当代美术界产生了很大影响。

（五）当代数字化技术传承

当代数字化技术传承文化具有快捷、直观、生动、形象等特点，受到广大受众喜欢。① 喜欢、热爱可以使传承更为大众化，这在目前这个瞬息万变的社会中尤显重要。

一是要高度重视运用数字化技术来传承巴蜀美术，在体制保证、政策指导与落实、财力支持、管理控制等多个方面出台若干措施。二是要推进巴蜀美术典籍资源的数字化工作，因为非物质文化遗产多属于"大美术"的范畴，因此也要推动整个非物质文化遗产保护传承的数字化工作。

"发展信息产业，以信息化带动产业化，加快国民经济的发展"是党中央制定的国策。要借鉴北京故宫博物院打造"数字故宫"的成功经验，在财力可以支持的情况下，对峨眉山与青城山建筑、四川汉代画像砖与画像石、四川明代壁画等巴蜀两地重要美术场馆或产品进行数字化"改造"，建立若干个数字博物馆、数字美术馆，让信息化的思想和信息化的工作方法贯彻、融入美术传承场馆的各项工作中，并成为每一个工作人员自觉规范、指导自己工作的行为准则。

结合国家建设智慧城市的总体规划，在试点建设现有智慧博物馆成都金沙遗址博物馆、武侯祠博物馆、杜甫草堂博物馆之外，② 要在成都和重庆的中心城市带推进智慧美术场馆体系和"美术家珍"（包括巴蜀古代美术的名画、名书、名品、名人等）数字化展示，即运用现代信息技术对美术资源全面进行数字化，然后依托网络进行展陈。

概言之，巴蜀美术传承应在以下四个方面做出努力：以教育与培训为切入点，培养接班人以及民众对巴蜀美术的认同意识；以活态传承为重点，激励突出的传承人；以创设传承的示范地为主，强调多方参与；以静态传承为辅，鼓励对巴蜀美术技艺、文献、数据进行广收集、勤梳理、多编著。只要巴蜀地区的美术工作者在这四个方面做出切切实实的成绩和成就，巴蜀美术传承就大有希望、大有前途。

---

① 段超：《中华优秀传统文化当代传承体系建构研究》，《中南民族大学学》（人文社会科学版）2012 年第 2 期。
② 邹波、屈立丰：《四川博物馆产业发展报告》，载《四川文化产业发展报告（2018）》，社会科学文献出版社，2018。

区域报告

Regional Reports

B.15

成都：加快建设全国重要文创中心

郑正真*

摘 要： 近年来，成都市发展文化创意产业取得一系列成就：文化创意产业对经济增长贡献进一步增强、文化创意产业空间布局有序推进、重点领域发展势头强劲，尤其是文化创意服务业得到了快速发展、部分区域产业特色特点日趋突出、中小型文化创意单位活力增强、市民文化娱乐消费需求旺盛、积极搭建推动文化产业发展的载体平台。为推动实现文化创意产业高质量发展，成都市还要构建引进培养体系、优化人才结构，充分利用"互联网＋"、提升文化品牌价值，加快规划布局、实现产业集聚效应，聚焦优势领域、推动文创产业创新发展，以高质量文化载体为抓手、推动文商旅体融合发展，

---

* 郑正真，博士，中共成都市委宣传部文化产业发展处主任科员，研究方向为马克思主义哲学中国化、文化产业发展。

加快建设全国重要的文创中心和世界文化名城。

关键词： 成都市 文化创意产业 文创中心 融合发展

一 成都市文化创意产业发展概况

2017 年，成都市坚持以习近平新时代中国特色社会主义思想为指导，认真落实中央、省委省政府、市委市政府的重大决策部署，以世界眼光、战略思维大力推动全市文化创意产业发展，构建附加值高、原创性强、成长性好的现代文创产业体系，提升文化产业核心竞争力，着力增强全国重要的文创中心和世界文化名城的影响力、凝聚力、创造力。总体来看，全市文创产业保持较快增长，实力显著增强，成为国民经济的新兴支柱性产业，促进了城市文化大发展、大繁荣。

（一）文创产业对经济增长贡献进一步增强

2017 年，成都市坚持文创产业化、产业文创化，大力发展传媒影视、创意设计、现代时尚、音乐艺术、信息服务、会展广告、教育咨询、文体旅游业等八大重点行业，全市从事文化创意产业活动的法人单位共有 15470 家，从业人员达到 56 万人，实现营业收入 3237 亿元。全市全年实现了文化创意产业增加值 793 亿元，[①] 占全市 GDP 的 5.71%，相比上年提高了 0.6%，对全市经济增长的贡献率达 10.0%，有效拉动地区生产总值增长 0.8%，进一步提升了成都作为全国重要文创中心的影响力，增强了文化创意产业创造更多社会财富和就业机会的能力。

（二）文创产业重点领域发展势头强劲

2017 年作为成都建设全国重要的文创中心的启动年，确定的传媒影视、

---

① 本文相关数据来源于《2017 年成都市文化创意产业统计分析报告》。

创意设计、现代时尚等八大重点领域总体发展良好，整体实现营业收入2743亿元，同比增长25%；创造增加值688亿元，占全部文创产业增加值的87%，同比增长29%，对文化创意产业增加值增长的贡献率达97%。

从重点领域分布来看，我市文化创意产业主要集中在信息服务业和创意设计业，两个行业的特点与高附加值、强原创性、成长性好相契合，是保障我市文化创意产业持续发展的核心竞争力。2017年两大行业增加值合计432亿元，占八大重点领域的63%。其中，以腾讯科技（成都）有限公司、成都携程信息技术有限公司等公司为代表的信息服务业实现营业收入600亿元，创造产业增加值272亿元，同比增长了29%。以中国建筑西南设计研究院、信息产业电子第十一设计研究院等公司为代表的创意设计业实现营业收入647亿元，创造产业增加值160亿元，同比增长23%。传媒影视业作为第三大行业，其发展略显疲软，2017年实现营业收入449亿元，仅增长1%；创造产业增加值81亿元，仅增长2%，远低于八大重点领域增加值平均增速。

表1　2017年文化创意产业八大重点领域增加值

八大重点领域	增加值（亿元）	占比（%）	增速（%）
总　计	687.97	100.00	28.91
传媒影视业	80.51	11.70	2.03
创意设计业	160.10	23.27	22.59
现代时尚业	55.13	8.01	79.49
音乐艺术业	27.54	4.00	27.47
文体旅游业	41.00	5.96	36.38
信息服务业	271.99	39.54	28.71
会展广告业	23.99	3.49	70.75
教育咨询业	27.71	4.03	68.56

注：文化创意产业中的文体旅游业仅指与文化创意相关的旅游业和体育业，与旅游产业、体育产业分类标准不一致。

（三）文化创意服务业快速发展

根据三次产业的划分规定，服务业和制造业作为我市文化创意产业发展的主体，呈现出快速发展的趋势，有效提高了文化创意产业的原创能力。2017年，全市文化创意服务业和文化创意制造业创造产业增加值达到了726亿元，占全市文化创意产业比重的92%。其中，文化创意服务业呈现较快增长的发展趋势，实现营业收入1629亿元，创造产业增加值533亿元，同比增长了28%；全市从事文化创意服务业人员共有37万人，同比增长了20%。全市文化创意制造业发展则相对平稳发展，实现营业收入746亿元，创造产业增加值194亿元，同比增长10%；全市从事文化创意制造业人员共有11万人，同比增长12%。

（四）文创产业空间布局有序推进

双核支撑作用显著。一核是以建设世界文化名城核心区、"天府锦城"文商旅融合发展核心区为重点的锦江区、青羊区、金牛区、武侯区、成华区、高新区西区及南区。这里以发展天府文化为使命、塑造人性尺度为理念、优化整体功能为目标、培育新兴业态为抓手，重点发展传媒出版、创意设计、音乐艺术、动漫游戏、文博旅游、非遗活化等新型文创业态，呈现出高速发展的趋势，共实现营业收入2087亿元，占全市的64%，同比增长29%；创造增加值491亿元，同比增长23%，占全市文化创意产业增加值的62%，比重比上年提高了3个百分点，对全市文化创意产业增长的贡献率达80%。另一核，作为新兴区的天府新区开局良好，正在加快建设天府文化集聚地、美好生活体验区，推动文化创意与城市建设发展相融合，重点发展文创体验、田园综合体、文博旅游等新型文创业态和"文创＋科技"、"文创＋金融"、"文创＋会展"、音乐演艺等现代高端、高质的文创产业。全区文化创意产业实现营业收入36亿元，同比增长13%；实现增加值9亿元，占全市文化创意产业增加值的1%；完成文化创意产业投资28亿元。

"三片共兴"新格局稳步推进。2017年，北片区（青白江区、新都区）、南片区（双流区、新津县）、西片区（温江区、郫都区）发展势头总体良好，三片区合计创造增加值123亿元，同比增长14%。分片区看，西片区增加值总量最大，北片区和南片区增加值增长速度更快，北片区、南片区、西片区增加值比为 29∶33∶38，增加值同比增速分别为 19%、17%、8%。分行业来看，三片区的主要优势产业均是以制造业为主的行业，北、南、西片区优势产业及增加值分别是现代时尚业 19 亿元、传媒影视业 13 亿元、艺术品业 21 亿元，八大重点行业以外的其他相关行业（外围层）增加值也占有较高的比重。

表2　2017 年成都市各区（县、市）文化创意产业发展情况

区　域	增加值		营业收入		区　域	增加值		营业收入	
	总量（亿元）	增幅（%）	总量（亿元）	增幅（%）		总量（亿元）	增幅（%）	总量（亿元）	增幅（%）
中心城区					中心城区				
					高 新 区	185.0	30.7	415.4	39.0
锦 江 区	92.9	15.2	382.9	22.2	天府新区	8.9	15.1	36.1	12.6
青 羊 区	56.5	18.1	351.9	6.3	远郊新城				
金 牛 区	72.5	13.2	252.6	22.9	金 堂 县	5.0	24.6	13.8	30.1
武 侯 区	36.6	26.2	453.3	53.6	大 邑 县	9.9	10.0	32.6	15.2
成 华 区	47.1	27.1	231.0	35.2	蒲 江 县	7.6	22.7	20.3	31.8
龙泉驿区	26.0	9.4	90.9	25.7	新 津 县	11.1	37.7	36.9	31.4
青白江区	7.8	26.2	56.2	43.3	都江堰市	11.7	36.3	84.9	68.5
新 都 区	28.1	17.7	101.7	14.4	彭 州 市	14.5	9.4	43.3	17.7
温 江 区	30.5	8.1	76.6	12.7	邛 崃 市	7.8	26.3	40.6	60.4
双 流 区	29.6	11.6	98.9	9.3	崇 州 市	12.7	19.3	81.3	11.8
郫 都 区	15.6	8.4	75.3	11.3	简 阳 市	8.1	28.8	47.9	32.6

（五）部分区域产业特色特点日趋突出

目前，高新区已形成以信息服务业为主的文创产业格局，其信息服务业增加值占全市的比重达 50% 以上。2017 年，高新区文化创意信息服务业创造增加值 153 亿元，占该区产业增加值的 83%，占全市文化创意信息服务业增加值的 56%。其中，高新区营业收入超亿元的企业共有 35 家，包括尼毕鲁、迅游网络科技等成都本土知名企业。金牛区聚集了大批建筑设计企业和设计研究院，奠定了深厚的创意设计业基础。2017 年，金牛区创意设计

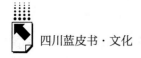

业实现营业收入170亿元、增加值52亿元，分别占全市的26%、32%，均为全市第一。锦江区是全市传媒影视业的重要聚集区域，传媒影视业也是其主导产业之一。2017年锦江区传媒影视业实现营业收入150亿元，占全区的39%；创造增加值25亿元，占全区增加值的27%。

（六）中小型文化创意单位活力增强

2017年，全市规模（限额）以上、标准以上、小微文创产业增加值比为86∶8∶6，标准以上和小微文创单位占比均提高2个百分点，我市文化创意产业集中在少数大型企业的局面逐渐得到改善。2017年全市规模（限额）以上、标准以上、小微文创产业均呈快速增长趋势，三个分类分别包含文化创意单位1757家、1806家、11907家，实现营业收入2631亿元、178亿元、428亿元，营业收入同比增长24%、58%、14%；分别创造增加值680亿元、67亿元、46亿元，同比增长20%、86%、59%。从增加值占比来看，虽然规模（限额）以上文化创意企业增加值仍占全市的86%，但标准以上、小微文创企业增加值比重（14%）提高了4个百分点。

（七）市民文化娱乐消费需求旺盛

从居民文化娱乐支出情况来看，全市城镇居民和农村居民用于文化娱乐的支出均快速增长。2017年，全市城镇居民人均文化娱乐支出为1956元，同比增长16%；农村居民人均文化娱乐支出为613元，同比增长34%。居民消费性支出中文化娱乐消费占比有所提高，2017年城镇人均文化娱乐支出占城镇居民人均消费支出的比重为7.7%，比上年提高了0.5个百分点；农村人均文化娱乐支出占农村居民人均消费支出的比重为4.2%，比上年提高0.8个百分点。可见，居民文化消费水平的不断提高，对更多更好的文化产品和文化服务提出了更高的需求，有力推动文化创意产业高质量发展。

（八）积极搭建推动文化产业发展的载体平台

2017年6月，我市成功举办了第六届中国（成都）国际非物质文化遗产节，本次活动以"传承发展的生动实践"为主题，共有 1100 个非遗项目参加展览，共吸引了来自 112 个国家和地区的 300 多位国际友人，以及全国 34 个省份共计 5800 余名代表前来参加。节会期间，非遗产品销售和意向订单总额达 8100 多万元，外地观众平均消费额为 784.8 元。2017 年 6 月，成功举办了成都·金砖国家电影节，电影节期间开展的 5 大板块、10 项精彩活动，吸引了来自金砖国家共计 100 余名的参会代表参加，放映了经典影片 30 余部 200 余场，集中展示了金砖国家电影艺术的丰富多彩，参与观众达到了 8 万人次。本次电影节为金砖国家电影文化交流和电影产业发展搭建了友好、务实、高效的合作平台，以实际行动有效加强了金砖国家的人文交流合作。2017 年 11 月，成功举办了的第四届成都创意设计周，吸引 22 个国家（地区）和 26 个国内城市参加，参展企业 715 家，展示作品 22065 件，意向性达成相关交易 35.6 亿余元，大大提升了成都文化创意产业的国际知名度和发展水平。创意设计周还首次设立 iF 成都国际设计论坛，推动德国 iF（成都）设计中心、成都中法创意设计创新平台正式落户成都。

2017 年 12 月举办的第五届中国网络视听大会，主要围绕媒体融合创新、内容创新、形式创新、技术创新等内容开展了 36 场各类活动，参会注册人次首次突破了 6000 人，在大会现场共有超过 300 位来自网络视听全产业链的重量级嘉宾进行了生动的演讲与对话。同期成功举办的 2017 中国（成都）网络视听新技术与节目展交会，集中展示了网络视听领域的优秀视听新内容、集成创新平台和智能化技术产品，展览面积达到 12400 平方米，共吸引了 80 家企业参展，1.2 万余人次专业嘉宾参观。

二 成都市文化创意产业发展经验

为加快推进全国重要的文创中心和世界文化名城建设，成都市对标国际国内先进城市的经验做法，科学规划、统筹部署，从顶层设计、项目建设、品牌引领、融合发展等方面为全市文创产业的发展提供有力支撑，着力构建现代文创产业体系，充分释放文创产业发展新活力。

（一）强化顶层设计，统筹系统布局

一是召开了成都市世界文化名城建设大会，对建设世界文化名城进行全面动员和系统部署，系统谋划文化载体和实施路径，提出到 21 世纪中叶，把成都建设成为独具人文魅力的世界文化名城。

二是制定出台了《建设西部文创中心行动计划（2017～2022 年）》（成委发〔2018〕7 号）、《成都市促进西部文创中心建设若干政策》（成委办〔2018〕10 号）和《成都市建设世界文创名城三年行动计划（2018～2020 年）》（成委办〔2018〕50 号），提出按照"一年全面启动、三年跨越发展、五年基本建成"的总体发展思路，通过未来 5 年的努力，加快推动成都文化事业和文创产业发展水平进入全国第一方阵，努力形成人文魅力享誉世界、文化人才充分汇聚、精品力作不断涌现、文创产业实力突出、创新创造活力强劲的产业发展新格局，并从强化政策支持、落实要素保障、加快平台建设、优化发展环境、完善工作机制五个方面提供强有力的政策保障，全面增强全国重要的文创中心功能，扩大世界文化名城影响力。

三是制定出台了《关于大力推动文化商贸旅游体育融合发展的实施意见》（成委发〔2018〕27 号），提出以文化为灵魂、以商贸为依托、以旅游为载体、以体育为推手，坚持系统集成、多措并举、重点发力、示范带动，以文商旅体深度融合促进资源高效配置、产业提档升级、品质优化提升、消费有效释放，为加快建设全面体现新发展理念的城市、奋力实现新时代成都"三步走"战略目标提供强有力的支撑。

四是制定出台了《中共成都市委关于弘扬中华文明发展天府文化加快建设世界文化名城的决定》（成委发〔2019〕1 号），提出要坚持以习近平新时代中国特色社会主义思想为指导，切实担负中央和省委关于坚定文化自信、推进社会主义文化繁荣兴盛的时代使命，弘扬中华文明，发展天府文化，重点实施天府文化立德树人工程铸城市之魂、保护传承工程固城市之根、城市美学工程彰城市之美、载体建设工程立城市之品、传播推广工程扬城市之韵、改革创新工程聚城市之力"六大工程"，大力推动文化商贸旅游体育融合发展，创造出"三城三都"作为成都建设世界文化名城的时代表达，全面提升城市文化沟通能力和全球传播能力。

（二）推动天府文化创造性转化、创新性发展，让天府文化成为彰显成都魅力的一面旗帜

一是加强天府文化理论研究和大众传播。充分发挥天府文化研究院和中国－东盟艺术学院等院校的专业智囊作用，推出"天府文化系列丛书"、《天府文化研究》等一批高质量的研究成果。办好《天府文化》杂志，推动其成为彰显天府文化特质和成都优雅时尚生活方式的城市首席读物。出版《中外诗人咏成都》等精品图书，开设天府文化专栏，用活用好新媒体、公益广告、文化论坛等资源，广泛传播天府文化。

二是推进天府文化"九个融入"与实践养成。以发展天府文化作为培育和践行社会主义核心价值观的重要抓手，推动天府文化融入机关、融入企业、融入社区、融入乡村、融入学校、融入景区、融入公共活动场所、融入交通枢纽及口岸、融入网络空间，充分发挥社区达人、文化名人、非遗传承人、基层乡贤、文化类社会组织、本土企业等力量，推动天府文化内化于心、外化于行。

三是推动天府文化融入城市建设和社会生活。制定出台了《成都市历史建筑和历史文化街区保护条例》（成人发〔2017〕11号）、《关于进一步加强文物工作的实施意见》（成府发〔2017〕12号），编制了《成都片区大遗址总体保护规划》，推动596处文物保护单位纳入全市控制性规划项目，全面加强文物古迹和现代工业文明遗产保护，实施历史文化片区的文物、风貌保护，延续历史文脉。编制了《天府绿道文化建设工作方案》，建设展现天府文化、体现国际水准的绿色廊道，推动天府文化符号和元素融入城市园林、建筑设施、公共艺术的规划设计，打造天府文化中心、天府奥体城等一批具有成都特色的城市文化地标项目，形成"绿满蓉城、花重锦官、水润天府"多层次城市景观体系。

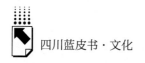
（三）推进重点领域快速发展，打造现代文创产业体系

顺应文创发展规律，遵循绿色环保理念，汇聚文创要素，优化产业生态，以八大产业领域为发展重点，打造高附加值、强原创性、成长性好的现代文创产业体系，切实增强成都文创产业在全球产业链和价值链中的核心竞争力。一是传媒影视业，主要以加快建设现代传媒之都和影视产业重镇为发展契机，重点发展现代传媒、数字出版和影视娱乐。二是创意设计业，以建设绿色环保设计之城、中国创意设计之都、国际创意设计高地为契机，重点发展工业设计、建筑设计和景观设计。三是现代时尚业，以建设国际时尚之都为契机，重点发展时尚服饰、时尚用品和时尚服务。四是音乐艺术业，以建设中国音乐之都、世界非遗之都为契机，重点发展音乐演绎、艺术品生产与交易和非遗生产性保护。五是文体旅游业，以建设中国博物馆之都、世界旅游目的地为契机，重点发展博物馆书店旅游、时尚文创旅游、美容康养旅游、美食旅游、体育旅游、游学旅游。六是信息服务业，以建设中国动漫之都、中国软件名城、世界软件产业重要制造基地为契机，重点发展软件服务、电子商务和动漫游戏。七是会展广告业，以建设国际会展之都为契机，重点发展会展服务和广告服务。八是教育咨询业，以着力打造中国书香第一城、西部文创人才高地为契机，重点发展教育培训和咨询服务。

（四）实施项目带动，夯实文创产业发展之基

一是集聚集群发展。成都市以因地制宜、集聚发展为理念，确定了26个文创产业功能集聚区和31个市级文创产业园区，启动建设一批"老成都、蜀都味、国际范"特色街区和文创小镇。目前，全市共有10家国家级文化产业示范园区（基地）、26家省级文化产业示范园区（基地）、31家市级文创产业园区，吸引了近千家从事文化创意、艺术设计、现代时尚等工作的机构、公司和工作室入驻，营造了成都浓厚的现代时尚和艺术创意气息，有效促进了文创产业的快速发展。

二是积极培育骨干文化企业和组织。目前，引进了今日头条、完美世

界、慈文传媒、紫薇影业等一批国内外知名数字文创和影视企业，培育了以成都传媒集团、成都文旅集团、成都市广播电视台为骨干的国有文化企业集群和域上和美、天象互动、蓝顶、丙火、浓园等一批优秀民营文化企业。先后成立全国三国文化研究中心、都江堰历史文化研究会、杨升庵研究会、扬雄研究会等文化研究专业机构。

三是策划实施重点项目。发挥重大项目的龙头和引擎作用，按照高起点、高标准和适度超前的要求，规划建设了一批重大引领性、功能性、国际性项目，以项目带动文创产业发展。以 2022 年为目标，全市共策划实施 437 个重点项目，包括天府奥体城、龙泉山城市森林公园、天府锦城、天府绿道、大熊猫国家公园、成都自然博物馆等重大文化地标项目，总投资额达 1.1 万亿元，为成都建设全国重要的文创中心和世界文化名城提供了强力支撑。

四是加大对文创产业的财政扶持力度。成都市财政每年安排不低于 2 亿元的文创产业专项资金，重点扶持全市文创产业重大项目、小微文化企业、非国有博物馆和实体书店，累计共支持文化产业项目近千个，并积极组织申报中央、省级文创产业资金。全市共建成文化馆、图书馆、美术馆、博物馆等公共文化场馆 42 个，引导社会资本投资参与建设各类博物馆、主题馆、展览馆、规划馆、纪念馆 145 座，大中型演艺场所 20 余家，电影院 116 家，涌现出了以方所、钟书阁、言几又、轩客会、西西弗、新华文轩、散花书院为代表的一批具有强大品牌影响力的特色书店。

（五）充分利用老旧建筑，创新发展文创产业

一是充分利用保护性存量老旧建筑，打造文化景观。积极指导各区（县、市）和市属国有平台公司保护性利用街区老旧建筑、城市空间格局及遗存的文化资源，开发打造了洛带古镇、安仁博物馆小镇、宽窄巷子、锦里二期、黄龙溪、平乐古镇、街子古镇、西来古镇、五凤溪古镇、大慈寺历史文化街区等一系列文化旅游景点。

二是创新性改造存量老旧建筑，布局文创产业空间。聚焦文化植入、创

意设计融合，推动老旧建筑改造发展文创设计、数字音乐、动漫游戏、影视制作等产业项目。目前，全市已形成了少城·视井文创产业园、草堂文博创意产业园、峨影·1958 国际影视创意孵化园、明堂创意工作区、436 文创园区、1906 军民融合文化创意工厂、东郊记忆音乐公园、梵木创艺区、蒲江明月国际陶艺村等一大批老旧建筑利用改造好的文创产业园区。

三是传承工业文明，促进工业遗存与文创产业深度融合。突出老旧城区的工业文化特色，建立我市工业遗产清单，整合工业遗产资源，构建了工业遗产规划保护体系，推进中车车辆厂旧址、"东郊记忆"等工业遗产利用。将工业遗产与城市公共交通、公共服务和公共活动相结合，优化片区城市结构，提升城市功能品质。将工业建筑、绿化景观等特色要素融入新的城市空间与产业体系，在保留老旧建筑空间特征、历史信息的基础上注入新的内涵，将老旧城区塑造成独具魅力的成都工业文明展示区，推动工业遗产保护传承利用与文创产业、城市生活和经济发展平衡互动。

（六）坚持品牌引领，打造城市竞争力之核

一是打造天府文化品牌。坚持以创新创造、优雅时尚、乐观包容、友善公益的天府文化为内核打造原创 IP 群，深度挖掘宝墩、金沙等古蜀文明遗存和武侯治蜀、文君当垆等历史掌故的时代价值，持续开展"全民阅读·书香成都""新年文化艺术月""金沙讲坛"等特色文化活动品牌，以天府文化研究院、《天府文化》杂志、YOU 成都·天府成都生活美学地图为载体促进天府文化研究传播、、推出思想性艺术性观赏性俱佳的大戏、大片、大作、大赛。创建"天府成都生活美学地图"APP 等移动内容平台，出版"大美成都门户书"等热点内容读物，打造话剧演艺集群，构建多种内容领域相互连接、共融共生的新生态。

二是打造"三城三都"城市品牌。成都作为中国十大古都之一、世界文化名城论坛成员城市，在 GaWC 世界城市评价中跃升 29 位至 Beta + 级，领跑新一线城市，始终坚持全球视野、国际眼光，将大熊猫文化、金沙文化和青城山—都江堰世界文化遗产等三大国际文化品牌和农耕文化、古蜀文

化、三国文化、丝路文化、诗歌文化、水利文化、美食文化、酒文化、茶文化等天府文化的历史资源集聚到"三城三都"城市文化品牌建设中，塑造出世界文创名城、旅游名城、赛事名城和国际美食之都、音乐之都、会展之都的国际标识，不断提升成都城市文化在全球竞争格局中的影响力、辐射力和集聚力。

三是凸显"四大品牌"价值追求，系统表达天府文化浸润市民生活方式、重塑城市集体人格的生动图景，展示城市的人文气度，打响"成都休闲"品牌；系统表达成都服务全国、服务全球的宏大气魄和责任担当，展示城市的站位高度，打响"成都服务"品牌；系统表达成都发展壮大先进制造业和新经济业态，推动高质量发展的强劲势头，展示城市的崛起速度，打响"成都创造"品牌；系统表达成都建成"在成都、逛世界"国际消费体验中心城市的美好追求，展示城市的繁荣热度，打响"成都消费"品牌。

（七）推动融合发展，壮大文创产业规模

一是促进文创与科技融合，通过文化植入、创意融入和设计提升，加快推进互联网、物联网、大数据等高新技术成果向文创领域转化运用，发展文创新经济，提升文化装备技术创新能力。发挥成都国家文化和科技融合示范基地作用，打造文创科技融合发展的文创产业园、文创孵化器。

二是促进文创与金融融合，发展现代文创金融新业态，强化文创金融功能新支撑，探索文创金融结合新方式，培育文创金融新业态，鼓励和引导社会资本投向创意与设计产业核心领域、新兴文化领域，支持保险机构探索开展适合文创企业特点和需要的新型险种与保险业务。完善文化资产评估体系，鼓励金融机构创新开发适合文化企业的金融产品和服务，推进文创企业债权融资风险补偿资金池和市级文创产业发展投资基金建设，引导社会资本加大对"三城三都"重大项目投资。

三是促进文创与产业融合，坚持文创产业化、产业文创化，拓展"文化＋"思维推动文商旅体融合发展，围绕"三城三都"建设，积极培育场景体验、时尚美学、医疗美容、文化感知、智慧智能等融合业态，发展基于

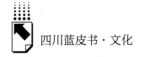

"互联网＋"的现代文创产业链，培育一批本土文创企业成为中国 500 强、民企 500 强和行业"单打冠军"，提高成都文创的国际竞争力和全球影响力。

三　成都市文创产业发展的对策与建议

当前，成都市围绕激发文化创新创造，以文化为根基、创意为灵魂、产业为支撑，把加快建设全国重要的文创中心和世界文化名城放在了重要位置。在发展过程中，文创产业既面临全新的战略机遇，也面临更大的压力挑战，存在龙头企业数量不多、主要行业带动作用不强等问题。为此，我们只有正视发展中存在的问题，才能找准突破路径，全面提升文创产业发展的质量和效益。

（一）构建引进培养体系，优化人才结构

一是明确创意综合人才发展类型。依托"蓉漂"计划，以内容创意、技术研发、营销策划、经营管理等领域为重点，大力引进国际一流水平的文创国际化高层次复合型人才，吸引文创产业急需紧缺人才来蓉创新创业。加大文创人才培养力度，从文创产业链的角度分别确定创作人才、制作人才、经营人才和管理人才的需求量，注重培养懂文化、善创意、会经营的创新型、复合型的高端人才。

二是构建创意人才综合培养体系。鼓励在蓉高校结合自身的资源特点和培养优势，搭建多学科交叉合作的高水平研究平台，打通政产学研用协同创新通道，设立文化建设发展研究中心；充分利用我市职业学校和培训机构等组织的力量，综合共享和利用各方资源优势，以培育基地、孵化器、加速器、产业园为四级业态，培养出多层次、复合型、专用型的文创综合人才，不断完善整个成都市文化创意人才的培养体系。

三是建立文创人才激励机制。通过制订创意人才引进政策，建立绩效管理体系和激励机制，加大对青年文创人才的创业扶持和生活服务保障力度，主动为优秀文创人才创造出良好的工作条件、生活环境和创作氛围，研究制

订适合文创人才的资格认定和评价标准，鼓励文创企业以知识产权、无形资产、技术要素入股等多种方式，加大对骨干人才的激励力度。

（二）加快规划布局，实现产业集聚效应

一是重塑文化地理，加快规划布局。深入实施主体功能区战略，推动功能性、战略性、支撑性重大文化产业项目在"东进、南拓、西控、北改、中优"精准落地，将天府文化融入城市有机更新和功能优化，打造一批文商旅体融合发展的产业功能区、特色街区、特色小镇和田园综合体，实现产业发展、文化传承和形态塑造有机统一，增强文创产业聚集性，实现文创产业合理布局、集约发展和融合发展。

二是引进文创产业核心企业，快速提升本市龙头企业的综合实力。目前，成都已引进了大批知名企业，为全市文化创意产业做出了卓越的贡献。我们还要积极争取国内外知名企业总部落户成都或在成都部署重要生产经营基地。支持鼓励现有领军企业通过收购、兼并重组等方式实现优势互补、资源整合利用，进一步壮大企业自身实力。大力发展"众创空间""创新工场"等新型创业服务平台，实现龙头骨干文创企业、中小微文创企业、个体劳动者协同发展的"彗星群"发展局面。

三是促进文创产业生态圈建设。着力打造文创产业生态圈，增强参与国际分工的比较优势。完善文创产业、空间和政策体系，促进传统文创园区向共生型产业生态圈升级，建设基于服务和价值创造的虚拟产业生态圈，通过优化要素供给完善产业生态圈的效率提升支持体系，推动文创产业从形聚走向神聚。根据产业定位、行业特点，强化数据信息、行业认证、融资服务、品牌推广、人才服务等全产业链服务，重点形成若干文创产业集聚区和创意产业、大数据产业、电子商务产业等重点领域产业生态圈。

（三）充分利用"互联网＋"，提升文化品牌价值

一是坚持以智能化、智慧化为主攻方向，借力"互联网＋"新动能，继续深化"文创＋"新思维，推动软硬一体、网络互联、平台支撑、数据

驱动、应用示范的融合创新，促进文创产业新技术、新业态、新模式发展，探索建立文创科技融合发展重点企业、重点项目和重点产品数据库。

二是围绕成都市确定的传媒影视、创意设计等文创产业八大重点领域和其他相关领域，打造互联网新媒体传播平台，畅通国内外文创行业、企业交流渠道。通过互联网宣传成都文创所具备的优势，吸引非蓉文创企业和文创项目，在此基础上择优选择辐射性强的企业或项目在成都落户扎根，以此寻求弱势重点领域发展契机。

三是重点围绕古蜀文化、三国文化、大熊猫文化、金沙文化、水利文化、美食文化等特色文化，不断放大文化品牌价值，通过电视节目、电影、动画、周边产品在国内外的传播和扩散，最大化挖掘这一文化品牌价值潜力，促进创意设计、传媒影视的良性循环发展，辐射带动信息产业、艺术品业、旅游业、会展业共同发展。

（四）聚焦优势领域，推动文创产业创新发展

一是推进文化资源显性化、大众化、体验化。通过视觉载体，让无形的文化资源有所依托并具有观赏性是隐形文化资源显性化的关键。以节会、赛事、演艺为载体营造文化体验，整合成都市文化资源，提取主题并形成有效捆绑，广泛宣传并长期持续开展富有地方特色的节会庆典，不断增加地方文化吸引力，形成品牌效应；以大型演艺再现历史场景，高度结合文化资源的视觉化和艺术化，增强游客的成都印象和旅游体验。

二是突出发展动漫游戏产业。游戏动漫产业是国家大力扶持的产业，国内动漫产业进入快速发展时期，经济效益显著，但是成都的动漫游戏创造活力并不强，缺乏竞争力。虽然腾讯科技（成都）迸发出强烈的发展活力，但若没有更多优秀企业、优秀游戏产品，游戏行业高速发展势头将难以维持。为此，还应加快建成动漫游戏产业园区，引进配套行业企业和专业人才，加大扶持力度、完善配套政策，确保动漫游戏行业在出成果前拥有一个良好的创造氛围、肥沃的发展土壤，出成果后能联合制造出音像制品、服装等，能联合电竞提高赛事热度，充分消费动漫游戏价值。

三是进一步提升文体旅游业等重点领域投资效益，从源头上加强项目评估，甄别筛选优质项目，避免出现低水平的文体旅游业重复建设项目。要加强监管，避免出现因"只搞建设、不讲管理"造成建设周期长、金额大的文体旅游业项目对政府和社会资源、资金形成侵占或者成本费用增加等严重影响投资项目质量和进度的情况，充分发挥投资对产业高质量发展的引领带动作用。

（五）以高质量文化载体为抓手，大力推动文商旅体融合发展

一是坚持以文化为引领，深入研究文创新理念新思路，深入推进古蜀文化、大熊猫文化等具有天府文化符号的元素有机融入城市建设，全面彰显天府文化的独特魅力与时代风采，丰富文商旅体融合发展的文化内涵和人文价值。

二是坚持以功能融合为基础，着力推进文商旅体设施功能复合兼容，提升融合服务功能，加快建设书店网络体系、文博场馆体系、旅游服务体系、运动设施体系、演艺功能体系五大专业设施体系，努力实现文商旅体设施配套、功能兼容、服务高效、惠及全民。

三是坚持以业态融合为核心，充分发挥原创 IP 的桥梁和中枢作用，深入挖掘李冰治水、文翁兴学、相如绿绮、文君当垆等鲜活文化故事和"太阳神鸟"等文化符号，大力培育时装设计、电音娱乐、医美旅游、博物馆书店旅游、景区赛事、美食品鉴、数字文博、智慧建设、虚拟旅游、智能穿戴等融合型业态，满足个性化、多样化、定制化、高端化的消费需求。

四是坚持以产城融合为路径，重点突出成都高标准建设美丽宜居公园城市，加快推进城市绿色发展，着力打造一批与城市建设精准匹配、与城市功能有机兼容、充分彰显城市生活美学的文商旅体融合发展产业项目和空间载体，以文商旅体融合发展促进城市产业、功能、品质和魅力全面提升。

B.16
广安："文化+"资源优势与做强产业

戴金波　邓　斌　唐正荣*

摘　要： 本报告从五个方面对广安近年来文化产业发展现状进行了梳理分析。一是着眼历史人文、文化资源、地域区位等因素，明确了自身的比较优势。二是总结提炼了近年来广安在市场主体培育、产业园区建设、"文化+"等方面的经验做法，找准了文化产业发展的着力重点。三是聚焦中华优秀传统文化的传承弘扬，提出了夯实文化产业发展文脉基础的思路做法。四是针对文化产业发展的基层土壤，总结了推动公共文化服务体系均衡发展的实践探索。最后一部分阐述了广安推动文化发展的实践启示。

关键词： 比较优势　均衡发展　"文化+"

党的十九大报告指出，文化是一个国家、一个民族的灵魂。要健全现代文化产业体系和市场体系，完善文化经济政策，培育新型文化业态。省委十一届三次全会提出要推动文化产业成为国民经济支柱性产业，加快建设文化强省。广安文化资源丰富多样：红色文化光耀百年，民俗文化璀璨若星河，华蓥宝鼎禅意幽深，状元家乡文脉绵长，放翁遗曲农家云乐，"三线"精神催人奋进。近年来，广安市抢机遇，奋发作为，充分发挥比较优

* 戴金波，广安市文化广电新闻出版局党组成员、副局长；邓斌，广安市文化广电新闻出版局文化产业科科长；唐正荣，广安市文化广电新闻出版局文化产业科干部。

势，深入挖掘文化资源，大力推进文化体制改革，打造特色公共文化服务品牌，实施"文化＋"产业发展战略，文化产业活力呈现蓬勃发展的良好态势。

一　深入挖掘，明确广安文化产业发展的比较优势

（一）独特的政治优势

广安，是中国社会主义改革开放和现代化建设总设计师——邓小平同志的故乡，具有独特的政治优势。1904 年 8 月 22 日，邓小平同志诞生在广安协兴镇牌坊村，他倡导的改革开放开辟了中国特色社会主义崭新道路，他为中华民族的伟大复兴奉献了毕生的精力。邓小平故里是广安的立市之魂，改革开放精神是广安文化发展的时代特质。受益于改革开放的人们，把感恩之情倾注广安，化为支持邓小平家乡发展的实际行动，凝聚成建设伟人故里的强大动力。打好改革开放总设计师家乡这张牌，以改革开放作为广安的主题，在全球是独一无二的文化资源和品牌，给广安文化预留了极大的建设和发展空间。

（二）突出的区位优势

广安地处四川东部华蓥山中段，位于渠江和嘉陵江中游，是四川最东端的城市，位于国务院批准的川渝合作示范区。广安紧邻重庆，与重庆山水相连、人缘相亲、文化同源，文化交流互动紧密。紧扣省委建设川渝合作示范城市、嘉陵江流域国家生态文明先行示范区的战略定位，充分发挥广安作为川渝合作示范区节点城市的独特优势，借力重庆雄厚文化资源，通过开展渝广文化合作让广安文化加快发展。

（三）丰富的文化资源

广安是川东门户，巴蜀文化底蕴深厚，特别是巴文化影响深远，春秋时

期属巴国领地。公元969年（宋开宝二年），取广土安辑之意设广安军，广安由此得名。广安人文荟萃，汉有刘邦部将纪信，三国有蜀将王平，西晋有《三国志》作者陈寿，宋有鲁国公安丙，明有户部尚书王德完，清有名将李准，近现代除邓小平外，还有四川保路运动领袖蒲殿俊、黄花岗七十二烈士中的秦炳、数学泰斗何鲁、《红岩》作者杨益言、《红旗》杂志社原总编熊复、著名表演艺术家吴雪等。广安是小说《红岩》、电影《烈火中永生》中双枪老太婆等华蓥山游击队英雄原型诞生地。广安文化遗存丰厚，境内有中央、省、市级文保单位125个，华蓥山游击队遗址、邓小平故居等红色文化驰名中外，安丙墓、宝箴塞、巴人石头城等历史文物精美绝伦。广安非遗资源独特，有省、市级非遗项目52个，其中"云童舞""抬高亭"从巴濮賨人祭祀先人的仪式中演化而来，滑竿抬幺妹、坐歌堂、华蓥山宝鼎庙会是历史悠久的民风民俗。广安节庆品牌多样，现有各类节庆文化活动12个，其中，岳池农家文化旅游节、武胜嘉陵江龙舟旅游文化节为全国性节庆文化活动品牌，四川华蓥山旅游文化节、武胜乡村旅游文化节入选"四川十大民间节日"。广安自然景观秀丽，全市现有人文景观100余处，其中华蓥山集雄、奇、秀、险于一身，聚人文、自然、科普于一体，被郭沫若称为"天下第一雄山"；天意谷风景区有茂林修竹、奇峰异石，瀑布成群，其天心洞洞中瀑布举世罕见。

（四）有效的激励机制

按照文化产业发展规律打造政策环境，进一步加大政策创新和政策支持力度，制定出台《关于繁荣社会主义文艺的实施意见》《关于支持戏曲传承发展的实施意见》《关于加快推进文化产业发展的实施意见》《关于推动文化文物单位文化创意产品开发的实施意见》等文件，市本级每年设立文艺创作专项资金500万元、文化产业发展专项资金500万元、戏曲发展专项资金100万元，对文化产业发展从市场准入、政策优惠、要素保障等方面给予特殊扶持，引导社会资金参与文化产业发展，取得了显著成效。

二 抓住关键，准确把握文化产业发展的着力重点

（一）蹀疾步稳，大力培育市场主体

认真贯彻中省文化经济政策，加强文化市场扶持引导，依法规范文化市场，推动文化市场主体逐步发展壮大。大力推动网吧、游艺游戏、KTV 等娱乐行业发展，发展网吧 440 家、电子游戏 62 家、歌舞娱乐场所 140 家，娱乐行业档次明显提升。加快图书销售行业转型，组建新华文轩、华联书城、阶梯书屋等图书销售经营连锁企业，促进图书销售业做大做强。做大出版产业，培育发展年产值 5000 万元以上印刷企业 8 家，全市印刷企业总产值达 78800 万元。积极发展电影业，建成城市数字影院 18 家，有银幕 110 张、座位 1.2 万个，累计投资 1.33 亿元，2018 年票房收入达 6100 余万元，同比增长 25.3%。

（二）突出重点，做大做强产业龙头

深入实施文化产业倍增计划，加快发展广播影视、出版发行、演艺娱乐、印刷复制等传统文化业态，加速培育动漫游戏、文化创意设计服务等新型文化业态，促进文化产业快速健康发展，构建以出版发行、广播电视、文化演出、网络传媒、电子游戏、歌舞娱乐、印务包装、广告制作等多行业多门类的文化产业体系。全市有文化企业 2168 家，其中市级国有文化企业 5 家（广电网络、新华文轩、文旅集团、报业传媒集团、广视传媒集团）、规模以上文化企业 54 家、产值过亿元文化企业 7 家、从业人员 15349 人。2018 年全市文化产业增加值达 26.5 亿元，同比增长 38.2%。

（三）融入融合，深入推进"文化＋"

发展"文化＋旅游"，依托深厚的文化底蕴和丰富的旅游资源，突出红色文化、民俗文化、乡村文化、历史文化等特色，加速培育农业观光旅游、

文化体验旅游、乡村旅游等新型业态，打造了邓小平故里旅游区、华蓥山旅游区、宝箴塞、肖溪古镇、中国三线工业遗产博物馆、华蓥南宋文化主题公园等一大批精品景区景点，建成乡村旅游精品线路16条、全国休闲农业与乡村旅游示范点1个、省级乡村旅游示范县1个。积极推进"文化＋创意"，加强文化创意产品开发，开发出太极龙泉剑、竹丝画帘等一批民间工艺产品。发展福源文化、恒丰礼品、广安川渝旅游开发公司等旅游商品企业30余家，开发出邓小平手书"福"字拓片、邓小平铜像、邓小平头像纪念章、"小平瓷典"、"小平赋"、双面福锦、"福源连连"、感恩杯、"五福临门"等文化创意产品100多种。逐步壮大"文化＋展演"，加强文化展演企业培育，发展文艺表演团体23家、演出公司4家、会展服务企业7家。如岳池县充分发挥"中国曲艺之乡"的优势，努力打造"曲艺大观园"，组建了20余支曲艺演出团队，在县内外开展演出。

（四）彰显特色，产业园区健康发展

广安以独特多样的文化资源为依托，大力实施文化资源转化工程，深入挖掘文化底蕴，成功打造协兴生态旅游文化园区、华蓥山旅游文化景区、岳池县农家生态文化旅游区，武胜白坪－飞龙乡村旅游度假区、武胜龙女湖旅游度假区等5个文化产业园区，形成文化产业园区竞相争先跨越的良好态势。

协兴园区围绕邓小平红色文化旅游产业做文章，成功打造以邓小平故居为核心的5A级旅游景区。投资2000万元，建成占地约26亩，集收藏、展览、体验、教育于一体的川东北民俗博览馆。投资650万元，建成面积为2600平方米的来德书院，目前正在创建中小学生研学旅行特色教育基地。以"生态＋文化＋旅游"为构架，启动了天星湖、笔架山、牛寨子景区建设，规划维修建设胡氏故宅、蒲殿俊祖居，着力打造国家重点文化产业集聚区、世界一流旅游目的地。2018年，协兴生态文化旅游园区接待游客678.82万人次，实现产业收入61.8亿元。

华蓥山旅游文化景区深入挖掘华蓥山红色旅游资源，建成华蓥山游击队纪念馆，伟人名人蜡像馆、纪念墙，"双枪老太婆"巨型雕像，红色文化长廊等红色旅游文化精品。以民俗旅游、生态旅游为重点，打造华蓥山大熊猫生态旅游景区、黄花梨旅游基地、天池湖景区、仙鹤洞景区、玛瑙岩景区、天意谷景区，强力推出熊猫文化、地质文化、生态文化、民俗文化等文化旅游产品，实现文化与旅游的互融互惠互动。实施节会带动战略，举办四川华蓥山旅游文化节，极大地集聚华蓥山旅游的人气，推动华蓥山旅游业的发展。目前，华蓥山已成功创建为国家地质公园、国家森林公园和全国红色旅游经典景区。

岳池县农家文化旅游园区围绕"中国农家文化之源"这一概念，以南宋著名诗篇《岳池农家》为核心文脉，深入挖掘农家文化、村史文化、乡贤文化，建成村史馆 2 个、民俗文化园 1 个，启动大力花湖、东邻西舍、朝门院子综合体生态餐厅、丝绸博览园（含缫丝体验馆、女红传习馆、养蚕记忆馆、桑树品比园）建设。充分发挥"中国曲艺之乡"优势，策划打造"曲艺大观园"，目前已完成规划。坚持以农带旅、以旅兴文，发展乡村旅游、户外旅游、康养旅游等新兴业态，建设农业观光体验园、稻田集装箱酒店、汽车露营公园、养生度假院落、食疗餐厅、药浴汤池、森林康体游步系统等项目，举办白庙樱花节、蜜柚节、荷花节等乡村旅游节会，提高园区旅游知名度，助推乡村振兴。

武胜白坪 – 飞龙乡村旅游度假区坚持农旅结合、三产互动的理念，突出"诗画田园慢乡村"主题，建设文化创意景点，打造文化园子，开展文化活动，推进文旅体商产业融合发展。充分挖掘、传承红岩文化、农耕文化、民俗文化、竹丝画帘等传统文化资源，规划建设花样年华、橙海阳光、丝情画意等 6 大景区，建成竹丝画帘展馆、《红岩》英雄文化陈列馆、武胜党史馆、杨益言旧居、红军路、下坝记忆、创客乐园、三溪影视基地等 10 余个文旅景点，加快建设文化中心、乡村音乐谷、乡村嘉年华。按照"一个院子一个主题，一个院子一个文化"的工作思路打造文化大院，建成以川东民俗为主题的高家院子、以剪纸文化为主题的胡家院子、以竹丝画帘为主题的张家院子等文化院子 11 个。结合川东北的风土人情，原创一批地域特色强、喜剧性佳、文化厚重的文化创意精品节目在文化院子开展演出，如在高家院子开展礼俗文化展演，在张家院子开展竹丝画帘文化体验活动等，年参与体验游客 100 万人次以上。先后成功承办"韵动中国·乡约武胜"2018马拉松、"乡约武胜·17 看广安"四川省第八届乡村文化旅游节（春季）、四川省创意农业精品展等系列文化活动，飞龙镇被文化部命名为"中国民间艺术之乡（竹丝画帘）"，现已创建为全国休闲农业与乡村旅游示范点、国家 4A 级旅游景区、中国农业公园。

武胜龙女湖旅游度假区利用一江三山五谷的自然脉络机理，由花道慢性系统串联青山、绿水、彩林、花田、草园五类生态景观坡谷，着力打造运动、美食、旅居、展会、艺术五大功能公园。目前已建成开放的黄林溪山体公园（龙女湖运动休闲中心）依自然山体为基础，以运动健康文化、亲子娱乐文化为主题，为市民和游客提供一个休闲娱乐的好去处。滨江休闲廊道和滨江娱乐廊道以滨水公园生活为主题，让游客能够更好地亲近嘉陵江水，感受嘉陵江水文化的魅力，目前，已成功创建为省级湿地公园。

（五）健全机制，充分激发产业活力

坚持以改革谋发展，以创新求突破，深入推进文化体制机制改革，充分释放文化产业发展新潜能，使广安的文化产业发展生机勃勃、富有活力。取消网吧发展总量限制，降低市场准入门槛，探索实施"先照后证"后续监管办法，制定出台《关于进一步深化文化市场综合行政执法改革的实施意见》，文化市场发展活力不断释放、监管能力不断提升。积极引导社会力量开办文艺院团，采取"民办公助"方式从重庆引进多彩艺术团，为广安打造了第一台具有本土特色的文艺晚会。创新开展国有文化企业改革，整合文化资源，组建运营广安文旅集团、广安报业集团、广视传媒集团，全面激发国有文化企业活力。广安文旅集团创新混改模式，统筹文化资源，推动文化与旅游、体育、生态、城乡建设融合发展，2018 年实现营业收入 3300 万元、利润 150 万元。广安报业集团遵从市场化原则，通过传媒经营收益反哺新闻事业发展，实现新闻宣传质量和报业经营水平双提升，先后获得"全

国副省级地市级党报新媒体 100 强""中国十大传播力地市党报""中国城市党报最具品牌活力媒体"等荣誉称号。广视传媒集团大力发展"广电＋互联网"模式，不断壮大"频道（频率）＋渠道"产业链，实行线上与线下整合运作，促进产业经营发展，2018 年公司经营创收近 2000 万元。

三 继承弘扬，夯实筑牢文化产业发展的文脉基础

（一）强化中华优秀传统文化阵地建设

1. 加强传习基地建设

坚持按照在定位上"特而强"、在功能上"聚而合"、在形态上"精而美"、在制度上"活而新"的原则，以 9 个省级非遗传习所为依托，加强对非物质文化遗产的保护、传承、弘扬、开发，推进非遗传习基地建设，建成市级非遗传习基地 9 个。争取广安厚街小学、北京景山学校四川广安实验学校成为国家级非遗项目川剧、四川清音、四川扬琴、川江号子传习普及基地。坚持以评促建，组织开展"广安市戏曲特色学校"评选活动，命名表彰了邻水鼎屏小学等 5 所学校为"广安市戏曲特色学校。"

2. 实施"振兴戏曲"工程

实施戏曲艺术影像记录、宣传及展播工程，开展广安市戏剧、曲艺普查及数字化音像资料整理制作工作，完成 27 个戏剧、曲艺种类普查；建立120 份人才档案；收集 178 份传统剧本、曲谱，574 张图片及 181 段视频；制作全市戏曲专题纪录片，在广安电视台创办专栏节目"广安戏韵"；扎实推进戏曲进乡村各项工作，开展重大节庆活动戏曲专场展演和下乡演出 40余场；大力支持戏曲创作展演，2017 年以来资助戏曲大剧创作、折子戏复排、小戏创作和展演经费 86 万元。

3. 加强特色文化品牌创建

依托广安丰富的非遗资源，深度挖掘其内涵，积极打造特色文化品牌。武胜县被文化部命名为"中国民间艺术之乡"，前锋、岳池等 3 区县和飞

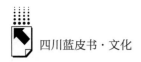

龙、桂兴等6乡镇凭借竹丝画帘、唢呐、杂技等独特艺术获得"四川省民间文化艺术之乡"殊荣。

4. 支持社会力量兴办传承载体

依托协兴园区道台院子，以社会兴办、政府命名支持的方式成立川东北非物质文化遗产展示展演基地，力争建设成为川东北区域非遗集中展示展演中心。支持民营川剧团汉初古韵、梨园演艺等开展川剧传承展演活动，在服装、道具、资金、惠民演出方面给予支持和扶助。

（二）加强中华优秀传统文化宣传教育

1. 大力推进传统文化通识教育

广安高度重视书画艺术，在中小学校专设书法课，将其作为传承中华民族传统文化的必修课，用传统文化中蕴含的高尚道德情操陶冶中小学生的品行和修养。将《三字经》《中庸》《论语》《诗经》《楚辞》等国学经典引入校园，把国学欣赏课纳入课程表，让学生在早读或语文课时诵读国学经典，并每周开设一节欣赏课，由教师为学生们讲解国学经典名篇。采取经典诵读、书法、讲故事、演小品、传统剪纸、国画学习鉴赏等多种形式，开展丰富多彩的"品国学经典、扬中华美德"主题系列活动。组织市、县（区、市）诗词学会走进校园举行诗词讲座，打造"中华诗词进校园培训基地"，培养青少年品味诗词的乐趣，弘扬中华传统诗词文化。

2. 扎实开展公民思想道德建设

创新开展"守四德做四好"、道德讲堂等实践活动，持续开展道德模范、身边好人、最美人物评选，举办广安好人榜、善行义举榜等，评选市级道德模范5届47人，推荐入选四川省道德模范10人、全国道德模范1人、全国道德模范提名奖1人，评选广安好人316人，推荐入选四川好人181人、中国好人39人，表扬年度最美人物40人。开展"道德模范在身边"系列活动，承办全国道德模范基层故事会活动1场，全国道德模范与身边好人现场交流活动2次，举办广安市道德模范互动交流活动5次，出版发行《德耀广安——广安市道德模范纪实》5万余册，编排巡演道德模范文艺节目 50 余个。开展"关爱模范·情暖好人"等帮扶活动，累计帮扶慰问 5000 余人次 300 余万元。

开展诚信教育"六进"和"诚信法规进万家"等宣传活动。建设"诚信广安"门户网站，收集企业、事业单位及其他社会组织 3000 余个、个人信用信息 100 余万条。开展"诚信红黑榜"公示活动，制订食品药品、文化市场、环境保护等 17 类诚信"红黑榜"评价和奖惩实施办法 25 个，通报诚信企业 120 户、诚信个人 58 人、失信企业 192 个、失信个人 3935 人。

建立志愿者招募注册、教育培训、服务记录、星级认定、激励嘉许回馈、关系转接、志愿服务组织管理等 8 项制度，评选表扬优秀志愿者 256 名、项目 18 个、组织 12 个、社区 18 个，果丰社区入选 2017 年"4 个 100"全国优秀志愿服务社区，陈国彬等 4 人入选四川省十佳志愿者、25 人入选四川省优秀志愿者。建立覆盖城乡基层单位的市志愿服务总队，建成支队 212 个、大队 368 个、中队 569 个、分队 653 个。创建网吧妈妈监督员、张洁爱心妈妈志愿服务队、红十字会志愿服务队等品牌队伍 16 支，注册登记广安义工联、荧光志愿者协会、前锋志愿服务协会等志愿服务组织 6 家。建立广安志愿者网和志愿者注册系统等平台，注册志愿者 16 万余人，建成志愿服务工作站 974 个、服务点 2154 个，其中标准化社区（村）志愿服务工作站 53 个、公共文化设施志愿服务站 18 个。开展公共文明引导、大学生暑期志愿服务等 30 余项活动，策划"青春志愿行·温暖回家路""红袖章"等项目 200 余个，"关注新市民培育新风尚""童年童真童趣——为 610 名留守儿童留影"等 2 个项目入选全省十佳。

（三）组织开展中华优秀传统文化活动

1. 广泛开展"我们的节日"主题活动

围绕春节、清明、端午、中秋等传统节日，精心策划组织，搞旺"我们的节日"，把传统节日过成文化节、爱国节、仁爱节和传承节，大力丰富市民群众的精神文化生活。春节、元宵节期间，突出辞旧迎新、团圆平安、尊老爱幼的主题，举办大型联欢晚会 16 场次、焰火晚会 6 场次、迎春灯会

1次、庙会1次、秧歌会8次，营造安定和谐、欢乐祥和的喜庆氛围。清明节期间，突出纪念先人、缅怀英烈的主题，举办祭奠英烈、寻根祭祖、清明诗会、扫墓踏青等活动600多次。端午节期间，突出热爱祖国的主题，培养爱国情感，举办大型龙舟赛1次、红歌会480余次，以及水上捉鸭子、包粽子比赛活动60余次。中秋节期间，突出团结、团圆、庆丰收的主题，举办民俗文化会、中秋赏月等活动达100多次。七夕节、重阳节期间，突出爱情忠贞、家庭幸福、敬老孝亲的主题，举办登高、对歌、赏菊、敬老等活动达400多次。据不完全统计，2012年以来广安市在"我们的节日"主题活动期间共举办文艺晚会500余场次、庙会160多场次、文化书市360多场次、各种展览活动820多场次，先后有1000多万人次参与了各种节庆活动，打造缅怀伟人邓小平、武胜端午龙舟节、华蓥山登高节、岳池中秋节等5个品牌。

2. 持续举办中华经典诵读活动

打造每年一届的"广安市中华经典诵读大赛"品牌，举办班级、年级、学校、区市县、市级五级的经典诵读会、经典赏析会等中华经典诵读比赛活动，层层组织比赛，形成诵读高潮。在比赛中诵读经典，在诵读中传承美德，目前，已成功举办6届，形成"书韵邻州"等全民阅读品牌。广安区希望小学以"三个一"活动（一套国学校本教材、一周一次国学经典齐诵、一周一堂国学课教育）打造国学经典诵读特色学校，其诵读经典培育社会主义核心价值观的活动经验被《人民日报》等媒体广泛报道，"广安举办中华文化经典诵读集中展示活动"等6项特色工作被中央文明办宣传推广。

3. 坚持用好大型活动平台

利用市民广场会议中心（广安大剧院）平台，自2017年起探索常态化开展"优秀剧目进广安"文化惠民演出活动，满足群众日益增长的精神文化需求，已实施精品、经典剧目演出活动30场次，惠民人数达18500余人次。利用2017年四川省旅游博览会平台，开展歌舞晚会《美丽广安》主题展演、小型非遗（民俗）展演等活动，全面展现广安特色文化。在每年的华蓥山旅游文化节期间，开展开幕式暖场文艺演出、民俗展示、非遗展演、戏曲表演等传统文化展演活动，促进文化旅游深度融合发展。组织举办第 5 届岳池杯中国曲艺之乡曲艺大赛活动，展示弘扬岳池丰富的戏曲文化资源。

（四）加强非物质文化遗产保护传承

1. 深入挖掘利用非遗资源

挖掘云童舞、双竹连响、长五木刻技艺等非遗项目的特色内涵，创作了《云童舞》《宕渠双竹连响》《刻·春秋》等歌舞类节目，复排了"手掌木偶""云童舞""抬高亭""滑竿抬幺妹""灯戏""嫁妈""请医"等一批传统民俗项目。实施市级濒危非遗项目和市级非遗传承人抢救性记录工作，抢救性记录 12 项市级非遗项目和 11 名 70 岁以上的市级非遗传承人，避免非遗项目"人亡艺失"。

2. 切实加强非遗资源宣传

持续开展文化遗产日宣传活动，通过布设宣传展板、印发宣传资料、播放公益广告、举办"非遗文化进校园"讲座等形式，生动、直观、多形式宣传非物质文化遗产成果及知识。将非遗与学校艺术教育、课间活动有机结合，武胜县编印剪纸本土教材，并常态化开设剪纸课程；广安区中石油希望小学将云童舞纳入课间操；岳池师范附小编创曲艺课间操。举办 2018 "文化和自然遗产日"广安市非遗展，展示省市级非遗项目 50 余项。组织开展 2018 文化与自然遗产日全市非遗专场展演活动，展演非遗节目 10 余个。结合乡村文化振兴和精准扶贫工作，联合市电视台开展了"乡土广安"非遗宣传周活动，对全市 10 个传统工艺项目进行了重点调查和宣传展示，其中 4 个项目被四川电视台选用播出。

3. 着力打造本土优秀文化剧目

采取统筹市县两级资金，开展和省级戏曲院团合作的方式，成功打造以广安历史名人李准为题材的爱国主义大型川剧《南海李准》，参加第四届川剧节新创剧目展演，获戏剧界广泛好评。启动创排以广安红色文化和英雄人物双枪老太婆为题材的音乐剧《双枪传奇》、以南宋时期广安人民抗元史诗为题材的大型歌舞剧《大良城》。

4. 积极开展对外文化交流

参加第三、第四、第五、第六届成都国际非物质文化遗产节，荣获金奖4项。组织《云童舞》《宕渠双竹连响》《刻·春秋》等歌舞类节目连续3年参加巴人文化艺术节展演，获得好评。组织前锋区宕渠舞蹈队节目《山水清清》（原名《红色双竹响四方》）赴北京参加全国广场舞展演，获得优秀表彰，尤其是在北京展演活动中，广安演职人员在舞台上接受央视主持人采访，推广介绍广安，扩大了广安的影响力、美誉度。武胜剪纸2017年、2018年先后赴哈萨克斯坦、俄罗斯参加"一带一路"文化交流活动，提升了广安地域文化的影响力和传播力。

四　注重均衡，培育滋养文化产业发展的基层土壤

（一）加大投入，建管并重，文化服务体系不断完善

广安市高度重视公共文化服务体系建设，将公共文化服务体系建设纳入各地的经济社会发展规划，从机制上保证文化发展与经济社会建设规划同步、建设同步、发展同步。建立健全党委领导、政府主导、部门参与的工作机制，成立由市政府牵头、17家单位组成的现代公共文化服务体系建设协调组，出台了《关于进一步加强基层文化建设的意见》《关于进一步推进文化大发展大繁荣的决定》（广委发〔2012〕6号）、《关于加快构建现代公共文化服务体系的实施意见》（广委办发〔2016〕4号）、《广安市基本公共文化服务指导标准（2015~2020年）》《关于推进政府向社会力量购买服务工作的实施意见》（广安府办发〔2015〕11号），为推进广安公共文化服务体系建设提供了有力政策保障。着力发挥文化设施最大效益，实行免费开放、错时延时开放公示制度，建立群众需求反馈机制，巩固基层阵地，提升服务水平，加快形成覆盖城乡、便捷高效、保基本、促公平的现代公共文化服务体系。研究制定了《乡镇文化站管理规章制度》《乡镇（村）广播室管理规章制度》《农村书屋管理制度》等，推行工作日志制度，以制度的规范促进

管理的规范。积极组织开展乡镇文化干部、图书管理员、群众文化辅导员培训，指导乡镇建立文化志愿者队伍参与文化阵地的管理，有效增强了文化设施利用效益。成功承办四川省文化志愿服务工作推进会暨国家"阳光工程"文化志愿者培训会，培训了全省各市州"阳光工程"文化志愿者100名。

（二）精心策划，雅俗共赏，群众文化活动丰富多彩

积极组织策划群众文化活动，开展"书香广安·全民阅读"活动、元旦春节期间集中送图书送春联送戏下乡活动、"送温暖·献爱心"慰问等群众文化活动30余项。积极举办华蓥山旅游文化节、白坪－飞龙农村旅游文化节、农家文化旅游节等文化节庆活动，影响力逐年扩大。以市县专业团队与业余组织相结合的方式为主、以政府购买公共演出服务为补充，开展文化惠民演出900余场，惠及群众20万人。创新开展农村公益电影放映"订单式"服务和"你办喜事我放电影"活动，每年放映农村公益电影3.3万场。

加强文艺精品创作和引进，组织实施"优秀剧目进广安"活动，演出《白毛女》等优秀剧目20余个。策划文化品牌项目"广安城市音乐会"，举办专场音乐会30场，打造广安城市广场文化艺术角，每周一个主题演出。开展2017年川渝合作"春之歌"书画名家邀请展、CCTV《星光大道》广安片区选拔赛、纪念建军90周年、纪念邓小平同志113周年诞辰系列文化活动、韵动中国·2017广安国际红色马拉松赛文艺展演、"越舞越好看－纪念改革开放40周年四川省广场舞展演"等有声势、有影响的活动20余场，为全市市民提供了丰富多彩的公共文化服务产品。

转变政府包办的传统模式，加大政府向社会购买产品服务的力度，根据市政府《关于推进政府向社会力量购买服务工作的实施意见》，扩大非公有制文化企业准入领域，规范文化市场管理，建立开放、多层次文化市场，形成政府引导、社会参与、多方供给、有序竞争的良好文化产品市场机制。2017年，市本级财政投入700万元、各区（县、市）投入2749.6万元用于购买公益性岗位、优秀剧目进广安、华蓥市旅游文化节等公共文化服务。在实现均等普惠的公共服务基础上，推广"文体广场＋艺术角"等特色服务，

重点增加对未成年人、老年人、农民工等特殊人群的个性化服务，缓解公共文化供需矛盾。如今，传统经典走近普通百姓，老百姓在家门口享受文化大餐已成常态。

（三）规划引领，创新融合，文化基础设施加快建设

近年来，广安大力推进公共文化服务体系建设，实现市有图书馆、文化馆、博物馆，区市县有图书馆、文化馆，乡镇街道有综合文化站，村和社区有文化活动阵地的目标，形成覆盖市、县、乡、村的四级公共文化服务体系。全市拥有公共图书馆7个，场馆面积1.8万平方米，藏书量187.9万册；文化馆7个，场馆面积2.3万平方米；博物馆（陈列馆）2个，场馆面积2.2万平方米，有馆藏各类藏品5500余件、三线遗产藏品4000余件；有乡镇综合文化站171个、街道综合文化服务中心4个。实施电视"户户通"9.5万户、广播"村村响"91个，建成县级应急广播平台6个，建成村文化室727个，设立公共服务网点180个，建设阅报栏（屏）745个，建设农村电影固定放映点54个。招募农村文化志愿者2751名和"阳光工程"志愿者10名，组织开展农村文化活动和"剪纸"非遗传承培训。农家（社区）书屋每年补充更新少儿图书、实用技术、报纸杂志等出版物20万册（种）。

五　实践启示

（一）加强党建是文化产业发展的根本

广安高度重视党建工作，认真落实新时代党的建设新要求，专题召开全市产业园区党建工作专题会议，强调"经济抓得好不好就是党建抓得好不好的反映，经济抓得不好说明队伍没有凝聚力、战斗力"，不断强化基层党组织建设，聚焦整体功能发挥，以助力企业发展为目标，把党组织活动与企业生产经营活动有机融合起来，大力推进党员示范岗、党员突击队建设，切实引领建设先进企业文化，增强党组织凝聚力和向心力。严格落实党建工作

主体责任，坚持把党建工作与文化产业发展同部署、同推进、同考核，重点考核管党治党政治责任是否落实、党的班子决策机制和运行机制是否完善等，确保文化产业项目等得到有效落地。

（二）强化投入是文化产业发展的保障

加大投入对于推进文化建设有着至关重要的意义，无论是文化事业的发展、文化产业的提升，还是文化资源的保护与开发，都离不开相应的投入。同时文化项目还具有投资大、见效慢、周期长的特点，如果没有持续的投入或投入力度不够，将直接影响它的生存与发展。近年来，广安以文化脱贫为契机，逐步加大对文化事业的投入，特别是加大对公共文化基础设施建设的投入力度，取得了一定成效。同时，积极探索建立稳定的财政投入机制，每年设立文艺创作专项资金 500 万元、文化产业发展专项资金 500 万元、文物保护专项资金 500 万元、戏曲传承发展专项资金 100 万元，这些财政投入有力地促进了文化繁荣发展。

（三）群众需求是文化产业发展的引领

文化发展必须始终坚持以人民为中心、以群众需求为导向。深入生活、深入群众，向人民学习、拜人民为师，把镜头和笔头对准人民群众、对准火热的生活，积极传播真善美，大力弘扬正能量。坚持经济效益和社会效益并重，不断拓宽文化市场，努力满足人民群众不断增长的精神文化生活需求。

（四）融合创新是文化产业发展的动力

融合创新是文化产业的发展动力和源头活水，面对新技术、新事物、新媒体不断涌现的新时代，打破媒介、行业和地区壁垒，促进文化与旅游等相关产业融合，拓展文化产业发展空间，已然成为产业发展的创新驱动。依靠融合发展，激发文化创意创新，培育新型文化业态，激发文化产业发展的内生动力。只有永远保持创新的精神，坚持文化内容创新、文化业态创新、文化体制创新，不断激发人民群众的文化融合创新能力，才能推动文化大发展大繁荣。

B.17
四川藏区广播电视传播力调研报告

寒露　王永刚　何康*

摘　要： 四川藏区广播电视的传播力、影响力对于维护中国西部地区的政治稳定、民族团结和推动藏区社会进步有着极其重要的意义。一方面，在移动互联网背景下，传统广电媒体受新媒体冲击严重，收视份额不断下滑，影响力逐渐衰弱；另一方面，在地处边远的少数民族地区，境外媒体不甘示弱，意识形态领域的斗争形势严峻。报告针对四川藏区本土广播电视媒体的到达率、传播力以及融媒体平台等问题进行研究分析，指出四川藏区广播电视要大力发展藏语方言节目，实施节目本土化，变"村村通"为"人人通"，同时拓宽专业人才培养路径，从而提升媒体传播力与影响力。

关键词： 四川藏区　广播电视　传播力　影响力

一　四川藏区广播电视发展现状

四川藏区即四川省境内的藏族人口聚居区，面积达 24.97 万平方公里，占全省总面积的 51.49%；藏族人口数约为 142 万人，[①] 占全国藏族人口数

---

* 寒露，国家一级导演，四川省电视艺术家协会驻会副主席兼秘书长，研究方向为广播电视媒体研究；王永刚，高级编辑，成都文理学院传媒学院教授，研究方向为纪录片；何康，硕士，四川外国语大学成都学院教师，研究方向为网络与新媒体传播。
① 人口数据为 2015 年统计。

的 23.67%，仅次于西藏，位居全国第二。藏族同胞主要使用康巴藏语、安多藏语和卫藏藏语三种语言，统一使用藏文。

四川藏区行政区划分为甘孜藏族自治州 18 县、阿坝藏族羌族自治州 13 县和凉山彝族自治州木里藏族自治县，共 32 个县。部分藏族散居于凉山彝族自治州盐源、冕宁、甘洛、越西，雅安市的宝兴、石棉、汉源以及绵阳市平武、北川等县。四川藏族主要分布在甘孜藏族自治州，另外在阿坝州、凉山州和雅安市有较少部分，他们的居住地主要位于四川盆地周围边远山区以及青藏高原东部边缘地区，特殊的地理环境制约了当地经济、交通、文化、教育和通信等事业的发展。

随着改革开放的不断深入以及党和国家对少数民族地区的扶持力度不断加大，特别是近几年国家大力推进新农村建设、牧民定居行动计划和"精准扶贫、精准脱贫"计划的实施，藏区广大农牧民温饱问题不断得到解决，生活条件得到极大改善。

由于藏区群众大多散居，地理环境导致交通不便，因此广播电视成为藏区群众接触使用最多的媒体。

甘孜州广播电视台发展于 20 世纪 90 年代初期，现开通了新闻综合频道和文艺频道，由于条件和资源限制，文艺频道仅播出音乐电视及少量自制文艺节目，新闻综合频道每日播出 15 个小时的节目，节目为藏汉双语播出，覆盖全州 18 个县及海螺沟景区管理局，内容包括收视指南、每日新闻、天气预报、电视剧、电影、动画片等。藏汉语《甘孜新闻》每期节目平均时间为 15～20 分钟，栏目结合不同时期宣传重点，开设了《牧民定居》《基层党建》《走基层》等 30 多个板块节目。除此之外，频道还创办了《甘孜人文地理》《甘孜新跨越》《格桑花》等特色栏目。

2018 年底，按照"建成藏区一流广播电视台"的目标，甘孜州广播电视台再次改版，梳理提出"做优时政新闻、做精民生新闻、做强品牌栏目"的思路，重点对新闻频道进行提升打造，确定了"康巴情、民族风、甘孜味"的频道定位，体现本土人文的真实表达以及民族生活的包容和谐，让整个频道更具特色，给观众留下深刻印象。

与此同时，甘孜广播电视台创建了融媒体平台：甘孜网视网站、圣洁甘孜APP（订阅数51000人）、微视甘孜微信（订阅数11000人）、康巴藏语语音手机报（定点发布14万多名农牧民群众，主要覆盖北路边远农牧区群众和寺庙僧尼）。

阿坝州广播电视台成立于1995年，目前有新闻综合、文化旅游两个电视频道，一个广播频率，开设有《阿坝新闻联播》、《藏语阿坝新闻》、《阿坝民声》、《圣地阿坝》（藏语）、《阿坝法制》、《口述历史》、《案例教学》等多个自办栏目，节目覆盖全州13个县城及公路沿线重要乡镇。

阿坝州广播电视台也积极探索融合转型之道，创办阿坝新闻网、四川阿坝手机报、美丽阿坝APP、阿坝藏文语音手机报、阿坝时政、阿坝鼓声（藏文）、官方微信微博等10多个新媒体传播平台，平台总用户数超过50万人。全州有政务微博149个、政务微信427个。全州13个县（市）均开通政务微信微博公众平台。

除了甘孜、阿坝两州下属的广播电视媒体以外，四川还专门设有藏语频道——康巴卫视，全称为四川康巴藏语卫视频道。这是继西藏卫视、青海卫视（安多藏语卫视）之后，为藏区开通的第三个藏语卫视频道。康巴卫视于2009年10月28日试播，2010年6月24日正式开播，全天24小时播出，自办栏目（含译制影视类栏目）全天播出近6小时，涵盖新闻时政、专题文艺、资讯服务、文化访谈、科普教育、公益宣传等多个方面。

本次调研中，调研组共发放相关问卷1000份（其中阿坝州500份、甘孜州500份），共收回971份有效问卷，占比为97.1%。统计分析显示：从接触媒体来看，电视、手机、电脑已经成为藏区群众接触最多的媒体，广播次之，报纸再次之。

从经常收听收看的频率频道来看，阿坝州群众收听收看最多的频率频道排名依次为央视、青海卫视、西藏卫视、四川台、本地台、广播台、康巴卫视；甘孜州群众收听收看最多的频率频道排名依次为央视、四川台、本地台、青海卫视、西藏卫视、康巴卫视、广播台。

从藏区群众喜欢收听收看的节目类型来看，甘孜、阿坝两州的群众在电视上喜欢看新闻、综艺、电影、电视剧，在手机上喜欢看娱乐和资讯。比较而言，阿坝州的藏区群众偏向于新闻资讯，而甘孜州的藏区群众更喜欢娱乐内容。

从接触时间看，阿坝州群众使用手机点看内容的时间明显比收看电视的时间更长，多数人每天使用手机 1~5 小时，收看电视 1 小时以内。而甘孜州的藏区群众每天使用手机的时间和收看电视的时间都在 1~5 小时。

从收视效果来看，有效传播存在比较严峻的问题。一是很多当地百姓表示收看不到，或者因为语言不通而看不懂当地的电视节目，只能收看青海卫视节目（如阿坝州主要有康巴藏语和安多藏语两种藏语方言，语言互不相通，安多语使用人口约占全州人口一半，这部分藏民看不到当地安多语版本的新闻节目，只能收看用安多语制作播出节目的青海卫视的新闻，青海卫视在当地安多语藏民中的人气更高），因此存在"当地百姓认识青海省委书记，不认识当地县委书记"的尴尬状况。二是县级广播电视台自办节目少，缺乏贴近民生的新闻报道，新闻时效性也较差。

在广播电视的覆盖方面，① 阿坝州广播覆盖率为 92.4%，电视覆盖率为 94%，互联网用户数为 24.57 万户，② 行政村通宽带率达到 94.6% ;③ 甘孜州广播覆盖率达 97.2%，电视覆盖率达 97.03%，固定互联网用户数为 18.22 万户，移动互联网用户数为 62.9 万户，④ 行政村互联网覆盖率达到 63.9%。⑤

与此同时，四川藏区空中电波竞争态势严重。一直以来，四川藏区就是西方敌对势力和达赖分裂集团进行强力渗透的重要地区之一，敌对势力采用大功率、多频率、重叠式空中无线广播进行传播，试图瓦解民心、争夺民意。因此，在敌我双方激烈较量、争夺舆论引导权的严重态势下，藏区广播电视无疑担负着引导人民，反渗透和反分裂宣传的重要任务，因此不可等闲视之!

---

① 参见附表 2《两州电视节目覆盖统计》。
② 《阿坝藏族羌族自治州 2017 年国民经济和社会发展统计公报》。
③ 《阿坝藏族羌族自治州 2018 年政府工作报告》。
④ 《甘孜藏族自治州 2017 年国民经济和社会发展统计公报》。
⑤ 《甘孜藏族自治州 2018 年政府工作报告》。

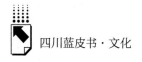

二　四川藏区广播电视发展特色

（一）夯实内宣能力，围绕中心服务大局

习近平总书记指出："要统筹好内宣外宣工作，对内报道要有外宣意识，考虑国际影响；对外报道要有内宣意识，兼顾国内受众感受。"这说明对内传播和对外传播是统一的，是相辅相成、相得益彰的有机整体，其中，内宣工作是基础，体现着主流媒体围绕中心服务大局的坐标定位。

两州广播电视台紧紧围绕州委、州政府中心工作，牢牢把握正确的舆论导向，有计划、有重点、有深度地组织宣传报道工作，传达党和政府的精神，反映百姓的声音，丰富群众文化生活。

甘孜州电视台按照"频道专业化、节目特色化、栏目品牌化"的思路，在年末岁初对过去的节目进行了梳理整合，提出了"做优时政新闻、做精民生新闻、做强品牌栏目"的思路，重点对新闻频道进行提升打造。首先，对原有的《甘孜新闻联播》进行重新包装，凸显甘孜地域特色，时长上调整为15分钟。内容上进行再精炼、再优化，更加强化新闻时效意识，以事实发生重要性为序，尽最大可能减少会议程序性内容报道，摒弃无价值的会议报道、无意义的工作新闻、无特色的成就宣传；突出新闻栏目的信息量，压缩单篇稿件长度，增强新闻厚度，加大有效信息量；强化主题主线报道，就如何做好主题报道进行深入探讨和研究，并派出业务人员赴四川台就做好主题主线报道进行培训。新版《甘孜新闻联播》以时政消息和主体主线报道为主要内容，同时，将《民生新闻》栏目从过去的新闻专题型栏目改版为新闻杂志型栏目，总时长为15分钟，周一至周五每天19：40播出。该栏目分为三个板块：《扫描》《深度》《关注》。《扫描》主要是全州每天发生的各类新闻，以鲜活、精炼的内容为主；《深度》以讲述为主，包括舆论监督、人物故事、热点焦点话题追踪等，时长3~8分钟；《关注》主要是服务性内容，包括政策解析、天气、招聘、教育、医讯等惠民信息。栏目以

"视界甘孜,讲述甘孜人的世界"为宗旨,坚持关注民生、反映民意、贴近民情的理念,把镜头对准老百姓,用他们自己的话讲自己的故事。

阿坝州广播电视台注重重点报道的提前策划。2018 年是汶川大地震十周年,阿坝州广播电视台超前运作、提前谋划,联合中国电信股份有限公司阿坝分公司,携手汶川、理县、茂县、松潘、黑水、小金六县广播电视台展开"十年——5.12 汶川地震十周年大型记者行动"。并从 2018 年 5 月 1 日起,在新闻综合频道推出《十年——5.12 汶川地震 10 年大型记者行动》专栏,播发 16 期新闻报道、6 期特别报道和 10 余期新媒体报道,受到全社会的广泛关注,为纪念 5.12 汶川地震十周年发挥了重要的舆论引导作用。此外,还根据不同时期宣传重点开设《富民惠民 改善民生》《重点工程巡礼》《花开阿坝》《干正事 干实事 干成事》《三态三微全域旅游新实践》《环保督察在行动》《脱贫摘帽进行时》等一大批主题报道,使得全年的电视荧屏和新媒体发布平台节目紧贴实际、重点突出。

(二)强化外宣能力,讲好中国故事藏区篇章

"要精心做好对外宣传工作,创新对外宣传方式,着力打好融通中外的新概念新范畴新表述,讲好中国故事,传播好中国声音。"这是习近平总书记在全国宣传思想工作会议上的重要论述。目前我国有境外藏族同胞近 20 万人,分布于印度、尼泊尔及欧美 40 多个国家和地区,他们时刻关注着中国的发展变化,特别是中国藏区的发展变化。如何运用境外藏族同胞能够理解和接受的话语方式和媒介手段把中国的故事、藏区的故事讲清楚,增强藏区媒体对境外藏胞传播的针对性和影响力,成为我国对外传播亟待解决的问题。

2014 年 4 月,康巴卫视节目正式落地尼泊尔,这意味着在尼泊尔重要城市加德满都、博卡拉、蓝毗尼、拉利特普尔、巴德岗和奇旺都能收看到中国的康巴卫视节目。

《岗日杂塘》(汉语名称为《雪山草地》)就是为旅居印度的藏族同胞专门策划制作的一档人文类杂志式藏英双语电视栏目,每期时长为 60 分钟,

周播,一年52期。栏目已在印度和尼泊尔共三个频道固定时段播出,节目通过国际化的表达,向境外展示我国藏区社会经济高速发展、文化艺术繁荣丰富、人民生活幸福的系列画卷。每期节目包括三大板块:《杰诺》(寻宝)关注文化传承,以行走、寻访的方式探寻传统文化的魅力。《格桑啦》(好时光)关注雪域高原自然人文景观和高原人物,以微纪录片的形式展现高原的美丽,讲述高原人安居乐业、追逐梦想的故事。《嘎查》(欢乐汇)则荟萃了藏民族原生态歌舞和现代流行音乐,也为普通人的才艺秀搭建了舞台。

《岗日杂塘》节目同时在康巴卫视播出,并在康巴卫视汉、英、藏三个网站上制作页面播出,还在微信公众号、微博、Facebook、YouTube上向海内外推广。节目播出后,深受当地藏胞、媒体好评。2017年11月,《岗日杂塘》栏目获得第54届亚洲—太平洋广播联盟大会特别新设的大奖——丝绸之路国际传播奖。2018年11月28日,康巴卫视在加德满都与尼多家电视台、有线电视网络签约合作,将实现《岗日杂塘》在尼泊尔两家卫视的播出。

阿坝州广播电视台为中央电视台、四川电视台、康巴卫视、青海卫视选送作品意识较强,历年来,阿坝州广播电视台在央视上稿量排名和其他市州相比都比较靠前。2017年中央电视台采用阿坝台新闻稿件143条,比上年同期增长500%,其中《新闻联播》播出25条新闻,创下同期央视联播播出量新高;四川电视台采用阿坝台新闻稿件346条,比上年同期增长50%;康巴卫视采用阿坝台新闻稿件256条;安多卫视采用阿坝藏语电视新闻302条。同时,阿坝台还加强互联网对外宣传工作,积极与上级台站、新媒体沟通和联系,采访制作了大量互联网新闻稿件,通过四川电视台手机APP《四川观察》、新华社现场云平台刊播了200余条稿件,收到良好的外宣效果。此外,电视纪录片《传承》作为四川省2017年首批对外交流的重点节目,被推送到长城精品影视,在美国的播出平台上展示了阿坝州纪录片制作团队的专业水平,进一步拓宽了阿坝州外宣渠道。

针对境外对藏区的不实报道,甘孜州以历史正本源,拍摄了162集口述历史纪录片《历史的记忆·和谐的家园》，并开展口述历史进电视、进网络、进大巴、进校园、进军营、进社区、进寺庙"七进活动"，并在"阳光阿坝""直播阿坝"等网络主题宣传活动中邀请网络名人以图文、视频等形式讲述阿坝文化传承、生态保护等故事，用事实揭穿境外对藏区的歪曲报道。

（三）繁荣纪录片拍摄，积淀人文魅力

纪录片是以真实生活为创作素材，以真人真事为表现对象，并对其进行艺术加工与展现的影视艺术形式，越来越多地受到国内外观众的欢迎，成为了解中国藏区经济与文化发展的窗口。

2012年3月，阿坝州率先在全国少数民族地区开展了主题为《历史的记忆·和谐的家园》60集大型口述历史纪录片拍摄活动，阿坝台担任这项工作的样片拍摄和技术指导，他们克服人才奇缺、设备差等重重困难，相继完成了《辫子坟》《阿坝民改》《雪域青春》《土司风云》《百年攻坚》等10余集口述历史纪录片的拍摄，并对全州拍摄的100集部口述历史纪录片进行技术把关。这些纪录片在重要时间节点反复播出，开创了我国少数民族地区"仅用三年时间大规模、高质量摄制纪录片"的纪录，受到国家、省、州各级领导和国内权威专家的高度评价。其中口述历史纪录片《土司风云》获世界山地纪录片"玉昆仑"奖；纪录片《藏地石刻》获国际金熊猫纪录片入围奖；纪录片《云上休溪》参加金熊猫国际纪录片节，获得了新片发布邀请，向全球著名纪录片制作机构和播出平台进行了现场推介。

《天赐康巴》是康巴卫视制作的第一部表现康巴藏区自然人文景观的大型纪录片，该片分为"三江源流""格萨尔王""茶马古道""康定情歌"和"香格里拉"五个部分，详细展示了康巴地区的自然风光、历史沿革和人文精神，表明了康巴文化的独特魅力和对丰富中华民族文化的积极贡献。该片在央视和康巴卫视同步播出后，反响强烈。

另一部在第十二届四川电视节"金熊猫"奖国际纪录片评选活动中获得人文类评委特别奖的纪录片《木雅，我的木雅》同样引人关注。《木雅，

我的木雅》的故事内容和表现手法都不拘一格，它讲述了两个不同民族的姑娘在相互陪伴成长的过程中真实流露的亲人般的感情。故事主人公之一是一位音乐人，因此影片运用了大量的音乐音响元素来表达人物内心情感与思想，音美情更美，引发观众共鸣。

（四）创新民族文艺节目，赢得民族情感认同

寻找适应藏族同胞文化心理特点的电视传播策略，是摆在四川藏区广播电视媒体面前的一项重要课题，其中的关键在于从藏族的民族文化心理和电视欣赏习惯入手，通过娱乐教育策略来提升广大藏族同胞的国家认同感、民族认同感。

近年来，康巴卫视围绕藏区重大宣传任务、重要节庆等主题，联系四川甘孜，云南迪庆，西藏昌都、拉萨那曲，青海玉树等藏区，合作开发具有鲜明民族特色的联欢会。2012年联合民族频率承办《五彩华章》特别节目，组织了大型采访活动"巴蜀万里行"，充分展示了五年来四川省民族地区的跨越发展、四川灾后重建以来的辉煌巨变。2015年元旦迎新特别节目全国少数民族优秀获奖节目展演展播《中华民族一家亲》，精选西部地区18个民族最有代表性的歌、舞、说唱、器乐等优秀节目，展现了中华民族亲如一家，共铸梦想的精神风貌。2016年藏历新年联欢会上首次植入AR（Augment Reality增强现实）技术，设计虚拟卡通吉祥天使"勇初洛洛"与联欢会各主持人互动，增强了整台节目的时代感和观赏性。节目播出期间，有上百万名观众参与了实时摇红包互动活动，点赞达十余万条。

除了节点活动节目，康巴卫视还积极打造常规性品牌文艺节目，《快乐藏汉语》栏目就是一个典型案例。康巴卫视以这档双语教育栏目为基础，连续七年举办电视赛事，走进藏区校园，走进藏区农家，营造了双语教育的良好氛围，促进了藏汉文化交流。

（五）全媒传播成效初显，媒体提档升级

随着藏文智能手机和社交媒体的普及，近年来藏区的信息环境和传播生

态正在改变：一个是基于社交媒体，以藏文为主，以普通农牧民和佛教僧尼为主要受众的传播层；另一个是基于大众媒体，以汉文为主，以体制内人员为主要受众的传播层。打破藏区传播圈层隔阂，建设新型主流媒体，是当前藏区广播电视媒体的责任与使命。

康巴卫视树立了"藏语全媒体国际传播集群"的战略目标，2014年7月，康巴卫视网上线；2015年，康巴卫视微信公众号上线，具备微信直播和点播电视节目的功能；同年，康巴卫视网站英文版和"香巴拉资讯"APP上线，这一年，康巴卫视在第八届中国新媒体节上获得新媒体创新奖的殊荣。截至2017年12月，康巴卫视网站日均点击量超12万次，"香巴拉资讯"APP下载量达13万人次，康巴卫视微信公众号粉丝超36万人。

甘孜州的"圣洁甘孜"手机APP也颇具特色。2018年底，"圣洁甘孜"手机APP2.0以全新的面貌正式上线，APP共设12个板块，能实现全州广播电视节目在手机上的直播点播、图文新闻浏览、图文视频互动上传等功能，目前用户量为51000人。

此次改版还改变了之前为县市开设分频道的做法，专门研发了云矩阵产品，在对主APP进行功能提升、布局改善的基础上，专门为给县市台开发专属子APP，由此构建起了以"圣洁甘孜"主APP为核心，18个县市子APP为延展的"云矩阵"，实现了真正意义上的州、县市全媒体覆盖。

"圣洁甘孜"改版运行的成效显著。2018年11月，山体滑坡造成金沙江断流并形成堰塞湖，处于下游的甘孜州白玉县、巴塘县、得荣县启动危险区临灾预案，转移沿江受威胁群众。甘孜州电视台运用"现场云"直播平台，以实时现场直播、短视频加图文的形式，第一时间就此次突发事件进行"全景＋特写"式报道，并持续跟进，一方面采访相关部门，发布权威消息，另一方面在"现场云"报道中发布面向用户的群二维码，让现场用户成为记者，让灾区情况得到及时、全面反映，为救援提供有力支撑。相关报道的最高浏览量超过210万。

同时，"圣洁甘孜"与IPTV融合，设立专区，用户通过连接电信宽带、利用机顶盒数字化设备，可在IPTV首页中的甘孜板块进入"圣洁甘孜"专

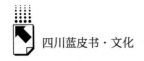

区观看甘孜地区的相关视频，包括新闻资讯、藏语频道、甘孜窗口、文化甘孜、玩转甘孜等内容，同时还可浏览州广播电视台的所有栏目。

三 四川藏区广播电视发展的不足

（一）语言和文化差异导致当地电视节目尚未有效到达

国家实施的"村村通"以及西新工程解决了广播电视的覆盖问题，政府统计数字表明四川藏区的广播电视覆盖率超过了90%，但由于存在语言和文化的差异，即使在信号覆盖地区，藏民听不懂、看不懂广播电视节目的现象也普遍存在。卫藏、康巴和安多三大藏语方言存在着较大差异，康巴藏语是四川藏区的基本交际语言，也是藏区广播电视台使用的基本语言，但在阿坝州有20多万藏民（约占全州人口一半）使用的是安多语，而阿坝州没有由多语的电视节目，因此他们看不到当地安多语版本的新闻节目，只能收看青海卫视安多语的新闻。

所以，信号的抵达并不意味着内容的抵达，要实现藏区广播电视内容的有效传播，就要解决语言的问题，即采用卫藏语、康巴语和安多语等多种藏语方言进行节目制作和播出。

（二）IPTV收视格局形成县级电视节目收视空白

IPTV，简称网络电视，是集互联网、多媒体、通信等技术于一体，向用户提供包括数字电视在内的多种交互式服务的新媒体技术。随着IP网络和宽带光纤网络的不断升级和普及，越来越多的观众可以利用电脑、手机和电视来观看在网络上发布的视频内容。

目前，四川藏区也存在广电网络与移动、联通、电信三大运营商争夺电视收视市场的局面。因为拥有更丰富的节目源、更快速的宽带无线服务，所以IPTV竞争优势明显，尽管其资费相对高昂，但藏区大多数群众仍然愿意选择IPTV的节目信号。然而，受行业相关政策的限制，IPTV不能兼容当地县级广播电视台的电视节目。在甘孜、阿坝两州，除了康定市和马尔康市以外，其他 29 个县级台（甘孜辖泸定、丹巴等 17 个县，阿坝辖九寨沟、小金等 12 个县）的电视节目都没有进入 IPTV 的收视频道中。也就是说，在这 29 个县的藏区家庭中，一旦选择了 IPTV，就不能收看到当地县级电视台的节目。

据统计，甘孜电信发展 IPTV 近 11 万户，甘孜移动已发展 OTT 用户近 3.6 万户，甘孜联通已发展 OTT 用户近 0.6 万户。与此同时，甘孜广电网络用户在短短四年间从 7.5278 万户直线下滑到 2.7874 万户，且保有的 70% 的用户基本在州本级、康定市、泸定县等地区，用户流失率高达 60%。全州 16 个县的广电网络用户仅占保有用户的 30%。

（三）专业水平参差不齐，整体实力亟待加强

阿坝州、甘孜州 33 个广播电视台发展水平的差异性非常明显，尤其是县级电视台差距较大。广播方面，两州各县基本没有自办的广播节目，以转播中央、省级、州级广播节目为主，出现电台少、频点少、功率小、播出时间短的情况。电视方面，甘孜州各县办有 15 分钟双语双播新闻栏目（泸定除外），每周三四期节目，同时配有其他专题栏目，每周自办节目播出时长平均不足 1 小时。县级藏语节目发展相对滞后，目前只有康定、理塘、道孚、炉霍、德格、石渠、稻城 7 县开设了藏语新闻。阿坝州各县电视台开办有 10 分钟的新闻节目，自办节目不到 10%。总体而言，藏区广播电视以转播、购买节目为主，自办节目较少，译制节目类型只有情感类和历史类影视剧，远远不能满足农牧民群众多元化的精神文化需求。

广播电视设备方面，以阿坝州为例，[①] 该州现有传输线路建成时间长，线路传输质量较差。摄录设备、音视频设备、播出设备等亟须升级换代，离数字化要求有差距。部分县市还没有完成制播高清化，不能满足观众的收视需求。

---

① 参见附录：附表 3：《阿坝州广播电视台电视制作主要设备调查表》。

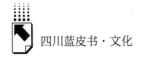

（四）专业队伍严重匮乏，人才招不来留不住

四川藏区地理位置偏远，经济发展水平相对落后，对专业人才的吸引力相对较小，媒体需要的采编人才、新媒体运营人才引不进、留不住，严重制约了藏区基层广电行业的健康持续发展。

据调查，阿坝州、甘孜州广电人才队伍总体存在量少质弱现象，人员占岗混岗严重。县级电视台编制不足，临时聘用人员较多，兼职情况突出。县一级广电专业人才越来越匮乏，州一级人才断档现象越来越严重。以甘孜全州广播电视台为例，核定编制 657 人，实际从业人员 361 人，只达到了54.94%。从业人员中，中专及以下学历占 13.3%、大专学历占 57.3%、本科学历占 29.4%，符合规定持采编播岗位证书人员仅有 54 人。

总体来看，阿坝、甘孜都存在广电创新型人才和高层次采、编、播、翻译、工程、策划、编导人才严重缺乏的问题，双语人才更是凤毛麟角。人才总量严重不足、质量较差，势必直接影响广播电视提档升级的发展后劲。

据调查，造成人才严重不足的原因有两个方面。一方面是政策问题。国家"凡进必考"的用人制度、新闻传播学的专业要求以及本科学历等硬性条件，对藏区广播电视人才引进有较大的限制。新招人员的程序复杂漫长且不说，即使通过选调方式引进当地具有一定经验的专业人才，也受到诸如身份问题、文凭问题和专业问题等多方面的限制。

另一方面是待遇问题。县级电视台为事业单位，主要以职称享受相应的工资待遇。目前，甘孜州大多数县级广播电视台职称比例偏低，职称上不去，待遇也就无从谈起。如甘孜州台的一名译制人员，从新都桥镇小学教师考调过来，月工资比原来少 1000 多元；巴塘县一名记者从乡镇调到广播电视台工作，工资与同文凭同工龄公务员相比，少了 1500 元。据不完全统计，近三年来，通过报考公务员和调动方式离开广电行业的就达 50余人，占从业总人数的 10% 以上。很多人才刚刚培养成熟，就离开了岗位。

四 四川广播电视发展建议

（一）大力发展藏语方言节目，实现广播电视精准传播

四川藏区节目必须坚持"以藏语为主，藏汉语并举"的原则，确保藏族群众听得懂、看得懂，进而愿意听、愿意看，最后喜欢听、喜欢看。特别要因地制宜强化卫藏、康巴和安多三种方言版本的转译，增加译制播出量。因此，增加藏语翻译人力，提高翻译水平是关键。

目前，四川民族广播频率、四川康巴卫视和青海卫视受到四川藏区广大群众的认可与欢迎，阿坝州、甘孜州各广播电视台应借势而为，与知名卫视的节目打好合作牌。

（二）实施资源整合和手段创新，变"村村通"为"人人通"

目前看来，鉴于干网建设成本较高，要解决 IPTV 造成的县级广播电视台无法收视的局面，从两方面入手比较可行。一是放开 IPTV 播出，注意建立三级播控平台，向通信商合规提供安全节目信号。二是乘新媒体东风，既然电视收看不到县级广播电视信号，那么可以从普及率更高的手机入手，特别是手机兼有藏文显示和及时互动功能，能够更好地体现媒体融合效果，真正变"村村通"为"人人通"。

这方面，甘孜台"圣洁甘孜"和阿坝州"阿坝新闻网"手机 APP 走出了一条成功的路径。甘孜州"圣洁甘孜"用户可以在手机上获得所有自办节目的音视频点播、新闻频道手机直播、新媒体自创稿件、行业合作、县市合作以及新媒体直播、互动等服务。2017 年六月，"圣洁甘孜"成功申请入驻新华社"现场云"直播平台，依托该免费平台，全年共开展新媒体直播52 场，累计浏览量达 134 万人次，内容覆盖文艺晚会、新闻、应急抢险、时政报道、体育赛事等多个方面。无论是题材选择还是制作质量和传播影响力，"圣洁甘孜"在入驻新华社"现场云"平台的 200 多家市州媒体中名列

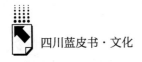
前茅。

阿坝新闻网融合了广电、文化、文联网站的相关功能、内容，用户找新闻、看直播、赏美图轻松实现，查旅游、问州情、听民声一键搞定。同时，网站还集合了个人、企业、部门办事，生活服务等功能，为网友提供一站式服务。阿坝新闻网聚合起全州政务"两微"力量，组装起阿坝州宣传舆论"航母"，发挥出在应对舆情、引导方向、关注民生、联系网民、培养队伍、活跃网络等方面的强大功能，成为全州正面宣传和舆情应对的"拳头"。

目前，"圣洁甘孜"已推出2.0版本，一是在县市合作开办分频道的基础上，打造新媒体云矩阵，为每个合作的县市定制一款自有的APP；二是对"圣洁甘孜"主APP进行改造，丰富内容板块，改善呈现方式。传统媒体与新媒体相融发展是必然趋势，但并不是说新媒体就可以代替传统媒体。建议藏区广播电视台坚持"以我为主""两手抓两手都要硬"的应对措施。一方面坚持和完善以传统媒体为主体的渠道传播，另一方面积极拓展以"三微一端"音视频为新媒体核心产品的发展格局。这就需要政府出面整合广电网络与IPTV的传播渠道，同时加强网上正面宣传，形成合力，从而实现新媒体与传统媒体两个渠道、主流舆论场与民间舆论场两个舆论场协同增效，更好地发挥广播电视宣传群众、组织群众、引导群众、服务群众的功能。

（三）深耕本地，增强节目贴近性

实施节目本土化战略是增强节目传播力影响力的有力措施。

1. 藏区的宣传报道切忌单向的灌输宣传，而应通过人物故事的讲述，紧密联系藏区百姓的利益点和兴趣点，着力反映民心、民愿和民声，增强时政报道的感染力、吸引力和公信力。

2. 打好民族文化牌，做到与现代结合，与时尚结合，与服务结合，与综艺结合。

3. 将时代特征融入广播电视节目中。尤其在打赢脱贫攻坚战三年行动中，广播电视媒体要充分反映各地精准扶贫的典型做法，帮助四川藏区群众实现"从扶贫到扶智，从求富到自强"，满足四川藏区民众日益增长的精神文化需求。

（四）拓宽专业人才培养路径，合理配置人才资源

人才队伍是广播电视事业可持续发展的根本。解决找不到、留不下的问题，有以下办法。

1. 不拘一格降人才，建立少数民族地区人才录用特殊机制，特别是对广播电视兴趣和具有专长的当地人才，在录用上可放宽专业和文凭的限制。

2. 与省内办有新闻传播专业的大专院校开展积极合作，建立少数民族地区传媒教学基地和实习基地，为在校大学生尤其是少数民族学生提供实习机会，为藏区广电部门提供人力支撑。

3. 与省内外广电部门积极合作，从领导层到各级员工定期要到省内高校和广电部门充电学习，以保证业务和观念的更新发展。例如四川省视协的"影视小屋"建设计划。四川省视协目前已在阿坝州、甘孜州、凉山州、北川羌族自治县、革命老区巴中等地建起了14所"影视小屋"，向"影视小屋"的孩子赠送高清拍摄器材、电视艺术启蒙书籍、电视作品光碟和学习生活用品，并指派专家对"影视小屋"学生进行专业培训。经过5年的大力推进和精心培育，"影视小屋"在作品创作及人才培养方面都取得了良好的效果，并在全国得到推广。目前全国已建立了34所"影视小屋"。

4. 四川省藏区特别是牧区海拔高、气候恶劣、物资匮乏，生活成本较高，建议各级政府加大工资收入分配政策倾斜力度和财政转移支付力度，可参照西藏、青海等藏区的执行标准，制订出台工龄、海拔、学历、职级等相互衔接配套的优惠政策。广播电视台应完善干部职工激励机制、年度体检和冬季取暖补助制度，切实提高藏区干部职工的工资福利待遇，建立健全干部职工待遇保障和提升机制。

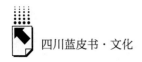
五　附录

附表1　四川藏区广播电视媒体传播力影响力状况调查问卷统计

阿坝州：调查总人数500人　有效485份　无效15份

问题1	日常能接触到的、能收听、收看的媒体有哪些？（单位：人）（多选）					
媒体	电视	广播	手机	电脑	报纸	
人数	388	31	271	148	16	
占比	45.49%	3.63%	31.77%	17.35%	1.88%	

问题2	经常收听、收看的频率频道是哪些？（多选）					
媒体	本地台	四川台	其他省级台	中央台	广播	康巴卫视
人数	28	48	68	313	8	2
占比	5.65%	11.69%	17.34%	63.10%	1.61%	0.60%

问题3	喜欢收听、收看的节目类型是哪些？（多选）					
媒体	新闻	体育	综艺	电视剧/电影	生活	音乐
人数	224	82	172	114	20	11
占比	35.96%	13.16%	27.61%	18.30%	3.21%	1.77%

问题4	通常在手机上喜欢看哪些内容（多选）				
节目	新闻	娱乐	体育	生活	电影、电视剧
人数	257	131	32	30	11
占比	55.75%	28.42%	6.94%	6.51%	2.39%

问题5	每天看手机一般用多少时间？			
时间	1个小时以内	1~5小时	5~10小时	其他
人数	40	352	93	0
占比	8.25%	72.58%	19.18%	0

问题6	看电视、听广播用多长时间？			
时间	1个小时以内	1~5小时	5~10小时	其他
人数	244	233	8	0
占比	50.31%	48.04%	1.65%	0

甘孜州：总人数 500 人　有效 486 份　无效 14 份

问题 1	日常能接触到的、能收听、收看的媒体有哪些？（单位：人）（多选）				
媒体	电视	广播	手机	电脑	报纸
人数	383	37	130	82	0
占比	60.6%	5.8%	20.6%	13%	0

问题 2	经常收听、收看的频率频道是哪些？（多选）					
媒体	本地台	四川台	其他省级台	中央台	广播	康巴卫视
人数	92	101	67	215	12	31
占比	17.8%	19.5%	12.9%	41.5%	2.3%	6%

问题 3	喜欢收听、收看的节目类型是哪些？（多选）					
	新闻	体育	综艺	电视剧/电影	生活	音乐
人数	162	88	149	102	13	0
占比	31.5%	17.1%	29%	19.9%	2.5%	0

问题 4	通常在手机上喜欢看哪些内容？（多选）				
节目	新闻	娱乐	体育	生活	电影、电视剧
人数	24	116	7	4	3
占比	15.5%	75.5%	4.5%	2.7%	1.8%

问题 5	每天看手机一般用多少时间？			
时间	1 个小时以内	1~5 小时	5~10 小时	其他
人数	17	337	126	6
占比	3.5%	69.34%	25.93%	1.23%

问题 6	看电视、听广播用多长时间？			
时间	1 个小时以内	1~5 小时	5~10 小时	其他
人数	46	365	69	6
占比	9.47%	75.1%	14.2%	1.23%

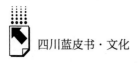

附表2 两州电视节目覆盖统计

地区 （州）	人口数 （万人）	综合覆盖 人口数 （万人）	覆盖率 （%）	中央台 第一套节目		省级台 第一套节目		地方台 第一套节目		县级台 第一套节目	
				覆盖人 口数	覆盖率 （%）	覆盖人 口数	覆盖率 （%）	覆盖人 口数	覆盖率 （%）	覆盖 人口数	覆盖率 （%）
甘孜州	110.11 94	106.84 88	97.03 94	106.84 88	97.03 94	106.84 88	97.03 94	42.94 88	39 94	42.94 88	39 0
阿坝州											

附表3 阿坝州广播电视台电视制作主要设备调查

产品			品牌	品牌	购入年份	使用时间
软件产品	业务系统 软件	制作域业务应用软件		EDIUS	2010	2010
		播出域业务应用软件	世纪金鹰		2008	2008
		网站及APP业务系统	大英		2006	2006
硬件产品		服务器设备		微软	2008	2008
		网络设备（交换机、路由器、负载均衡等）	中兴		2008	2008
	安全产品	边界安全设备（防火墙、WEB 应用防护设备等）	安士		2010	2010
		安全审计设备（堡垒机、日志 审计设备等）				
		入侵检测设备				
关键专业设备		切换台		索尼	2015	2015
		调音台		艾伦海瑟	2017	2017
		摄像机		松下	2014	2014
		录像机		索尼	2012	2012

附　　录
Appendix

B.18
2018年四川文化产业大事记

闫现磊　邱明丰*

1月17日　全省文化局长会议召开。2018年是四川文化建设"项目年"。我省计划推动10大文化工程建设，包括重大文化基础设施项目建设工程、艺术精品创作工程、艺术人才培养工程、公共文化服务提质工程、巴蜀优秀传统文化传承创新工程、文化产业提速增效工程、文化市场转型升级工程、四川文化"走出去"工程、文化改革创新工程、文化扶贫攻坚工程等。在文化产业方面，力争实现增加值900亿元，增长10%；新增规模以上企业40家以上，新增省级以上文化产业园区10家，文化产业结构逐步优化升级，文化产业对经济社会发展的促进作用明显增强。

---

* 闫现磊，文艺学在读博士，四川文化产业职业学院、四川省社会科学重点研究基地——文化产业发展研究中心助理研究员，研究方向为文艺学、文化产业；邱明丰，文学博士，四川文化产业职业学院副研究员，四川省社会科学重点研究基地——文化产业发展研究中心特约研究员，研究方向为文艺学。

1月19日 "2017 中国文化产业系列指数发布会"在中国人民大学举行。四川省文化产业综合指数为 74.91，排名全国第 8 位；生产力指数为76.57，排名全国第 6；影响力指数为 74.57，排名全国第 8；驱动力指数未能进入全国前十。

1月19日 由人民日报社《国家人文历史》杂志组织，2018 中国旅游风景大会暨"中国旅游目的地创新与合作高峰论坛"在北京举办，以旅游业监测大数据为依据，以业内数十位专家、学者评选和网友投票方式产生的"2017 中国最具投资潜力旅游目的地 TOP、中国最佳旅游文创项目 TOP20、中国亲子旅游目的地 TOP20"三大榜单在现场揭晓，成都打造西部文创中心重点项目梵木创艺区和故宫博物院，上海博物馆，台北故宫博物院，中国国家博物馆等获得了中国最佳旅游文创项目头 TOP20 殊荣。梵木创艺区实现了创意、音乐、科技、艺术、旅游、休闲等产业的深度融合与创新，为市民带来了更多不同角度的美好生活体验，其不断完善的功能空间与丰富多彩的活动演艺，将打造成都文化旅游地标的一张新名片。

1月23日 联合国教科文组织正式授予眉山三苏祠文化遗产保护荣誉证书。

1月24日 由清华大学、国家发展改革委国际合作中心、联合国贸发组织共同举办的"一带一路"达沃斯论坛在瑞士举行。四川作为中国唯一嘉宾省参加"一带一路"达沃斯论坛。

1月24日至3月18日 中国（阆中）首届落下闳春节文化博览会在阆中举行。

1月25日 四川省文化产业商会、四川省民营文化企业协会发布了"2018 四川优秀文化产业项目"和"四川新锐文化产业项目"，涉及文创园区、文化旅游、文化科技融合项目、数字娱乐活动项目、文化"走出去"系列项目、"四川造"电影系列等。

1月28日至3月2日 由省委宣传部、文化厅主办，省文化馆承办的"四川首届乡村艺术大展"在成都红美术馆举行，活动历时 35 天。大展主题为"乡村振兴·艺术圆梦"，370 件民间传统工艺品参展。作品汇集全省乡村艺术精品，涵盖年画、竹编、蜀绣、油纸伞、泥塑、皮影、竹簧雕刻、麻柳刺绣、藏族唐卡、彝族漆器、羌族刺绣等多种类别。

1月30日 在成都市文广新局举行的2018迎新春文化惠民消费季启动仪式上，全国首个文化惠民消费线上支付平台"文创成都"APP正式上线运营。

2月2日 第24届自贡国际恐龙灯会在四川自贡彩灯公园启幕。灯会以"锦绣中华，欢乐颂歌"为主题，设置"欢乐颂歌""中国吉祥""丝路新篇""自贡符号""花语世界""精彩纷呈""璀璨光影"七大板块，共有130余组大中型彩灯。

2月13日 历届最大规模的2018成都金沙太阳节正式揭幕。

2月21日 据四川博物院、成都博物馆、成都武侯祠博物馆等多家博物馆数据显示，春节7天，进馆游客及观众超过了150万人次。节日进博物馆，已经成为越来越多的四川人过节的新选择。

2月23日 "建设西部文创中心行动计划"新闻发布会在成都东郊记忆举行，根据市第十三次党代会和全市国家中心城市产业发展大会的战略部署，成都正式发布《建设西部文创中心行动计划（2017～2022年)》和《成都市促进西部文创中心建设若干政策》。进一步提升城市的经济创新力、产业竞争力和文化软实力，建成全国重要的文创中心。为建设全面体现新发展理念城市、高品质和谐宜居生活城市，为全面建设现代化新天府、成为可持续发展的世界城市提供有力支撑。

3月5日 由眉山市和四川人艺联合出品的话剧《苏东坡》专家研讨会在国家大剧院举行。

3月6日 省文化厅发布消息，2018年我省以"一带一路"倡议为引领，围绕推动国际人文交流合作，实施"巴蜀文化艺术全球推广计划"，以更新的表现形式、更有效的传播手段、更丰富的文化内涵、更具竞争力的文化产品，开展国际文化交流与合作，将巴蜀文化艺术推向世界舞台。"巴蜀文化艺术全球推广计划"具体包括"巴蜀舞台艺术精品海外行""文明对话——文化遗产交流推广系列活动""川灯耀世界——海外灯会系列活

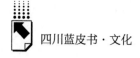

动"三大主题活动。

3月18日 以"长江首城·六茶共舞"为主题的第二届国际（宜宾）茶业年会在宜宾市开幕。来自全球 20 余个国家和地区的茶界代表、国际茶业行业组织负责人、国内部分产茶省份代表等出席开幕式。

3月23日 "已故川剧名家影像资料数字化保护项目"专家研讨会在成都举行。自 2017 年 8 月以来，四川省艺术研究院、四川文艺音像出版社有限公司对 20 世纪 80 年代以来珍贵的川剧视频、音像资料进行数字化保护和整理，包括已故川剧名家周裕祥、周企何、陈全波、陈书舫、阳友鹤 5 人的《御人妻》《江油关》《晏婴说楚》《金桃会》《西川图》等 15 部经典剧目，并对相关图片、剧本文字资料开展编辑整理。

3月25日 以"举杯中国·世界"为主题的 2018 中国国际酒业博览会在泸州市启幕，法国为本届酒博会主宾国。本届酒博会经商务部批准，由中国酒业协会主办，四川省人民政府、中国轻工业联合会、新华社中国经济信息社重点支持，四川省商务厅、四川博览事务局、泸州市人民政府共同承办。

3月27日 四川省统计局发布 2017 年四川文化产业"成绩单"。2017 年，四川规模以上文化产业营业收入 2762.16 亿元，比上年增长 12.1%，增速比全国快 1.3 个百分点。从三大产业类型看，文化制造业营业收入 1787.86 亿元，增长 12.0%；文化批发零售业营业收入 343.73 亿元，下降 7.7%；文化服务业营业收入 630.57 亿元，增长 27.5%。

3月30日 2018 西安丝绸之路国际旅游博览会在西安曲江国际会展中心拉开帷幕，四川省旅游发展委员会组织了全省 13 个市州和 20 家涉旅企事业单位前往参展。

4月10日 2017 全国十大考古新发现终评结果在北京揭晓。经过为期两天的终评，21 位考古界专家从 26 项入围项目中投票评选出了"十大"，其中，四川彭山江口沉银遗址成功当选。

4月12日 以"美丽乡村·好享纳溪"为主题的四川省第九届乡村文化旅游节（春季）在泸州市纳溪区隆重开幕。

4月13日 由中共资阳市委宣传部、中共资阳市委农村工作委员会、资阳市文化广电新闻出版局、资阳市旅游发展委员会联合举办的"蜀人原乡·最美乡村"音乐季在安岳县宝森柠檬小镇拉开帷幕。

4月16日 "成都街头艺术表演"项目首批街头艺人招募报名正式启动，通过报名、审核、培训等流程，街头艺人在"五一"小长假期间，首次在成都"持证上岗"集中亮相。

4月20日 由四川省文化产业商会、四川省创新创业促进会主办的首届IGS成都·数字娱乐博览会在成都开幕。会上，四川省文化厅副厅长王勇致辞。他表示，近年来，四川省文化产业取得健康快速发展。全省文化产业增加值、产业规模、企业数量在西部具有明显优势，对四川经济社会发展的支撑作用不断增强。2017年来，全省文化产业继续保持了持续较快增长，文化产业集聚发展态势逐步显现，各类文化产业业态快速发展，产业规模不断扩大。

4月25日 全省体育产业工作暨培训会在成都市温江区召开，就推进四川省体育产业发展开展了经验交流和业务培训。

4月29日至30日 由四川省音乐产业发展领导小组办公室、四川省文化厅指导，乐山市人民政府主办的"2018年四川省春季音乐季暨第三届乐山·峨眉山佛光花海音乐节"在峨眉山市黄湾乡佛光花海园区举行。

5月3日 2018"五一"小长假四川博物馆开放服务数据出炉。2018年"五一"小长假期间，四川各地博物馆纷纷开门迎客，观众参观热情高涨。全省241家博物馆（纪念馆）共计472个展览向公众开放，观众人数达159万人次，实现门票收入832万元、文创产品销售收入93万元。

5月10日至14日 第十四届中国（深圳）国际文化产业博览交易会在深圳举行。四川参展团以"文化四川魅力天府"为主题，分为振兴四川出版、振兴四川影视、文化"走出去"、新业态发展、特色文化产业五大板块、56个项目集中亮相。在为期5天展会中，四川参展团收获颇丰，获得本届文博会的最佳组织奖和最佳展示奖。同时，金丝楠木雕、甘孜唐卡、自贡扎染、乐山刺绣等展品还获得了"中国工艺美术文化创意奖"的一金四

银五铜的好成绩。通过文博会平台，四川文化也在深耕传统资源推动"文化＋"的多元产业模式，文化正在更加真切地影响和改变着生活。

5月17日 以"品竹海风情·促乡村振兴"为主题的四川省第九届乡村文化旅游节（夏季）暨2018年中国旅游日四川省分会场活动开幕式在川南重镇宜宾市长宁县盛大举行。

5月18日 作为四川省"国际博物馆日"系列宣传活动重要环节，由四川博物院和中国移动四川成都分公司共同主办的第五届"川博杯"成都青年（大学生）文化创意产品设计大赛在四川博物院一楼中庭圆满结束。共有来自成都理工大学、成都大学、四川师范大学、西华大学等省内外院校的700余件作品参赛，89件文创作品成功入围。

5月28日 由中国国家图书馆、中国图书馆学会、中共四川省委宣传部、四川省文化厅、四川新华发行集团有限公司、中国书刊发行业协会、中国新华书店协会主办，四川省图书馆、新华文轩出版传媒股份有限公司承办的"丝绸之路国际图书馆联盟成立暨'阅读·城市·文化'图书馆、书店融合发展学术研讨会"在四川省图书馆举行。国内首个丝绸之路国际图书馆联盟成立。

6月7日至14日 由文化和旅游部主办的全国非遗曲艺周在天津举办。四川省曲艺研究院带队的四川代表团，带领四川的四个国家级非遗曲艺项目参加了此次活动。两位国家级传承人——四川扬琴名家刘时燕、金钱板名家张徐和两位省、市级传承人——四川竹琴名家谢惠仁、四川清音名家任平参加了此次演出活动。

6月9日至10日 "2018成都市非遗进校园教学成果展"在成都国际非遗博览园举办，活动由中共成都市委宣传部、成都市精神文明建设办公室、成都市教育局、成都市文化广电新闻出版局联合主办，全面展示了成都近5年来"非遗进校园"的工作成果。

6月14日 由四川艺术职业学院、四川省戏剧家协会、遂宁市文广新局、中共江油市委宣传部共同打造，四川省青年艺术团、遂宁市川剧团联袂演出，戏迷们期待已久的国家艺术基金——2016年度大型舞台剧和作品创作资助项目川剧《诗酒太白》当晚与观众见面。

6 月 21 日 "2018 世界文化名城论坛·天府论坛"在成都举行。来自全球 22 个世界文化名城论坛成员城市、9 个"一带一路"沿线重要节点城市代表，共谋"一带一路"建设下的文化交流合作和开放共享。会议期间确定，"一带一路"世界文化名城中心落户成都。

6 月 26 日 "江口沉银"四川彭山江口古战场遗址考古成果展亮相国家博物馆。2017 年初，彭山江口的明末战场遗址考古发掘出水了 3 万多件精美文物，实证了"张献忠'千船沉银'并非传说"。

6 月 30 日 经过近 2 年的筹备打磨，由四川交响乐团出品的原创大型交响组曲《红色丰碑》在成都首演，用浪漫主义交响乐形式书写红军在川故事，以庆祝党的 97 岁生日。

7 月 3 日 由四川省旅游发展委主办的"川菜名馆与四川美食之旅"四川旅游推介活动暨四川美食之旅推广日（迪拜站）活动在迪拜麻辣空间火锅店举行。

7 月 6 日 第三届中国茶乡峨眉山国际茶文化博览交易会在乐山峨眉山市四川国际旅游交易博览中心开幕。

7 月 16 日 由中国文化和旅游部、外交部、四川省人民政府、阿拉伯国家联盟共同主办的第四届"阿拉伯艺术节"新闻发布会在成都博物馆举办。本届艺术节以"丝路相连，民心相通"为主题，共计举办 20 余项文化交流活动。从 7 月到 10 月，包括中阿文化部长论坛、意会中国 10 周年大展——阿拉伯知名艺术家访华采风作品展、中阿城市文化和旅游论坛、中阿青年汉学论坛、阿拉伯文艺精品展演等在内的 18 项重点及配套活动在成都举行。

7 月 19 日 第 28 届全国图书交易博览会在深圳开幕，我省 16 家出版社携 6000 余种精品图书参展，并于当天举办了两场阅读主题活动。

7 月 27 日 由北京洛杉矶文创国际投资有限公司和成都高新区共同提出 ACE 计划在成都正式启动，ACE 计划以"促进四川文化产业供给侧改革"为宗旨，从洛杉矶文化创意产业园中筛选出相对成熟的美国文创项目

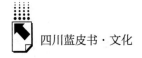
公司落地四川，通过引进优质资源，助力四川文化产业高质量发展，推动四川文创服务升级。

7月30日 纪念"峨影成立60周年"经典电影展映启幕暨战略合作协议签约仪式在峨影1958电影公园隆重举行。峨眉电影集团分别于与天府新区、青羊区人民政府、四川能投集团、四川旅投集团、成都兴城投资集团、中影集团、派格传媒集团等签署了合作协议，从国际化影视创作基地建设、影院发展基金平台搭建以及大型多媒体沉浸式交互影视体验秀等方面共同着手，着眼"影视+"，深度拓展影视文旅产业。

8月2日 第三届红原大草原夏季雅克音乐季盛大开幕，音乐季持续7天，并将原来"3天音乐季主题演出+2天山歌弹唱比赛"的形式升级为"2天热身迎接+3天核心演出+2天终极体验"。

8月8日 由中国品牌联盟主办的"第十二届中国品牌节"在成都市中国西部博览城举行。

8月16日 2018康定情歌国际音乐节开幕，以民族特色、文化创意、旅游体验为宗旨，汇集三天两晚精彩演出和多样化互动节目。

8月21日 首届中国大熊猫国际文化周电影展映在峨影太平洋影城（北京中关村店）开幕，围绕"熊猫的电影故事"主题，通过影片展映、照片展、文创产品等载体传播熊猫文化。

8月25日 阆中市首次对外发布"大笑古城"IP，同时启动2018阆中曲艺"葩"品牌文化节。阆中古城，正以创新泛娱乐时代"文创+旅游"新模式、依托"全域旅游"实现文化旅游深度融合、打造一批国际旅游品牌等方式来回答以上问题，并焕发出新的生机。

8月25日 为期两天的2018亚洲书店论坛在成都开幕。来自全亚洲书店业代表、作家学者、行业领袖齐聚成都，就未来书店与城市怎样去经营和发展等相关问题探讨城市未来发展与书店指数聚焦的关系，共同探讨书籍与城市文化产业的共生发展关系，为书香城市的建设寻找下一个风口。在成都，遍布大街小巷的3463家实体书店，不仅为这座城市提供了活跃而温暖的精神空间，更逐渐构建起一种极具成都特色的生活美学。此次论坛上，

"2018 亚洲书店论坛组委会"联合今日头条文教对外发布了 2017 年 6 月 ~ 2018 年 6 月的"城市书店聚焦指数"大数据报告。报告显示,在过去一年里,书店的热度不断攀升。以生活·读书·新知三联书店、言几又书店为代表的新型实体书店也成为最受用户关注书店 TOP10。成都入选亚洲十大最受关注的文化城市之一。

8 月 31 日 由四川省人民政府主办,成都市人民政府、四川省旅游发展委员会、四川省投资促进局承办的第四届中国(四川)国际旅游投资大会在成都隆重举行。会上,四川省旅游发展委员会与西南财经大学联合发布了《四川省旅游投资白皮书(2018)》,对 2017 年四川省旅游投资主体、模式业态及空间布局等方面进行全面分析,并对旅游投资下一步发展提出建议。

9 月 1 日 中国(广元)女儿节开幕,坚持"政府主导、市场运作、文旅融合"原则,突出"时尚女性、康养广元"主题,以彰显女性优秀文化为内核,做"靓"女儿节品牌,以举办女儿节为平台,助推中国生态康养旅游名市建设。

9 月 4 日 全省乡村振兴大会第二阶段会议在成都召开,进一步传达学习习近平总书记、李克强总理关于实施乡村振兴战略的重要指示批示和全国实施乡村振兴战略工作推进会议精神,对全省实施乡村振兴战略进行动员部署。省委书记彭清华出席大会并讲话。他强调,要坚定以习近平新时代中国特色社会主义思想为指导,深入贯彻习近平总书记对四川工作系列重要指示精神,全面落实党中央、国务院决策部署,坚定走中国特色社会主义乡村振兴道路,把实施乡村振兴战略作为新时代做好"三农"工作的总抓手,统筹推动乡村产业振兴、人才振兴、文化振兴、生态振兴、组织振兴,打好精准脱贫攻坚战,擦亮四川农业大省金字招牌,加快推动四川由农业大省向农业强省跨越。

9 月 4 日至 6 日 为贯彻落实省委十一届三次全会精神,加快推动新技术在我省旅游业的广泛应用,培育旅游产业发展新动能,促进旅游业质量变革、效益变革、动力变革,由四川省旅游发展委员会、四川省科学技术厅、

绵阳市人民政府主办的"第二届四川省旅游业新技术应用大会"于 2018 年在中国科技城——四川省绵阳市举行。

9 月 5 日 "杜甫千诗碑"总碑揭幕仪式在成都浣花溪公园万树山举行。这标志着"杜甫千诗碑"项目已基本建成并即将对市民开放。

9 月 7 日 以"仁者安仁·馆藏中国"为主题的"2018 第五届天府古镇国际艺术节"在大邑安仁古镇开幕。

9 月 7 日 第五届四川国际旅游交易博览会在乐山隆重开幕。本届展会以"美好生活引领优质旅游"为主题,以"展示、交易、论坛、大赛"为核心,共有来自 58 个国家和地区约 3000 余名国际性旅游组织负责人、旅行商、旅游投资商、旅游商品企业嘉宾参会。展会主要内容包括 2018 中国特色旅游商品大赛、"一对一"洽谈交易、旅游惠民产品交易、旅游商品洽谈交易,还有峨眉高峰论坛、旅游扶贫助力乡村振兴论坛、旅游人才峰会、旅游大数据论坛、"峨眉论道"之 PPP 精准扶贫等 5 个论坛,以及包括全球精品旅游、中国特色旅游、四川优质旅游、旅游文创、旅游惠民、中国特色旅游商品大赛评选展示、户外旅游体验七大展区。

9 月 7 日至 9 日 自贡灯会作为四川省唯一优秀节庆代表参加在内蒙古呼和浩特市举行的中国节事与旅游大会,并在本次大会上荣获纪念改革开放四十周年"中国优秀节事奖"。

9 日 11 日 由四川省旅游发展委员会、四川省政府台湾事务办公室、新希望集团联合主办的 2018 年四川省乡村旅游产业带头人赴台学习交流活动启动暨 10 万名新型职业农民培育签约仪式在成都市举行。

9 月 14 日 省统计局发布《优秀文化绵延传承 文化发展成就辉煌——改革开放 40 年四川经济社会发展成就系列报告之十二》,报告通过系统梳理指出,改革开放 40 年来,四川文化改革发展取得重大进展和显著成效,文化事业繁荣发展,文化产业快速发展,文化建设呈现新面貌新气象,文化整体实力显著增强。

9 月 14 日 "2018 成都国际书店论坛"在方所成都店开幕。本届论坛以"阅读,新浪潮"为主题,希望回到内容提供与阅读需求的本身。来自全球书店、出版及文化领域极具经验与远见的从业者齐聚成都，共同探讨行业发展现状与未来趋势。本届论坛首设主宾国，邀请英国成为 2018 成都国际书店论坛的主宾国。论坛邀请了英国伦敦书评书店、捷克 8 号艺术空间、波兰选择的艺术、澳大利亚书商协会等书店行业代表，以及布鲁斯伯里出版社（中国）、上海世纪出版集团、日本夏叶社、德国莫托书店、豆瓣、法国"火神的锻造间"出版社、英国大英图书馆出版部等出版平台代表，围绕"寻找未来读者""透过书店看见读者""创新的不同实践"三个议题，深剖内容提供者与读者的关系。

9 月 17 日 省文物考古研究院举行城坝遗址考古新发现暨专家论证会，宣布经过 5 年不间断、系统性的考古发掘，不仅在南方首次全面揭露了一座郡县一级的城址——宕渠城城址，还发现了四川地区极为罕见的十余枚汉简。其中刻有"仓颉作书，以教后人"等字样的简牍，更被与会专家认为可能是四川地区目前发现最早的"识字教科书"。

9 月 20 日至 24 日 以"中国新时代·西部新作为"为主题的第十七届中国西部国际博览会在成都举办。本届西博会的主宾国为意大利，轮值主席单位为重庆市，主题市为四川省眉山市。本届西博会首次实行"一城双展"，分别在中国西部国际博览城国际展览展示中心和成都世纪城新国际会展中心设展，展览总面积约为 26 万平方米。80 个国家和地区及国内 29 个省（区、市）和新疆生产建设兵团，四川省内 21 个市（州）、超过 100 家世界 500 强企业及知名企业参展，参加企业达 6000 余家，参会参展国家（地区）总数和国家馆数量超过历届。主宾国意大利设置国家馆，展览面积为 1200 平方米。此外，第六届四川农业博览会与本届西博会同期举办，第五届中国（四川）国际物流博览会为分会场。

9 月 21 日 "金色记忆——中国 14 世纪前出土金器特展"在成都金沙遗址博物馆揭幕。这是我国迄今为止最大规模，最让人期待的金器专题展，展览集中现了全国 19 个省份历年重要考古发现出土的先秦至元代金器精品 350 余件（套），其中不少展品都是各文博单位的镇馆之宝。

7 月 27 日 四川大学中华文化研究院成立，研究院旨在推动中华文化

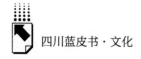

的创新创造，深入研究、阐释、推广巴蜀文化和天府文化。

9月27日　2018年中国文化馆年会在成都举行。来自全国32个省（自治区、直辖市）的文化馆业界、学界和相关行业代表齐聚蓉城，共襄盛会。此次年会会期共两天，主要包括2个工作论坛和4个主题论坛。

9月30日　由成都市文化广电新闻出版局、成都市音乐影视产业推进办公室主办的2018首届成都街头艺人音乐节在成华区339电视台精彩启动。10组优秀的街头艺人登台献唱，闪亮的舞台，潮酷的乐队，合力拉开本次音乐节的帷幕。

10月9日　由中共内江市委宣传部、市文广新局、市扶贫和移民工作局、市文联、内江工商业联合会共同举办的"文化助力　脱贫攻坚"2018大千故里书画名家义捐义卖活动在张大千美术馆举行。

10月9日至10日　四川省首届创业博览会将在成都"中国—欧洲中心"举办。本次博览会以"智汇天府、创赢未来"为主题，全面展示近年来全省创新创业成果，搭建创业工作交流和成果转化平台，营造支持鼓励创新创业的良好氛围。

10月10日　四川省小城镇建设领导小组办公室公布了第二批省级特色小城镇名单，成都市郫都区唐昌镇、自贡市荣县双石镇、攀枝花市米易县撒莲镇、甘孜州泸定县磨西镇等41个镇为第二批省级特色小城镇。连同2017年首批入选的42个特色小镇，目前四川累计有83个省级特色小城镇。

10月11日至15日　"2018·第二届成都国际诗歌周·成都与巴黎诗歌双城会"在成都举行。10多位法国诗人、30多位成都诗人、40多位国内诗人，以及20名其他国家或地区的诗人齐聚成都，总共100多位中外杰出诗人参加。他们以诗为媒，畅谈文艺与人生、城市与世界、历史与未来。

10月18日　由省林业厅、省旅游发展委员会、阿坝州人民政府主办，黑水县人民政府、达古冰川管理局、大九旅集团承办的四川省第九届乡村文化旅游节（秋季）、2018四川红叶生态旅游节暨黑水县第六届冰川彩林·生态文化旅游季在黑水开幕，主题为"圣洁冰川·多彩黑水"。

10月19日　由中国旅游协会旅游商品与装备分会支持，山东省文化和旅游厅、泰安市人民政府主办，山东省旅游商品开发服务中心、山东省旅游行业协会旅游商品与装备分会等承办的2018中国山东旅游商品与装备博览会在泰安市泰山国际会展中心开幕。四川省旅游发展委员会精心组织和筛选了五粮液、泸州分水油纸伞、宜宾燃面等"天府礼物"品牌商品以及北川草编、峨山老窖、毕阿婆食品等七家企业，共300余件特色商品参加了本次博览会。

10月20日 由北京市旅游发展委员会主办的第七届北京国际旅游商品及旅游装备博览会于在中国国际展览中心（老馆）开幕。由四川省旅游发展委员会组织的12家旅游商品企业集中展示"天府礼物"品牌旅游商品，为全国观众奉上了一道旅游商品的秋季盛宴。

10月21日 "锦绣天府·成都市首届民间川剧艺术季"在洛带古镇隆重举行，本次活动吸引省内100家民间川剧团参加。

10月22日 四川师范大学中华优秀传统文化学院成立，四川师范大学将以此为基础，实施蜀山学者建设工程、巴蜀文化教育体系建设工程等5大重点工程，建成以蜀学为特色、具有国内领先水平、在海内外产生重要影响的中华优秀传统文化研究基地。

10月22日至24日 中国规格最高、规模最大的考古学盛会——第二届中国考古学大会在成都成功举办。

10月23日至10月29日 我省赴芬兰赫尔辛基、捷克布拉格分别开展"熊猫走世界·美丽四川"和"全球川菜名馆与美食之旅"推介活动，省委副书记邓小刚出席活动并致辞。

10月25日 2018四川国际文化旅游节暨江油"一带一路"李白文化节在绵阳江油青莲李白诗歌小镇隆重开幕。

10月26日 2018中国—东盟博览会旅游展在桂林国际会展中心拉开帷幕，本次盛会共吸引来自世界各地超过50个国家和地区的嘉宾、近800家企业和300多名高质量海内外买家前来参展参会。四川省旅游发展委员会组织了全省11个市州和20家涉旅企事业单位前往参展。

10月29日 我省公布第五批省级非物质文化遗产项目名录，蒲砚制作

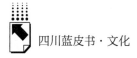
技艺、唐昌布鞋传统制作技艺、天彭牡丹花会、元通清明春台会、客家水龙节、川菜烹饪技艺等入选。

11月1日 四川省首个藏羌彝产业走廊行动计划——《藏羌彝文化产业走廊四川行动计划（2018~2020年）》在省文化厅和乐山市人民政府共同主办的"藏羌彝文化产业走廊发展理论研讨与工作推进会"上正式发布，从文旅融合、文化创意、市场主体、市场要素、文化品牌5个方面明确了未来目标和主要任务。

11月2日 由蓬皮杜国家艺术文化中心、毛继鸿艺术基金会（MJHAF）、成都传媒集团联合主办，成都传华艺展文化发展有限公司、四川方所文化创意有限公司承办的成都·蓬皮杜："全球都市"国际艺术双年展在中国四川省成都市东郊记忆音乐公园拉开序幕。本届双年展以"延展智慧"为主题，呈现来自全球20余个国家和地区的60位艺术家与小组的百余件作品，涵盖国际艺术展览、艺术家驻地创作、音乐表演、水上艺术装置等多个板块。

11月5日 四川省广播电视局、省新闻出版局、省版权局、省电影局集中挂牌。省委常委、宣传部部长甘霖，副省长杨兴平出席揭牌仪式。

11月9日至12日 第五届成都创意设计周在成都世纪城新国际会展中心举行。本届创意设计周以"创意成都·美好生活"为主题，携手全球三大设计奖项之一的德国iF设计奖，向全球展现了创意设计力量和成都建设世界文化名城的最新成果。活动期间，举办了2018金熊猫创意设计奖、第五届成都创意设计产业展览会、iF成都国际设计论坛等三大主体活动，以及公园城市美学峰会等系列同期活动。本届成都创意设计周吸引30余个国家和地区，超1000家创意设计机构参与，展示作品达23000余件，给观众带来一场非凡的创意设计体验。不仅让受众感受到创意与科技、生活、音乐、艺术、美食、旅游、动漫等多业态的创新成果，更展示了成都发展创意经济，大力促进知识创造、推动创意设计、发展创意体验的生动实践和强大磁力。

11月12日 重新组建的四川省文化和旅游厅、省文物局正式挂牌。省委常委、宣传部部长甘霖、副省长杨兴平出席挂牌仪式。标志着我省正式迈开文旅融合的步伐。

11月16日 《四川改革开放40周年》出版座谈会在成都召开，该书紧紧围绕"改革开放"这一宏大主题进行编纂，是我省首部针对鲜明时代主题展开著述的专题性公开出版志书。

11月16日 由成都市人民政府、四川省文化和旅游厅主办，都江堰市人民政府、成都市旅游局、四川省旅游信息中心承办的第六届全球旅游网络营运商合作交流会开幕式和主论坛在都江堰市盛大举行。

11月20日 全国《文化主题旅游饭店基本要求与评价》行业标准宣贯培训会现场，四川开展文化主题旅游饭店标准创评试点的经验被全国业界人士点赞。2017年10月1日，由原国家旅游局监督管理司和原四川省旅游发展委员会主导起草的《文化主题旅游饭店基本要求与评价》行业标准在全国正式实施。2018年3月，四川作为全国唯一试点省份全面启动文化主题旅游饭店创评试点工作。

11月23日 由中共四川省委宣传部、四川省文化和旅游厅、四川省科学技术协会业务指导，四川文化创意产业研究院、四川省非物质文化遗产保护中心、四川省图书馆、西华大学美术与设计学院等单位主办的"巴蜀工坊"四川传统工艺与现代设计展在四川省科技馆开展，展览持续至12月2日。

11月30日 以支持手工制作技艺和特色文化创意产品为重点，促进传统工艺与艺术、科技、设计及教育融合发展，丰富传统工艺题材和提升产品品质，使传统工艺在现代生活中得到新的广泛应用，由四川文化创意产业研究院、四川省非物质文化遗产保护中心等相关单位共同主办的2018"四川传统工艺与现代设计发展大会"在成都举办。

11月30日 2018四川传统工艺与现代设计发展论坛在四川省图书馆举办。论坛现场，2018四川传统工艺创意设计大赛落下帷幕，共有1621件作品进入海选，经过公正公开的评审，共产生两大奖项三大类别一共67个奖项。

11月30日至12月2日 由四川省社会科学界联合会指导，四川文化产业职业学院、四川省社会科学重点研究基地——文化产业发展研究中心、中国自然辩证法研究会艺术与科学专业委员会联合主办，四川省社会科学高水平研究团队"四川非物质文化遗产教育传承与发展研究团队"提供学术支持的"文博创意产业与新时代（中国）文化发展·高峰论坛"在成都安仁古镇召开。四川省内外高校和相关机构专家学者100余人参加论坛。

12 月 4 日 第十三届孔子学院大会在成都举行，来自154个国家和地区的1500多名代表参加大会。国务院副总理、孔子学院总部理事会主席孙春兰出席开幕式并做主旨演讲。

12 月 5 日 第十三届孔子学院大会在蓉举行期间，孔子学院总部/国家汉办启动了"孔子学院合作伙伴计划"。作为合作伙伴之一，四川省文化和旅游厅与孔子学院总部/国家汉办签订了战略合作备忘录。当天下午的大会闭幕式举行了"孔子学院合作伙伴计划"启动仪式。

12 月 6 日 以"大熊猫 大旅游 大融合"为主题的第二届四川旅游新媒体营销大会暨中国·大熊猫文化联盟成立大会在四川雅安成功举行。来自国内外旅游、媒体行业的约450位专家学者齐聚"雨城"，进行关于新媒体语境下文旅营销的探讨与高端对话，现场琳琅满目的"VR＋旅游"体验展和文化旅游产品展汇聚一堂，如同打开一扇观察文旅发展的窗口，向人们释放出旅游新媒体营销的三大信号。

12 月 13 日 根据国家和我省关于开展"十三五"规划实施情况中期评估工作要求，文化和旅游厅开展了《四川省"十三五"旅游业发展规划》实施情况中期评估工作，并按程序委托第三方编制了《〈四川省"十三五"旅游业发展规划〉实施情况中期评估报告》。

12 月 13 日 国际艺术基金2018年度资助项目、全国首部聚焦"悬崖村"脱贫攻坚故事的年度民族舞剧《大凉山的回响》在四川省锦城艺术宫首演，虚实结合的表现形式，带观众走进"悬崖村"，感受精准扶贫路上"悬崖村"的巨变。

12 月 14 日 "都·康·汶"——都江堰、康定、汶川三城文化联盟暨战略合作签约仪式在都江堰举行。此次"都·康·汶"文化联盟成立，三地将进一步整合资源、发挥特长，将文化资源与特色产业联合，共同推进文化交流、非遗保护、产业发展、公共文化服务等领域的合作，探索三城并进的新形态文化发展模式。

12 月 17 日　第二届中国国际名酒文化节在宜宾开幕。

12 月 19 日　由成都市人民政府、省文化和旅游厅、省农业农村厅、省旅游协会主办，成都市旅游局、中共简阳市委、简阳市人民政府承办，以"三新简阳美食天堂"为主题的四川省第九届乡村文化旅游节（冬季）暨简阳第十五届羊肉美食旅游节在简阳市开幕。

12 月 19 日　2018 成都市创意经济招商推介会暨民营文创企业发展主题沙龙活动上，成都市文创产业公共服务平台正式发布上线，将针对文化创意提供文化金融、文化消费以及数据统计等服务。

12 月 23 日　省体育局党组书记、局长罗冬灵带队到王者荣耀天美工作室、OMG 主场、成都魔想网络科技有限公司，就电竞产业发展进行了实地调研，并组织召开电竞产业发展座谈会。文化和旅游厅、经济和信息化厅、教育厅、省统计局、省广播电视局、公安厅治安总队、省电信公司、成都市体育局、成都市电信公司、成都市武侯区政府、新都区政府、绵阳市教体育局、三台县教体局等相关单位负责人，省体育局产业处、竞体处、社体处，省电子竞技运动协会等单位负责人共 40 余人参加调研和座谈，并对四川电竞产业发展现状及下一步工作建议进行了充分交流发言。

12 月 30 日至 31 日　作为 2018 大凉山邛海湿地冬季阳光音乐季主场活动的西昌湿地阳光音乐节在西昌烟雨鹭洲湿地火热开场。

12 月 30 日　主题为"南国冰雪美、运动曾家山"的四川省第九届乡村文化旅游节（冬季）朝天分会场暨第四届曾家山冰雪节开幕式在曾家山国际滑雪场举行。

❖ 皮书起源 ❖

"皮书"起源于十七、十八世纪的英国,主要指官方或社会组织正式发表的重要文件或报告,多以"白皮书"命名。在中国,"皮书"这一概念被社会广泛接受,并被成功运作、发展成为一种全新的出版形态,则源于中国社会科学院社会科学文献出版社。

❖ 皮书定义 ❖

皮书是对中国与世界发展状况和热点问题进行年度监测,以专业的角度、专家的视野和实证研究方法,针对某一领域或区域现状与发展态势展开分析和预测,具备原创性、实证性、专业性、连续性、前沿性、时效性等特点的公开出版物,由一系列权威研究报告组成。

❖ 皮书作者 ❖

皮书系列的作者以中国社会科学院、著名高校、地方社会科学院的研究人员为主,多为国内一流研究机构的权威专家学者,他们的看法和观点代表了学界对中国与世界的现实和未来最高水平的解读与分析。

❖ 皮书荣誉 ❖

皮书系列已成为社会科学文献出版社的著名图书品牌和中国社会科学院的知名学术品牌。2016 年,皮书系列正式列入"十三五"国家重点出版规划项目;2013~2019 年,重点皮书列入中国社会科学院承担的国家哲学社会科学创新工程项目;2019 年,64 种院外皮书使用"中国社会科学院创新工程学术出版项目"标识。

权威报告·一手数据·特色资源

皮书数据库
ANNUAL REPORT(YEARBOOK)
DATABASE

当代中国经济与社会发展高端智库平台

所获荣誉

- 2016年，入选"'十三五'国家重点电子出版物出版规划骨干工程"
- 2015年，荣获"搜索中国正能量 点赞2015""创新中国科技创新奖"
- 2013年，荣获"中国出版政府奖·网络出版物奖"提名奖
- 连续多年荣获中国数字出版博览会"数字出版·优秀品牌"奖

成为会员

通过网址www.pishu.com.cn访问皮书数据库网站或下载皮书数据库APP，进行手机号码验证或邮箱验证即可成为皮书数据库会员。

会员福利

- 已注册用户购书后可免费获赠100元皮书数据库充值卡。刮开充值卡涂层获取充值密码，登录并进入"会员中心"—"在线充值"—"充值卡充值"，充值成功即可购买和查看数据库内容。
- 会员福利最终解释权归社会科学文献出版社所有。

数据库服务热线：400-008-6695
数据库服务QQ：2475522410
数据库服务邮箱：database@ssap.cn
图书销售热线：010-59367070/7028
图书服务QQ：1265056568
图书服务邮箱：duzhe@ssap.cn

S 基本子库
UB DATABASE

中国社会发展数据库（下设 12 个子库）

全面整合国内外中国社会发展研究成果，汇聚独家统计数据、深度分析报告，涉及社会、人口、政治、教育、法律等 12 个领域，为了解中国社会发展动态、跟踪社会核心热点、分析社会发展趋势提供一站式资源搜索和数据分析与挖掘服务。

中国经济发展数据库（下设 12 个子库）

基于"皮书系列"中涉及中国经济发展的研究资料构建，内容涵盖宏观经济、农业经济、工业经济、产业经济等 12 个重点经济领域，为实时掌控经济运行态势、把握经济发展规律、洞察经济形势、进行经济决策提供参考和依据。

中国行业发展数据库（下设 17 个子库）

以中国国民经济行业分类为依据，覆盖金融业、旅游、医疗卫生、交通运输、能源矿产等 100 多个行业，跟踪分析国民经济相关行业市场运行状况和政策导向，汇集行业发展前沿资讯，为投资、从业及各种经济决策提供理论基础和实践指导。

中国区域发展数据库（下设 6 个子库）

对中国特定区域内的经济、社会、文化等领域现状与发展情况进行深度分析和预测，研究层级至县及县以下行政区，涉及地区、区域经济体、城市、农村等不同维度。为地方经济社会宏观态势研究、发展经验研究、案例分析提供数据服务。

中国文化传媒数据库（下设 18 个子库）

汇聚文化传媒领域专家观点、热点资讯，梳理国内外中国文化发展相关学术研究成果、一手统计数据，涵盖文化产业、新闻传播、电影娱乐、文学艺术、群众文化等 18 个重点研究领域。为文化传媒研究提供相关数据、研究报告和综合分析服务。

世界经济与国际关系数据库（下设 6 个子库）

立足"皮书系列"世界经济、国际关系相关学术资源，整合世界经济、国际政治、世界文化与科技、全球性问题、国际组织与国际法、区域研究 6 大领域研究成果，为世界经济与国际关系研究提供全方位数据分析，为决策和形势研判提供参考。

法律声明

　　"皮书系列"（含蓝皮书、绿皮书、黄皮书）之品牌由社会科学文献出版社最早使用并持续至今，现已被中国图书市场所熟知。"皮书系列"的相关商标已在中华人民共和国国家工商行政管理总局商标局注册，如LOGO（ ）、皮书、Pishu、经济蓝皮书、社会蓝皮书等。"皮书系列"图书的注册商标专用权及封面设计、版式设计的著作权均为社会科学文献出版社所有。未经社会科学文献出版社书面授权许可，任何使用与"皮书系列"图书注册商标、封面设计、版式设计相同或者近似的文字、图形或其组合的行为均系侵权行为。

　　经作者授权，本书的专有出版权及信息网络传播权等为社会科学文献出版社享有。未经社会科学文献出版社书面授权许可，任何就本书内容的复制、发行或以数字形式进行网络传播的行为均系侵权行为。

　　社会科学文献出版社将通过法律途径追究上述侵权行为的法律责任，维护自身合法权益。

　　欢迎社会各界人士对侵犯社会科学文献出版社上述权利的侵权行为进行举报。电话：010-59367121，电子邮箱：fawubu@ssap.cn。

社会科学文献出版社